NAPOLÉON
MON AÏEUL, CET INCONNU

DU MÊME AUTEUR

Le Transport urbain, un enjeu pour les villes, Dunod, 1981
Bonaparte et Paoli, Perrin, 2000
Les Bonaparte, des esprits rebelles, Perrin, 2006
Vers une nouvelle France, quel avenir pour la Nation, Talleyrand, 2007
Napoléon par Napoléon, Le cherche midi, 2009
Dialogue avec Daisaku Ikeda, in *Daisan Bummei*, Tokyo, 2009

ISBN : 978-2-84563-390-2

Charles Napoléon

NAPOLÉON MON AÏEUL, CET INCONNU

avec la collaboration de
Michel-Antoine Burnier

XO ÉDITIONS

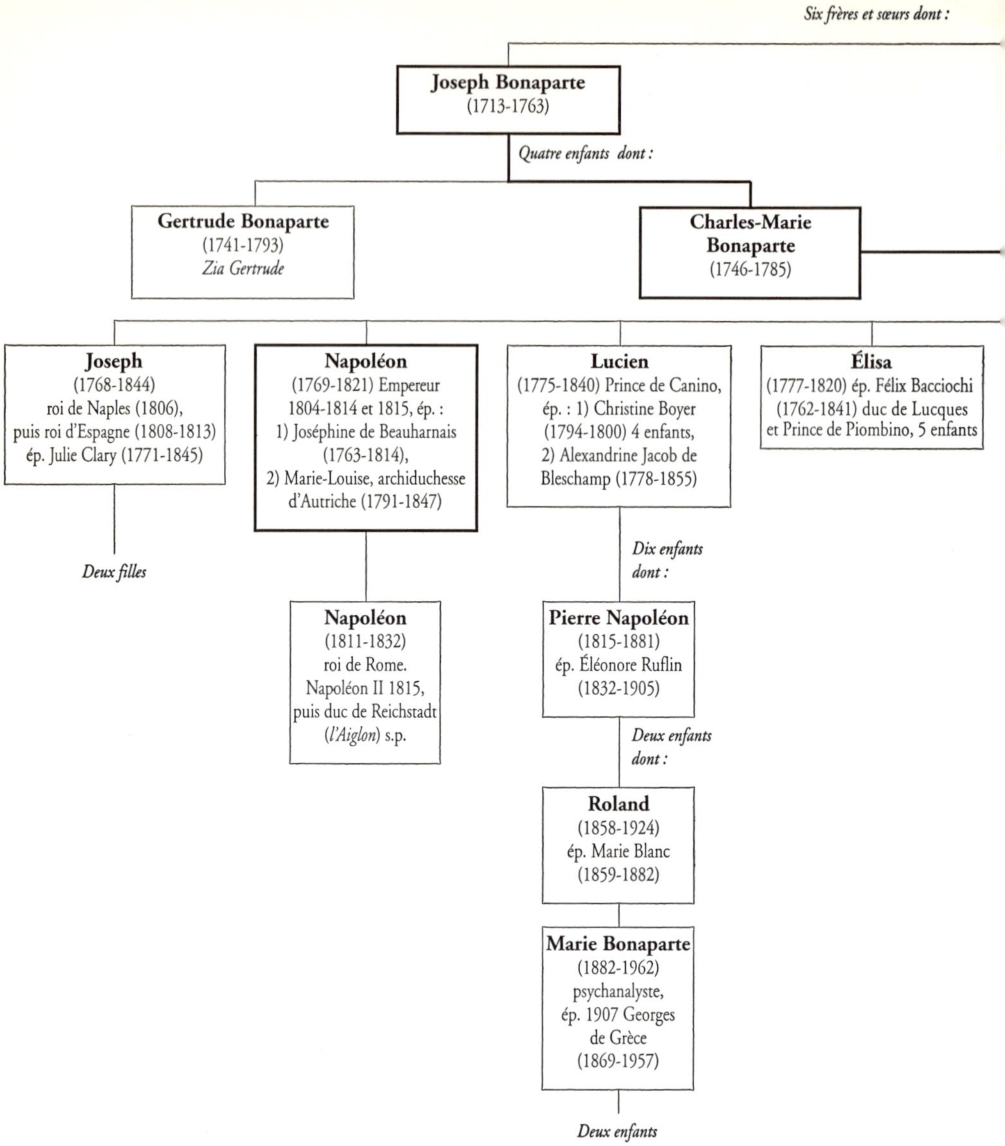

s.p. = sans postérité
ép. = épouse

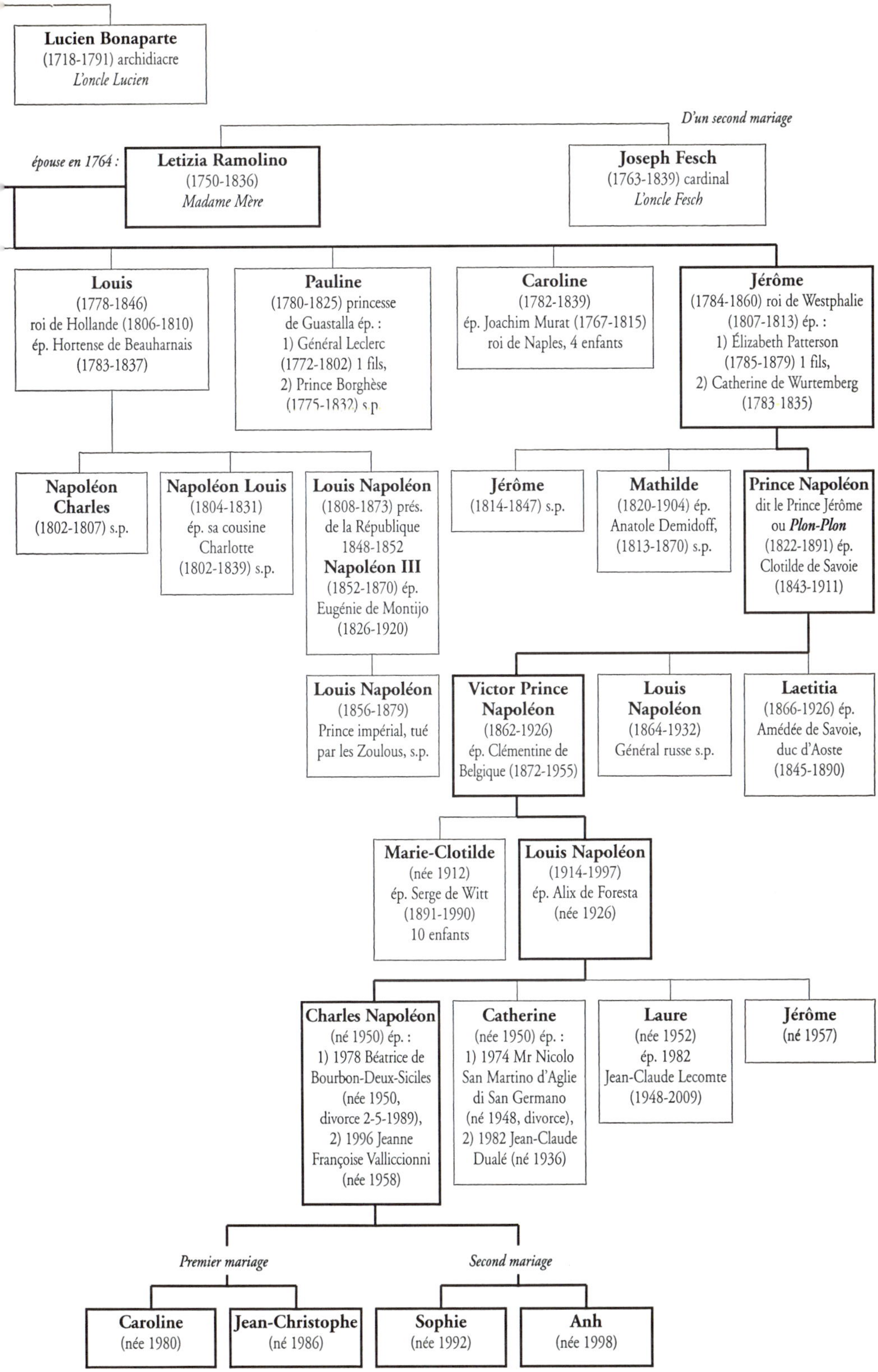
Lucien Bonaparte
(1718-1791) archidiacre
L'oncle Lucien
D'un second mariage
épouse en 1764 :
Letizia Ramolino
(1750-1836)
Madame Mère
Joseph Fesch
(1763-1839) cardinal
L'oncle Fesch
Louis
(1778-1846)
roi de Hollande (1806-1810)
ép. Hortense de Beauharnais
(1783-1837)
Pauline
(1780-1825) princesse
de Guastalla ép. :
1) Général Leclerc
(1772-1802) 1 fils,
2) Prince Borghèse
(1775-1832) s.p.
Caroline
(1782-1839)
ép. Joachim Murat (1767-1815)
roi de Naples, 4 enfants
Jérôme
(1784-1860) roi de Westphalie
(1807-1813) ép. :
1) Élizabeth Patterson
(1785-1879) 1 fils,
2) Catherine de Wurtemberg
(1783-1835)
Napoléon Charles
(1802-1807) s.p.
Napoléon Louis
(1804-1831)
ép. sa cousine
Charlotte
(1802-1839) s.p.
Louis Napoléon
(1808-1873) prés.
de la République
1848-1852
Napoléon III
(1852-1870) ép.
Eugénie de Montijo
(1826-1920)
Jérôme
(1814-1847) s.p.
Mathilde
(1820-1904) ép.
Anatole Demidoff,
(1813-1870) s.p.
Prince Napoléon
dit le Prince Jérôme
ou Plon-Plon
(1822-1891) ép.
Clotilde de Savoie
(1843-1911)
Louis Napoléon
(1856-1879)
Prince impérial, tué
par les Zoulous, s.p.
Victor Prince Napoléon
(1862-1926)
ép. Clémentine de
Belgique (1872-1955)
Louis Napoléon
(1864-1932)
Général russe s.p.
Laetitia
(1866-1926) ép.
Amédée de Savoie,
duc d'Aoste
(1845-1890)
Marie-Clotilde
(née 1912)
ép. Serge de Witt
(1891-1990)
10 enfants
Louis Napoléon
(1914-1997)
ép. Alix de Foresta
(née 1926)
Charles Napoléon
(né 1950) ép. :
1) 1978 Béatrice de
Bourbon-Deux-Siciles
(née 1950,
divorce 2-5-1989),
2) 1996 Jeanne
Françoise Valliccionni
(née 1958)
Catherine
(née 1950) ép. :
1) 1974 Mr Nicolo
San Martino d'Aglie
di San Germano
(né 1948, divorce),
2) 1982 Jean-Claude
Dualé (né 1936)
Laure
(née 1952)
ép. 1982
Jean-Claude Lecomte
(1948-2009)
Jérôme
(né 1957)
Premier mariage
Second mariage
Caroline
(née 1980)
Jean-Christophe
(né 1986)
Sophie
(née 1992)
Anh
(née 1998)

AVANT-PROPOS

Napoléon et moi

Le plus jeune frère de Napoléon, Jérôme, est le grand-père de mon grand-père.

En racontant l'Empereur, le général républicain ou son enfance corse, à la différence de tous les historiens, j'écris sur ma propre famille. J'ai puisé et vérifié mes informations aux meilleures sources, mais je suis aussi un neveu parlant de son grand-oncle.

La vérité de sa personne m'intéresse autant que les faits ; ses humeurs, ses curiosités, ses habitudes, ses fulgurances, plus que le récit des combats. Immergé dès l'enfance dans une histoire considérable, je voudrais faire partager cette culture unique, l'esprit des Bonaparte, et montrer Napoléon de plus près.

Je ne prétends pas à la science encyclopédique des grands historiens qui ont consacré une bonne part de leur vie, parfois leur vie entière, à l'étude de Napoléon. J'ai lu avec passion Masson, Bainville, Madelin, Dunan, Tulard, tant d'autres de France ou d'ailleurs.

Jean Tulard, le grand spécialiste, a compté autant de livres sur Napoléon que de jours écoulés depuis sa mort. En moyenne, depuis 1821, un livre toutes les vingt-quatre heures ! Si le calcul est exact, cela donne près de soixante-neuf mille ouvrages. Pourtant il se trouve toujours quelque chose de neuf à écrire, des textes apparaissent ou réapparaissent, une autre vision sur l'inépuisable personnage.

Pour y parvenir, j'ai dû me libérer d'une double pesanteur : celle de l'histoire laudative et sa mythologie ; celle du rôle où la naissance m'avait mis. Tant pis s'il me fallait bousculer le protocole et quelques bons usages.

Lorsqu'on est le fils aîné du prince Napoléon, l'entourage exige de vous des propos et des comportements conformes à la tradition, comme un hommage à d'anciens principes qu'on devra respecter toute sa vie et transmettre, le moment venu, à son successeur. Pour lui, l'histoire doit se conformer avec l'éloge à une ligne officielle, fixe et reconnue : il doit rester dans la tradition pour être dans le vrai.

On verra que mon livre échappe à cette simplification.

Cette logique conservatrice d'un ordre établi m'a toujours dérangé. Comment, mes ancêtres ont fait la Révolution, ils ont bouleversé la France et l'Europe, et ils auraient laissé pour première consigne de ne plus jamais toucher aux récits de cette glorieuse époque ! N'est-ce pas le mouvement qui les fit grands dans notre histoire ? Ce n'est pas en le falsifiant et en le fossilisant qu'on fera fructifier l'héritage.

À l'évocation de mon enfance, on comprendra la distance que j'ai dû m'imposer.

Mon éducation fut très particulière : j'ai été élevé hors du temps. J'eus d'abord le privilège d'être baptisé par un futur pape, le cardinal Roncalli qui allait devenir Jean XXIII. La France des années 1950 gardait encore des airs de XIXe siècle. Les princes tenaient un rang dans la société. Pour mon entourage, il existait deux familles dans notre pays : celle du comte de Paris et de la dynastie royale, la « maison d'en face », disait plaisamment mon père, et la sienne, celle de la dynastie impériale.

Mon père, Louis Napoléon, partageait son temps entre ses bureaux – Bourvil habitait sur le même palier – et le grand appartement du 10 boulevard Suchet où nous vivions. Les fenêtres de cet immeuble massif, construit dans les années 1930, donnaient sur le bois de Boulogne. Notre nurse suisse nous y promenait, mes sœurs et moi, palabrant avec ses amies qui servaient d'autres grandes familles, sans souci de la circulation. Le Paris d'après guerre comptait peu de voitures, le périphérique n'existait pas. Songez qu'à l'époque une étable à vaches fournissait encore du lait frais à Boulogne !

Pour entrer au 10 boulevard Suchet, nous passions par une lourde porte de bronze qu'ouvrait un gardien attentif et soupçonneux. Un digne ascenseur en bois, porte coulissante, tapis rouge et porte grillagée, montait avec lenteur jusqu'au deuxième gauche. De là, nous accédions à l'appartement sur trois étages. Mon père s'y était installé en 1949, anticipant l'abrogation des lois d'exil*, pour fonder sa famille. Cet appartement correspondait à ses désirs avec ses pièces vastes et solennelles destinées à l'apparat. Les parents pouvaient y vivre sans le souci de leurs enfants. Des nurses les élevaient à un étage séparé, selon les mœurs anciennes de l'aristocratie.

En entrant, le visiteur tombait sur le fameux tableau où David a représenté le Premier consul franchissant le col du Grand-Saint-Bernard. Il se passait des choses insolites dans cette maison. Un matin en partant pour l'école, je trouvai un militaire galonné au garde-à-vous devant le tableau. À midi, il était encore là dans la même position. Le psychiatre Boris Cyrulnik, qui avait eu connaissance de son cas, m'apprit plus tard que l'homme n'avait pas tous ses esprits. Je le constaterais souvent dans la suite de ma vie : les esprits faibles sont fascinés par Napoléon.

Dans le salon à gauche, mon père avait disposé des meubles de cour, fauteuils aux abeilles brodées d'or fin, guéridons, bibliothèques abritant ouvrages précieux et armes d'apparat à la valeur inestimable, propriété des empereurs Napoléon Ier et Napoléon III.

Dans l'une d'elles brillait le grand collier de la Légion d'honneur incrusté de pierres rares, celui-là même que portait Napoléon Ier.

Aux murs, d'immenses tableaux que l'on peut admirer aujourd'hui à Fontainebleau, Letizia sa mère, le roi Jérôme son frère et notre ancêtre direct, Eugène de Beauharnais son beau-fils.

Mes parents n'ouvraient le deuxième salon que les jours de réception. Il donnait sur une immense salle à manger aux murs garnis d'assiettes de Sèvres aux motifs champêtres, comme autant de petits tableaux bordés de filets d'or, pièces d'un service que Napoléon avait donné à Jérôme. Sous les guéridons, courant le long des murs, de grandes glaces reflétaient à l'infini les chaussures des convives.

Petit garçon, je craignais l'escalier à la rampe de pierre de lave noire qui menait aux appartements privés de mes parents. C'est qu'on y avait accroché de gros médaillons de barbus étranges et

* Les lois d'exil, votées par la IIIe République en 1886, interdisaient le territoire national aux chefs des familles ayant régné sur la France et à leurs fils aînés. Elles n'ont été abrogées qu'en 1950.

sévères. J'ignorais tout de ces personnages inquiétants et je passais vite sans lever les yeux. Un cartouche indiquait qu'il s'agissait de janissaires aux noms imprononçables dont Bonaparte avait commandé les portraits lors de la campagne d'Égypte.

À l'étage supérieur, mes parents avaient meublé leur chambre en style 1950 et, plus loin, organisé leurs bureaux. Mon père, quoique marqué par son éducation à la cour de Belgique*, était sensible au monde moderne.

Redescendons l'escalier aux barbus, passons l'étage de réception, voici l'étage des enfants. Là, plus d'étiquette, plus de meubles de style, l'étage de la vie. Outre nos chambres, nous avions une salle à manger ainsi qu'une grande salle de jeux et de travail. Nos bureaux étaient recouverts de plastique bleu ciel, innovation de l'époque. Je me souviens des rideaux et des couvre-lits aux motifs de danses et de cases africaines. On n'avait pas honte de la colonisation dans ma famille : ma grand-mère Clémentine était la fille de Léopold II de Belgique, le roi qui s'était attribué le Congo comme propriété privée avant de le léguer par testament à son pays. J'appris plus tard que sa colonisation avait été particulièrement sanglante.

Enfin, un ascenseur de service bruyant et poussif menait à de vastes garages. Là, mon père rangeait une Aston Martin bleutée ou une Ferrari grise, car il aimait les belles voitures. Il était particulièrement fier d'avoir couru autrefois au volant d'automobiles Bugatti.

Il y avait beaucoup de passage à l'appartement : des hommes politiques, des historiens, des ambassadeurs, des administrateurs des colonies, des conservateurs de musée… Mon père recevait bien sûr les familles de la noblesse d'Empire, aussi des bonapartistes convaincus qu'un Bonaparte reviendrait un jour à la tête du pays. Parmi eux, un personnage truculent, le dernier maire bonapartiste de France, celui d'Ajaccio. Ceux-là ne partaient jamais sans crier sur le pas de la porte : « Vive l'Empereur ! »

On nous emmenait chaque année le 5 mai à la messe traditionnelle aux Invalides, en mémoire de Napoléon et des soldats morts pour la France. Saisissante cérémonie. Quand mon père entrait suivi de ministres et de généraux, le roulement des tambours grondait sous la voûte du tombeau. Des saint-cyriens en grand uniforme présentaient les armes. Une foule recueillie se pressait

* Sa mère était la princesse Clémentine de Belgique.

derrière les barrières. Même enfant, comment échapper à l'émotion lors de la sonnerie aux morts, juste avant la minute de silence ? C'était l'époque de la guerre d'Algérie. Avec le recul du temps il me semble qu'il y avait dans la foule beaucoup de partisans de l'Algérie française.

Ma famille possédait aussi une grande maison sur les bords du lac Léman, du côté suisse. C'était une ancienne propriété de Joseph Bonaparte, le frère aîné de l'Empereur. Mon arrière-grand-père, le fils de Jérôme Bonaparte, y avait vécu. Il s'appelait le prince Napoléon, mais il reste plus connu sous le sympathique surnom de Plon-Plon, qu'il avait gardé de l'enfance. Ensuite mon père avait transformé l'édifice tarabiscoté en une élégante villa qui donnait sur un parc. Au-delà, le lac ; à l'horizon, loin, la chaîne du Mont-Blanc.

Je me souviens, dans le hall, d'un canon de bronze aux armes impériales. Enfants, nous y glissions des pommes vertes.

À l'école, ne croyez pas qu'il soit facile de s'appeler Napoléon. Sur votre passage, les enfants chantent : « Napoléon est mort à Sainte-Hélène, son fils Léon lui a crevé l'bidon... » Les enseignants d'histoire attendent que vous fassiez le cours à leur place à moins que votre professeur de mathématiques n'exige que vous soyez meilleur que les autres en trigonométrie, la science des artilleurs. Enfant, je me demandais pourquoi.

Vous l'avez remarqué sur la couverture de ce livre, je m'appelle Napoléon et non pas Bonaparte comme Napoléon Ier et son frère Jérôme. On m'a souvent demandé pourquoi je portais ce prénom en nom de famille.

Cela tient à un usage apparu dans la branche aînée qui cherchait à se distinguer des cadettes. Mais les branches mâles aînées s'éteignirent l'une après l'autre. En 1924, le petit-fils de Lucien, Roland Bonaparte, le père de la célèbre psychanalyste Marie Bonaparte, mourut. Ne resta plus qu'une seule branche mâle, celle de mon ancêtre Jérôme*. C'est alors que mon aïeul Victor changea à son tour notre nom de Bonaparte en Napoléon.

* De nos jours il demeure une famille Walewski, née des amours illégitimes de Napoléon avec Marie Walewska. Quant à la branche américaine, issue d'un premier mariage de Jérôme avec Elisabeth Patterson, elle s'est éteinte avec la mort de Charles-Joseph, un attorney général qui fonda en 1906 le Federal Bureau of Investigation, FBI, et de son neveu mort sans postérité. Restent bien entendu des descendants des sœurs de Napoléon, singulièrement dans la branche de Murat qui avait épousé Caroline, la cadette.

Concevez le destin qui me marqua dès ma naissance : à l'état civil de Boulogne-Billancourt, on me déclara sous le double patronyme de Napoléon et de Bonaparte ! Le fonctionnaire ne fit aucune remarque et inscrivit les deux noms.

Quarante ans plus tard, alors que je voulais faire renouveler ma carte d'identité, une employée de la mairie de Marseille tiqua : comment pouvais-je porter un nom différent de celui de mon père ? Elle ne comprenait pas, ni moi non plus d'ailleurs. Je dus demander au tribunal de Nanterre de m'établir dans le seul nom de famille Napoléon. Je le regrette presque : j'aurais dû choisir celui plus républicain de Bonaparte, aucun juge n'aurait pu me le refuser.

Chez mes parents, le Napoléon que l'on honorait était l'Empereur à la tête de ses troupes, le dictateur au sourire bienveillant qui gouvernait l'Europe, le fondateur d'une dynastie. Mais la dynastie n'était jamais parvenue à s'imposer depuis l'abdication de son créateur. Le couteau de la guillotine tombant sur le cou de Louis XVI avait à jamais brisé en France le mythe monarchique.

Mes parents vivaient dans une fiction que nourrissaient les fantasmes de leur entourage : un jour, eux ou leurs enfants, ils succéderaient. Comment ? Cela restait flou. On évoquait quelques circonstances exceptionnelles où la France en appellerait à cet ultime recours. Ce destin imaginaire dictait l'éducation de leurs enfants appelés un jour à incarner le rêve.

Le Napoléon des médailles, des grands cordons, des tableaux officiels et des bustes de marbre ne parlait guère à un adolescent qui partageait l'école, je ne dirais pas des fils du peuple, mais du moins des fils de la bonne bourgeoisie du XVIe arrondissement de Paris : trop froid, trop figé, trop loin. Ce Napoléon lisse et sans défaut ne parvenait pas à attirer ma sympathie.

Aux lendemains du joli mois de mai 1968, je quittai ces fictions pour conduire ma propre vie.

Après une carrière dans l'économie et l'aménagement du territoire, c'est par la Corse que je suis revenu à l'histoire des Bonaparte et du plus illustre d'entre eux. Fascinée par le monarque qu'il était devenu, ma famille avait négligé ses racines. J'ai voulu restituer ce maillon initial et trop souvent manquant.

J'ai ainsi publié un premier ouvrage sur les relations du jeune Bonaparte avec le héros de l'indépendance corse, Pascal Paoli[1] : sujet de polémiques. Car, jusqu'à l'âge de vingt-trois ans, Napoléon se prépara à servir ce général en révolte contre la puissance française et à réaliser un rêve, l'indépendance de l'île. Je n'exagère pas, vous le verrez, en prétendant que pour lui, poussé par les soubresauts de l'histoire, la France fut un deuxième choix. En tout cas, on ne comprendra pas le destin de l'Empereur sans insister sur ses origines et sa culture corses.

Après la mort de mon père en 1997, j'ai éprouvé le besoin d'écrire sur le patrimoine historique et moral dont je devenais l'héritier. J'ai alors brossé les portraits des Bonaparte dont je me sentais proche, les rebelles[2], Lucien, le plus remarquable des frères de Napoléon, Plon-Plon mon arrière-grand-père, qui aux débuts du Second Empire siégea sur les bancs de la gauche républicaine, Marie Bonaparte, qui fonda l'école de psychanalyse de Paris. Je voulais porter un regard nouveau sur ce patrimoine où certains membres de ma famille ne voyaient qu'une charge et une dignité dynastiques.

Dynastie : je n'ai jamais admis ce concept. Républicain depuis ma jeunesse, je ne conçois pas que la naissance puisse donner à un homme des droits dont les autres seraient exclus. Pourtant, le patrimoine moral des Bonaparte, les objets qui leur avaient appartenu et qui avaient traversé l'histoire se trouvaient bien dans ma famille, dans mes mains et pas dans celles d'un autre. Inutile de le nier : j'étais dès ma naissance marqué d'une particularité.

Quelle est sa nature exacte ? Quel sens lui donner dans le monde actif et politiquement engagé où j'évoluais ? Voilà les questions qui me préoccupaient alors.

Les Bonaparte méritaient mieux que les schémas répétitifs et désuets où l'on enfermait leurs personnes et leurs actions. Ces hommes et ces femmes s'affirmèrent comme des novateurs, des modernes qui avaient pris des risques considérables dans leur temps. Sans exception, chacun à sa manière, ils furent hommes et femmes de progrès. Leur mémoire et leur exemple n'appellent pas à reproduire le passé mais à retrouver une audace dans l'invention de l'avenir. Ils l'avaient démontré en leur temps : les événements du passé sont circonstanciels alors que l'adaptation, le changement, le progrès sont les moteurs de la vie humaine.

J'ai fondé en 2004 une Fédération européenne des cités napoléoniennes qui, d'Ajaccio à La Roche-sur-Yon, d'Austerlitz ou d'Iéna à Waterloo, rassemble aujourd'hui quarante lieux d'histoire dans huit pays d'Europe. Et pourtant, hors de France, il s'agit par définition de villes que Napoléon Bonaparte a conquises et occupées. Quel hommage chez ces citoyens qui distinguent fort bien le rayonnement moral de l'exploit guerrier ! C'est par la culture, le tourisme, la réhabilitation des lieux historiques, l'échange entre les jeunes gens de nos villes que nous donnons une vie à ce patrimoine.

Il est important qu'il continue de vivre. Les interrogations sur l'identité expliquent une bonne part des malaises et des crises de notre temps. Je suis élu local, j'ai travaillé en Afrique et ailleurs dans le monde pour les Nations unies, j'ai contribué à mettre en place en France une politique pour les banlieues. Ici comme là-bas, j'ai mesuré les conséquences dramatiques d'une mauvaise compréhension du passé.

Trop proche, il vous fige dans le conservatisme. Trop lointain, il se recompose en une dangereuse mythologie, source des extrémismes. Oublié, sa méconnaissance distend le lien social et mine toute vie collective dans la nation. En se réappropriant le passé, les citoyens refusent par là même l'ignorance et l'aveuglement devant les défis de l'avenir. Cela vaut tant pour les individus et la trace de leur famille que pour les peuples et leur histoire. Toute émancipation commence par une appartenance. L'histoire nous permet d'avancer avec plus d'assurance et moins d'ignorance vers l'avenir.

Pourquoi le passé serait-il un carcan ? Je me sens entièrement libre de mes actes de citoyen. Je n'ai aucun compte à rendre à la mémoire de personnes qui ont vécu dans de tout autres circonstances, à une tout autre époque, mais qui nous ont laissé comme enseignement le goût du travail, de l'intelligence et du mérite et, comme je ne le dirai jamais assez, de l'innovation et du progrès.

Les Bonaparte ne sont pas une deuxième famille royale mais les filles et les fils d'un fondateur de la République qui en porta les idées, même à travers les guerres, dans le monde entier. Napoléon eut beau créer un empire héréditaire, ce qui lui restera attaché, ce sont ses réformes, les *masses de granit*, comme il a nommé ces fondations pour y asseoir la République. Il n'est d'autre légitimité que celle donnée par le suffrage universel et la reconnaissance des talents : mes aïeux ont constamment défendu ces vérités. J'y vois la charte fondamentale de notre famille.

Dans un arrêt de 2009, le tribunal administratif de Paris a considéré que le titre de prince attribué aux familles ayant régné sur la France relevait d'une fonction disparue en même temps que les Constitutions qui le garantissaient : les textes l'instituant ayant été abrogés, il n'a plus d'existence légale. Je ne peux que lui donner raison. La république a définitivement remplacé la monarchie et l'empire.

Mes opinions politiques m'ont porté à m'engager aux côtés de la social-démocratie telle que l'ont servie Pierre Mendès France, Michel Rocard et Jacques Delors en France, Tony Blair en Grande-Bretagne, Bill Clinton et de nos jours Barack Obama aux États-Unis. Mais je reste sensible à l'énergique message républicain d'un Clemenceau, d'un Charles de Gaulle, d'un Jean-Pierre Chevènement. Je respecte les hommes de paix, le dalaï-lama, les libérateurs de leur pays, Nelson Mandela. J'aime les Galilée qui refusent la vision de l'Univers de leur temps, les Degas et les Picasso qui bousculent les normes esthétiques, les Kouchner qui inventent dans l'incrédulité générale le devoir puis le droit international d'ingérence.

Un temps haut fonctionnaire, j'ai travaillé pour la Délégation à l'aménagement du territoire : je suis un décentralisateur. En trois mots, je me définirais comme républicain, girondin et mondialiste.

Il existe en moi un être convaincu de la noblesse des valeurs universelles, séduit par la volonté d'égalité et l'espérance d'un monde commun. C'est le jacobin. Mais aussi un être lié par la mémoire et les traditions à la terre corse de ses origines. C'est le girondin. Chacun peut aujourd'hui composer son identité en empruntant à des fidélités différentes. Mais c'est le mondialiste qui conclut : l'équilibre de la planète exige de nos jours un développement durable et l'établissement d'une régulation politique, économique et financière universelle, prémices d'un gouvernement du monde ; on voit bien qu'il s'agit là de préoccupations totalement étrangères à Napoléon et à son époque.

Voilà pourquoi je ne vois pas de contradiction entre mes engagements personnels et ma fidélité à la mémoire des Bonaparte.

Dans bien des familles, à chaque génération on trouve un parent qui sait tout sur l'histoire des ancêtres. Chez les Bonaparte, ce furent d'abord le grand-père puis le père de Napoléon – qui cherchait et réussit à faire reconnaître sa noblesse pour favoriser les études de ses enfants. Ensuite ce fut Joseph, frère aîné du futur empereur.

Napoléon, pourtant si attaché aux siens, s'en moquait. Pour lui, l'histoire commençait à Montenotte, en Italie, où, jeune général de la République, il avait remporté sa première victoire contre les Autrichiens. « Ma noblesse date de Montenotte » : le mot est de lui, comme une boutade. Il contient sa part de vérité.

Plus tard, vers la moitié du XIXe siècle, ce fut Jérôme, le plus jeune frère de Napoléon, qui se retrouva en gardien de sa mémoire.

Rien ne l'y prédisposait.

Jérôme étant, comme je l'ai dit, mon ancêtre direct, c'est avec plaisir que je lui consacre quelques lignes.

C'était un charmant garçon.

Il avait de la séduction et plaisait. Il en profita. Il avait aussi le goût du faste et de la dépense. En cela, il tenait de notre ancêtre commun, son père Charles. Mais il n'avait pas hérité cette volonté farouche de réussir que l'on retrouva chez son frère aîné de quinze ans, général de la République, Premier consul et empereur des Français.

Jérôme passa sa vie sous l'influence de Napoléon.

Celui-ci avait veillé avec soin à l'éducation de son cadet et l'avait engagé dans la marine. Mais voilà qu'au retour d'une expédition dans les Antilles l'aspirant Jérôme Bonaparte pourchassé par les Anglais décide de faire une escapade aux États-Unis. Il y rencontre une Américaine, il l'épouse. Il a dix-neuf ans, il est mineur, il n'a demandé la permission ni à sa mère ni à son frère aîné.

Le Premier consul est furieux.

Jérôme rentre, défend son mariage, plaide les droits de l'amour. Rien à faire. Napoléon le contraint à casser cette union.

En juillet 1807, à Tilsit, Napoléon bouleverse une deuxième fois la vie de Jérôme. Sur un radeau ancré au milieu du Niémen, l'empereur des Français et le tsar de toutes les Russies décident de la création d'un vaste royaume tampon en Allemagne occidentale. Ce sera la Westphalie.

Napoléon en désigne le roi : Jérôme.

En août de la même année, il le marie à la hauteur de ses ambitions politiques avec la princesse Catherine, fille du roi du Wurtemberg, l'un de ces petits monarques germaniques sur lesquels il compte pour s'imposer en Allemagne.

Mariage organisé mais mariage heureux, et qui le restera. Catherine était une femme de valeur. Elle aimait son mari et fermait les yeux sur ses frasques féminines.

Dans la capitale, Cassel comme on l'écrit alors*, les nouveaux sujets du roi Jérôme remarquent d'abord son goût pour la dépense et la fête comme la légèreté de son comportement. On le surnomme *König lustig*, le loustic, le rigolo, celui qui s'amuse et prend la vie du bon côté. Il a près de lui les fameux savants collectionneurs de mythologie, les frères Grimm, bien connus pour leurs contes. L'un est son bibliothécaire, l'autre auditeur de son Conseil d'État. Ils font partie de ces intellectuels allemands attirés par les idéaux des Lumières dont Jérôme est censé s'inspirer.

La Westphalie disparaît en 1813, absorbée par la Prusse après la retraite de Russie.

Les historiens contemporains[3] se montrent moins sévères pour Jérôme, qui a su apporter à son éphémère royaume les principes de la Révolution française, le code civil et l'abolition de la société à ordres. Napoléon tyrannisait ses frères et ne voulut jamais reconnaître leur contribution à son gouvernement. Il salua pourtant l'héroïsme de Jérôme à Waterloo. À Sainte-Hélène, il se reprocha de ne pas l'avoir apprécié plus tôt, inutiles regrets.

Dernier de la fratrie, Jérôme fut celui qui vécut le plus longtemps. À la chute de l'Empire, il se réfugie en Autriche puis en Italie. Il revient en France un an avant la révolution de 1848 et l'élection de son neveu Louis Napoléon Bonaparte à la présidence de la République française ; il le soutient lorsque celui-ci transforme la République en Second Empire.

---

* Kassel aujourd'hui.

En récompense, le nouvel empereur le nomme dès 1850 gouverneur des Invalides, où repose depuis 1840 le corps de son illustre frère, puis maréchal de France, enfin président du Sénat. Dernier Bonaparte survivant de l'épopée impériale, Jérôme devint ainsi le gardien suprême de la mémoire de Napoléon. Catherine lui avait donné trois enfants, dont mon ancêtre direct le prince Napoléon, dit Plon-Plon, né en 1822 à Trieste.

Plon-Plon, mon arrière-grand-père donc, se comporte à son tour en organisateur de la mémoire. Sur la demande de Napoléon III, il achève la première édition qui se voulait intégrale de la correspondance de Napoléon Ier.

J'aime bien cet aïeul républicain et libre-penseur. Je sais qu'on l'accusa d'avoir orienté ses choix selon ses idées. Ce n'est pas faux. Comment lui en voudrais-je ? Il fut l'un des rares Bonaparte à tenir tête à son impérial cousin et à lui rappeler les origines républicaines du bonapartisme. Cela lui valut l'hostilité de l'impératrice Eugénie et des multiples parvenus du Second Empire : il en perdit, au profit de son fils, mon grand-père, son rang dans la succession impériale.

Curieusement, il en fut plus affecté qu'un véritable républicain aurait dû l'être. Il garda cependant toute sa clairvoyance en préconisant, après la chute du Second Empire, l'alliance des bonapartistes avec les républicains de Clemenceau. Mais les fidèles de Napoléon III préférèrent s'allier aux monarchistes : mal leur en prit, ils préparèrent ainsi l'exil des Bonaparte et la fin de leur mouvement.

Les Bonaparte considèrent que l'histoire de France écrite par leurs ancêtres appartient à la France et aux Français avant d'être la propriété de leur famille.

Mon grand-père le prince Victor, exilé depuis 1886 à Bruxelles, y amassa des trésors d'objets napoléoniens. Il céda à l'État français les plus belles pièces de ses collections et la maison natale de l'Empereur à Ajaccio.

Mon père Louis, né dans l'exil en Belgique, prêta avec largesse objets et tableaux pour les grandes expositions napoléoniennes des années 1950 ; à l'exemple de son propre père, il poursuivit les dons et les cessions. Surtout, il versa à la Bibliothèque nationale une importante série de lettres échangées entre Napoléon et ses proches, ce qui relança les études historiques sur notre famille.

J'ai pour mon père une réelle affection, c'était un homme bon et ouvert aux gens. Sa naissance dans l'exil et son éducation à la cour de Belgique ne l'avaient pourtant pas préparé à sortir de son rôle pour aller au-devant de sa propre vérité. Mais en s'engageant dans la Légion étrangère en 1939 puis dans la Résistance, il ne fit en tout cas pas preuve de conformisme. Son action courageuse pendant la guerre permit à ma famille jusque-là exilée de s'installer en France. Je ne lui en serai jamais assez reconnaissant.

Grâce à lui, la République conserve des collections considérables d'objets, d'écrits, de meubles et de tableaux qu'elle a répartis entre quatre musées nationaux, Versailles et les lieux mêmes où mes aïeux écrivirent l'histoire de France, le Louvre qui jouxtait alors le palais des Tuileries, Fontainebleau et la Malmaison, ainsi qu'à Ajaccio et à l'île d'Aix.

C'est à présent mon tour : en écrivant ce livre sur Napoléon, je suis une tradition de quatre générations de Bonaparte.

Pour ce portrait, je me suis appuyé sur les sources incontestables : la correspondance, les mémorialistes, les grands historiens. J'avais déjà composé un *Napoléon par Napoléon*[4] tiré de ses propres citations, ce qui m'a familiarisé avec l'immense masse de ses écrits et beaucoup aidé pour le présent ouvrage.

Voici donc mon interprétation de cet homme qui se trouve au cœur de ce livre comme il est au cœur de mes valeurs. Napoléon lui-même fut plus sensible à la grandeur et aux misères humaines qu'on ne le croit généralement. Il y revint à Sainte-Hélène quand il eut tout perdu, sauf sa passion pour les hommes et leur histoire.

Dans ce portrait vu de près, chacun reconnaîtra un peu de soi-même et comprendra mieux, je l'espère, le personnage en clair-obscur de Napoléon Bonaparte. Car l'ombre met en valeur la lumière, à moins que ce ne soit l'inverse.

Chapitre I – Napoléon du matin au soir

Napoléon n'était pas petit – Fautes d'orthographe et eau de Cologne – Une canne de Jean-Jacques Rousseau – L'appartement secret – Un homme propre dans un siècle sale – « Plus fort ! Comme sur un âne ! » – Un sachet de poison – Pourquoi le général s'habille-t-il en colonel ? – Déguisé en bourgeois – Un raisonnement corse – Le palais de papier.

Napoléon Bonaparte est l'un des très rares personnages historiques dont nous connaissons la vie adulte dans tous ses détails, jour par jour et souvent heure par heure. Telle fut sa gloire que les témoins notaient tout. Lui-même datait, mentionnant parfois la minute, les centaines de milliers de lettres, proclamations, bulletins, brevets qu'il dictait ou écrivait.

Nous savons par exemple que, du 25 au 28 février 1798, il se trouve à Gaza ; que le vendredi 11 mars 1808, il chasse à courre dans les bois de Versailles ; qu'il part en reconnaissance à onze heures quinze minutes le soir du 17 juin 1815, la veille de la bataille de Waterloo.

On connaît son tour de tête, cinquante-sept centimètres ; sa taille, « cinq pieds, deux pouces, trois lignes », c'est-à-dire un mètre soixante-huit centimètres et six millimètres – plus que la moyenne masculine de l'époque*. À sa mort, en le mesurant pour commander le cercueil, on lui trouve un mètre soixante-dix. Ses pieds ont vingt-six centimètres de long et, au plus large, sept.

On est certain qu'il déteste manger des haricots verts, à cause des fils.

Il aime les couleurs claires. Il apprécie le maquillage chez une femme. Il fait des fautes d'orthographe. Il parle avec l'accent corse.

Il prend les tabatières de ses conseillers d'État et ne les leur rend pas.

---

* 1,67 m.

On sait que la veille du coup d'État du Dix-huit Brumaire qui va le faire Premier consul, à deux heures du matin il envoie encore des ordres. Il peut aussi bien se lever à trois heures du matin que se coucher à cette heure-là. Six heures de sommeil lui suffisent et il n'a pas besoin de dormir d'une traite.

Quelqu'un a noté que, le matin, c'est de la main gauche qu'il prend son célèbre chapeau. Ce qu'il met dans la poche droite de son uniforme : son mouchoir imbibé d'eau de Cologne. Il aime tant l'eau de Cologne qu'il y trempe des morceaux de sucre.

Il est frileux, va souvent au théâtre, récite du Corneille, passe le moins de temps possible à table, lit tout ce qui paraît.

Ses cheveux sont châtains, presque blond foncé. Il a les yeux bleus. Ils virent au gris dans la colère, paraissent noirs s'il devient très attentif. Il est myope.

Il a un tic, il remue l'épaule droite, surtout quand il n'est pas content. Lorsqu'il est de bonne humeur, il chante à pleine voix mais faux. En partant pour la guerre, il siffle.

Napoléon exerce le pouvoir de 1800 à 1815, cinq ans consul, empereur dix ans. C'est un homme animé d'un besoin continuel d'activité, il faut qu'il travaille et qu'il bouge.

Il organise sa vie avec la plus grande minutie pour se livrer à fond à sa tâche. En cela, il ne ressemble pas aux monarques qui l'ont précédé. Il fait bien davantage penser aux dirigeants modernes, politiques ou industriels, puisque, jusqu'à nos jours, ceux-ci l'imitent.

Au réveil, l'empereur Napoléon Ier n'a qu'une idée, respirer vite l'air frais du matin. Le valet de chambre ouvre grand les fenêtres. Son maître est gai comme d'habitude.

Il est entre six et sept heures du matin. Napoléon se lève, enfile une robe de chambre, des pantoufles rouges ou bien vertes et commence aussitôt sa journée de travail. Le secrétaire intime lui remet la correspondance.

Napoléon s'assoit près du feu. Il ouvre le courrier lui-même et met de côté les lettres auxquelles il va réfléchir.

Les autres, il les jette par terre.

« Sont répondues ! » plaisante-t-il.

Il parle avec un accent corse marqué, roule le *r*, diphtongue le *u*.

Ensuite il lit les journaux – qui ne parlent à peu près que de lui. Pendant ce temps, ceux qui espèrent être reçus attendent déjà dans un petit salon. Napoléon demande la liste pour choisir qui il verra.

Souvent avant même qu'il soit habillé entrent l'architecte Fontaine, le bibliothécaire Barbier, Yvan son chirurgien. Le mercredi et le samedi vient Corvisart, son médecin.

« Vous voilà, grand charlatan, blague Napoléon. Avez-vous tué beaucoup de monde aujourd'hui ? »

Corvisart se laisse taquiner et même tirer les oreilles, raconte mille histoires. Un matin, il arrive avec une canne très laide. Napoléon l'entreprend :

« Comment un homme comme vous peut-il porter un vilain bâton comme cela ? »

Corvisart fait des mystères, tend sa canne à Napoléon. L'Empereur y découvre une petite médaille à l'effigie de Jean-Jacques Rousseau.

« Dites-moi Corvisart, c'est la canne de Jean-Jacques ! s'exclame l'Empereur. Où l'avez-vous trouvée ? »

Dans son adolescence et sa jeunesse, Napoléon a beaucoup admiré Rousseau, avant de préférer Voltaire.

« Sans doute c'est un de vos clients qui vous a fait ce présent, poursuit-il. Ma foi, c'est un joli souvenir que vous avez là. »

Tout fier, Corvisart raconte qu'il s'est offert le trophée lui-même. Napoléon et Corvisart ignorent l'un et l'autre qu'ils s'émeuvent sur un banal bout de bois que Rousseau n'a jamais touché. Corvisart l'a acheté à un ancien domestique du marquis de Girardin, le mécène qui a abrité les derniers jours du philosophe à Ermenonville. Corvisart a eu droit à un boniment larmoyant : « Je suis pauvre, chargé de famille, etc. Ma seule richesse est cette canne, un bien dont je ne voudrais pas me séparer. Je ne pourrais la céder qu'à vous qui semblez tant aimer Jean-Jacques, etc. » Corvisart a payé. Il n'était ni le premier, ni le dernier. Le rusé bonhomme jouait la même comédie aux nombreux admirateurs de Rousseau, venus en pèlerinage à Ermenonville des quatre coins de l'Europe. Il leur vendait des dizaines de cannes de Jean-Jacques Rousseau qu'il fabriquait avec les branchages des alentours.

Napoléon aurait bien ri s'il avait su le fin mot de l'histoire, il adore les anecdotes. Lorsque Corvisart ne vient pas lui raconter des potins, il écoute Constant, son valet de chambre, lui détailler ce qui se passe en ville. Napoléon veut savoir les plus infimes commérages. Il s'en amuse en buvant du thé ou de la fleur d'oranger, ou dans son bain.

Au palais des Tuileries, la baignoire de Napoléon figure d'abord dans l'ancien oratoire de la reine Anne d'Autriche, la mère de Louis XIV. Par la suite, il fait aménager son appartement avec une salle de bains près de la chambre à coucher.

Pendant le temps interminable – une bonne heure – que l'Empereur se trempe dans l'eau très chaude, environné de tant de vapeur qu'il faut ouvrir les fenêtres, voyons comment il est installé.

Napoléon ne tient pas en place et, le soir venu, il ne choisit pas toujours de rester aux Tuileries. Il décide à l'improviste d'aller chez lui à la Malmaison, au château de Saint-Cloud, à l'Élysée, chez ses frères ou des amis.

Il se déplace avec les portefeuilles des ministres. Les membres du gouvernement ont chacun une clé de leur portefeuille, Napoléon a tous les doubles, voilà pour le travail.

Ses objets personnels le suivent aussi, enfermés dans ses nécessaires. Ce sont des boîtes de bois précieux où tout ce qu'il touche, chaque brosse, chaque tasse, chaque paire de ciseaux a sa place millimétrée dans des compartiments qui s'imbriquent comme un puzzle. Certains nécessaires existent toujours. On a gardé le nom du fabricant de ces ingénieux coffrets sur mesure : Biennais, à l'enseigne du *Singe violet*, au 283 rue Saint-Honoré à Paris.

C'est un maniaque de l'organisation. Partout où il va, Napoléon veut trouver ses appartements disposés comme aux Tuileries. Il fait fabriquer ses meubles en plusieurs exemplaires et les fait placer de la même façon. Une fois ses nécessaires, ses cartes et ses portefeuilles ouverts, rien ne vient le distraire du travail, au contraire tout y contribue.

Il suffit donc de décrire son installation des Tuileries pour avoir une bonne idée des autres, Malmaison, Saint-Cloud, Fontainebleau…

Pour les fêtes, cérémonies et grandes audiences, les appartements de réception, dénommés Grands Appartements.

Ensuite l'appartement ordinaire qui comprend deux parties. L'appartement d'honneur : une salle des gardes et deux salons en enfilade où il donne audience. Puis l'appartement intérieur. Celui-ci se compose du cabinet de travail, d'un arrière-cabinet où il donne ses audiences du matin, d'une pièce pour les cartes, d'une petite salle de bains, d'une chambre à coucher, d'un cabinet de toilette, d'une garde-robe et d'une antichambre.

Enfin, au-dessus de cet appartement intérieur, en duplex, se trouve le petit appartement, un endroit secret. On n'y accède que par l'escalier qui prend dans le bureau de l'appartement intérieur, dissimulé derrière des rayonnages.

Peu de gens pénètrent dans l'appartement intérieur, mais personne d'autre que lui dans le petit appartement. Il y dispose d'une antichambre, d'une salle à manger, d'un cabinet de travail, de deux salons, d'une chambre à coucher, d'un boudoir et d'une garde-robe.

Pendant que Napoléon vit et travaille au palais des Tuileries, comme sous la monarchie le public continue de se promener dans la cour et les jardins. Napoléon réserve parfois un bout du jardin pour y jouer avec son fils mais dès qu'ils retournent chez eux, il fait enlever les barrières et rend l'endroit aux Parisiens.

Sa protection est légère. Du côté du pavillon de Flore, les salles où se tiennent des pages et un sous-officier de la Garde à cheval. Cinq portiers d'appartement, des huissiers, des valets de chambre, des adjudants qui font des rondes dans les parties inhabitées.

Un jour de l'an XI (1802-1803), un civil convenablement vêtu s'introduit jusqu'à la première antichambre. L'officier de garde, capitaine voltigeur, l'interpelle : l'homme a l'inconvenance de garder son chapeau sur la tête. Au lieu d'enlever son chapeau, le visiteur sort un sabre de sous sa redingote et essaie de tuer l'officier. Le capitaine dégaine et cloue cet énergumène contre un mur. Cris, tumulte, on accourt. On reconnaît l'intrus, c'est un ancien maréchal des logis des Guides. Il avait une plainte à formuler. Il voulait donner des coups de sabre, c'est lui qui en a reçu. On le soigne, on étouffe l'affaire, on le guérit et, bien qu'il soit venu pour le tuer, Bonaparte lui fait une pension.

Une autre fois, Ségur trouve un soir un homme tapi sur un appui de fenêtre et qui guette le moment pour se faufiler à l'intérieur.

Pour protéger Napoléon la nuit, le mamelouk Roustam* couche dans l'antichambre sur un lit pliant devant la porte. Dans les cabinets noirs mitoyens, un valet de chambre et un garçon d'appartement s'étendent sur des lits de veille.

S'il arrive une dépêche urgente, l'aide de camp frappe à la porte de l'antichambre contre laquelle dort le mamelouk. Roustam le fait entrer, s'assure qu'il n'a pas été suivi et donne un tour de clé derrière lui. La chambre de l'Empereur est fermée de l'intérieur. L'aide de camp gratte à la porte pour le réveiller. Napoléon se lève et ouvre lui-même lorsqu'il a reconnu la voix de son officier.

Satisfait de ces précautions efficaces et peu gênantes, Napoléon les recommande à ses frères devenus rois. Pourtant, en 1808, Jérôme, mon ancêtre, projette de s'entourer de gardes du corps. Napoléon, qui régente ses frères et en particulier le plus jeune, le rappelle à plus de simplicité : « Je ne crois pas que vous deviez avoir de gardes du corps, lui écrit-il. Ce n'est pas l'étiquette de notre famille[1]. »

Durant le Consulat, Napoléon partage la chambre de Joséphine. Au début de l'Empire, il se fait aménager une chambre à part. Les architectes Percier et Fontaine sont chargés de décorer la pièce d'apparat avec force brocarts et soieries de Lyon sur lambris dorés. Il s'agit de lancer la mode pour faire tourner les industries du luxe.

Sa chambre à coucher du petit appartement reste bien plus simple.

Parmi les valets de chambre, le plus célèbre est Roustam, le mamelouk. Kidnappé enfant en Géorgie, il avait été vendu

* On prononce *Roustan*. Roustam Raza, né vers 1782 à Tiflis, aujourd'hui Tbilissi en Géorgie, mort en 1845. Il est enterré à Dourdan (Essonne).

comme esclave au Caire avant d'être affranchi. C'est là, durant la campagne d'Égypte, que le cheikh el-Bekri le laisse partir avec Napoléon Bonaparte. Roustam, le visage poupin d'un adolescent, a environ dix-huit ans.

Il ne quitte pas Napoléon un instant et le suit dans les palais comme sur les champs de bataille.

Brave à la guerre, Roustam sert aussi à table quand Bonaparte est Premier consul. Toujours vêtu à l'orientale et coiffé d'un turban, il se tient derrière lui aux parades. Roustam est célèbre, on fait son portrait – pas toujours ressemblant.

Quand tout tourne mal en 1814, Roustam ne suit pas Napoléon en exil à l'île d'Elbe. Au retour de l'Empereur, Roustam lui écrit, il demande à reprendre son service. Marchand, autre valet de chambre qui, lui, ira jusqu'à Sainte-Hélène, présente la lettre.

« C'est un lâche, lui répond Napoléon, jette-la au feu et ne m'en parle jamais. »

Un second mamelouk, Ali, avait également suivi Bonaparte en France. Au contraire de Roustam, il était très laid. Napoléon l'avait mis au service de Joséphine. Hélas, Ali, d'un caractère épouvantable, dégainait son poignard à la moindre occasion. Une fois brouillé avec tous ses collègues, il fallut le mettre à l'écart au château de Fontainebleau.

Après le bain, longue séance de travail dans l'arrière-cabinet avec le secrétaire, parfois des ministres. Napoléon passe un costume de chambre tout blanc, chemise de très fine toile de lin, pantalon à pieds, longue redingote. En toute saison, il garde sur la tête le mouchoir de madras qu'il avait pour dormir, deux coins noués sur le front, les deux autres flottant sur les épaules.

La plupart du temps, Napoléon a la singularité de se raser lui-même, ce qu'à peu près personne ne fait à l'époque. Le visage et la gorge entre les mains d'autrui, il ne se sent pas à l'aise. Ceux qui le rasent non plus, seul Constant n'est pas intimidé. Si bien que Napoléon apprend à se raser pour ne pas se trouver dépendant d'une seule personne.

Installé près d'une fenêtre pour bien y voir, il se jette de l'eau savonneuse au visage en éclaboussant partout. Il se rase à l'envers, de haut en bas, avec un coupe-chou à manche de nacre et d'or. Il paraît que ses rasoirs viennent de chez l'ennemi héréditaire, de Birmingham en Angleterre, ville réputée pour son acier. Les rasoirs par douzaines, le miroir que lui tient Roustam, tout sort des nécessaires.

Grand amateur d'odeurs agréables, Napoléon utilise pour se faire la barbe des savonnettes aux herbes ou à l'orange du parfumeur parisien Gervais-Chardin. Il se lave les mains avec de la pâte d'amandes et avec le savon Windsor à la mode, translucide et fleurant des notes de cassis, de cumin, de lavande, de thym et de néroli. Il se lave la figure avec de petites éponges fines.

L'hygiène méticuleuse de Napoléon n'est pas répandue. Il ne lui manque aucune dent, il en prend grand soin. Il les polit à la poudre de corail après les avoir brossées à l'opiat, la pâte dentifrice au miel que l'on pratique alors. Il se taille les ongles lui-même avec précision, soucieux de ses belles mains. Si les ciseaux coupent mal, il les jette par terre et les casse.

Un pédicure vient tous les quinze jours. Allemand d'origine juive, il se nomme Tobias Koen*. C'est le même qui soignait autrefois Monsieur, frère du roi Louis XVI. On s'arrache sa pratique. Il s'occupe moins des orteils de Napoléon que de le divertir de mille potins, qu'il raconte avec son fort accent germanique.

Le coiffeur vient toutes les semaines. C'est Duplan, l'artiste à la mode. Il règne aussi sur la chevelure de Joséphine, plus tard sur celle de Marie-Louise. Comme Koen, Duplan amuse Napoléon de racontars parisiens et, comme lui, il est très bien payé.

Durant sa jeunesse Napoléon porte les cheveux longs, avec deux larges mèches le long du visage et parfois une queue attachée. Jusqu'à la fin de la campagne d'Italie, fin 1797, il se poudre encore les cheveux. Il faut que Joséphine le persuade de renoncer à cette habitude démodée. Au début de la campagne d'Égypte, il se raccourcit un peu les cheveux, garde une frange. Devenu Premier consul, Napoléon Bonaparte porte les cheveux longs dans le cou et se laisse pousser des favoris qui lui mangent le tiers des joues. Il les rase quand il opte pour les cheveux courts.

La calvitie le gagne.

---

* On peut voir la tombe de Tobias Koen (1756-1849) au cimetière du Père-Lachaise, 7e division.

Elle paraît moins visible avec sa coiffure à la Titus, inspirée de l'Antiquité romaine. Il continue de perdre ses cheveux et ses soldats finiront par le surnommer le Petit Tondu quand il aura passé la quarantaine. À la fin de l'Empire, il ramène la pointe d'une mèche prise bas derrière jusqu'à son front dégarni.

Napoléon se frictionne à l'eau de Cologne. Torse nu, il s'en fait verser sur la tête, se la frotte sur la poitrine et les bras avec une brosse dure. Le valet frotte le reste du corps en l'aspergeant encore à profusion.

Le parfumeur* de l'Empereur a inventé un flacon étroit, le rouleau, que Napoléon glisse dans ses bottes pour avoir son eau de Cologne sur lui à la guerre. Il faut qu'on l'inonde de plusieurs rouleaux pour contenter ce besoin de friction auquel Napoléon a pris goût dans les hammams d'Orient. Il encourage le valet à l'étriller comme à l'écurie :

« Plus fort ! Plus fort ! Comme sur un âne ! »

Des bains de vapeur d'Égypte, Napoléon a aussi rapporté l'idée de se maintenir en bonne santé par une transpiration abondante. « Je suis guéri si je sue », affirme-t-il. Il pratique trois façons de se déclencher de violentes suées. Le bain interminable, le lit surchauffé à la bassinoire sous une pile de couvertures ou soixante kilomètres de course à cheval.

Napoléon a attrapé la gale à vingt-quatre ans, à la fin de 1793 au siège de Toulon. Elle lui donne un teint maladif que tout le monde remarque, jusqu'à ce que, des années plus tard, sous le Consulat, Corvisart diagnostique la maladie et la soigne. Jusque-là, Napoléon Bonaparte se contente de calmer les démangeaisons dans ses fameux bains.

Il préserve sa santé par des méthodes expéditives. Après une grande fatigue, vingt-quatre heures de repos complet. Pour se débarrasser de ses hémorroïdes, la pose de sangsues.

À partir de la guerre d'Espagne, en 1808, l'Empereur cache sous ses vêtements une solution définitive à tous les maux : du poison. Il ne veut pas tomber vivant aux mains de l'ennemi.

Ses domestiques ont repéré le sachet de soie noire en forme de cœur, suspendu au cou par un cordon noir, mais ils ignorent

* Jean-Marie Farina.

de quoi il s'agit. L'un d'eux a la curiosité de l'ouvrir en cachette après la retraite de Russie, sans comprendre.

Il y a eu deux mélanges successifs. En 1814, le second produit ne marchera pas lorsque Napoléon vaincu tentera de se tuer à Fontainebleau.

Napoléon s'habille avec l'aide de son valet Constant. Il passe de sa tenue de chambre à celle qu'il va garder toute la journée. Culottes blanches, bas de soie blancs, souliers à boucle d'or.

Avec des bottes, il porte souvent un pantalon blanc moulant. Mais s'il met des bottes par-dessus des bas, il ne veut pas perdre du temps à changer de bas quand il les enlèvera. Ses bottes sont donc garnies d'une doublure intérieure renouvelée chaque jour.

Paradoxe, après ces précautions pour garder ses bas intacts, Napoléon se gratte volontiers la jambe avec le talon de sa chaussure. Pas davantage soucieux de ses culottes ni de ses pantalons, il essuie ses plumes dessus. Indifférent à son apparence, il passe la journée les cuisses tachées d'encre et les mollets marqués au cirage et au charbon de bois – il donne souvent des coups de talon dans les bûches. Il a mis des vêtements propres le matin, cela lui suffit. En revanche, il lui arrive de changer de sous-vêtements, de linge de corps, plusieurs fois dans la journée.

Le costume de Napoléon se complète d'un col haut en soie noire, séparé de la chemise comme on fait à l'époque, entouré d'une fine cravate de mousseline. Il enfile ensuite un gilet auquel il défait parfois quatre boutons pour glisser la main.

Au fait, pourquoi ce geste ?

C'est juste une élégance alors fort répandue : il convient de ne pas se tenir les bras ballants.

Napoléon ceint une épée. Il n'en possède que quatre, deux de cérémonie, deux pour la vie de tous les jours. Sur le gilet blanc resplendit le rouge du grand cordon de la Légion d'honneur. En fait de cordon, c'est un large bandeau de tissu qui passe sur l'épaule gauche et barre la poitrine en biais. Dans les grandes solennités, Napoléon porte son grand cordon sur l'habit et non pas dessous.

Quand il ne met pas de costume de cérémonie, Napoléon endosse son habit préféré, l'uniforme d'officier de chasseur à cheval de la Garde.

Il était Premier consul lorsqu'il a choisi cette tenue. Un jour de vendémiaire de l'an IX, début octobre 1800, Napoléon se trouve chez son frère Joseph, dans son château de Mortefontaine*, près de Paris. Napoléon remarque un uniforme posé sur un fauteuil. Il le déplie. Drap vert, parements rouges, revers en pointe et boutons bombés à la hussarde, petites épaulettes : un habit de colonel qui a beaucoup d'allure.

« Je veux l'essayer ! »

Aussitôt dit, aussitôt fait, il le passe, s'examine dans la glace.

« Il est beau, cet habit-là, admire-t-il. Il n'y en a pas que je trouve plus beau, si ce n'est mon habit d'officier d'artillerie. »

Et voilà pourquoi le général Bonaparte s'habille en colonel.

La tenue de Napoléon ne serait pas complète sans son célèbre chapeau noir.

Le bicorne est à la mode depuis la Révolution, chez les civils comme les militaires. La plupart des officiers le portent en long, en colonne comme on dit, tandis que Napoléon le porte dans l'autre sens, en bataille. Ses généraux, ses maréchaux en ont de grands, longue pointe devant, longue pointe derrière, galon d'or, panache de plumes. En argot militaire, les soldats appellent d'ailleurs les officiers les « grands chapeaux ».

Celui de Napoléon est petit et simple, juste une cocarde tricolore. Dans la rue comme à la guerre, on le reconnaît à l'instant.

Les deux grandes ailes relevées devant et derrière ne sont pas cousues mais pliées. Et comme le feutre est mou, lorsqu'il pleut beaucoup, le chapeau détrempé se défait. Napoléon, imperturbable, reste concentré sur ses occupations tandis qu'un pan dégoulinant lui tombe sur les épaules et l'autre sur le front.

Au palais des Tuileries aussi il l'a toujours avec lui, sur la tête pour passer d'une pièce à l'autre, à la main le reste du temps.

Son petit chapeau ne lui sert pas seulement d'emblème. C'est un accessoire de ses colères, les vraies comme les colères feintes.

---

* Dans l'Oise. Propriété achetée en 1798.

Il le jette par terre. Si cela ne suffit pas, il donne des coups de pied dedans.

Dans ces conditions, on comprend que Napoléon en possède plusieurs exemplaires. On lui en achète quatre par an, assez solides pour durer trois ans. Le chapelier qui les fournit s'appelle Poupard, installé dans les galeries du palais du Tribunat, ci-devant Palais-Royal, à l'enseigne du *Temple du goût*.

Lorsque Napoléon veut sortir incognito, il se coiffe d'un chapeau rond enfoncé jusqu'aux yeux et s'habille en civil.

La ruse réussit très bien.

Il se glisse parmi les curieux qui guettent l'Empereur sous ses fenêtres dans le jardin des Tuileries, il va même jusqu'à leur parler sans qu'on le reconnaisse. Il se promène parfois dans les rues comme n'importe quel bourgeois, le plus souvent avec Duroc.

Tous les matins Napoléon met dans une poche une petite lorgnette en vermeil : il est myope, comme je l'ai dit. C'est un trait de famille, ses frères Lucien et Jérôme le sont bien plus que lui. Napoléon se sert également d'un face-à-main, cette paire de verres correcteurs que l'on tient devant les yeux par un petit manche.

Dans une autre poche, Napoléon dépose une bonbonnière. Il en possède beaucoup, rondes, en cristal, en écaille blonde, montées en or, quelques-unes avec le portrait de sa mère ou de sa sœur Caroline. Toutes renferment la même gourmandise, de minuscules morceaux noirs de réglisse à l'anis.

Dans sa poche droite d'uniforme, Napoléon glisse un mouchoir imbibé d'eau de Cologne. Chaque objet occupe une place invariable. Le personnel devine ce qu'il a oublié rien qu'à le voir fouiller en vain telle ou telle poche. Son maître d'hôtel, Dunan, se précipite pour lui apporter ce qui manque avant qu'il n'ait eu le temps d'ouvrir la bouche. Napoléon finit par s'en étonner :

« Mais Dunan, vous êtes donc sorcier pour savoir toujours lequel j'ai oublié ? »

Dans sa poche gauche, comme on le sait grâce à Dunan qui a noté ces détails, Napoléon range sa tabatière.

Napoléon ne prise quasiment pas. Il ne fume jamais. Il a bien essayé une fois, il a toussé, s'est écrié : « Pouah ! Pouah ! Enlevez-moi cette cochonnerie ! » et a rendu sa pipe après cette maladroite bouffée.

Que peut-il donc bien faire des grandes quantités de tabac qu'il consomme ? Il lui faut trois tabatières pleines, l'équivalent d'une soixantaine de nos cigarettes modernes.

Pour priser, on inspire par une narine du tabac râpé fin. Ensuite on éternue ou bien on se mouche. La tabatière de Napoléon est pleine d'un mélange coupé gros.

Il ne cherche pas du tout à se donner le petit coup de fouet de la nicotine.

Il prend une grande pincée de tabac, en respire l'arôme et la lâche par terre, ou il se passe la tabatière ouverte sous le nez. Il est amateurs d'odeurs. Il alterne toute la journée, d'une poche à l'autre, entre son mouchoir à l'eau de Cologne, son tabac et sa réglisse à l'anis.

En ce temps-là, les montres vont dans la poche et pas encore au poignet. Napoléon en porte rarement. Vu le traitement qu'il leur fait subir, c'est tant mieux. Il les jette par terre quand il se fâche ou qu'il fait semblant, comme pour son chapeau. Celles qui n'ont pas connu ce sort dans la journée finissent mal le soir, car il se déshabille en lançant tout à travers la chambre, montre comprise. Les fournisseurs réparent tant et plus. Quelques montres résistent, ou bien il les épargne. Dans ce cas, elles durent longtemps, par exemple celle qu'il avait durant la campagne d'Italie quand il était jeune. À la fin de sa vie, à Sainte-Hélène, il la donne au général Bertrand, son fidèle grand maréchal du Palais :

« Tenez, Bertrand, lui dit-il, elle sonnait deux heures de la nuit à Rivoli quand je donnai l'ordre à Joubert d'attaquer. »

Enfin Napoléon ne s'encombre jamais du moindre argent.

S'il est dehors et qu'il doit régler un achat ou faire l'aumône, il fait signe à son aide de camp, son écuyer, le premier sur qui il pose les yeux. Sinon, dans un tiroir de son bureau, il dispose de rouleaux de pièces d'or. Il les distribue lui-même aux gens qui sollicitent un petit secours. Pour les grosses sommes, il gribouille un ordre à la Trésorerie générale ou bien son secrétaire paie.

Voilà donc Napoléon habillé pour la journée. On gratte à la porte de la chambre. C'est le chambellan en habit de soie écarlate brodé d'argent, avec la liste des personnes qui attendent le lever officiel, première entrevue de cérémonie.

Neuf heures du matin sonnent à la pendule. À ce moment-là seulement, jamais avant même s'il est prêt, Napoléon fait ouvrir les portes et pénètre dans le salon.

Il expédie d'abord en quelques instants une réunion avec les grands officiers du service de sa maison. Place aux grandes entrées, c'est le terme consacré. Princes et princesses de la famille impériale et de l'Empire, cardinaux, généraux, officiers des maisons de l'Impératrice, présidents des grands corps de l'État, premières autorités de Paris, ils viennent faire leur cour.

Ils ont fière allure, dans le costume de leur dignité ou en uniforme, en bas de soie et parés de décorations. Tous trois le glaive au côté, Cambacérès se présente en violet, Lebrun en noir, Talleyrand en rouge. Les autres sont en bleu avec des broderies d'or ou d'argent, les ministres, sénateurs, députés, tribuns, préfets, généraux.

Le salon compte six fauteuils et douze chaises de bois doré garnis de tapisserie des Gobelins. On forme un cercle. Napoléon va de l'un à l'autre, parle à presque tous, pose des questions. Sa conversation ne roule que sur les affaires et la politique, le moment n'est ni aux bavardages ni aux plaisanteries. Il marque de la considération à ses visiteurs. En effet, il tient à ce qu'on soit nombreux à cette cérémonie : ce public répétera en ville ce qu'il aura dit de bon matin.

L'assiduité qu'on lui témoigne compte plus que tout. Ce pourquoi Talleyrand, au plus noir de sa disgrâce, vient pourtant tous les matins. Il arrive même le premier. Pâle, le visage marqué d'un petit sourire en forme de rictus, il reste immobile. Napoléon ne lui adresse pas la parole mais Talleyrand part le dernier. Il parie sur un trait de caractère de Napoléon, l'oubli facile des injures. Napoléon est colérique mais pas rancunier. Son indulgence n'est peut-être que du cynisme, mais quand un traître a quelques qualités, Napoléon continue d'utiliser son talent.

Après le lever, Napoléon reçoit les solliciteurs. On l'informe des demandes à l'avance, il n'accorde audience que lorsqu'il a décidé de céder à la requête.

Toutefois Napoléon convoque certains qu'il laisse patienter plusieurs fois avant de les recevoir. Il leur fait même attendre leur tour de faveur devant le maximum de témoins. C'est à ses pires ennemis qu'il réserve ce traitement, il aime les exhiber.

Tout le monde doit savoir que s'il gracie un conspirateur, relaxe un prisonnier politique, rappelle un exilé, on le lui aura demandé.

Napoléon se figure que si quelqu'un se montre en position de suppliant dans son palais, la famille et les alliés de ce quémandeur s'en trouveront liés eux aussi.

Là, il raisonne en Corse qu'il est. Il croit à la solidarité des clans. Il pense que les frères, les gendres, les cousins se soumettront comme un seul homme et cesseront de faire de l'opposition.

En tout état de cause, qui obtient une audience obtient des faveurs. C'est comme cela, par exemple, que Napoléon donne des propriétés à la plupart des familles de l'ancienne noblesse qui viennent le lui demander. C'est bien plus souvent pour encourager un service de cour que pour récompenser une belle conduite à la guerre.

Napoléon se tient debout près de sa cheminée. Il est frileux, il lui faut du feu tard dans la saison. Il tape sans arrêt les bûches des talons pour raviver les braises, ses talons avec lesquels il se gratte le mollet.

Il écoute la requête jusqu'au bout avant de poser des questions brèves. S'il a affaire à une femme, il se montre presque toujours maladroit ou brutal. Il les vexe, elles s'offusquent, lui répliquent, il s'en amuse. Elles obtiennent ce qu'elles demandent mais partent fâchées.

De toute façon Napoléon n'aime pas qu'on le remercie. Mieux, il ne l'admet pas. Chez nous, en Corse, on ne remercie jamais. Cela ne se fait pas. L'acceptation du don entraîne une allégeance. Le donateur sait qu'un jour on lui donnera en retour et qu'en attendant le moment de s'acquitter, on lui devient fidèle. Le don sera suivi du contre-don. Dire merci, cela reviendrait à tenter de s'exonérer du contre-don.

Ses proches l'ont compris, eux qu'il comble sans qu'ils demandent rien. Ils ne le remercient pas mais se vouent à son service. Sans un mot, sans un serment, il les inféode. Voilà où Napoléon s'éloigne considérablement des monarques français récents qui le précèdent.

À la fin de l'audience, Napoléon ne serre pas la main comme cela se fait depuis la Révolution : trop égalitaire.

Napoléon a bien compris l'inconvénient de sa célébrité. Il veut exercer avec dignité son métier de Premier consul, à plus forte raison celui d'empereur. De crainte qu'on ne lui tape toute la journée sur l'épaule, il garde ses distances.

« Les Français sont légers, familiers, prêts à manger dans la main, explique-t-il à Caulaincourt. Pour ne pas être obligé de les remettre à leur place, il faut être sérieux avec eux et se tenir à la sienne. La royauté est un rôle. Les souverains doivent toujours être en scène. »

Il ne donne pas non plus sa main à baiser, comme les Bourbons avant et après lui : trop dégradant.

Lever, audiences, tout cela ne devrait durer que trente minutes. À neuf heures et demie, Napoléon déjeune. Les repas de ce temps-là ne se prennent pas aux mêmes moments que de nos jours. S'il a bu du thé ou de la fleur d'oranger, il n'a encore rien pris de solide. En réalité, les audiences traînent le plus souvent jusqu'à onze heures. Des assiettes couvertes de cloches en argent attendent dans un coin de l'antichambre, posées sur des boules d'eau chaude.

Quand Napoléon signale qu'il veut manger, vite, on lui dresse un petit guéridon recouvert d'une serviette. Il va s'y asseoir, précédé par le préfet du palais dans son bel habit rouge amarante couvert de broderies.

Le maître d'hôtel Guignet, qui se fait appeler Dunan, est à la fois fier de servir l'Empereur et complètement frustré.

Napoléon n'est pas gastronome et ne passe que sept à huit minutes à déjeuner. Ce n'est pas à sa table privée que Dunan pourrait déployer son talent et composer des menus qui feraient sa gloire. Voici ce qu'il a le droit de servir en 1810 : un potage, trois entrées, deux entremets, deux desserts, une tasse de café, deux pains à tête, avec une bouteille de chambertin. Plus tard, un peu de changement, ce seront deux potages, un rôti, un entremets, deux hors-d'œuvre, quatre plats de desserts – compotes, fruits, fromages et sucreries – et du café.

Cela en moins de dix minutes ?

Non, bien sûr. Napoléon ne touche pas à tout. C'est le service à la française : on choisit parmi les plats posés sur la table. Nul gaspillage : les restes ne se perdent pas, on les sert aux femmes de chambre de l'Impératrice, aux maîtres d'hôtel et aux valets de chambre de l'Empereur.

Napoléon ôte lui-même les cloches des assiettes. Si ce qu'il voit ne lui plaît pas, on l'enlève à l'instant. Si cela lui plaît trop, il se fâche contre son maître d'hôtel.

« Monsieur, vous voyez bien que vous me faites trop manger, reproche-t-il à Dunan. Je n'aime pas cela, cela m'incommode, je veux qu'on ne me serve que deux plats. »

Si jamais il se gave, c'est la faute de quelqu'un d'autre, en somme.

Napoléon mange très vite, se sert avec les doigts, se tache, pioche alternativement dans les entremets, viandes, hors-d'œuvre sans aucun ordre, prend de grosses bouchées, mâche à peine.

Il aime le poulet à toutes les sauces, la friture, les bouchées à la reine, les quenelles de volaille au consommé. Il mange le rôti très cuit, déteste la viande saignante. Il adore les macaronis au parmesan et se régale de rougets de la Méditerranée. Il a rapporté de la campagne d'Égypte le goût pour un plat oriental, le riz pilaw, qu'il se fait souvent servir.

C'est l'époque du gourmet Brillat-Savarin, conseiller à la Cour de cassation et futur auteur de la *Physiologie du goût*. L'époque où les amis de Napoléon, Murat et Junot, rivalisent par cuisiniers interposés avec Talleyrand, Cambacérès et le marquis de Cussy. L'époque où la diplomatie se fait à table, où la gastronomie est un art majeur. Au grand déplaisir de ses maîtres d'hôtel et gens de cuisine, le général Bonaparte, chef de toutes les armées, affirme préférer la soupe de soldat aux potages raffinés qu'on lui sert.

Il est même sûr et certain de raffoler des pommes de terre, des haricots secs et des lentilles.

Fantaisies de son imagination plus que de son appétit. Un peu comme lorsqu'il prétend que la paie d'un capitaine lui suffirait pour s'habiller, alors qu'il change de linge trois fois en vingt-quatre heures.

Un beau jour, Napoléon demande à Dunan :

« Pourquoi ne me servez-vous jamais de crépinettes de cochon ?

— Sire, parce que c'est indigeste. »

Dunan n'en croit pas un mot. Le fond de la pensée du maître d'hôtel, c'est que cela ne serait pas digne d'une table impériale. Le lendemain même, il fait préparer des crépinettes, mais de perdreau. Dunan remarque que Napoléon en mange beaucoup. Un mois plus tard, croyant lui faire plaisir, il en ressert. Fureur de Napoléon qui repousse la table, renverse tout sur le tapis et se retire dans son cabinet de travail. Il ne veut pas qu'on le tente.

Pour sortir l'Empereur de cette bouderie d'enfant gâté, Duroc doit aller le consoler. Aussitôt guéri de son caprice, Napoléon demande Dunan. Le malheureux revient tout contrit avec un simple poulet rôti.

Napoléon le complimente et lui tapote la joue.

« Ah ! Dunan ! vous êtes plus heureux d'être mon maître d'hôtel que moi d'être empereur. »

Napoléon se désaltère d'eau très froide, il aime l'eau. Comme vin, il ne boit que du chambertin vieux de cinq à six ans, très coupé d'eau. Les négociants qui ont obtenu le marché doivent livrer partout, y compris sur les champs de bataille. L'un des associés suit donc le quartier général pour fournir à la demande. On ne lui paie que ce qui est bu, ni les Tuileries ni les autres palais ne constituent de caves. Le chambertin, les autres bourgognes du même âge (romanée-conti, clos-vougeot et montrachet), le lafite de dix ou douze ans valent six francs la bouteille. Cela correspond à peu près à dix-huit euros de 2009. Impossible de nos jours de s'offrir pareils vins à ce prix, et de loin !

Au soir de la victoire d'Elchingen, Napoléon trouve ses bagages pillés et son chambertin volé. Il se rabat sur la bière locale et plaisante sur cette mésaventure : pas de chambertin en Bavière alors qu'au fond de l'Égypte il y en avait à volonté.

C'est une des vraies contrariétés de son exil à Sainte-Hélène, lorsqu'il doit pour toujours se contenter du claret, le bordeaux affectionné des Anglais ses geôliers.

Durant le Consulat, pour les grands dîners, il n'y a pas assez de vaisselle aux Tuileries : il faut en louer.

Peu à peu la France retrouve la prospérité et les palais passent des commandes aux grands orfèvres. Trois ans plus tard, au moment du sacre, la ville de Paris offre un admirable service en vermeil, aujourd'hui au musée du Louvre.

Au même moment, l'Empereur possède un autre service de vermeil pour vingt-quatre couverts et une argenterie neuve marquée d'un B, avec quatre-vingt-seize plats pour entremets, quatre-vingt-seize plats d'entrée, trente-deux pour les rôtis – plus le reste en proportion.

L'année d'après, en 1806, il y a davantage d'argenterie. Son poids total se monte à deux cent cinquante kilos.

Enfin complète au bout de cinq autres années, l'argenterie des palais de France est estimée à deux millions cent quatre-vingt-treize mille francs. On peut y ajouter l'argenterie des cours où règne la famille Bonaparte, huit cent quarante-trois mille sept cent quatre-vingt-onze francs entre la Toscane, Rome et la Hollande.

Dans la famille, nous avons conservé le service de porcelaine que l'Empereur avait offert à son frère cadet Jérôme, notre aïeul. Chaque assiette représente un paysage différent. Enfant, je les regardais comme un livre d'images.

Napoléon ne déjeune jamais avec Joséphine. Ensuite l'impératrice Marie-Louise lui tiendra compagnie à table pendant une brève période, jusqu'à la naissance de leur fils, le roi de Rome.

À dater de cette naissance, Napoléon se fait amener son bébé tous les jours par Mme de Montesquiou, gouvernante des enfants de France. Marie-Louise vient parfois avec eux. Il prend son fils sur ses genoux, joue à lui faire goûter son eau rougie ou lui met de la sauce sur les lèvres. La comtesse de Montesquiou jette les hauts cris mais Napoléon, lui, rit aux éclats.

On lui amène ses neveux et nièces, de temps en temps ses deux fils naturels, le petit Léon et le petit Walewski. Il fait aussi venir les enfants de ses domestiques. Le fils de Roustam, Achille, qui le tutoie, l'amuse beaucoup de sa jeune conversation.

Il arrive à Napoléon de déjeuner avec des adultes, bien entendu. Il reçoit des artistes et des savants. Le très célèbre acteur Talma est l'un de ses amis de jeunesse. Napoléon apprécie le théâtre, il a même écrit une pièce dont je reparlerai. Il donne des avis au grand tragédien et le comble de gratifications. En retour, l'acteur donne à l'ancien sous-lieutenant des conseils sur la manière de se tenir et de se présenter.

Autre habitué, Vivant Denon*, dont il a fait la connaissance par Joséphine. Denon, une bonne vingtaine d'années de plus que Napoléon, est un dessinateur, graveur, écrivain et amateur d'art. Il est à présent directeur général des musées.

Dans les villes que Napoléon Bonaparte conquiert, Denon constitue le butin du Louvre. C'est lui qui choisit dans les musées, églises, collections particulières, pour l'envoyer à Paris. En Italie par exemple, Denon a eu les pleins pouvoirs et fait rapporter des chefs-d'œuvre uniques.

Parfois il achète les toiles mais il faut bien s'avouer que la plupart du temps, la France révolutionnaire ou impériale intègre ces prises dans l'indemnité due par le vaincu.

C'est alors la méthode universelle.

Denon a fait la campagne d'Égypte parmi le groupe des savants qui ont accompagné Bonaparte. Quinze années plus tard, Napoléon vaincu, les Anglais à leur tour prennent à Paris de belles pièces que Denon avait rapportées d'Égypte, notamment le poing géant en granit rose du colosse de Memphis qui, comme la plupart des pièces, a été mis au Louvre.

Napoléon ne s'intéresse pas qu'aux artistes du passé. Il s'entretient avec Denon des tableaux dont il veut passer commande. Ils discutent aussi d'un projet qui lui tient à cœur, la meilleure façon de développer en France le goût pour l'art. Napoléon reçoit aussi les peintres Gérard et David.

Il partage de temps à autre son déjeuner avec son architecte préféré, Fontaine**. Avec lui, Napoléon conçoit les plans du palais idéal. Il cherche à combiner les agréments de ses divers quartiers généraux avec ceux des palais de tous les souverains d'Europe. Ce palais parfait restera un rêve de papier.

Lorsque personne ne partage son repas, Napoléon questionne le préfet du palais qui se tient debout, le chapeau sous le bras, et regarde le maître d'hôtel faire son service. Napoléon demande le prix des choses, envisage des achats. La réponse le déçoit souvent.

---

* Dominique Vivant Denon (1747-1825).

** Pierre François Léonard Fontaine (1762-1853), architecte de la Convention, du Directoire, du Consulat, de l'Empire, de Louis XVIII, de Charles X et de Louis-Philippe.

« Cela était beaucoup moins cher quand j'étais sous-lieutenant ! Je ne veux pas payer plus cher que les autres. »

Napoléon prend une tasse de café – il aime le moka bien fort, souvenir d'Égypte. Puis il rend visite à sa femme avant de retourner au travail. Joséphine a toujours des invitées pour le déjeuner, Napoléon passe un moment à bavarder avec elles.

La visite à Marie-Louise, sa seconde femme, est moins distrayante. La nouvelle impératrice mène une vie morne. Elle-même n'a pas beaucoup de conversation et Napoléon s'assoupit.

Chapitre II – Napoléon du matin au soir, suite

Le malheureux secrétaire n'avait rien compris – Resquille sur le café – Vraies et fausses colères – Napoléon journaliste – Il adore marier les gens – Un voleur de tabatières – Les six cents robes de Joséphine – Quand l'Empereur triche aux cartes – Comment ne pas s'ennuyer à la messe – Il vaut mieux manger avant les repas.

Le cabinet de travail n'est pas grand, bien moins que ceux de nos ministres actuels.

Au milieu se trouve le magnifique bureau orné de bronzes dorés, avec en haut de chaque pied quatre griffons soutenant le plateau. Conçu par les frères Jacob, il est non seulement beau mais ingénieux. Pour éviter un coup d'œil indiscret sur les secrets d'État, un mécanisme permet de faire disparaître les papiers, sans avoir à les ranger, sous un couvercle plat.

On peut voir un exemplaire de ce splendide meuble à la Malmaison et un autre à Fontainebleau.

Sous le bureau, dans un petit coffre creusé et scellé dans le plancher, on enferme le porte-documents de l'Empereur – le portefeuille comme on dit alors. Napoléon est le seul à en avoir la clé.

Son fauteuil, orné aussi de griffons et garni de tissu vert, ne lui sert que lorsqu'il signe des papiers. Le reste du temps, Napoléon s'assied au coin de la cheminée sur une causeuse verte, un guéridon à portée de main.

Aux quatre coins de la pièce, quatre hautes bibliothèques disposées en épi. Dissimulé derrière l'une d'elles, un escalier monte au petit appartement.

Les cartons, les livres qu'il consulte souvent, les papiers courants se rangent face à la cheminée, dans un meuble dont le dessus de marbre est à hauteur d'appui.

Napoléon ne reçoit pas dans son cabinet de travail, comme je l'ai dit déjà. C'est dans l'arrière-cabinet attenant que viennent les ministres et où il donne audience avant le lever officiel. La pièce comporte quelques chaises et un secrétaire à cylindre. Le meuble est orné de bronzes dorés et sa marqueterie représente des instruments de musique.

Aux Tuileries, l'endroit a gardé la décoration de son usage précédent, un boudoir. Le plafond représente la reine Marie-Thérèse, l'épouse de Louis XIV, en Minerve couronnée par la Gloire et entourée des génies des arts.

Au-dessus de la cheminée, Minerve encore, à qui des femmes présentées par Mercure rendent leurs hommages.

Des bibliothèques masquent en partie sept panneaux de paysages, ce qui serait plutôt une bonne chose : ce sont de mauvaises imitations de Poussin, affreusement sombres. Entre ces panneaux figurent des allégories en médaillon, la Douceur, la Fidélité, la Candeur, la Foi, la Sculpture et l'Architecture.

Napoléon n'a jamais pris la peine de faire changer cette profusion féminine.

Son troisième lieu de travail, le cabinet où il étudie ses cartes, sans luxe aucun, est même un peu bas : la fumée des lampes à huile noircit le plafond.

Indifférent à ce décor qu'il voit tous les jours, Napoléon n'a demandé lui-même qu'une seule œuvre d'art. Il s'agit d'une statuette représentant Frédéric II à cheval. Il la garde sans cesse sous les yeux dans son cabinet de travail. Napoléon éprouve une grande admiration pour le roi de Prusse. Frédéric le Grand, mort en 1786, ouvert aux idées des Lumières, ami de Voltaire, était surnommé le Roi philosophe, le Despote éclairé. Frédéric était tout cela et en même temps un travailleur assidu, un militaire hors pair, un conquérant. Un modèle pour Napoléon Bonaparte.

Frédéric II avait pour bibliothécaire un historien et philologue piémontais, l'abbé Denina, professeur à l'université de Turin. Pour avoir près de lui quelqu'un qui a jadis côtoyé son grand homme pendant plusieurs années, Napoléon, en 1804, le prend comme bibliothécaire à son tour. Le vieux Denina, soixante-treize ans, s'installe donc à Paris. Il continue de publier, y compris en français, et meurt onze ans plus tard.

Napoléon fait acheter tous les livres qui paraissent. Il emporte toujours beaucoup de lecture en voyage, y compris brochures et romans. Pour alléger ses bagages, il se les fait imprimer sans marges. En ce temps, les pages ne sont pas massicotées par des machines, le lecteur les coupe lui-même au fur et à mesure avec un coupe-papier. Napoléon ne s'embarrasse pas de ce genre d'objet, fend les pages avec les doigts. Quand il a fini de lire, il jette le livre par la portière ou dans la cheminée.

Si un ouvrage l'intéresse, il le couvre de notes. En dehors de la littérature de distraction qu'il jette, il fait relier, d'ailleurs sans luxe, cataloguer et conserver ce qui lui semble utile.

Toutes ses bibliothèques sont rangées de la même façon. La première, celle de la Malmaison, sert de modèle. Jamais un livre ne passe d'une bibliothèque à l'autre, il y en a autant d'exemplaires que de palais. Lorsqu'il en emporte à la guerre, il les restitue. Il part en exil à l'île d'Elbe avec des livres de la bibliothèque de Fontainebleau, en revenant il les rend.

Une fois lu, le texte se grave dans son esprit, il n'oublie pas un livre ni un document. Avec sa mémoire photographique, il est aussi capable de décrire complètement un volume, sa taille, sa couleur et sa place si le bibliothécaire ne le retrouve pas du premier coup.

L'inconvénient de cette mémoire formidable, c'est qu'elle garde aussi les erreurs. Il estropie des mots et rien ne les lui fait changer. La première fois qu'on lui a parlé des îles Philippines il a cru entendre îles *Philippiques*, il n'en démord plus. Il appelle une session une section ; le point culminant devient un point fulminant, l'amnistie un armistice. Il ne fait pas ces confusions qu'avec le vocabulaire militaire mais transforme aussi les rentes viagères en rentes *voyagères*.

Napoléon est méthodique dans le classement de ses papiers. Les documents, états de situation, budgets, doivent être de même taille par catégories, reliés de même façon, disposés suivant le même ordre. Dans des portefeuilles dont il est le seul à détenir la clé, il range les papiers par ministères. Il en a d'autres pour faire le va-et-vient avec chaque ministre.

Il a tout organisé pour réfléchir à l'état des armées et des flottes étrangères. Il a fait fabriquer des boîtes à compartiments spéciales pour les cartes, le même jeu de boîtes pour son chef d'état-major Berthier et pour lui, qu'il emporte en campagne. Il peut déplacer sur les cartes des maquettes des régiments ennemis.

Tous les jours, Napoléon se fait remettre un papier étroit qu'il garde sur lui et consulte plusieurs fois. C'est l'état de la fortune de la France.

Quand Napoléon entre dans son cabinet pour travailler, on ferme les portes. Elles sont gardées. Il jette son épée et son chapeau sur une chaise, s'assied sur sa causeuse et lit le courrier posé sur le guéridon.

Dans l'embrasure de la fenêtre, assis à une petite table, son secrétaire attend.

Napoléon se lève. Il marche de long en large et dicte sans s'occuper d'être suivi, concentré sur sa pensée, triturant de la main droite le revers de son habit ou bien les mains dans le dos.

Il faut une énorme attention au secrétaire pour écrire à la volée à la vitesse de la parole, prendre de l'encre du bout de la plume d'oie sans perdre le fil. Il note en abrégé expressions et points de repère, laisse des blancs à combler plus tard. Il gommera les tournures orales, enlèvera les répétitions, atténuera quelques duretés, rétablira les noms propres qu'il a dû résumer d'une initiale.

Nous avons la trace de la difficulté de l'exercice avec cette mésaventure d'un remplaçant que rapporte G. Lenôtre[1]. Un jour que le secrétaire particulier est tombé malade, Berthier, ministre de la Guerre, fait choisir parmi ses six attachés de cabinet celui qui aura la plus belle écriture. L'heureux élu, ébloui de sa chance, mort de trac, félicité par ses camarades, se précipite chez l'Empereur, leur dieu à tous.

Il arrive, se trouve seul face à Napoléon qui marche à travers son cabinet. L'Empereur lui jette un coup d'œil, lui désigne la table du secrétaire près de la fenêtre :

« Mettez-vous là. »

Sans plus le regarder, Napoléon reprend ses enjambées. Le jeune homme l'entend dire quelques phrases de temps en temps qui ne s'adressent pas à lui, le voit agiter la main. Il croit deviner que Napoléon est de mauvaise humeur.

Le secrétaire improvisé retient son souffle, se fait tout petit et tâche de ne pas entendre, par discrétion, ce qu'il prend pour des jurons. De toute façon, il ne comprend pas un mot. Il est de Valenciennes, dans le nord du pays, l'Empereur a ce fort accent corse.

Il attend un ordre.

Napoléon, de son côté, agit comme à son habitude et soliloque en marchant. Au bout d'une demi-heure de va-et-vient, il s'approche du jeune homme.

« Relisez-moi ça.

— Relire quoi, sire ?

— Ce que je viens de dicter.

— Di... dicter ? bredouille le débutant. Ah, je ne savais pas... je... je n'ai rien écrit... je croyais... »

Cri de colère de Napoléon.

Affolé, abandonnant son chapeau et ses gants, le malheureux à la belle écriture s'enfuit jusqu'à son ministère. Pour retrouver ses esprits après cette catastrophe, il lui faudra cinq jours. Plus jamais il ne mettra les pieds aux Tuileries. La simple traversée des jardins l'impressionnera toute son existence.

Quels que soient ceux qui remanient la dictée, on retrouve le style de Napoléon et non pas le leur. Il s'exprime avec un vocabulaire fertile, une pensée concise et l'art du mot juste. D'ailleurs, lorsqu'il a trouvé une formule qui lui convient, il la répète dans plusieurs lettres, y compris celles privées qu'il écrit lui-même.

Les secrétaires habitués se plient comme ils peuvent aux horaires difficiles de ce bourreau de travail, en ville comme à la guerre. La correspondance la plus complète publiée à ce jour contient vingt-deux mille entrées. La fondation Napoléon annonce trente-cinq mille lettres dans la publication en cours. En plus de ces lettres, Napoléon a dicté et signé par milliers des ordres, décrets, brevets, nominations, contrats de mariage, grâces, destitutions d'un bout à l'autre de l'Europe.

Il juge la précision décisive dans les batailles et garde partout ses habitudes de soldat. Ce pourquoi il date, indique le lieu, l'heure et la minute. Il attend la réciproque et se fâche s'il reçoit une dépêche où manquent ces détails.

Une partie de la correspondance de Napoléon est de sa main. Pressé, « pris par le tourbillon de ses pensées, rapporte le mamelouk Ali, il n'a pas la patience d'écrire », il abrège, il saute des lettres. Il en ajoute aussi. Son orthographe est bien approximative. Il faut penser que le français n'est pas sa langue maternelle, mais l'italo-corse qu'on parle dans son île. Il n'a découvert le français qu'à neuf ans.

Dans des réminiscences d'italien, il mélange *c* et *g*. Il met *gabinet* au lieu de cabinet, *Gaffarelli* pour le conseiller d'État Caffarelli. Il écrit les noms propres de façon phonétique : *Tayerand* ou *Tailleran* pour Talleyrand, puisque c'est comme cela qu'on prononce. Son secrétaire Méneval a droit à *Menevalle*. Sa propre femme, Joséphine Tascher de La Pagerie, se transforme en *Tachère*.

Rien n'y fait, les noms restent à jamais tels qu'il les a entrés dans sa mémoire. Il s'est beaucoup instruit au début du Consulat en suivant des explications données par les meilleurs en sciences, finances, industrie, commerce, administration, relations extérieures. Malgré ses à-peu-près, Napoléon se fait parfaitement comprendre.

Il forme très mal ses lettres, surtout si le texte est long, au point que la lecture en est parfois difficile au-delà des premières lignes. On reproduit des documents célèbres comme l'acte d'abdication, où le tremblement s'explique tout de même par l'émotion. Il est cependant capable d'écrire de façon lisible, en faisant un gros effort sur sa myopie. On en a la trace avec les feuillets du discours qu'il a prononcé au Champ-de-Mars, pendant les Cent-Jours, devant l'ensemble des corps constitués.

Ce qu'il trace très nettement, en revanche, ce sont les chiffres.

Chaque fois qu'il y a des comptes, Napoléon prend la plume en personne et calcule lui-même. Lorsqu'il s'agit du budget du pays ou de celui de sa maison, il marchande, rabat les prix, diminue les totaux et arrondit aux cinquante ou cent mille francs inférieurs.

Napoléon adore faire des économies.

Colonne par colonne, il rabaisse la prévision pour son train de vie de quarante-huit millions de francs germinal à sept de moins. Ce qui nous met son budget à l'équivalent de cent vingt-trois millions d'euros de 2009, après une coupe de quatorze et demi pour cent.

Un beau jour, il scrute la rubrique du café. Il se rend compte qu'on en boit chez lui cent cinquante-cinq tasses par jour et, vu les sommes qu'on lui facture, que chacune lui revient à un franc, soit approximativement trois euros. Après avoir examiné de près le coût de la livre de café (cinq francs), puis celui du sucre (quatre francs la livre), multiplié et divisé, il décide de mettre fin à la gratte. Plus personne ne se verra servir du café. Ceux qui y avaient droit toucheront une indemnité à la place. Les buveurs de café sont ravis. Les femmes de chambre de Joséphine, beaucoup moins. C'est elles qui le préparaient et il s'en égarait beaucoup dans leurs poches entre le sac et la cafetière.

Napoléon est le plus satisfait de tous : il a diminué la dépense du quart !

Il déteste payer plus qu'il ne doit. Il s'enquiert de temps en temps des prix de ses fournisseurs. Certains abusent de la situation.

« Pourquoi plus cher pour moi que pour un autre ? » proteste Napoléon, mécontent d'être volé.

Un dénommé Perrier lui facture la paire de bas de soie dix-huit francs pendant que les souliers n'en coûtent que quinze. Un tailleur qui exagère, Chevalier, finit à la longue par se faire retirer la clientèle de l'Empereur, au profit d'un confrère moins gourmand de vingt pour cent sur la note des uniformes.

Certains fournisseurs, au contraire, ne sont pas payés.

Napoléon raconte lui-même comment il se fait interpeller en public, « à la façon de l'Orient, comme l'aurait pu être le sultan se rendant à la mosquée », alors qu'il est en calèche à Saint-Cloud avec l'Impératrice. L'artisan, dont Napoléon ne précise pas la spécialité, réclame « une somme considérable » que le palais refuse depuis longtemps de lui régler.

« Il se trouva que c'était juste, écrit Napoléon, mais j'étais en règle. » Il a déjà payé, et à l'heure. « L'intermédiaire seul était coupable[2]. »

Celui qui a détourné l'argent et valu pareille avanie à l'Empereur est le grand maître de la garde-robe en personne, M. de Rémusat*. Napoléon le chasse[3]. Son remplaçant, M. de Turenne, réduit le coulage avec succès.

Une autre fois, Napoléon se met en tête de réformer les tarifs de blanchissage abusifs qu'on lui applique et, pièce par pièce, fixe le prix de la lessive. Il veut absolument endiguer les augmentations que chaque chef de service tente de glisser. Pas un général, pas un ministre n'a le droit de majorer le budget : il n'est pas question que son intendance particulière se le permette.

Napoléon réunit le Conseil des ministres en principe chaque mercredi, et cette tradition perdure jusqu'à nos jours. Il réunit aussi ce qu'il appelle ses conseils d'administration avec le ministre concerné et les directeurs de bureau en fonction des thèmes traités. Il voit ensuite, un par un aussi, les directeurs généraux aux attributions parfois plus étendues qu'un ministère. Un seul autre homme jouit d'une vision globale, l'archichancelier Cambacérès. Napoléon, qui l'a fait prince, le consulte en permanence. En son absence, il confie à Cambacérès la gestion du travail des ministres et la direction des délibérations du Conseil d'État.

Talleyrand, le ministre des Relations extérieures jusqu'en 1807, lui, comprend à fond son propre ministère. C'est Napoléon qui décide pourtant seul la politique extérieure. Ils discutent de la rédaction de chaque dépêche. Talleyrand les lui apporte ensuite, les expressions napoléoniennes serties dans le langage diplomatique indispensable.

On pourrait croire, de ce que je dis là, que jamais une voix n'ose s'élever pour le contredire. Pas du tout. Certains lui tiennent tête, parfois vertement, et il se rend à leurs arguments. Ainsi d'Hauterive, conseiller d'État, lit-il un jour à une audience un rapport contesté, qui fait débat. Il est question des risques que courent une femme, plusieurs enfants.

Voilà qui agace Napoléon.

« Est-ce que vous voulez me faire tomber en quenouille ? interrompt-il. Qu'est-ce que cela signifie ? »

---

* 1762-1823.

Napoléon arrache le rapport des mains de d'Hauterive et traverse le salon en agitant le papier :

« En quenouille ! En quenouille ! »

Furieux, d'Hauterive court après Napoléon, lui reprend son document et poursuit sa lecture.

Napoléon se calme, revient vers d'Hauterive.

« C'est bon, pour une fois », dit-il avant d'adopter les conclusions du rapport.

Le ministre de la Marine, Decrès, contre-amiral intrépide au combat, a l'habitude de ne pas se laisser faire.

Si Napoléon s'énerve, Decrès aussi.

Napoléon tempête mais fait ses excuses : « Je suis fâché que vous vous soyez mis en colère contre moi, crie-t-il. Mais enfin, une fois la colère passée il n'en reste plus rien, j'espère donc que vous ne m'en garderez pas rancune. »

Dans sa journée de travail, Napoléon trouve le temps de se livrer à la polémique dans les journaux. Il lit la traduction des articles et brochures qui paraissent dans toute l'Europe. Il surveille de près l'Angleterre. Au moindre incident, à la moindre attaque dans la presse, il riposte dans *Le Moniteur*. À ce propos, je remarque que personne n'a encore intégré dans les œuvres complètes ses longs articles, d'un style particulièrement vigoureux. Au cours de son règne, Napoléon Bonaparte adresse des centaines d'ordres sur le sujet des articles ou sur leur contenu. Il passe en général par Fouché ou par Cambacérès. Il fait récrire les textes ou il les modifie de sa propre main, jusqu'aux proclamations officielles et même aux adresses envoyées par les villes. Quant à la publication d'un blâme dans *Le Moniteur*, elle tient lieu de punition. « C'était le plus terrible de mes tribunaux », dira-t-il.

Napoléon passe aussi de longs moments à écouter les demandes privées. On vient lui raconter des histoires de carrière et d'ambition, de dettes, d'éducation des enfants, de soucis pour les vieux parents. Il aime ces confidences, elles lui changent les idées. Comme à son avis on ne le consulte pas assez, il décide que deux conseillers d'État tiendront une permanence tous les jours de dix heures à midi, dans le salon des maréchaux, pour recevoir les solliciteurs.

La vie privée des Français l'intéresse au point qu'il décide de s'occuper des mariages.

Napoléon demande aux préfets une liste des riches jeunes filles nobles. Ils ne s'empressent pas d'obéir. Ces demoiselles devraient venir à la cour et épouser ses officiers. Napoléon entreprend de marier le général de Caulaincourt, son grand écuyer. Justement, le chambellan de sa sœur la princesse Caroline, le baron d'Aligre, a une fille. Napoléon fait la demande lui-même. À son déplaisir, le baron refuse. D'Aligre est un des hommes les plus riches de France, il a d'autres vues pour son héritière.

Quand il réussit une union, Napoléon, ravi de s'en être mêlé, offre des cadeaux avec prodigalité.

Ces divertissements matrimoniaux n'empêchent pas Napoléon de présider le Conseil d'État, institution créée par la Constitution de l'an VIII de décembre 1799, pour recueillir ses avis sur les projets de loi. Au début, il y vient tous les jours. Moins assidu sous l'Empire, il préside encore en 1809 deux séances par semaine sur trois.

Le Conseil d'État siège aux Tuileries. Napoléon passe par ses grands appartements, traverse deux salles, descend un escalier, monte par un autre et le voilà arrivé sans mettre le pied dehors.

Les conseillers se tiennent dans une salle peuplée de colonnes et de pilastres, éclairée par des fenêtres sur deux côtés. Près de ces fenêtres, les tables des auditeurs. Au plafond, une toile de David déploie la bataille d'Austerlitz au-dessus des têtes.

La séance est en cours depuis midi. Il est une heure et demie, Napoléon monte les deux marches de l'estrade. Il s'assoit à son bureau entre Cambacérès et Lebrun, archichancelier et architrésorier de l'Empire.

Napoléon choisit une question à l'ordre du jour et engage la discussion. Il veut connaître les objections que ses projets suscitent.

Sa volonté de tout entendre ne l'empêche pas de s'emballer.

Il s'affronte désagréablement avec certains conseillers qui prennent la mouche. Il les poursuit ensuite pour se rabibocher avec eux. C'est arrivé au conseiller d'État Corvetto*, d'origine génoise, ancien avocat et instigateur du rattachement de la répu-

* Louis Emmanuel Corvetto, né à Gênes le 11 juillet 1756, mort à Paris le 13 mai 1821.

blique de Gênes à la France révolutionnaire. Napoléon le traite d'« avocat de tout le monde » dans le feu de la contradiction.

Le dimanche qui suit, Corvetto, encore vexé, se dissimule dans la foule de la réception aux Tuileries. Un proche de l'Empereur l'a amené de force, le conseiller d'État Regnault de Saint-Jean-d'Angély.

Napoléon se précipite, tout sourires.

« Je suis bien aise de vous voir ici, monsieur Corvetto, pour vous dire que j'étais très content de vous à la séance de mercredi, lui déclare-t-il. C'est comme cela que je demande qu'on s'explique au Conseil quand je demande son avis. »

Tout le monde n'a pas le courage de s'opposer, en effet.

Trois ministres successifs, Guerre, Finances, Trésor, éludent les graves problèmes des comptes de Junot dans sa gestion très particulière et très personnelle du Portugal.

Ils savent que Junot, premier aide de camp, est l'ami intime de l'Empereur. Ils préfèrent rester flous. Tant pis pour le Portugal.

Un jeune auditeur du Conseil d'État se voit charger du dossier. Il épluche les chiffres avec sérieux et remet un rapport précis sur les détournements. C'est alors seulement que le débutant s'avise de penser aux conséquences sur sa carrière de pareille bravade.

Inquiet, il attend le verdict.

« Monsieur l'auditeur, lui annonce Napoléon, quand un écolier de mon Conseil d'État me dit ce que je n'ai pu obtenir de trois de mes ministres, il mérite que je ne le perde pas de vue. »

Napoléon commence par le nommer préfet pour utiliser ses talents. En quelques mois il le fait baron puis le décore de la Légion d'honneur.

Caulaincourt note dans ses *Mémoires* que si Napoléon « n'aimait pas toujours toutes les vérités, il estimait cependant ceux qui les disaient en conscience ».

Caulaincourt raconte aussi comment Napoléon met fin à une conversation quand le sujet ne lui convient pas. S'il est chez lui, il sort de la pièce ou congédie son interlocuteur, ou bien donne un ordre qui n'a rien à voir.

Sinon, il profère :

« Vous n'entendez rien à cela ! »

Je viens de dire que Napoléon fait baron le jeune auditeur du Conseil d'État. Il anoblit les préfets, des militaires, des fonctionnaires de haut rang. Pourquoi ? Il l'explique en ces termes :

« Je veux m'attacher le service d'une classe nouvelle, qui sont les gens remarquables par le mérite. Je veux qu'ils soient propriétaires de biens importants, parce que de cette propriété des biens naît un attachement à l'État. »

Pour « niveler le reste », selon ses mots, le code civil qu'il instaure est là qui va transformer les anciens sujets en citoyens.

À propos de cette nouvelle aristocratie à créer, Napoléon donne des instructions tout à fait claires à ses frères qu'il a faits rois. Sa correspondance en témoigne : « N'en prends pas trop mais sache t'entourer de quelques centaines. » Il freine Louis, souverain de Hollande : « Tu crées beaucoup trop de postes nobles [...] ; cesse de faire plaisir aux gens... »

Chacun se donne à fond au redressement du pays. En conséquence les séances du Conseil d'État sont interminables. Napoléon griffonne. Il taillade son accoudoir du bout de son canif. Il respire son tabac.

Quand il a vidé sa provision, chaque fois qu'un conseiller prend une prise, Napoléon le remarque. D'un geste, il ordonne à l'huissier d'aller lui chercher la tabatière. Une fois servi, au lieu de la rendre, il la met dans le tiroir de son bureau. À la fin de la séance, il le ferme à clé sur ses prises du jour. Les modernes chapardeurs de briquets ont là un prédécesseur illustre. Pour ne pas perdre leurs tabatières de valeur, les conseillers d'État tombés dans ce petit piège ont l'idée de venir avec leur tabac à priser dans des boîtes en carton, leurs *boîtes de Conseil.*

Napoléon s'imagine que tous ses collaborateurs ont la même résistance que lui au travail intensif. Rien ne l'arrête.

Certains n'en peuvent plus mais le suivent tout de même jusqu'à l'épuisement.

Témoin un secrétaire, vissé à sa table dans le cabinet intérieur. Napoléon, en réunion avec plusieurs ministres, a besoin d'une note. En cherchant lui-même dans les papiers, il tombe sur le début d'une lettre du secrétaire à sa femme, juste une ligne.

Napoléon s'empresse de la lire à haute voix :

« Depuis trente-six heures, je n'ai pu m'écarter du cabinet de... »

Alors il lâche ce commentaire blagueur :

« Vous voyez qu'il trouve encore le temps d'écrire des douceurs, et il se plaint ! »

Trente-six heures, il y a mieux. Le record semble détenu par le conseiller Daru, l'homme de confiance. Une nuit qu'ils travaillent ensemble dans l'arrière-cabinet, Daru s'endort sur ses documents. Ce n'est pas son genre. Napoléon dira de lui qu'il avait la puissance de travail d'un bœuf, et que « le travail semblait être l'élément de M. Daru ».

Qu'il se réveille !

Napoléon le secoue.

Daru entrouvre un œil et révèle qu'il a déjà passé les trois dernières nuits à travailler sans dormir.

Malgré cette exigence d'assiduité, les ministres changent peu ou même jamais, ce qui contente Napoléon. Il ne remplace que les mauvais et garde les bons. Il aime la stabilité. Avec des collaborateurs habitués, le travail est plus efficace.

Quand lui-même atteint la limite de ses forces, car elles en ont une malgré ce qu'il prétend, tout à coup il ne peut plus rien faire.

Il reste dans son cabinet où le secrétaire recopie ses dictées au propre. Napoléon tente de bavarder avec lui, ne parvient pas à l'empêcher d'écrire, lui raconte ses projets, sa vie, s'assoit sur son bureau, repart se poser sur le bras d'un fauteuil.

Il ouvre un livre, le referme, donne son avis sur les auteurs, déclame du Corneille.

Il chante.

Napoléon chante vraiment très faux. De plus, il ne connaît pas toujours les paroles. Il entonne des airs révolutionnaires, *Le Chant du départ* dont il sait plusieurs strophes ou un hymne composé pour les funérailles de Marat assassiné en 1793. Là, seul le premier vers lui vient :

« Marat, du peuple le vengeur ! »

Il le répète un bon quart d'heure sans se rappeler la suite. D'un pur point de vue poétique, il est possible que cet oubli soit une bonne chose. Qu'on en juge :

« De nos droits, la ferme colonne,
De l'égalité, défenseur,

Ta mort a fait couler nos pleurs,
Des vertus, reçois la couronne ;
Ton temple sera dans nos cœurs ! »

Son autre air préféré, bien moins politique, provient d'un opéra-comique à succès de 1798, *Le Prisonnier*[*].

Eh oui ! Napoléon chante un tube de sa jeunesse !

« Oui, c'en est fait, je me marie,
Je veux vivre comme un Caton.
Il fut un temps pour la folie
Il en est un pour la raison ! »

Hélas pour ceux qui l'entendent, il n'a pas ici meilleure mémoire. Il chante en boucle le premier vers des dizaines de fois, très fort et complètement à côté de la mélodie.

Pour se détendre et se changer les idées, Napoléon va chasser. Seule la chasse à courre lui procure assez d'exercice pour atteindre la fatigue physique qu'il cherche. Il chasse aussi pour se remettre en forme avant de partir à la guerre.

Napoléon aime le grand air, la vie dehors. Aux Tuileries, il ne peut pas sortir dans les jardins. Il ne peut même pas ouvrir ses fenêtres, tous les curieux s'y agglutineraient. Lorsqu'il va dormir chez lui à la Malmaison ou dans la résidence officielle du château de Saint-Cloud, le matin il travaille dans le parc avant de rentrer à Paris. On lui dresse une petite tente où il lit les dépêches.

Le dîner est prévu pour six heures, en tête à tête avec sa femme. Joséphine attend Napoléon, toujours prête à l'avance.

Elle porte sa troisième tenue de la journée, robe fluide décolletée très bas, chaussures plates en satin, fleurs, pierreries et perles dans les cheveux. Joséphine adore la mode. Elle se fait confectionner par sa couturière, Mme Germont, entre cent et cent quarante robes par an. Elle finit par en avoir en moyenne six cents dans ses penderies.

---

* *Le Prisonnier*, créé le 29 janvier 1798 à Paris, salle Favart ; musique de Dominique Della Maria (1764-1800), élève de Paisiello ; livret d'Alexandre Duval d'après son roman *Le Prisonnier ou la Ressemblance* (1796).

Napoléon est sous le charme de la grâce de Joséphine, de son élégance, son raffinement. Il l'aime en robe neuve, dans des tissus clairs, des teintes vives.

C'est elle qui lui a formé le goût et il est devenu très exigeant dans ce domaine. Dans une réception, pense-t-il, les couleurs fraîches des vêtements féminins donnent un air de richesse. Il ne veut pas voir de tons foncés, surtout pas du noir, qu'il déteste : c'est une couleur funeste et il est si superstitieux ! J'ai raconté comme lui-même s'habille en blanc.

S'il encourage le luxe que déploie sa femme, c'est autant pour des raisons politiques et économiques qu'amoureuses.

En effet, Joséphine donne le ton. On l'imite, on la copie, on la suit. Napoléon lui conseille de porter de la soie et du velours pour faire travailler la ville de Lyon, dont c'est l'industrie principale. La splendide garde-robe de Joséphine est l'enseigne des talents du textile national.

Napoléon apprécie aussi chez Joséphine son maquillage. Elle en met de plus en plus, au fur et à mesure que les années passent, autant qu'une actrice au théâtre. De près c'est parfois étrange, le teint très blanc, les joues et les lèvres très rouges. De loin, la foule la croit plus jeune qu'elle n'est, éternellement jeune.

L'âge de Joséphine reste un point sur lequel on ment officiellement depuis leur mariage. Elle a six ans de plus que Napoléon, elle le cache bien. De toute façon, elle ne les paraît pas.

Napoléon laisse très souvent passer l'heure du dîner, absorbé par le travail. Joséphine patiente avec calme, jusqu'à sept heures le plus souvent, ou huit. Parfois plus encore : un soir, jusqu'à onze heures. Pour sa seconde épouse l'impératrice Marie-Louise, qui aime les repas à l'heure, au contraire Napoléon s'astreint à la ponctualité. Avec elle, jamais il ne se permet de retarder le dîner.

Pas plus qu'au déjeuner Napoléon n'aime passer du temps à table et le dîner ne dure qu'un quart d'heure.

Cela convient parfaitement à Joséphine, aussi peu portée que lui sur les plaisirs de la gastronomie.

Heureusement, car les cuisines ont du mal à surmonter les retards continuels, malgré les précautions. On garde au chaud ce qui peut l'être, on recommence indéfiniment le reste. Si le menu comporte du poulet rôti, pour en avoir qui soit prêt au bon moment on en remet à la broche tous les quarts d'heure.

Le soir où Napoléon ne se met à table qu'à onze heures, on en cuit vingt-trois d'affilée.

Durant ce bref repas, Napoléon écoute son bibliothécaire lui parler des nouveautés qui viennent de paraître. Il se fait aussi lire la traduction des journaux et pamphlets étrangers. Enfin le courrier n'attend jamais, les officiers responsables lui apportent les dépêches aussitôt qu'arrivées.

Il en est ainsi toute la semaine. Il n'invite que le dimanche.

Si Napoléon ne dîne qu'à deux et en vitesse, à cause de sa préférence pour le travail, à cause de l'isolement où il s'enfonce par respect de l'étiquette, il faut pourtant bien que le sommet de l'État s'adonne aux nécessités des dîners d'apparat. La politique ne se fait pas sans traiter à table les dignitaires du régime, les ambassadeurs étrangers, les princes d'Europe, les officiers généraux.

Le fidèle ami Duroc, grand maréchal du Palais, remplit cet office. Il occupe aux Tuileries un appartement décoré avec luxe, où il donne ces dîners fastueux et nécessaires.

Napoléon et l'Impératrice sortent de table et prennent le café au salon. Joséphine sucre elle-même le café de son mari et Marie-Louise, plus tard, en fera autant.

Les soirées de Napoléon empereur n'ont plus rien à voir avec celles que mène Bonaparte Premier consul.

À la Malmaison les amis sont là : les camarades de combat avec qui rire aux éclats, les femmes qu'il connaît depuis leur tendre enfance et qui ne se gênent pas pour plaisanter avec lui.

Dans le salon immense, on prend place sur des sièges de velours rouge coquelicot, le rouge éclatant de la Révolution. Un rouge vif sidérant, reconstitué aujourd'hui d'après des restes de garnitures. Sa violence et sa gaieté surprennent nos yeux modernes, car plus on s'éloigne de la période révolutionnaire, plus le rouge qu'on utilise est foncé.

On écoute des musiciens, on s'amuse aux charades, on se raconte des histoires de fantômes. On joue aux cartes. Au vingt-et-un, Napoléon tient la banque et il triche.

Non seulement il rit si on le démasque, mais il se moque de ceux qu'il fait perdre.

La gaieté, la familiarité, le langage d'égal à égal, à partir du sacre, tout cela se laisse dévorer par le protocole et le rôle à tenir. La grandeur est triste, comme le signale Napoléon devant Roederer. Roederer a participé au coup d'État qui fait Bonaparte Premier consul et ses notes sont précieuses.

La première année de l'Empire, Napoléon donne audience en sortant de dîner. Il y renonce pour travailler.

Certains soirs, l'Empereur reçoit sa famille et ses grands officiers.

Napoléon invite une de ses sœurs ou une dame du palais à bavarder avec lui tout en jouant aux cartes. Le whist est à la mode, cet ancêtre du bridge. Joséphine préfère de loin le trictrac, un jeu tactique à deux où elle excelle.

Personne ne joue d'argent comme à la cour de Louis XIV. C'est de ce moment que datent les jetons, une idée de Vivant Denon.

Il arrive que Napoléon sorte au spectacle avec l'Impératrice, avant de faire construire une salle à l'intérieur du palais des Tuileries. Depuis sa jeunesse de militaire désargenté, il va au théâtre avec plaisir. Il aime aussi l'opéra et l'opéra-comique. Devenu chef de l'État, il n'y assiste plus que le temps d'un seul acte.

Napoléon quitte aussi son palais pour se rendre aux bals que donnent ses sœurs. Ceux qu'il préfère, ce sont les bals masqués.

Comme il y a le lever officiel au matin, le soir voit le coucher officiel, à dix heures. Cette cérémonie se passe devant moins de monde, quelques grandes entrées, comme on appelle les personnalités, et quelques officiers de service qui prennent les ordres.

Napoléon se couche dans le noir absolu, dort trois heures, se réveille parfaitement dispos et se remet au travail. Il a la faculté de sortir du sommeil de façon immédiate. « La présence d'esprit après minuit », comme il dit.

En robe de chambre et en pantalon à pieds, Napoléon se met à son bureau pour étudier les rapports des ministres, les annoter. Seul, il fait aussi des comptes.

Il lit, relit, apprend les états de situation de l'armée. C'est sa friandise de lecture, son plaisir de connaître dans les moindres détails le nombre de ses soldats, les endroits où ils sont stationnés, parfois même comment ils se nomment.

S'il a quelque texte à dicter, Napoléon fait réveiller son secrétaire.

Au milieu de la nuit, il déguste des glaces, il en raffole. En cas de faim, il y a aussi un souper tout prêt. Il le partage avec le secrétaire en lui parlant de ses projets. Après la glace, le bain. Cela suppose d'avoir sans interruption de l'eau chaude en quantité suffisante, ce qui signifie du bois et quelqu'un pour entretenir le feu. Ensuite, Napoléon se recouche ou retourne travailler. Ce sommeil haché ne dure jamais plus de six heures.

Sur les dix-huit heures par jour où il est debout, Napoléon en consacre donc bien peu à autre chose que le travail.

Le dimanche, le décadi quand on est encore sous le calendrier républicain, Napoléon le passe en représentation. C'est la partie du métier de souverain qui lui plaît le moins, il s'y ennuie. Le pouvoir, il aime l'exercer de façon concrète.

Napoléon rétablit le culte catholique sous le Consulat, en 1801. Un conseiller d'État, Girardin, avertit Napoléon qu'en ce cas il lui faudra assister à la messe. Napoléon n'y voit pas d'objection. Il ne rétablit la religion que pour des raisons politiques. Elle lui paraît nécessaire à l'ordre public. Cette messe n'est qu'un des éléments du protocole varié auquel il se plie.

Girardin, fils du marquis mécène de Jean-Jacques Rousseau, est lui-même un révolutionnaire peu porté sur la religion. Girardin conseille à Napoléon Bonaparte de se faire jouer de très bonne musique durant la messe, commode « remède contre l'ennui ». Napoléon prend l'avis au sérieux. Pour sa chapelle, il recrute alors les meilleurs instrumentistes, les meilleurs compositeurs : Paisiello d'abord puis Lesueur ensuite, les meilleurs chefs d'orchestre, les meilleures voix.

La messe ne dure que vingt minutes, accompagnée tout du long de cette merveilleuse musique. La chapelle est comble. L'entrée est libre, premier arrivé, premier assis. C'est un principe fixé par Napoléon :

« Tout dans le culte doit être gratuit pour le peuple. L'obligation de payer à la porte ou de payer des chaises est une chose révoltante : on ne doit pas priver les pauvres, parce qu'ils sont pauvres, de ce qui les console de leur pauvreté. »

La population peut donc l'admirer à loisir. Napoléon adopte l'« attitude militaire de messe » : debout, les bras croisés, sans rien regarder en particulier.

Son immobilité rend grand service à qui veut faire son portrait. Peintres et dessinateurs en profitent. Il ne bouge que pour se pencher et dire un mot à Joséphine. Agenouillée sur un prie-Dieu rouge et or, la traîne de sa robe étalée derrière elle, un diadème dans les cheveux, l'Impératrice joue la piété.

Ces deux souverains qui n'y croient pas trop se tiennent avec infiniment plus de gravité que leurs prédécesseurs. Des voyageurs anglais scandalisés avaient en effet décrit Louis XVI à la messe avec son frère le comte d'Artois, futur Charles X, bavardant gaiement comme dans un salon, ne s'interrompant qu'au moment de la consécration de l'hostie.

Napoléon est arrivé en cortège, annoncé par une batterie de tambour. Il repart en cortège pour la réception officielle.

Il marche à pas lents, sans trop s'arrêter au milieu de ses familiers groupés dans les appartements, pour atteindre la galerie. C'est là que se massent les fonctionnaires et les militaires en grand uniforme ou en habit à la française, tous l'épée au côté. Napoléon distribue quelques sourires à ces hommes si émus de le voir, et d'être vus par lui. Il cherche du regard une personne qu'il reconnaisse ou qui l'inspire.

Soudain il choisit quelqu'un, se précipite vers lui, pose des questions nettes, veut des réponses brèves, enregistre.

Les fonctionnaires prêtent serment. Ceux d'un rang subalterne le font à leur supérieur, mais ceux de rang élevé viennent devant l'Empereur lui-même. Les colonels et les généraux aussi.

Il s'agit d'une invention à lui, la monarchie ne le pratiquait pas. Napoléon s'inspire là de la Rome antique, du serment aux empereurs romains. Mais dans la foi que lui-même y attache, je reconnais surtout l'expression de nos mœurs corses.

Pour Napoléon, ce serment revêt en effet une importance cruciale. On lui jure fidélité, il y compte de façon absolue. En Corse, le respect de l'honneur est prépondérant. Il ne conçoit pas qu'on pourrait manquer à son serment. Ce serait se déshonorer. Qui salirait soi-même son honneur ?

En Corse, l'allégeance se fait sans paroles, sans prononcer de serment. Sous la monarchie française, l'allégeance au roi allait aussi sans dire, sertie dans la construction hiérarchique de la société. L'innovation de Napoléon, c'est de rendre la fidélité explicite dans le système nouveau qu'il instaure.

Je remarque qu'une génération plus tard son neveu Louis Napoléon Bonaparte hésite au moment du coup d'État du 2 décembre 1851 par peur de rompre son serment, précisément. Élu président de la République, il a juré fidélité à la Constitution. Pour outrepasser son mandat et renverser le Parlement élu, Louis Napoléon Bonaparte doit se parjurer. Ce point l'arrête. Il faut les menaces de son demi-frère Morny pour lui ôter ses scrupules :

« Mon frère, si vous n'y allez pas, je vous tire une balle dans la tête et je me tue après. »

Après les serments vient le grand moment de la parade militaire dans la cour et place du Carrousel. Le plus souvent il est une heure de l'après-midi.

Sous le Consulat, c'est le décadi et parfois même le quintidi, soit tous les cinq jours. Sous l'Empire, la parade n'a lieu que le dimanche puis tous les quinze jours.

Napoléon désigne la veille les corps qui participeront.

À l'heure dite, le colonel général de la Garde fait mettre les troupes en bataille dans la cour.

Les porte-drapeaux et les porte-étendards, conduits par un officier du palais, montent jusqu'au salon où se tient Napoléon. Le chambellan les annonce. Ils décrochent des murs les bannières militaires brandies sur tous les champs de bataille, les remportent.

La foule massée derrière les grilles les guette, fiévreuse.

La musique de la Garde éclate, les tambours battent, les clairons sonnent, les fusils claquent, les drapeaux flottent au vent, les officiers saluent de l'épée, les vieux grognards se redressent, la moustache levée.

C'est à ce moment que se déclenchent de nouvelles vocations militaires chez les spectateurs. Ils n'ont pourtant pas encore tout vu. Ils savent déjà qu'ils iront s'engager dès la fin de la parade.

Napoléon enfourche son cheval, entouré de son état-major, suivi au plus près de Roustam dans son costume exotique. Roustam est peu à peu évincé par les officiers jaloux mais, sous le Consulat au moins, il est de toutes les parades, monté sur un cheval caparaçonné à l'orientale.

Au grand galop, Napoléon passe entre les rangs, parmi l'infanterie dans la cour puis, sur la place, au milieu de la cavalerie et de l'artillerie.

Descendu de cheval, Napoléon fait manœuvrer ses troupes. Un officier à la voix forte crie les ordres. Napoléon teste autant la maîtrise des soldats que celle de l'encadrement. Au moindre défaut d'exécution, il fait recommencer. Chaque homme compte. D'ailleurs, il le leur montre, en appelle quelques-uns par leur nom.

Place à l'inspection.

Napoléon fait ouvrir tous les sacs ou bien vider les caissons d'une batterie pour vérifier les boulets.

Au bout de trois heures, parfois cinq, les troupes défilent pour clore la parade. Des fenêtres des grands appartements, le corps diplomatique étranger a pu mesurer la puissance et la maniabilité de l'armée française. Amis ou ennemis, impressionnés ou mortifiés, on les régale de boissons chaudes et de liqueurs. L'Empereur rejoint ses invités. Il lui arrive de jouer à ce moment-là un grand numéro de colère s'il estime que la France doit s'en prendre au représentant de l'Angleterre ou de l'Autriche. Dans ce cas-là, il fond sur l'ambassadeur en question et lui délivre un discours furieux. Ses propos sont pesés, les faits qu'il avance sont exacts et, malgré les apparences, il est maître de lui.

Au fil du temps, les parades se dégradent. Napoléon empereur en fait bien moins que Bonaparte consul. Elles sont moins nombreuses, il ne les pousse plus à fond.

En espaçant les parades, Napoléon ne maintient plus avec les soldats la proximité qui leur a suffi pour le suivre avec abnégation. L'historien Masson rapporte une triste comparaison. Sous le Consulat, Napoléon distribue des armes d'honneur. C'est avant qu'il ait l'idée de créer la Légion d'honneur. Ceux qui reçoivent un sabre à la fin d'une parade sont conviés à la table de Napoléon Bonaparte le soir même. Officiers ou simples soldats, ils dînent avec le Premier consul et sa femme Joséphine en même temps que les sénateurs, les ministres et les conseillers d'État. Distinction exaltante, propre à susciter un dévouement hors pair.

Au contraire, vers la fin de l'Empire, à partir de 1812, cette mesure n'a plus cours. Les mérites se voient récompensés par la Légion d'honneur et non plus par un sabre. Mais surtout les lendemains de parade, un aide de camp emmène les officiers au restaurant. L'effet sur le moral de l'armée n'est pas le même, on s'en doute.

Le dimanche, Napoléon dîne avec sa famille au complet tandis que Duroc traite le corps diplomatique.

Autour de la table garnie du service en vermeil, trois fauteuils. L'Empereur s'assied dans celui du milieu. À sa gauche, l'Impératrice, à sa droite, Madame Mère. Les autres convives sont sur des chaises. Quel que soit leur rang le reste du temps, roi, prince, reine, grande-duchesse, le dimanche soir ils sont frères et sœurs et prennent place selon leur âge.

Les hommes sont à droite, après Madame Mère : Joseph le frère aîné, puis Louis, Jérôme mon ancêtre, Bacciochi prince de Piombino et mari d'Élisa, Borghèse le mari de Pauline, Murat, époux de Caroline. En dernier, Eugène de Beauharnais, le fils de Joséphine adopté par Napoléon. Il manque Lucien, brouillé avec Napoléon avant l'Empire.

Les femmes se placent à gauche après l'Impératrice : Julie la femme de Joseph, Hortense femme de Louis, Catherine femme de Jérôme. Les sœurs ne viennent qu'ensuite, Élisa, Pauline, Caroline. Enfin, en bout de table, la princesse Auguste de Bavière, femme d'Eugène, puis Stéphanie, la nièce de Joséphine que Napoléon a adoptée.

Loin des agapes qui se déroulent au même moment dans l'appartement de Duroc, chez Napoléon on reste frugal. La table est mieux garnie que le reste de la semaine. Napoléon fait un effort et reste assis jusqu'à quinze ou vingt minutes.

Eugène de Beauharnais prend cependant la précaution de dîner avant.

Chapitre III – La Corse ou la France ?

Les Bonaparte contre l'occupation française – Dans le maquis – Ralliés à Louis XV – Déjà des subventions à l'agriculture – L'ambition de Carlo de Buonaparte – Napoléon : d'où sort cet étrange prénom ? – Il manque naître en pleine grand-messe – Claques et fessées – Fausses légendes – Napoléon mauvais élève – Sur le continent.

Pour saisir quel petit garçon fut Napoléon, faisons une incursion dans la Corse où il est né : comment vivait-on dans sa ville natale d'Ajaccio, comment y a-t-il été élevé, qui étaient alors les Bonaparte ?

Un mot de géographie afin de comprendre l'histoire.

L'île de Corse en forme de main fermée semble tendre un index vers le nord : elle est bien plus proche de la péninsule italienne que des côtes de la France métropolitaine.

Pour ma famille, tout commence avec Gênes, une ville à deux cents kilomètres droit au nord de la Corse sur la côte ligure, aujourd'hui en Italie mais indépendante alors. Peuplée de marins et de commerçants, Gênes installe des bases en Corse.

Bien avant Napoléon, Christophe Colomb, le Génois le plus célèbre au monde, découvre l'Amérique en l'an 1492. Cette même année 1492, d'autres Génois abordent sur la côte ouest de l'île et choisissent une anse abritée pour fonder Ajaccio.

Les premiers Bonaparte, ou plutôt Buonaparte, sont originaires de Sarzane, une bourgade à égale distance de Gênes et de Florence où ils sont connus depuis le XIIe siècle. De nos jours encore, on peut voir à Sarzane une maison Buonaparte.

Un Francesco Buonaparte* quitte Sarzane pour Ajaccio où il arrive en 1514. C'est l'ancêtre en ligne directe de Napoléon.

Il est cavalier arbalétrier de l'Office de Saint-Georges, qui administre la Corse pour le compte de la sérénissime république

---

* Sarzane 1480-Ajaccio 1540.

de Gênes. Francesco Buonaparte vient prêter main-forte contre les incursions des Turcs, comme on appelle alors les pillards venus des côtes barbaresques, c'est-à-dire des rivages de l'Afrique du Nord.

Sept générations suivent jusqu'au père de Napoléon, Charles Bonaparte.

Chacune améliore le statut de la famille. On trouve des capitaines, des greffiers, des commerçants, des notaires.

Aux premiers temps de la colonie, seules les familles génoises résidaient à l'intérieur des remparts d'Ajaccio. Lorsque Napoléon Bonaparte naît en 1769, sa famille jouit du double privilège d'être génoise, donc de vivre dans le centre-ville depuis plusieurs siècles, et d'avoir occupé des positions notables.

« Je suis *cittadinù di Aiacciu* », note Charles Bonaparte, son père, dans ses *Mémoires*. Citadin d'Ajaccio ? Souvent, les continentaux se méprennent. Charles ne veut pas dire qu'il habite Ajaccio, il ne donne pas son adresse. Il signifie par là qu'il est citoyen noble de la ville. Noblesse modeste, certes, mais la distinction compte dans l'Ajaccio du XVIIIe siècle.

La ville se compose alors d'environ neuf cents familles, soit quatre à cinq mille habitants. La moitié d'origine génoise, les autres, venus des montagnes et qui vivent dans le bourg, le *borgù*. Troisième composante, une communauté grecque liée à celle de Cargèse, autre port plus au nord, et qui dispose à Ajaccio de son lieu de culte, la chapelle des Grecs.

Ajaccio vit d'abord de la pêche au corail. À l'époque qui nous intéresse, les registres des inscrits maritimes comptent plusieurs centaines de pêcheurs de corail. Les bateaux ajacciens dépassent de loin les rivages corses, ils croisent jusqu'aux côtes barbaresques. Le corail s'exporte brut à Livourne, sur la côte tyrrhénienne, une ville indépendante, aujourd'hui en Italie. Dans ce port franc cosmopolite et florissant, la communauté juive achète toute la récolte de l'île pour la transformer en bijoux.

Les Bonaparte prospèrent dans ce commerce.

Au début du XVIIIe siècle, les Corses se révoltent contre Gênes.

Derrière les remparts d'Ajaccio on soutient les Génois, dans le bourg on est pour les insurgés.

Les Corses appellent à leur tête un révolté, Pascal Paoli, trente ans. Le 14 juillet 1755, ils le proclament général de la nation. Paoli apporte à la Corse une Constitution inspirée des Lumières. Il instaure le droit de vote non seulement pour les hommes, mais, chose rare, pour les femmes – à condition toutefois qu'elles ne soient pas mariées.

Le père de Napoléon, Charles Bonaparte, naît en 1746 dans ce monde que secouent les Philosophes, Diderot, d'Alembert, Voltaire, Rousseau.

À dix-huit ans, il épouse Letizia Ramolino qui en a quatorze ou quinze, âges normaux en ce temps-là. Charles part faire son droit en Italie comme la plupart des jeunes gens de sa classe. L'année suivante, il rentre en Corse. En compagnie de sa sœur aînée Gertrude, de son oncle prénommé Napoléon et de Letizia, il rejoint Paoli à Corte, le fief des nationalistes au centre de l'île. Ils adhèrent à son œuvre, l'indépendance protégée par les idées nouvelles.

Des Ajacciens génois soutiennent la révolution corse ? Le fait est rare. Les futurs parents de Napoléon et leur famille reçoivent fort bon accueil.

Paoli a fondé une université à Corte, Charles Bonaparte y poursuit ses études. Pétri des idées modernes, lecteur de Montesquieu comme Paoli, il appartient à son siècle.

C'est alors que, peu avant la naissance du futur empereur, la Corse devient française.

Voici comment.

La république de Gênes, incapable de reprendre le pouvoir sur sa colonie, fait appel au roi de France, Louis XV. Elle lui demande des troupes, elle paiera les dépenses.

La France désire renforcer sa position en Méditerranée. Elle profite de l'occasion, signe un traité, envoie une armée.

Gênes doit payer mais les frais sont lourds. De toute façon la métropole n'a plus aucune autorité sur l'île : pour ne pas rembourser, Gênes cède la Corse à la France.

Pascal Paoli et ses troupes corses défendent bravement leur indépendance contre l'armée française. Ils la perdent à la bataille de Ponte Novo en mai 1769.

Charles Bonaparte, toujours étudiant, compte alors parmi les secrétaires aides de camp de Paoli. Il accompagne le général vaincu jusqu'à Porto-Vecchio, d'où celui-ci s'exile pour Londres.

Enceinte de sept mois du futur Napoléon, Letizia, son fils aîné dans les bras, fuit les soldats français. Avec d'autres partisans de Paoli, elle traverse la moitié de l'île, des jours à pied et à dos de mulet par les sentiers abrupts de la montagne pour rejoindre Ajaccio. Elle court de grands risques. En traversant le Liamone, un fleuve côtier torrentueux, Letizia tombe de sa mule, déséquilibrée par la violence du courant. Ses camarades la repêchent de justesse. Il en faut parfois bien moins pour terminer une grossesse dans le drame. Mais, malgré le choc, le futur bébé reste solidement dans le ventre de sa mère. La combative jeune femme y voit un heureux présage pour la Corse.

Après ces quatre ans à Corte, Charles et Letizia reviennent vivre à Ajaccio.

À cette époque, la France est le pays le plus puissant d'Europe – c'est-à-dire du monde –, le plus moderne, le plus écouté, le plus à la mode.

Voici Charles partagé entre les idées des Lumières, source de la liberté, et l'indépendance corse. Il choisit les Lumières et prend le parti des Français, comme tous les Corses désireux de faire carrière.

Le gouverneur de la Corse, le comte de Marbeuf, quant à lui, cherche des familles en vue qui soutiendraient le roi. Pour lui, le ralliement de Charles Bonaparte est une bonne nouvelle. Chacun y trouve avantage. Ils nouent les meilleures relations. Marbeuf nomme Charles assesseur du tribunal, sa première position personnelle de notable.

Deux ans après la naissance de Napoléon, en 1771, advient un événement que le père de Napoléon tiendra pour exceptionnel. C'est la fierté de sa vie, il l'écrit dans ses *Mémoires* : le Conseil supérieur de Bastia le reconnaît comme noble.

La monarchie française veut organiser la Corse comme le reste du royaume : elle s'appuiera sur l'aristocratie locale. Cependant la noblesse terrienne, au sens continental, n'existe plus guère sur l'île. Aux intéressés, donc, de prouver la qualité de leur origine.

Une puissante famille de Florence, les Buonaparte, atteste de leur parenté par un document écrit. Du coup, Charles, vingt-cinq ans, peut se faire élire représentant de la noblesse aux états de Corse et entrer au conseil des Nobles Douze désignés pour gouverner l'île. De leur côté, ces Florentins ont tout intérêt à se reconnaître des cousins en Corse et étendre ainsi leur réseau d'influence.

Charles professe les nouvelles idées des physiocrates : c'est le travail, et surtout le travail de la terre, qui crée la richesse. Il agrandit ses propriétés, se lance dans une culture nouvelle et subventionnée : les mûriers pour élever des vers à soie. Il voyage sur le continent et jusqu'à Paris pour faire avancer ses affaires, représenter la Corse devant le roi et obtenir pour ses enfants des places dans les écoles réservées aux nobles.

À Sainte-Hélène, Napoléon dira que son père « tenait fort à la noblesse et à l'aristocratie ; d'un autre côté il était très chaud dans les idées généreuses et libérales ». Pourquoi si attaché à l'aristocratie et la noblesse ? Parce que c'étaient les premiers moyens de la réussite sous la monarchie française.

Bien des historiens décrivent Charles Bonaparte comme un être frivole, dépensier et de peu d'intérêt. Je pense au contraire qu'il a beaucoup marqué Napoléon : homme des temps nouveaux, il lui a enseigné la volonté de réussir. Il y a un ambitieux dans Charles Bonaparte, en même temps qu'un personnage séduisant et cultivé.

Les portraits que nous avons de lui datent pour la plupart d'après sa mort et le triomphe de son fils : la ressemblance n'est pas sûre. Mais il en existe exécutés de son vivant où l'on voit Charles assez grand, fin, les yeux clairs, un bel homme. Il porte couramment la perruque poudrée de l'aristocratie française.

Charles plaît aux femmes.

Lorsqu'il ne voyage pas, il revient à Ajaccio et fait un nouvel enfant à Letizia, onze en tout. Trois meurent en bas âge.

Lorsque Napoléon naît, son frère aîné, Joseph, a un an et demi.

Joseph est né à Corte durant la vie paoliste de leurs parents, tandis que Napoléon voit le jour à Ajaccio peu après la chute des indépendantistes.

D'où vient son étrange prénom ?

Il est le premier à en sourire. À Sainte-Hélène, il en dit qu'il est peu connu, poétique, redondant, et qu'il ajoute quelque chose à la grande circonstance de sa naissance.

Il s'agit d'un prénom de famille, traditionnel dans la région et d'origine grecque*. Un grand-oncle se prénommait ainsi. Partisan de Paoli, il est tué à la bataille de Ponte Novo l'année de la naissance du futur empereur. Le premier enfant de Charles et Letizia, un garçon né et mort en 1765, s'appelait aussi Napoléon. Comme cela se fait alors, les parents donneront le même prénom à un autre enfant.

Après ce premier Napoléon qui n'a pas vécu et avant Joseph vient une fille qui ne vivra pas davantage, Maria-Anna.

Une autre Maria-Anna naît deux ans après le Napoléon qui nous occupe et on les baptisera ensemble. Cette petite sœur mourra à cinq ans.

Ensuite naît Lucien, qui a sept ans de moins que Napoléon.

La troisième fille reçoit à son tour le même prénom de Maria-Anna. Elle choisira ensuite de se faire appeler Élisa.

Après elle, Louis ; puis Marie Paoletta qui sera dite Pauline ; enfin Maria-Annunciata ou Marie-Annonciade, plus connue sous le prénom de Caroline.

Quinze ans après Napoléon naît le petit dernier, mon ancêtre Jérôme, le grand-père de mon grand-père.

Le 15 août 1769 se déroule l'importante fête de l'Assomption de la Vierge. Letizia assiste à la grand-messe. Sentant les premières douleurs, la jeune femme quitte le banc réservé à la famille, se précipite chez elle. Bien que sa maison ne soit pas loin, elle n'a pas le temps d'atteindre son lit ni même sa chambre.

Selon Las Cases, sur la dictée de l'Empereur, le futur souverain vient au monde sur un tapis orné des héros antiques de la guerre de Troie. Madame Mère aurait affirmé que c'était une fable, car il n'y avait pas de tapis dans les maisons de Corse, et encore moins l'été que l'hiver !

Un mot de cette maison natale, que l'on peut encore voir à Ajaccio et qui à l'époque ne comporte que deux étages. C'est une maison sans cour ni jardin, avec alors trois fenêtres à chaque niveau, de petites pièces, dalles de pierre au rez-de-chaussée. La maison est dans la famille depuis une bisaïeule Bozzi.

---

* Il existe en Corse une importante colonie grecque qui a créé le village de Cargèse.

Le ménage Bonaparte vit dans l'appartement composé d'un morceau du rez-de-chaussée et du premier étage, environ cent cinquante mètres carrés. L'oncle Lucien, des cousins éloignés Pozzo di Borgo et Bozzi occupent le reste.

Charles et Letizia ont décoré le salon de six grands miroirs en cristal de France. Les cheminées sont en marbre d'Italie. Les meubles de noyer restent sobres, buffet, canapé, chaises cannées. Charles, qui adore jouer aux cartes, reçoit volontiers autour d'une table à tapis vert. Un luxe nouveau, les fenêtres se voilent de rideaux de mousseline blanche.

Toujours au rez-de-chaussée, une bibliothèque. Charles se vante de posséder mille volumes. Cultivé, il ne se contente pas de lire, il écrit ses réflexions politiques et rédige ses *Mémoires*. Il n'a alors que trente-cinq ans.

Les pièces de réception sont peintes à la mode génoise de panneaux à motifs et de losanges dans les tons bleus.

À l'étage, dans la chambre à coucher, une cheminée de marbre et du tissu cramoisi.

Sur le continent, la maison paraîtrait banale. Pour Ajaccio, dans ce pays pauvre qu'est la Corse, c'est une riche demeure de notable.

On a une idée assez nette des terres que possède la famille Bonaparte – dans l'île, les biens restent longtemps une propriété commune entre parents proches. Une fois entré en possession de la Corse, Louis XV fait dresser ce qu'on appelle alors un plan terrier, nous disons aujourd'hui le cadastre. On y trouve donc, pour Charles et Letizia, un jardin qui existe toujours, vraisemblablement en verger alors ; deux vignobles ; une propriété à la Sposata, à environ deux kilomètres de la maison en ville, avec des champs et des oliviers ; une autre aux Milelli, dont le nom signifie petites pommes en dialecte corse.

La maison des Milelli se situe sur les hauteurs en dehors d'Ajaccio. Les Bonaparte s'y retirent l'été pour y respirer l'air pur et fuir l'atmosphère putride d'une ville édifiée sur d'anciens marécages.

Une quinzaine d'hectares d'oliviers entourent une demeure carrée sur trois étages construite au XVe siècle. Elle existe toujours, assez abîmée par de multiples transformations. Le cardinal Fesch, oncle de Napoléon Bonaparte, a donné cette propriété à la ville d'Ajaccio. Quand j'étais élu municipal à Ajaccio, j'en avais les clés dans mon bureau. Je me suis attaché à en aménager l'intérieur et j'ai l'intention d'en faire un lieu d'exposition sur la vie corse du XVIIIe siècle.

Napoléon, enfant, y vient très souvent.

Pour se déplacer, nul attelage comme on en aurait trouvé dans une famille aisée sur le continent. La Corse n'a alors pas de route mais des chemins, des sentiers de montagne. On y voyage à pied ou à dos de mule : les voitures attelées ne passent pas.

Charles ne cultive pas lui-même mais à la génération précédente, le propriétaire labourait ou récoltait en personne. Charles décide de mettre en valeur la terre des Salines et décide de transformer l'endroit en pépinière de mûriers : leur feuillage servira de nourriture aux vers à soie. Dans l'idée de limiter les importations de soieries d'Orient, la France veut en produire elle-même et donc subventionne ceux qui se lancent dans cette expérimentation. Charles pourrait faire fortune. Au contraire, catastrophe complète, les plantations ratent, le mûrier prend mal, les vers refusent de manger. Charles a beau s'obstiner, rien n'y fait.

La famille possède des troupeaux de vaches, de moutons et de chèvres qui pâturent en hiver près d'Ajaccio et l'été dans la montagne, quelques dizaines de têtes en tout.

Autarcie : on vit de ses fruits, de ses légumes, de son vin et de son huile, on boit le lait de ses brebis et on mange ses propres fromages sans sortir un sou.

Enfin les Bonaparte sont propriétaires de deux installations exclusives qui leur rapportent non pas de l'or mais des denrées : le moulin banal, où on les paie en farine, et le four banal pour lequel on leur paie en poissons le droit de cuire le pain.

Même chez le boucher, la viande se monnaie en nature. Une ou deux fois l'an, on règle la facture en bêtes du troupeau.

Gens réalistes, les ancêtres de Napoléon adaptent leur élevage aux circonstances. L'arrière-grand-père vit en temps de paix : il revend chevaux, bœufs et chèvres apportés en mariage par sa femme et agrandit le troupeau de moutons. Le grand-père, dans un climat troublé, se défait au contraire des moutons de son héritage pour choisir les chèvres qui nécessitent moins de soin. Le grand-oncle, lui, mise sur le bœuf pour la viande de boucherie. Après la mort de Charles, son oncle Lucien revient au petit bétail. Les choix réfléchis de chaque génération conservent au cheptel familial une valeur constante durant tout le XVIIIe siècle.

Cette économie autarcique et fondée sur le troc explique à la fois l'aisance des Bonaparte et leur défaut d'argent liquide. Hormis le café, les épices et le sucre, on n'achète pas grand-chose.

Napoléon grandit à la mode méditerranéenne : entouré de femmes.

Dans le foyer corse, les mères éduquent les enfants, racontent les légendes et inculquent les valeurs. Les pères vivent dehors, ils font les beaux, Charles Bonaparte le premier. Ils cultivent le maigre sol, partent à la guerre, s'occupent des affaires et de la politique.

Letizia a dix-neuf ou vingt ans lorsque naît Napoléon, l'état civil incertain ne permet pas de trancher.

Les historiens transmettent sa réputation de grâce et de beauté, vision qu'en aura Napoléon. Petite et fine, les traits classiques, sa bouche serrée, son nez long et pincé lui donnent un air sévère. Elle a de grands yeux sombres un peu renfoncés et dans le regard quelque chose de réservé, qui est le fond de son âme.

Letizia n'écrit pas, ni le français ni l'italien, n'aime pas lire et ses conversations ne manifestent aucune culture. Elle n'a pas reçu davantage d'instruction qu'on n'en offre alors aux filles, même dans une bonne famille d'Ajaccio comme la sienne. L'éducation qu'elle donne repose sur une stricte discipline. « Elle ne tolère de ses enfants ni qu'ils lui manquent à elle-même, ni qu'ils manquent aux siens, reprend chez eux la gourmandise et le mensonge par des corrections manuelles où elle ne les épargne point », écrit l'académicien Frédéric Masson.

Formule contournée pour dire que Napoléon reçoit la fessée et des claques.

Letizia enseigne à ses fils et filles une habitude rare alors, aussi rare sur le continent que sur l'île, la propreté du corps. Leçon apprise, Napoléon prendra un bain par jour. N'oublions pas qu'il n'existe pas l'eau courante et qu'on remplit et vide les baignoires avec des seaux.

Non contents de se laver, les enfants Bonaparte, continue notre académicien de 1927, « n'ont aucun la pudeur du vêtement, cette pudeur qui était imposée par la rigueur du climat et plus encore par l'hypocrisie religieuse. Ils ne sont point embarrassés de leur nudité. Ils n'en ont ni la honte ni l'effroi ».

Remarquons à notre tour qu'au moment où Napoléon, ses frères et ses sœurs se sentent si libres sans vêtements, les pudibonderies du XIXe siècle n'ont pas encore bridé les mœurs. Napoléon n'hésitera pas, en campagne, à se laver dehors au milieu de ses soldats.

Quoique Letizia ait été prise des douleurs de l'enfantement lors d'une messe, elle ne s'y rend habituellement que pour cette fête du 15 Août. Elle n'est pas catholique pratiquante, Charles pas davantage porté sur la religion et le couple n'est pas marié à l'église. Ils sont baptisés – pour ne pas attraper le mauvais œil –, voilà tout. Il y a bien un oncle, l'archidiacre Lucien, le chef de la famille Bonaparte, mais il s'occupe davantage d'accroître le patrimoine familial que de sauvegarder les âmes.

Letizia est superstitieuse. Je cite à nouveau Masson : « Bien plus qu'au Dieu des chrétiens, ils croient aux sorts, à la destinée, au fatum, la divinité aveugle et sourde qui a hanté les imaginations antiques. [...]

« Car ils ont foi en la Destinée, non comme les croyants qui s'imaginent être inspirés par leur Dieu [...], mais comme des êtres qui ne s'étonnent point des faits, sont toujours prêts à en profiter, se trouvent sans cesse supérieurs à leur fortune et gardent la confiance sereine de leur continuelle ascension. »

Je vois là une description extrêmement fine et juste des Bonaparte.

Ainsi Madame Mère ne paraîtra pas étonnée de ce qui lui arrivera. « Dans la prospérité et les revers, elle garda l'âme sereine et elle montra une confiance en elle-même qui ne lui permit ni de s'étonner ni de se réjouir de rien. » C'est Letizia, et c'est Napoléon.

Cette jeune mère élève sa famille avec les autres femmes de la maison, comme il est de coutume. Qui sont-elles ?

D'abord Gertrude la sœur de Charles, qui n'a pas d'enfants, la tante que Napoléon désigne en corse dans ses lettres : *zia* Gertrude.

La nourrice, Camilla Illari, femme de marin, remplie d'indulgence pour son fils de lait, et qui devient l'esclave de ses caprices. Napoléon se souviendra d'elle toute sa vie et lui fera don d'une maison.

La mère de Charles, Savéria, que Napoléon et les autres prennent pour une fée sortie d'un conte tant elle est vieille et courbée. Les petits la suivent en cachette en singeant sa façon de marcher. Très dévote, elle suit une messe pour chacun de ses petits-enfants. À en croire sa bru Letizia, elle arrive à neuf par jour.

L'archidiacre Lucien et Charles sont les deux seuls hommes. Et encore, entre ses études, ses déplacements sur le continent ou à Bastia une fois élu au gouvernement de Corse, le père part souvent.

Même lorsque son père est là, il ne faut pas imaginer le jeune Napoléon écoutant au dîner les avis de son papa, encore moins bavardant avec lui devant son assiette de soupe.

Les enfants ne s'attablent pas avec les adultes. Ils restent sous la garde des femmes et, en Corse, hommes et femmes ne mangent pas ensemble. Elles prennent leurs repas à la cuisine et servent les hommes dans une autre pièce.

La vie du père de Napoléon se déroule à l'écart de la maisonnée non seulement parce qu'il voyage, mais parce qu'à Ajaccio, les hommes restent très peu chez eux. Ils vont chez les uns et les autres, jouent aux cartes, boivent, discutent. Les femmes gouvernent les intérieurs. La famille Bonaparte ne fait pas exception.

En revanche, on peut imaginer Napoléon entendre parfois les discussions des hommes sur la politique ou l'économie domestique. L'archidiacre Lucien, l'oncle de Charles, a ses opinions sur la gestion de la propriété. Faut-il ou non prendre des chèvres ? Le débat est d'importance. On ne peut pas élever de chèvres si on fait pousser des arbres fruitiers, les chèvres les mangent. Si on tient aux deux, il faut des clôtures pour les vergers. À propos d'arbres, garde-t-on les châtaigniers ? La farine de châtaigne appartient à l'alimentation corse de base.

Le petit Napoléon entend aussi sa mère.

Letizia a participé à la guerre d'indépendance aux côtés de son mari. À Corte, elle était avec Charles proche du gouvernement révolutionnaire de Pascal Paoli. Une fois rentrée à Ajaccio, elle reste dans ses idées, tout comme ses cousines et sa belle-sœur qui, elles aussi, ont participé à l'aventure de Corte.

Napoléon, imprégné durant sa petite enfance de cet engagement politique, deviendra un chaud partisan de Paoli, corse avant d'être français.

Tant qu'il vit à Ajaccio, l'enfant doit parfois sentir aussi le climat de chicane de cette famille procédurière. Le cousin Charles-André Pozzo di Borgo, avocat, qui a une quinzaine d'années de plus que Napoléon, sert plusieurs fois la cause de Letizia. Charles a entamé une action contre la ville pour récupérer des droits définitifs sur la propriété des Milelli, jadis léguée aux jésuites qui, depuis, ont été expulsés de Corse. Charles, qui meurt en 1785 à peine âgé de quarante ans, n'aura pas la satisfaction de savoir que le tribunal lui donnera raison.

Personne n'a pensé à recueillir les détails de l'enfance de Napoléon. Les légendes ont éclos en grand nombre, il faut les écarter pour se contenter de fragments sûrs.

Autant Joseph se montre placide et serein, autant Napoléon pleure, fait des colères, exige. Devant ses accès de rage, sa tenue débraillée, la grand-mère Savéria s'affole. La nourrice la rembarre :

« Allez dire votre rosaire ! Et ne vous mêlez pas des affaires de mon petit ! »

Turbulent et vif, celui-ci prend vite l'ascendant sur son aîné. Parfois Joseph se rebiffe et le dénonce parce qu'il le bat et le mord. Napoléon avouera à la fin de sa vie qu'il forçait son frère à faire ses devoirs à sa place.

Il n'y a pas d'instruction publique laïque en ce temps. Les deux petits garçons suivent les cours donnés par des religieux, parmi lesquels l'abbé Recco. Ils apprennent l'alphabet – en italien – et le latin dès le plus jeune âge. L'éducation de leur temps se fonde d'abord sur l'étude des grands hommes de l'Antiquité : ils baignent dans Rome.

Joseph le raconte dans ses *Mémoires*.

Les élèves sont répartis en deux groupes, chacun sous un immense drapeau. L'un porte les initiales emblématiques de Rome, SPQR, *senatus populusque romanus*, le sénat et le peuple romain. En face, le reste de la classe s'assied sous le drapeau de

Carthage, l'éternelle ennemie de Rome, la ville que dans ses discours Caton invitait à détruire, discours évidemment rabâchés en classe. Joseph étant l'aîné, l'abbé Recco le place du côté romain. Il met Napoléon chez les Carthaginois.

Du côté des vaincus ?

Pas question !

Napoléon veut changer de place. Il demande, insiste, exige, harcèle son frère. Bonne pâte, Joseph cède.

Napoléon triomphe. Puis sa joie se gâte d'un début de remords : n'a-t-il pas été injuste ? Il se tracasse tant et si bien que le soir, c'est lui que Letizia, leur mère, doit tranquilliser.

À l'école, hormis un goût précoce pour les mathématiques, il ne manifeste aucun talent remarquable. Letizia le reconnaîtra en toute simplicité : « Au début de ses études, Napoléon fut celui de mes enfants qui me donna le moins d'espérance, il resta longtemps avant d'avoir quelques succès. » Un beau jour, enfin, une bonne appréciation ! Il se précipite vers sa mère. « Après me l'avoir montrée, il la posa sur une chaise et s'assit dessus avec la fierté d'un triomphateur. »

Les deux frères partagent la même chambre. Le jeune Napoléon, qui joue aux soldats comme n'importe quel garçon, se peint une armée sur le mur. Sa mère lui offre un tambour et un sabre de bois. On ne peut voir aucune prédestination dans ces amusements classiques, ces jouets si courants.

Napoléon est un enfant d'Ajaccio comme les autres, qui se bagarre et rentre les vêtements en désordre, les bas tombés sur les souliers.

Napoléon n'a jamais laissé supposer qu'en son enfance il ait eu le goût de la guerre. Loin de toutes les légendes, rien dans ce gamin violent, têtu et nerveux n'indique le futur génie. À Sainte-Hélène, Napoléon rira de ces contes faussement prophétiques, de ces anecdotes fictives, toutes ces enjolivures faites sur sa jeunesse. Que dirait-il de ce qui a été écrit depuis !

Joseph a dix ans, Napoléon huit. Déjà il faut préparer leur carrière. Dans cette famille, tant du côté Bonaparte que du côté maternel, on ne tient son rang que par une bonne éducation.

Il n'y a pas d'avenir avec Gênes, ni en Corse ni en Italie. Comme d'autres notables, Charles s'en détourne.

La France vaste et peuplée offre de bien plus belles perspectives qu'une obscure petite république.

Pour commencer, il n'est plus possible de faire ses études en Corse. Les jésuites, comme partout, y tenaient l'enseignement secondaire et Louis XV les a expulsés de l'île comme du reste de son royaume. Il a fermé l'université que Paoli avait créée à Corte, il reste sourd aux demandes des états de Corse qui voudraient faire ouvrir de nouveaux collèges.

Les enfants devront aller à l'école en France.

Charles ne peut à la fois payer pareilles dépenses et garder son train de vie. Intervient alors Marbeuf, le gouverneur de Corse, qui trouve là l'occasion de s'assurer de la loyauté de Bonaparte envers la couronne de France : il appuiera une demande de bourse afin que Charles puisse inscrire son second fils dans une école militaire française. Marbeuf tient parole, écrit au ministre de la Guerre.

Comme Marbeuf veut du bien à cette famille fidèle, il s'adresse pour l'aîné à son propre neveu, l'évêque d'Autun. C'est ainsi que Joseph, qui se destine à l'état ecclésiastique, partira pour l'un des meilleurs collèges de France. Son cadet Napoléon l'y accompagnera en attendant la réponse pour l'école militaire.

Charles doit se rendre à Versailles en tant que député de la noblesse. Accompagné du député du clergé et de celui du tiers état, il présentera au roi le cahier de doléances de Corse. Il emmènera ainsi ses fils jusqu'à Autun avant d'aller à la cour.

Leur départ a lieu le 12 décembre 1778. Ils traversent la Corse jusqu'à Bastia où ils s'arrêtent à la résidence de Marbeuf. Le 15, ils s'embarquent pour le continent.

Deux semaines plus tard, père et fils arrivent à Autun.

Ces enfants nés entre mer et montagne découvrent les paysages paisibles de vignobles et de champs de la Bourgogne. Autun, l'une des plus belles villes de France, ne peut que parler à leur imagination de petits latinistes avec ses remparts et ses vestiges gallo-romains, son amphithéâtre antique.

Le 1er janvier 1779, ils entrent au collège.

Les deux petits Corses commencent par apprendre le français, qu'ils ne connaissent pas du tout.

Le jeune abbé Chardon leur donne des leçons. Lorsque Napoléon quitte Autun pour son école militaire, il en sait assez, racontera son professeur, pour « faire librement la conversation et même de petits thèmes et de petites versions ».

Napoléon change de langue, il n'a pas dix ans. En trois mois, il parle le français. Toute sa vie, il gardera un accent prononcé, issu du corse et de l'italien, qu'il n'a pas eu le temps de perdre.

Chapitre IV – Le petit noble se rebelle

Enfermé à dix ans – À genoux vêtu de bure – Rêves sur la Corse – « La-paille-au-nez » – Méconnaissable – Un libre-penseur si dévot – Napoléon initié à la franc-maçonnerie ? – L'École militaire n'est pas ce qu'on croit – Roufflées avec les fils de grands seigneurs – Où naissent les révolutions ?

Charles Bonaparte fait la fête à Paris. Il a pris une chambre modeste à l'hôtel de Hambourg, au quartier Latin, rue Jacob, entre la Seine et la Sorbonne. Théâtres, salles de jeu et galante compagnie. Le voyageur en goguette, ébloui, qui cède par exception aux tentations de la capitale ? Au contraire, le bon vivant, habitué à la ribaude et qui ne rate pas une occasion entre deux rendez-vous d'affaires.

Il doit obtenir la bourse pour l'école militaire de Napoléon.

Les démarches prennent trois mois, qu'en attendant le jeune garçon passe à Autun.

Pour faire entrer gratuitement son fils à l'école de Brienne, il ne suffit pas d'être un père désargenté. Charles doit prouver sa noblesse devant le juge d'armes de la noblesse française, d'Hozier de Sérigny.

Huit ans plus tôt à Bastia, Charles avait convaincu ses pairs grâce au certificat des lointains cousins florentins. Ce document ne suffit pas à établir sa généalogie. Charles produit les attestations rassemblées autrefois par son propre père lors de ses voyages en Toscane.

D'Hozier, pointilleux par fonction, épluche le dossier. Il cherche à traduire Ramolino, le patronyme de Letizia. Il ergote sur l'orthographe de Buonaparte. Charles s'embrouille dans la description de son blason : il lui en réclame une représentation en couleur.

Rien de bien grave, Charles réussit l'examen. Dorénavant, il signe Carlo de Buonaparte, avec une particule, et son fils signera Napoleone di Buonaparte.

Avant cet agrément définitif vient pour Charles le moment de paraître devant le roi. En tant que député de la noblesse, il va lui présenter le cahier de doléances de la Corse. Avec ses deux compagnons de voyage, Mgr Santini, l'évêque de Nebbio député du clergé, et Paul Casabianca du tiers état, Charles s'est acheté des vêtements de cour. Charles, qui s'y connaît, n'a pas regardé à la dépense pour se donner bonne tournure. Il entre au palais de Versailles en habit de couleur et l'épée au côté pour rencontrer le souverain de l'État le plus puissant du monde.

Dix ans plus tôt, tous trois combattaient pourtant ce même État les armes à la main.

Le marquis de Monteynard, gouverneur général de la Corse résidant à Versailles, les introduit devant le jeune Louis XVI, âgé de vingt-cinq ans. Le roi lève son chapeau, signe qu'ils peuvent parler. L'évêque prononce un bref discours. Le représentant du tiers, un genou à terre, tend le cahier de doléances à Charles, qui le tend au monarque, qui le passe à Monteynard après quelques mots à l'évêque.

Moment inoubliable. Charles ne se lassera pas de raconter l'épisode à sa famille et aux Ajacciens, même s'il n'a tenu qu'un rôle de figuration.

Napoléon n'est pas le seul boursier de Brienne, le roi paie pour la moitié des élèves. Leur pension annuelle se monte à sept cents livres, que le souverain verse d'avance par trimestre. En évaluant la livre de 1779 comme à peu près équivalente au franc germinal, dont on sait qu'il vaut trois euros de 2009, on peut estimer que la scolarité de Napoléon Bonaparte coûtera environ deux mille cent euros par an à Louis XVI.

Tenue par les religieux de l'ordre des Minimes, l'école est récente, installée depuis trois ans dans un ancien monastère de la petite ville de Brienne-le-Château. Deux bâtiments perpendiculaires au bout d'une allée de gros tilleuls, dans la campagne plate et humide de Champagne, c'est là qu'arrive le jeune Napoléon, conduit par un abbé.

Il n'a pas encore dix ans.

Charles, venu de Paris, l'attend avec le trousseau qu'il lui a acheté selon les instructions de l'école.

J'en ai la liste, Charles a dressé l'inventaire : « Trois paires de draps pour des lits de trois pieds de large et six pieds de long ; un couvert et un gobelet d'argent marqués aux armes de la famille ou par les lettres initiales du nom de famille des élèves ; douze serviettes ; un habit de drap bleu, collet, revers et parements rouges, boutons blancs aux armes de l'école ; une veste bleue doublée de blanc ; un surtout pour l'hiver, aux mêmes parements et collets que l'habit ; deux culottes noires en serge de Rome ou de Cadix ; douze chemises, douze mouchoirs, douze cols blancs, six bonnets de coton, deux peignoirs, un sac à coudre et un ruban de queue. Le tout neuf. »

L'école fournit les livres. Le papier se paie vingt sous par mois jusqu'à l'âge de douze ans, quarante sous au-delà.

Le soir, les enfants regagnent leurs minuscules chambres particulières alignées dans de longs corridors, soixante-dix par couloir. Les cellules contiennent un lit de sangle, sans nul doute pour les habituer à dormir comme en campement militaire, un pot à eau et une cuvette pour se laver, une petite armoire. Ces chambrettes sont toujours fermées : accès interdit le jour, porte verrouillée de l'extérieur la nuit. Une clochette permet d'appeler le veilleur de nuit.

Elles ne sont pas chauffées. Les élèves n'ont droit qu'à une seule couverture.

Dans la glaciale et venteuse Champagne, ces conditions sont dures et plus encore pour un enfant de la Corse ensoleillée. Pourtant, même si Napoléon attrape comme les autres rhumes et bronchites, nulle trace qu'il ait souffert de la froidure en dehors des engelures qu'une sœur infirmière lui a soignées en hiver.

J'ai retrouvé son emploi du temps. Il se lève à six heures. Prière, lecture de l'instruction sur les bonnes mœurs et des lois de l'État puis messe* du matin avant de se rendre au réfectoire. Pour le petit déjeuner comme pour le goûter, Napoléon a droit à de l'eau, du pain et un fruit de saison.

---

* On trouve dans Arthur Chuquet, *La Jeunesse de Napoléon*, le minutage des messes selon les officiants : quatre minutes et demie pour le père Château ; neuf ou dix pour le père Louis Berton sous-principal ; treize pour le vieux père Génin ; dix-huit à vingt pour le père Avia. Il est question du « souffle d'incrédulité qui circulait dans l'école ».

Les minimes, soumis à un carême perpétuel, ne servent ni lait ni fromage. Lors d'excursions surveillées à la ferme voisine, chez la mère Marguerite, Napoléon et ses camarades s'achètent un verre de lait, une tartine de beurre ou de crème fraîche, gourmandises d'époque. Vingt-cinq ans plus tard, Napoléon empereur passe une nuit à Brienne, au château cette fois. De bon matin, il sort à cheval galoper trois heures seul dans la campagne de son enfance. Il s'arrête à la même ferme où la même paysanne vit toujours[1]. Sans savoir à qui elle a affaire, elle lui parle du jeune Bonaparte « qui était sage, sérieux et même quelquefois triste ». Alors Napoléon, pour se faire reconnaître d'elle, s'écrie comme autrefois :

« Allons, la mère Marguerite, du lait, des œufs frais, nous mourons de faim. »

La brave femme finit par comprendre qu'elle a devant elle le petit Bonaparte qui buvait du lait dans sa chaumière. Tremblante d'émotion, elle fait la révérence.

« En vérité, j'ai un appétit d'écolier. N'avez-vous rien à me donner ? » lui demande-t-il.

Et, comme s'il avait dix ans, le grand empereur qui règne sur le monde, ravi, s'assied chez la mère Marguerite devant des œufs et du lait. Seulement, cette fois, il paie sa collation d'une pleine bourse de pièces d'or.

Je reprends l'emploi du temps de l'école. À huit heures du matin, Napoléon rejoint le rassemblement avant d'entrer en classe. De huit heures à dix heures, il suit les cours sur les matières de base ; de dix heures à douze heures, ce sont les matières militaires : cours de fortification et de dessin de cartes.

À midi, il dîne d'une nourriture « saine et abondante », non sans avoir récité le bénédicité d'abord, les grâces ensuite. Le réfectoire est immense, ils sont cent quatre-vingts élèves attablés sous la surveillance des séminaristes. Après le repas Napoléon peut se détendre et jouer pendant une heure de récréation.

L'après-midi, de deux à quatre il suit les mêmes cours que le matin. Ensuite, deux autres heures consacrées selon les jours à l'escrime, la danse, la musique ou les langues vivantes. Napoléon apprend l'allemand ; d'autres élèves, l'anglais.

De six heures à huit heures, il fait ses devoirs. Ensuite, il soupe, après quoi il y a récréation. À dix heures, c'est le couvre-feu : Napoléon va se coucher pour huit heures de sommeil.

Le règlement de l'école prévoit une activité religieuse abondante qui tranche avec ses habitudes familiales. Outre la messe tous les matins, le dimanche Napoléon doit assister à la grand-messe et aux vêpres. Il lui faut obligatoirement se confesser une fois par mois et communier au moins tous les deux mois.

À son arrivée, Napoléon endosse son uniforme et on lui coupe les cheveux très court. Il entre en classe de septième. La scolarité va durer six ans, perspective sans fin pour un petit bonhomme de son âge.

Maigre et sans cheveux, il a l'air étrange. Il n'aura les cheveux assez longs pour les attacher d'un lacet ou d'un ruban de queue qu'en quatrième.

Le règlement interdit toute sortie, même pour les vacances, pendant six ans.

Les vacances, ce sont simplement davantage de récréations. Les élèves se promènent quelques heures par semaine, toujours sous surveillance. On ne rentre pas dans sa famille pour les fêtes, on ne quitte pas l'école.

Parmi les professeurs de Napoléon, quelques-uns nous seront connus par la suite. Jean-Baptiste Patrauld lui donne le goût des mathématiques, Napoléon se souviendra de lui et le prendra comme secrétaire. Pichegru, son répétiteur de mathématiques, deviendra général durant la Révolution et méritera le titre de Sauveur de la Patrie. Il finira par tenter un coup d'État monarchiste contre son ancien élève, la conspiration de Cadoudal. Mal lui en a pris, il mourra en prison à la veille de l'Empire, dans des conditions douteuses. Daboval, le maître d'escrime, ancien soldat, entrera dans la gendarmerie à la fermeture de Brienne en 1793. Il mourra octogénaire en 1834, vingt-quatre ans après avoir pris sa retraite comme brigadier. Le père Dupuy en grammaire, à qui Napoléon enverra ses écrits politiques de jeunesse.

Parmi les élèves, Napoléon se lie avec Bourrienne, Louis de son prénom. Les deux garçons se répartissent le travail de classe, Bourrienne fait le latin, Napoléon les mathématiques. Napoléon Bonaparte prendra Bourrienne pour secrétaire des années durant.

Il s'en séparera lorsque Bourrienne se sera compromis dans une histoire de faillite.

Napoléon ne parlera jamais de son enfance, sauf à Sainte-Hélène. Les seuls souvenirs qu'il garde de l'école de Brienne concernent des incidents humiliants. On l'oblige une fois à prendre son déjeuner à la porte du réfectoire, à genoux, vêtu de bure. Cette punition lui est si insupportable qu'il est pris d'une crise de nerfs, vomit son repas et tombe. C'est son bourreau qui se fait réprimander lorsque intervient le père Patrauld, le seul maître qui semble se soucier de Napoléon.

Il a aussi raconté quelques épisodes où il se présente à son avantage mais on n'en trouve pas trace dans les récits de ses camarades.

Sur cette période, les histoires apocryphes abondent au point qu'il est difficile d'y voir clair.

La légende bâtie après coup rapporte qu'il aurait montré des talents de meneur. Au contraire, il ne fait pas preuve à Brienne de l'extraordinaire séduction qui sera la sienne, adulte. Il méprise certains de ses condisciples qui courent les filles : il les trouve corrompus et le leur dit.

Il se querelle souvent.

Napoléon confie qu'à Brienne il devient « morose et sombre », se réfugie dans la lecture « avec une passion poussée jusqu'à la rage ». Il réagit à l'opposé de Joseph qui, lui, s'adapte bien à son collège d'Autun.

Pour moi, c'est un comportement très corse, renfermé sur soi dans la difficulté. Sevré de la sollicitude de l'entourage féminin d'Ajaccio, dépaysé, la pension le blesse. Il serre les dents, comme les Corses qui puisent leur résistance psychologique dans le mutisme.

L'autre aspect corse de son caractère, ce sont ses accès de violence.

Dès sa petite enfance, il se mettait en colère et les gens lui cédaient. Il a vite appris à utiliser la violence comme un moyen d'action, la menace verbale d'abord et les coups s'il le faut. Bien que petit et fluet, il n'a jamais peur de se battre.

Son frère Lucien, qui le rejoint plus tard, écrit que Napoléon est le plus souvent mal vu « parce qu'il inspire la crainte ».

Jean-Baptiste de Granchamps, un de ses camarades, rapportera que les autres le provoquent sur ses origines. Napoléon est le seul à avoir le teint mat : sa nourrice l'a sans doute allaité avec de l'huile d'olive, ricane-t-on.

« Si la France a pu conquérir la Corse, le narguent ses condisciples, c'est que les Corses sont des lâches !

— Si nous avions combattu à un contre quatre, répond Napoléon, nous n'aurions jamais été vaincus ! Mais là nous étions à un contre dix.

— Cependant, intervient le maître pour tenter de l'apaiser, vous aviez un bon général en Paoli.

— Oui, monsieur, et je voudrais bien lui ressembler. Paoli reviendra et s'il ne peut rompre nos chaînes, j'irai l'aider sitôt que j'aurai assez de force. Et peut-être à nous deux saurons-nous délivrer la Corse du joug odieux qu'elle supporte. »

Délivrer la Corse avec Paoli ! Il n'a que dix ans. Paroles en l'air ? Pas du tout, jusqu'à l'âge de vingt-trois ans, il s'efforcera bel et bien de réaliser ce projet.

La Corse, les souvenirs de Pascal Paoli et des combattants de la guerre d'indépendance... Voilà l'univers où il se réfugie en pensée face à l'hostilité environnante, celle du climat et celle des petits Français qui n'ont jamais vu de Corses. Il se sait au milieu des fils de ceux qui ont conquis son île.

On se moque de son pays, on se moque de sa couleur de peau, de son accent : le parfait immigré.

On se moque de son prénom.

Napoléon, il le prononce à la corse et cela sonne à peu près comme *Napoulioné.*

On l'appelle La-paille-au-nez.

Contrairement à la légende, Napoléon n'a pas été non plus un brillant élève à Brienne. La langue reste pour lui un obstacle. Assez curieusement, il met plus de temps à apprendre le français que Joseph – qui bénéficie peut-être d'un meilleur enseignement. Il parvient mal à familiariser sa plume avec l'orthographe, cache ses fautes sous une écriture illisible. Il en fera toute sa vie.

Obligé de travailler davantage, il lit beaucoup, ne joue pas et vit très solitaire.

Ses capacités dans les matières qui lui plaisent se manifesteront plus tard. Il aime les mathématiques : « La géométrie, dira-t-il, est le sublime abstrait, comme la grande poésie. »

Il aime aussi l'histoire ancienne, où il trouve les modèles de grandeur antique – passion assez largement partagée à son époque de retour au classicisme. Au lieu de se joindre aux autres durant les récréations, il se met à l'écart avec un livre. Un jeune condisciple français le décrit par la suite « dans la retraite inaccessible qu'il s'était aménagée au jardin, s'alimentant de ces hommes qu'il se préparait à surpasser ».

L'école ne laissant aucune liberté sur le sujet, Napoléon, qui n'est pas pieux, suit comme tout le monde les cours de catéchisme. Sans grande conviction, il fait sa première communion avec le curé de Brienne en 1781. L'instruction religieuse ne l'a pas convaincu, au contraire.

À Sainte-Hélène, il rapporte sa découverte du catholicisme au fidèle général Bertrand qui note mot à mot le français heurté de Napoléon :

« J'avais onze ans. Je suis scandalisé d'entendre dire que les hommes les plus vertueux de l'Antiquité seraient brûlés éternellement pour n'avoir pas suivi une religion qu'ils ne connaissaient pas. Dès ce moment-là, je n'ai plus de religion. »

Et à Las Cases* : « Voyant un peu la gaucherie de ceux qui nous forment, qui nous élèvent au milieu des Grecs et des Romains avec leurs myriades de divinités, j'ai eu besoin de croire, j'ai cru. Mais ma croyance s'est trouvée heurtée, incertaine dès que j'ai su, dès que j'ai raisonné[2]. »

Si les enfants n'ont pas le droit de sortir, ils peuvent recevoir la visite de leur famille. Charles et Letizia viennent ensemble voir leur fils. Charles reviendra deux fois encore, seul. Les parents Bonaparte passent la journée avec Napoléon au cours d'un voyage sur le continent pour prendre les eaux à Bourbonne-les-Bains**.

Jean-Baptiste de Granchamps les décrit en visite à Brienne en 1782. Charles, grand, mince, sec et « de type bourgeois ». Il porte une perruque en fer à cheval, un costume noir à brandebourgs et l'épée au côté.

---

* Napoléon fera venir E. de Las Cases à Sainte-Hélène pour lui dicter ses Mémoires. L'ouvrage sera publié quelques années après la mort de Napoléon (1821) sous le titre *Mémorial de Sainte-Hélène* et connaîtra immédiatement un très grand succès.

** De Brienne à Bourbonne, il y a 144 km.

Napoléon, dans ses Mémoires, garde de cette visite le souvenir de la perruque bouclée de son père, d'un habit couleur cerise, de ses culottes couleur puce et de ses souliers à boucles d'argent. Il remarque que Charles « affectait trop de la politesse ridicule de l'époque » et se montrait plus affable que nécessaire.

Voilà qui décrit assez bien le caractère de Charles : un homme des idées nouvelles mais pétri de tradition de l'Ancien Régime qu'il surjoue. Dans ce milieu qui lui est étranger, ces rejetons d'aristocrates, ces minimes, il en fait trop.

Letizia l'accompagne. Elle a trente-deux ou trente-trois ans et fait forte impression sur Granchamps. Il parle d'une « femme jeune et belle, avec un port romain, vêtue d'une robe à paniers de soie blanche ornée de fleurs vertes. Ses cheveux châtains sont ramassés et tenus par un voile de dentelle ». Une « mère belle comme les amours », dit Napoléon qui l'adore.

Letizia ne cache pas sa surprise en revoyant son fils : « Elle fut si effrayée de ma maigreur et de l'altération de mes traits, confiera-t-il à Montholon, qu'elle prétendit qu'on m'avait changé et qu'elle hésita quelque temps à me reconnaître. » Elle a laissé partir un garçonnet. Trois ans plus tard, elle découvre un adolescent de près de treize ans.

Dans la nombreuse fratrie Bonaparte, Joseph et Lucien comptent davantage pour Napoléon.

Joseph est le seul auquel il soit attaché. À Sainte-Hélène, aucun autre nom que Joseph ne reviendra à sa mémoire et il évoquera leurs escapades, leurs confidences, leurs bagarres, les réussites de Joseph lorsqu'ils étaient dans la même classe sous les enseignes de Rome et de Carthage.

Leur différence de caractère se retrouvera leur vie durant.

Joseph a onze ans lorsqu'on le sépare pour la première fois de Napoléon. Il pleure beaucoup. Napoléon, lui, dissimule autant que possible une unique larme.

Napoléon se rebelle et s'isole, Joseph, à la différence de son frère, s'efforce de séduire par ses manières prévenantes et enjouées. Il apprend le français beaucoup plus vite, car il veut être bien vu de ses maîtres et s'intégrer rapidement à ses nouveaux compagnons.

Joseph est particulièrement bon en littérature. Les deux frères, fils de Charles à la bibliothèque aux mille volumes, partagent le goût de la lecture, comme d'ailleurs beaucoup de Bonaparte.

Ils s'écrivent. « Napoléon me faisait part de ses lectures, raconte Joseph dans ses *Mémoires*, elles se rapportaient à des sujets d'histoire ancienne et moderne. Je lui rendais compte des miennes. Elles étaient moins sérieuses : les poètes épiques, Fénélon, Saint-Lambert, que j'avais obtenus comme prix, étaient sans cesse dans ses mains. »

À en croire ses condisciples, Joseph possède un don pour la scène, talent qu'on retrouve également chez Lucien.

Joseph citera de mémoire des passages entiers de *La Mort de Pompée*, la tragédie de Corneille. Il rappellera avec fierté le prix de composition française que lui vaut sa parfaite connaissance du monologue de Cornélie, la veuve du grand Pompée, tenant l'urne qui contient les cendres de son mari.

Cette éducation française des plus classique les sort de l'influence culturelle italienne : ainsi l'avait voulu leur père pour assurer leur avenir.

Les Corses ont toujours pratiqué des échanges avec l'Italie entière, pas seulement avec la région génoise. Mais, asservie par l'Autriche, morcelée en petits royaumes, l'Italie ne compte plus ni comme puissance militaire, ni économique, ni culturelle.

Charles Bonaparte avait destiné Joseph à la carrière religieuse.

Dans la noblesse, c'est en principe le sort du cadet tandis que l'on destine l'aîné à la carrière militaire. Charles, ouvert d'esprit, tient compte de ce qu'il comprend de ses fils. Il paraît évident que Napoléon n'est pas fait pour la prêtrise, qui conviendrait mieux à Joseph.

Mais à la fin de sa scolarité à Autun, Joseph décide de renoncer à l'état qu'on lui prépare. Il veut lui aussi se diriger vers le métier des armes, et même vers l'artillerie comme son frère.

La première lettre de Napoléon dont la trace soit restée date de 1784. Il l'adresse de Brienne à son oncle Fesch* à Ajaccio, à propos des études de ses frères, de Joseph surtout. Il écrit sans nul

* Il existe une incertitude sur le destinataire de cette lettre, probablement écrite le 25 juin 1784. Les historiens, tout comme les auteurs de la plus récente publication de la correspondance générale, pensent qu'elle est adressée à Joseph Fesch. Fesch est le jeune demi-frère de Letizia et n'a que six ans de plus que son neveu.

doute à ses parents bien avant puisque les élèves y sont obligés, mais ces lettres ont disparu.

À quinze ans, Napoléon commente avec esprit et lucidité les réflexions de son père sur son aîné.

La vocation militaire subite de Joseph ? « Il a bien tort », juge Napoléon qui pense que son frère, « bien fait, ayant l'esprit léger », ferait seulement « un très bon officier de garnison ». Il ne le voit pas du tout se sortir d'un combat. « Deuxièmement, argumente Napoléon, Mgr l'évêque d'Autun lui aurait donné un gros bénéfice et il était sûr d'être évêque. Quels avantages pour la famille ! » Napoléon, qui a le sens pratique dont Joseph semble dénué, constate « troisièmement » que son frère ne connaît rien aux mathématiques indispensables dans la marine : « il lui faudra deux ans pour les apprendre », et pour entrer dans le génie, quatre ou cinq. « Et au bout de ce terme, il ne sera encore qu'un élève du génie. » Si Charles ne parvient pas à convaincre Joseph de se faire prêtre, « mon cher père l'emmènera avec lui en Corse où il l'aura sous ses yeux et tâchera de le faire entrer au barreau ».

Joseph ne part effectivement pas pour Brienne et rentre à Ajaccio l'année de cette lettre, en 1784, à seize ans. Il a la surprise de se sentir complètement déplacé et isolé au milieu de ses compatriotes. Il a oublié sa langue maternelle. « La langue française n'était pas celle du pays et je ne savais pas un mot d'italien », raconte-t-il dans ses *Mémoires*. Son père Charles l'encourage à reprendre goût pour la Corse et sa terre, avec l'idée de le voir entrer en politique dans les instances locales.

Joseph s'occupe de la propriété de la famille, il escorte sa tante Gertrude lorsqu'elle va cultiver le jardin familial au-delà du faubourg.

Il le reconnaît avec cette simplicité qui le rend sympathique : « Insensiblement, je trouvais du charme à m'occuper des travaux de la campagne, à mesure que je me familiarisais avec la langue du pays et que je connaissais davantage les différentes branches de la culture qui presque toutes sont propres à la Corse : l'olivier, le mûrier, l'oranger, la vigne y réussissent également. Les prairies, les céréales de toutes espèces, le bétail gras et menu prospèrent aussi dans cette terre fertile et sous ce climat enchanteur. »

Au moment du coup d'État du Dix-huit Brumaire, Napoléon se

moquera de son frère Joseph resté en Corse « en train de faire de la pastorale » selon sa mauvaise habitude depuis ses seize ans.

Joseph se lie avec Charles-André Pozzo di Borgo, un peu plus âgé que lui. Charles-André, avocat, se chargera des affaires des Bonaparte. Il appartient à une famille cousine et alliée politique. En 1771, grâce à l'influence du gouverneur Marbeuf, les voix du clan Pozzo di Borgo avaient fait élire Charles au conseil des Nobles Douze de Bastia.

La pratique du français, d'abord un handicap pour Joseph, va devenir son grand atout en politique. Il sera en effet le seul parmi les élus de Corse à comprendre à la perfection les lois et règlements qui arrivent de Paris.

Lucien, le troisième fils de Charles, est né en 1775. Il quitte la Corse dès six ans, plus tôt encore que ses frères. Comme eux, il passe par le collège d'Autun. Il y reste trois ans et, en 1784, intègre Brienne.

Charles le conduit à l'école militaire. Au cours de ce même voyage, le père Bonaparte emmène sa fille aînée Élisa, que l'on appelle encore Maria-Anna, à l'école des demoiselles de Saint-Cyr. Elle sera la quatrième et dernière à faire ses études sur le continent. La petite Maria-Annunciata, future Caroline, deux ans, les accompagne.

Napoléon n'accueille pas Lucien par des débordements d'affection. Le grand a quinze ans, le petit, neuf. À ces âges, ils n'ont pas grand-chose à partager et d'autant moins qu'ils ne se sont pas vus depuis cinq ans.

Napoléon relate l'arrivée dans une lettre. « Je vous écris pour vous informer du passage de mon cher père par Brienne pour aller à Paris conduire Marianna à Saint-Cyr et tâcher de rétablir sa santé[3]. » Il s'agit de la santé de Charles, qui souffre de l'estomac.

« [...] Lucciano [...] marque beaucoup de disposition et de bonne volonté. Il faut espérer que ce sera un bon sujet. Il se porte bien, est gros, vif et étourdi et, pour le commencement on est content de lui. Il sait très bien le français et a oublié l'italien tout à fait[4]. »

On voit que les frères Bonaparte, au bout de quelques années en France, oublient tous leur langue maternelle, Napoléon comme les autres. Il écrit ses lettres en français.

Les relations de Napoléon avec Lucien restent froides.

Lucien regrette Joseph auprès de qui il a vécu trois années à Autun. Il se souviendra de lui, adulte, comme « du plus doux et du plus aimable des hommes ». Jamais Napoléon ne suscitera chez lui pareille réflexion. Dans ses *Mémoires*, Lucien écrira au contraire : « Je dois à ces premières impressions la répugnance que j'ai toujours éprouvée à fléchir devant lui. »

Les minimes de Brienne reconnaissent à Lucien pétulance et grande vivacité d'esprit. Il aime les belles-lettres, la poésie – plus tard, il composera des romans et des poèmes. Il montre vite le don d'éloquence qui illustrera sa carrière politique : ce ne sera pas sans motif que, sous le Directoire, il présidera le Conseil des Cinq-Cents et deviendra ministre de l'Intérieur au lendemain du coup d'État avant de se séparer de son frère auprès duquel il reviendra pendant les Cent-Jours.

Les deux frères corses, qui ont tout de même un point commun, détonnent à Brienne parmi leurs camarades plus conventionnels. Comme Napoléon, Lucien est un passionné parfois dépourvu de sens logique. Il peut entrer lui aussi dans des colères extrêmes mais, plus encore, il se laisse emporter.

Toute sa vie Lucien s'emballera, au point de mettre à l'occasion les intérêts de la famille en danger.

Élisa a un an de plus que Lucien. Cette année 1784, elle a dix ans. Son père Charles la conduit à Saint-Cyr, l'école pour jeunes filles nobles et désargentées que Mme de Maintenon, la seconde épouse de Louis XIV, a ouverte un siècle auparavant au bout du parc du château de Versailles.

En vertu de la nouvelle politique de la France, Saint-Cyr réserve quelques places pour les Corses. Élisa y passe huit années loin de sa famille et sans visite aucune.

Elle reçoit une excellente éducation. Pourtant Napoléon, dont elle est la sœur préférée, trouvera plutôt qu'on lui a inculqué là des habitudes de fierté et d'aigreur.

C'est lui qui ira la tirer de Saint-Cyr en 1792 pour la ramener en Corse.

Charles Bonaparte, le père de famille, va mourir de bonne heure. Lors de ses passages à Paris, il consulte pour des douleurs à l'estomac. Napoléon décrit à Antommarchi, le médecin corse qui restera auprès de lui jusqu'à la fin à Sainte-Hélène, son père affligé de vomissements, sans appétit. Il raconte comme le malheureux avalait des remèdes aussi inutiles que des poires fondantes ordonnées par le propre médecin de la reine Marie-Antoinette, un certain docteur Lassonne. Ce même praticien lui prescrit les eaux thermales d'Orezza.

J'ai retrouvé dans les *Mémoires* d'Antommarchi un texte que Napoléon a dicté juste avant de mourir, le 18 avril 1821.

« Je vous recommande surtout de bien examiner mon estomac [...]. Les vomissements qui se succèdent presque sans interruption me font penser que l'estomac est celui de mes organes qui est le plus malade, et je ne suis pas éloigné de croire qu'il est atteint de la lésion qui conduisit mon père au tombeau, je veux dire d'un squirre au pylore...[5] »

Nous dirions aujourd'hui un cancer à l'estomac. Charles en est mort, pour Napoléon, la chose se discute.

Charles meurt au cours d'un voyage en France, le quatrième. Il quitte la Corse en décembre 1784, en compagnie de son fils Joseph et de son beau-frère Fesch qui se rend à Aix-en-Provence. La mer est mauvaise, il supporte mal la traversée. Trop souffrant, il s'arrête dans une maison amie à Montpellier, ville où se trouve une excellente faculté de médecine. C'est là qu'il s'éteint le 24 février 1785.

Napoléon apprend la mort de son père à l'école militaire à Paris. La nouvelle ne lui cause pas de douleur apparente, il la prend en homme, en soldat qu'il est déjà devenu. Il a peu vécu auprès de lui et ne l'a revu que deux fois depuis qu'il vit en France.

Les commentaires qu'il en fait à Sainte-Hélène méritent lecture. Chez les Bonaparte, nous sommes plutôt gens incroyants mais voici pourtant ce que Napoléon rapporte de son père sur son lit de mort :

« Dernier paradoxe pour le libre-penseur qu'il a toujours été, il ne vit pas plus tôt le cercueil ouvert, confie Napoléon à Antommarchi, qu'il se prit de passion pour les prêtres. Il les recherchait, il n'y en avait pas assez à Montpellier pour lui. » Et à Gourgaud, il dira : « Il fit une fin si dévote que tout le monde à Montpellier prétendait que c'était un saint. »

Pourtant, Charles Bonaparte est franc-maçon, initié en Italie, où les loges sont alors nombreuses. En Corse, au contraire, la pratique n'est pas courante, même si les loges italiennes admettent bon nombre de Corses, à commencer par Pascal Paoli.

Charles adhère à une maçonnerie à la La Fayette, ouverte aux idées du siècle mais sans aller contre la monarchie, et déiste. De grandes familles nobles de l'époque siègent en maçonnerie, à commencer par le cousin du roi, le duc d'Orléans, le futur Philippe Égalité.

Tous les fils de Charles, à l'exception de Napoléon, seront francs-maçons à leur tour. Joseph deviendra grand maître du Grand Orient, Louis aussi.

On écrira que Napoléon s'était fait lui aussi initier. Après de multiples recherches, cela me semble improbable. Mais la franc-maçonnerie jouera un grand rôle dans sa politique et les maçons le considéreront comme un des leurs. Empereur, avec Cambacérès, il unifiera la maçonnerie et, partout en Europe, il encouragera les loges maçonniques qui deviendront des relais très efficaces de sa politique.

Les frères Bonaparte, au contraire de leur père, adhèrent à une maçonnerie révolutionnaire, républicaine avant et après 1789, par exemple mon ancêtre Jérôme, franc-maçon à Toulon dès ses dix-sept ans.

On présente souvent Charles Bonaparte comme un personnage uniquement léger, un joueur, un aventurier. C'est injuste.

Certes, il s'est montré imprudent, d'une folle prodigalité, et il a mené une vie de plaisirs dispendieux. En essayant de faire la fortune de sa famille avec ses expérimentations agricoles, il l'a plutôt appauvrie.

Mais Charles est aussi un homme du siècle des Lumières.

Il partage cette idée importante du siècle nouveau qu'il faut travailler pour réussir plutôt que d'hériter d'une position. Persuadé que ses enfants ne feraient bien leur chemin dans la vie que s'il les mettait en condition d'occuper un bon emploi, il s'est démené avec opiniâtreté pour faire reconnaître ses titres de noblesse chaque fois que nécessaire. Il n'avait nullement une conception nobiliaire de la société mais c'était la condition de leur accès à l'éducation et au succès.

À Brienne, l'inspection des écoles militaires examine les élèves chaque année. Le chevalier de Kéralio a d'abord sélectionné Napoléon pour le corps d'élite de la marine, ce qui l'enverrait à Toulon, pas trop loin de la Corse.

Un second inspecteur nommé ensuite, Reynaud de Monts, prend en considération ses grandes capacités en mathématiques, sciences et géométrie.

Il décide que le jeune Bonaparte doit plutôt entrer à l'École royale militaire de Paris. Il y sera le premier Corse.

Quelques jours plus tard, Napoléon quitte Brienne dans un sentiment de délivrance, en laissant sans nostalgie fraternelle le jeune Lucien derrière lui.

Sûr de sa vocation, il veut devenir officier. Il a quinze ans, nous sommes en octobre 1784.

La capitale est à deux cents kilomètres de Brienne mais un monde entier sépare l'école des minimes de l'École royale.

L'École militaire se trouve aujourd'hui en plein Paris tandis qu'à l'époque elle se dresse au milieu des prés et des champs. Sous Louis XV, le plus grand architecte de l'époque, Gabriel, a construit ses magnifiques bâtiments dans le style gréco-romain à la mode, en face de l'esplanade du Champ-de-Mars où un siècle plus tard s'érigera la tour Eiffel. Le Champ-de-Mars lui-même est alors un terrain de manœuvres, comme son nom l'indique.

Après l'austérité de Brienne, Napoléon découvre un univers luxueux. Non seulement les professeurs sont les meilleurs du royaume mais les élèves disposent de nombreux domestiques. Entrer dans l'armée se dit « servir le roi ». Le but de l'École n'est pas tant de transformer les fils de famille en bons officiers mais de faire d'eux, avant tout, des gentilshommes accomplis.

Napoléon s'attendait à manier les armes et à s'adonner à moins de leçons de révérence qu'à Brienne. Pas du tout, on lui enseigne la bienséance.

L'instruction dispensée à l'École militaire relève plus de l'apprentissage du code de conduite de la noblesse que de l'art militaire. Les jeunes gens en sortent capables de paraître à la cour. C'est ensuite, en faisant montre à Versailles de leur pratique des usages, qu'ils se verront attribuer un commandement dans les armées du roi.

Un chapitre entier du règlement concerne la correspondance. Des inspecteurs guident les élèves lorsqu'ils rédigent leurs lettres. Pourvu qu'ils respectent les usages du monde, cela suffit. On les forme tout de même, « insensiblement », à un style convenable pour des militaires, c'est-à-dire simple, noble et précis.

Napoléon est très dépaysé. Au contraire de ses condisciples, rien dans sa petite enfance ne l'a prédisposé à cet univers. Il ne parvient pas à partager ces valeurs. Le soulagement qu'il a éprouvé en quittant Brienne est de courte durée, le changement bien grand. Il l'avouera : « La première nuit fut pénible. »

Il ne se plaint pas de ses conditions de vie. Il dira : « Nous étions servis et nourris magnifiquement, traités en toutes choses comme des officiers jouissant d'une grande aisance. Plus grande certainement que dans la plupart de nos familles et fort au-dessus de celle dont beaucoup d'entre nous devaient jouir un jour. »

Il s'était senti différent des autres à Brienne, il l'est tout autant à Paris. Il le montre. L'impression qu'il produit ? Celle d'« un petit jeune homme brun, triste, rembruni, sévère et pourtant raisonneur et grand parleur », comme le décrit son camarade Alexandre des Mazis*, assis à côté de lui en cours de mathématiques et avec qui il noue une amitié durable.

Taciturne mais beau parleur et même donneur de leçons : là encore, Napoléon reste très corse de caractère.

Toujours chatouilleux sur le sujet de son île, il ne réfrène pas ses impulsions rebelles.

Un jour, au confessionnal – car ici aussi il doit s'y rendre –, on lui fait une remarque sur ses sentiments corses. Ses camarades qui attendent leur tour l'entendent rétorquer à voix haute : « Je ne viens pas ici pour parler de la Corse, et un prêtre n'a pas mission de me chapitrer sur cet article. »

Il faut vraiment être, comme lui, de cet étrange pays qui n'a jamais connu de roi pour s'étonner d'habitudes vieilles de huit siècles en France.

---

* Alexandre des Mazis (1768-1841), ami à l'École militaire, Valence et Auxonne ; émigre puis rentre en 1802 ; revoit Napoléon Premier consul ; chargé du garde-meuble impérial sous l'Empire ; a publié des cahiers intéressants.

La féodalité, le lien entre le vassal et le suzerain, entre la noblesse et le monarque, ce système social appuyé par l'Église n'existe plus en Corse depuis longtemps.

Élevé sous d'autres lois, comment accepter l'enseignement de l'archevêque de Paris, qui rappelle à ces élèves d'avoir « un grand zèle pour bien servir le roi, non précisément pour faire leur fortune mais pour remplir une obligation que la loi naturelle et divine leur imposait » ?

Pour Napoléon, c'est de l'hébreu.

Napoléon n'oublie pas, en revanche, en côtoyant ces jeunes nobles, que leurs propres pères ont vaincu son pays. En effet, l'armée française occupe toujours la Corse et ce sont des officiers nobles qui commandent tous ses régiments.

Parmi ses compagnons, certains le regardent de haut.

Fiers de leurs ancêtres, ils portent des noms glorieux, des titres à n'en plus finir. Lui n'a pas de grand-père marquis ni comte, aucun aïeul baron, son père ne possède pas une province.

Napoléon ne se laisse pas intimider par les rejetons de familles illustres. « Sans être grand par la taille, dira-t-il à la fin de sa vie, je ne manquais pas d'être fort, je me rappelle qu'à l'école militaire nous autres petits nobles, nous nous donnions des roufflées avec les fils de grands seigneurs et j'en sortais toujours vainqueur. »

Loin de l'éblouir ou de lui inspirer le respect, leur morgue produit l'effet contraire. Le contact avec cette aristocratie arrogante ne fait que renforcer son amour pour sa patrie idéalisée.

Frédéric Masson, que j'ai déjà cité, considère qu'à l'École militaire, dans l'esprit du jeune Napoléon Bonaparte la Révolution est déjà accomplie alors qu'elle n'a pas encore commencé dans les faits.

Napoléon gardera un mépris constant pour les aristocrates français, pour lui cause de révolution et plaie de la nation : « Les imbéciles, haïssant tous ceux qui n'étaient pas des ânes héréditaires », confiera-t-il à Sainte-Hélène. Où les a-t-il mieux connus et fréquentés qu'à l'École militaire ?

En dehors de cet enseignement capital – et qui n'est certes pas celui que ses maîtres croient lui dispenser –, Napoléon se montre toujours inégal. Il a très souvent un temps de retard au maniement du fusil, son ami des Mazis lui donne des coups de coude pour lui indiquer le rythme. Il ne brille ni en latin ni en allemand, encore moins dans les arts d'agrément. Il ne se débarrasse pas de ses fautes d'orthographe mais écrit dans un style particulier que son professeur de belles-lettres, Domairon, commente ainsi : « Du granit chauffé au volcan, [...] cette manière de sortir des mots ce qu'ils contiennent d'abstrait pour courir au fait brut. »

Son professeur d'allemand, Bauer, le prend pour un idiot mais celui d'histoire, L'Éguilles, note dans son dossier : « Corse de nation et de caractère. Il ira loin si les circonstances le favorisent. »

Il se montre bon élève dans les matières scientifiques, l'histoire, la géographie et excelle en mathématiques. Napoléon se prépare pour l'école d'application de l'artillerie et passe l'examen d'entrée en septembre 1785.

Avant qu'on ne jauge leurs capacités mathématiques, les jeunes gens doivent remplir certains critères physiques. Le directeur, Gribeauval[*], qui réforme l'artillerie, a défini depuis six ans les nouvelles exigences du métier : on demande que ceux qui ont la vue courte ainsi que les estropiés, bossus, boiteux et les borgnes ne puissent pas être admissibles au concours[**].

Pour interroger les élèves, le savant Laplace[***], une sommité, membre de l'Académie des sciences depuis ses vingt-quatre ans et qui va laisser une trace immense dans l'histoire des sciences. Laplace examine tous les candidats « avec douceur, explique-t-il, en écoutant les élèves avec patience, en pesant leur mérite respectif avec la plus scrupuleuse exactitude ». Napoléon fera de Laplace son ministre de l'Intérieur au début du Consulat.

Seuls quatre élèves de l'École militaire de Paris sont admis à l'école d'artillerie et leur classement est bien modeste. Sur cinquante-huit places, ils se classent entre le trente-neuvième et le cinquante-sixième rang. Napoléon est quarante-deuxième, son ami des Mazis porte le numéro cinquante-six.

---

* Gribeauval (1715-1789) a reçu du roi en 1776 la mission de moderniser l'artillerie, comme l'ont entrepris alors l'Autriche et la Prusse. Normalisation et allègement des canons, mobilité, le système Gribeauval assurera les performances des armées révolutionnaires puis napoléoniennes.

** En 1779, lettre à son ministre de tutelle.

*** Laplace (1749-1827), mathématicien, astronome, physicien, chimiste. Comte d'Empire en 1806, marquis sous la Restauration en 1817.

Qui termine premier de ce concours ? Bien sûr, à cette époque, cela ne compte guère d'entrer major dans une école. Mais tout de même, qui paraît alors un élève artilleur plus prometteur que Napoléon ? Qu'est-il devenu ? Je suis allé aux archives de l'armée de terre, au fort de Vincennes, pour découvrir son nom : Billon de La Tillais. L'histoire n'a pas gardé sa trace, non plus que du deuxième, Dorigny d'Agny. On arrive au septième rang pour trouver Law de Lauriston*, que Bonaparte, quarante-deuxième et devenu Premier consul, prendra comme aide de camp.

Napoléon a seize ans, le voilà lieutenant, affecté au régiment de La Fère, à Valence. Plusieurs compagnies de ce régiment stationnent en Corse. Il espère avoir ainsi une chance de passer dans son île chérie.

* Lauriston (1768-1828) fera une belle carrière militaire sur tous les champs de bataille des guerres napoléoniennes. Il sera aussi diplomate, notamment ambassadeur auprès du tsar. Maréchal de France sous la Restauration.

Chapitre V – Dans la Révolution

Contre les prêtres – Superstitions – Jean-Jacques Rousseau chez les Romains – Larmes d'époque – La première fille – Pour l'indépendance de la Corse – Vive la Révolution ! – Napoléon et Louis XVI – Trahison ! – Une volte-face qui va changer l'histoire.

Napoléon arrive à Valence en novembre 1785. Il va enfin acquérir les rudiments du métier d'artilleur. À l'École royale militaire de Paris il n'a pas tiré un coup de canon.

Commence alors une vie d'officier en temps de paix, faite de manœuvres entrecoupées de bals et de banquets, d'horaires réglés. Napoléon occupe ses loisirs à lire et commence à écrire, absorbé par deux passions, la Corse et Jean-Jacques Rousseau.

De ses lectures, il reste une commande qu'il fait à un libraire de Genève, Paul Barde, elle date du 29 juillet 1786. Il demande qu'on lui envoie « les *Mémoires* de madame de Warens et de Claude Anet, qui ont servi de suite aux *Confessions* de Jean-Jacques Rousseau ». Ce livre, qui vient de paraître, est en réalité un ouvrage apocryphe.

« Je vous prierai également de m'envoyer les derniers volumes de l'*Histoire des révolutions de Corse* par l'abbé Germanes. Je vous serais obligé de me donner note des ouvrages que vous avez sur l'île de Corse ou que vous pourriez me procurer promptement. [...] Vous pourrez m'adresser votre lettre à M. de Buonaparte, officier d'artillerie au régiment de La Fère en garnison à Valence[1]. »

À cette époque, tout le monde écrit beaucoup. Il n'est en rien une exception. Au mois d'avril 1786, il commence à rédiger un projet qu'il intitule *La Nouvelle Corse*, où il donne libre cours à une vision romanesque des choses. C'est l'histoire d'un vieux Corse, vétéran des guerres de Pascal Paoli, qui résiste à l'invasion française et s'arrête dans l'île de la Gorgone, naturel, innocent et pur. Il sera rejoint par sa fille avant d'être victime d'un navire français.

On voit bien là l'influence de ses lectures de jeune homme : les poèmes celtes si à la mode du barde Ossian, barde légendaire, Bernardin de Saint-Pierre et sa vie idyllique sur une île parfaite, Rousseau, le Rousseau des *Confessions* et des *Lettres sur la Corse* – utopistes, romantiques.

On trouve aussi dans ces pages le thème du devoir envers les morts assassinés, principe central du code des valeurs corse.

Voilà qui fait de lui une particularité parmi ces braves officiers qui l'entourent.

En mai de la même année apparaît la trace écrite d'un fond dépressif qui appartient bien à son caractère, dans *La Nouvelle Corse* : « Toujours seul au milieu des hommes, je rentre pour rêver avec moi-même et me livrer à toute la vivacité de ma mélancolie. De quel côté est-elle tournée aujourd'hui ? Du côté de la mort. Puisque je dois mourir, ne faut-il pas autant se tuer ? »

Cette expression romantique d'âme torturée se mêle à la haine de la France :

« Français ! non contents de nous avoir ravi ce que nous chérissions, vous avez encore corrompu nos mœurs ! Le tableau actuel de ma patrie, et l'impuissance de le changer, est donc une nouvelle raison de fuir une terre où je suis obligé par devoir de louer les hommes que je dois haïr par vertu. »

La corruption des mœurs, ce thème revient souvent. Il accusait déjà les enfants d'aristocrates ses condisciples d'avoir des mœurs corrompues, corruption par l'argent comme par la débauche. Il y a là sa vision très romaine de la vie, son exigence de pureté rousseauiste, sa haine corse du luxe, avec l'exaltation du dépouillement à la façon de Pascal Paoli. Ce sentiment l'habitera longtemps.

Après avoir été, comme provincial, choqué par Paris, à Valence la frivolité de la vie de garnison le met mal à l'aise. Il n'a pas même dix-sept ans et il est extrêmement timide.

Napoléon écrit aussi à Valence un opuscule appelé la *Réfutation de Roustan*. Roustan, un contradicteur de Rousseau, s'est attaqué au chapitre du *Contrat social* relatif à la religion civile.

Le texte de Napoléon qui lui répond, plein d'incorrections dans la forme, semble jailli d'une impulsion, presque d'une colère.

Ces quelques pages nous éclairent de façon intéressante sur la pensée du jeune Bonaparte, car l'essentiel de son argumentation porte sur les rapports de la religion et de l'État.

« L'État, pense-t-il, n'est pas fait pour la religion mais la religion est faite pour l'État. » C'est une idée qu'il gardera longtemps. « Le peuple est le dépositaire de l'autorité et peut seul juger de la conformité des institutions à l'intérêt général. Il appartient donc au souverain d'examiner les dogmes et la discipline des religions. » Car ce que craint surtout Napoléon, c'est le fanatisme dont « les effets terribles étouffent les lois sacrées de l'humanité, rendent les peuples féroces et finissent par leur forger des fers ». Il invective les prêtres « qui poussent les nations à s'entr'égorger au nom du moteur de l'univers ». Il déplore la servitude des hommes soumis au clergé : « Il y eut un Dieu, ce Dieu conduisait le monde, tout se faisait par un acte de volonté, Il avait donné des lois écrites, et l'empire des prêtres commença, empire qui probablement ne finira jamais. »

Il juge les couvents inutiles, assure que « les moines et les nonnes y mènent une vie oisive et abrutissante ». Ce qu'il pensera toute sa vie : il n'aura de cesse de chasser les moines de France.

Il « gémit sur le destin de Rome, devenue capitale d'une religion intolérante et ambitieuse ». Toute sa vie aussi il combattra les États pontificaux. Il ajoute cette exhortation aux Romains : « Chassez les prêtres et leur imposture, les moines et leurs minauderies, sans cela vous ne serez jamais qu'un peuple abruti, un peuple de tartuffes. »

En dehors de Rousseau, il puise nombre de ses réflexions dans la lecture de l'abbé Raynal. Il ira d'ailleurs le consulter plus tard à Marseille, où réside cet écrivain antimonarchiste interdit de séjour à Paris.

Ses emportements antireligieux n'empêchent pas Napoléon de se montrer superstitieux comme un Corse. S'il apprend un malheur, il conjure le sort d'un signe de croix ou s'écrie : « Jésus ! »

Napoléon demande un congé et rentre en Corse en septembre 1786. Il va y rester un an. Les officiers d'alors obtiennent facilement des congés.

La première chose à faire en arrivant, comme Joseph avant lui, c'est de changer à nouveau de langue. Il n'a pas parlé le corse ni l'italien depuis plus de sept ans sans pour autant maîtriser le français. Tous les témoins le rapportent : quelle que soit la langue dans laquelle il s'exprime, le français ou l'italien, aucune ne lui semble familière. Il utilise des tournures italiennes en français, des locutions françaises en italien, et l'accent corse sur le tout.

Joseph est enchanté de le revoir, et leur mère aussi bien sûr. Joseph le qualifie dans ses *Mémoires* de jeune homme appliqué et studieux. Les deux frères réunis partagent le plaisir de se réciter les pièces de Corneille et de Racine en déambulant dans Ajaccio. Les Ajacciens devaient se retourner à leur passage ! La passion de Napoléon pour Rousseau, en revanche, lui vaut de se faire traiter gentiment d'« habitant du monde idéal ».

Napoléon a débarqué avec des bagages qui indiquent une tournure d'esprit : une malle de vêtements et une autre, bien plus grande, remplie de ses chers livres.

J'ai retrouvé le contenu de cette malle, Joseph en parle. L'inventaire mérite qu'on le détaille : il définit ses pensées maintenant qu'il a dix-neuf ans.

La malle est pleine d'historiens et de philosophes latins et grecs, Platon, Plutarque, Cicéron, Cornelius Nepos, Tite-Live, Tacite, traduits en français. Bibliothèque de jeune homme cultivé de bonne famille, l'éducation classique du temps. Le reste est plus inattendu.

On y trouve quantité de ses notes de lecture sur la Syrie, le gouvernement des Perses, l'ancienne Égypte, la religion en Grèce, la Constitution de Sparte ou d'Athènes.

Il est attiré par l'Orient : il possède l'*Histoire des Arabes sous le gouvernement des califes* de l'abbé de Marigny, les *Mémoires du baron de Tott, sur les Turcs et les Tartares*.

Pour l'Europe, on a une *Histoire de Frédéric II* – il se renseigne sur le despote éclairé de la Prusse contemporaine – et une *Histoire de l'Angleterre* de John Barrow, qui lui permet de comprendre la vie d'autres insulaires depuis leur invasion par Jules César. Il copie la liste des rois anglo-saxons.

Dans la *Géographie moderne* de La Croix, il remarque une terre isolée, Sainte-Hélène, au large de l'Afrique. Il note dans la marge : « petite île ».

Il se tient au courant du mouvement des idées politiques en France, il a lu *Des lettres de cachet et des prisons d'État* de Mirabeau, dépouillé la collection complète de *L'Espion anglais*[2]. Il a suivi les honneurs reçus par Voltaire à Paris, la mort de Rousseau, les succès de Beaumarchais.

Figurent dans ses notes un résumé de la *République* de Platon et des analyses poussées sur l'administration et le fonctionnement des États, sujets auxquels il attache une grande attention. Il va d'ailleurs commenter *De l'esprit des lois* de Montesquieu avec Charles-André Pozzo di Borgo.

Napoléon n'aime pas la comédie. Il partage avec Joseph le goût pour la tragédie, Racine et surtout Corneille. Il connaît presque entièrement par cœur sa pièce préférée, *Cinna*, qui lui arrache des larmes. Chez Voltaire, il apprécie le prosateur mais ses tragédies historico-romanesques le déçoivent : dans *Alzire*, dans *Mahomet*, il manque « la grandeur et la vérité des passions ».

Il lit Bernardin de Saint-Pierre, il emportera *Paul et Virginie* à Sainte-Hélène. Mais lorsqu'il revient à Ajaccio, il a l'esprit empli de Rousseau. Cet « idéologue éloquent », comme il dit, lui semble le plus profond et le plus pénétrant des philosophes.

Surtout, *les Confessions*, qu'il a lues à Valence, *La Nouvelle Héloïse* et *Le Devin du village* l'émeuvent aux larmes. « Je retournerai plus fort, plus sensible, écrit Napoléon, après avoir joui de la tendresse de la simple villageoise. Ô Rousseau, n'auras-tu fait que *Le Devin du village*, ce serait déjà beaucoup pour le bonheur de tes semblables[*]. »

Le jeune Napoléon pleure donc tout seul – les larmes sont à la mode.

De Rousseau, il revient à Plutarque et les grands hommes, l'honneur, les restaurateurs de la patrie, les Spartiates, Caton le stoïque…

* La concordance des temps fautive est de Napoléon lui-même. Quand je dis qu'il sait mal le français…

Le stoïcisme, voilà justement un de ses traits de caractère, et qu'on retrouve chez les autres Bonaparte. Ils partagent cette vision latine qu'on est l'objet du destin. On le façonne, oui, mais jusqu'à un certain point, après quoi le destin s'impose en maître. Napoléon se conduira ainsi dans les batailles, faisant tout ce qu'il faut mais stoïque devant le sort. Il restera stoïque dans la défaite et il l'est déjà à Brienne. Bien des choses le révoltent mais il ressent qu'il fait partie d'un monde qui le dépasse. Il est moins tout-puissant qu'on ne l'imagine et ne se prend pas du tout pour Napoléon.

Que voit-on dans cette malle de livres ? Un jeune homme bien de son époque, touché par le romantisme, la littérature larmoyante, attiré par l'Antiquité, à la fois ravi de pleurer au *Devin du village* et capable de noter le gouvernement des Assyriens, appréciant Rousseau et son contraire Corneille.

Napoléon reste près d'un an dans sa famille, heureux de se retrouver avec ses grands-mères, sa nourrice, sa tante Gertrude. Il redécouvre sa cité, les petites rues, les filets de pêche, toute cette vie en plein air, les enfants, les commères, l'animation des jours de marché, les paysans à dos d'âne, les troupeaux qui traversent la ville. Les jardins l'éblouissent, il remarque les camélias, les bougainvillées et surtout les fleurs parfumées, les magnolias, les œillets, les rosiers grimpants…

Il passe beaucoup de temps aux Milelli. Il adore cette propriété où, là aussi, il s'imprègne à nouveau avec bonheur de l'odeur corse, celle des plantes du maquis et des arbustes de la montagne. À Sainte-Hélène, il s'en souviendra comme de l'Éden perdu.

Il s'efforce de dénouer les affaires laissées en plan par la mort de Charles. Il s'empare d'un dossier qui traîne depuis des années sans que son père ait pu en venir à bout, le remboursement des avances que Charles a faites pour la pépinière de mûriers, en principe subventionnée. La subvention n'est jamais arrivée, pas plus que la pension annuelle négociée en échange. L'administration du roi ne paie pas.

Napoléon écrit d'abord au contrôleur général des finances du royaume, au nom de sa mère Letizia, pour réclamer cinq ans d'arriérés de pension, « plus la valeur de la greffe d'un sol par arbre, comme elle a été réglée aux États de 1783 ».

La somme en jeu justifie que Napoléon aille s'en occuper sur place. Il repart pour le continent.

C'est à cette occasion que l'histoire date sa première aventure féminine, avec une demoiselle des jardins du Palais-Royal, endroit de fêtes, de cabarets et haut lieu de la prostitution parisienne. « J'étais pénétré plus que personne de l'odieux de leur état », écrit-il dans le compte-rendu qu'il rédige le soir même.

En clair, les filles l'impressionnent. Il met un moment à oser en aborder une, qui lui semble aussi timide que lui. On est en novembre, voilà qui lui donne une entrée en matière.

« Vous aurez bien froid, lui dit-il, comment pouvez-vous vous résoudre à passer dans les allées ?

— Ah monsieur, il faut terminer ma soirée, répond-elle. Allons chez vous.

— Mais qu'y ferons-nous ?

— Allons, nous nous chaufferons et vous assouvirez vos désirs. »

Cette parole crue ne le décide pas, il la questionne encore longuement avant de la ramener à l'hôtel où il est descendu, rue du Faubourg-Saint-Honoré. « Je l'avais agacée pour qu'elle ne se sauvât point, en contrefaisant une honnêteté que je voulais lui prouver ne pas avoir. »

Napoléon pousse en vain son dossier de la pension des mûriers dans les bureaux et fait prolonger son congé de six mois, qu'il va passer à Ajaccio. Il finit par rejoindre son régiment le 1er juin 1788, à Auxonne, en Bourgogne. La zone est marécageuse et il attrape le paludisme, les crises le poursuivront toute sa vie.

Il suit l'enseignement d'artillerie moderne du baron du Teil, participe à une commission d'études sur le tir des bombes avec des canons de siège. Toujours heureux d'apprendre, la balistique l'intéresse beaucoup, mais la caserne lui laisse bien plus de temps libre qu'il n'en avait en Corse. Il se remet à écrire.

Il rédige pour lui-même, à l'automne, un projet de dissertation sur l'autorité royale. Il y a eu quatre mois auparavant une émeute à Grenoble*, où la population grimpée sur les toits lapida à coups

* Il écrit en octobre 1788, la Journée des tuiles de Grenoble date du 17 juin de la même année.

de tuiles les soldats du roi censés ramener l'ordre. À moins d'un an de la prise de la Bastille, Napoléon Bonaparte saute à des conclusions qui ne sont pas encore dans tous les esprits : « Il y avait fort peu de rois qui n'eussent pas mérité d'être détrônés. Préjugés, habitudes ou religions, faibles barrières. Fier tyran de la terre, votre trône s'écroule sur vos peuples s'ils se disent jamais en se regardant "et nous aussi nous sommes des hommes". »

On conserve un autre de ses textes sur les prémices de la Révolution, une lettre du printemps 1789 où il analyse la situation du royaume pour son grand-oncle Lucien, l'archidiacre.

« On est en France comme chez un grand seigneur ruiné : du moment que l'on a de l'argent pour satisfaire au moment présent, l'on ne pense plus à l'avenir. [...] M. de Calonne* fut élevé à la place de contrôleur général. Cet homme gouverna les finances de l'État comme il avait administré les siennes. Il s'était ruiné et il ruina le royaume. La cour est composée de mangeurs. Dans la grande dépravation des mœurs et le luxe éminent qui règne, tout le monde a besoin d'argent[3]. »

Étranger à la société française, il voit clair dans l'actualité qu'il suit de près. Il n'est pas la dupe d'habitudes de pensée dans lesquelles il n'a pas été élevé, il n'a pas non plus de privilèges à défendre.

Le 1er avril 1789, le lieutenant Bonaparte accomplit son premier devoir d'officier et c'est pour réprimer des troubles. On l'envoie à la tête de sa compagnie mater une émeute dans la petite ville de Seurre, à une dizaine de lieues d'Auxonne. En ces temps de mauvaises récoltes et de famine, la population s'est jetée sur deux marchands de blé qu'elle accuse d'être des accapareurs.

Napoléon fait charger les fusils.

Il s'avance vers le rassemblement.

« Habitants de Seurre, s'écrie-t-il, que les honnêtes gens rentrent chez eux, je n'ai ordre que de tirer sur la canaille. »

La proclamation suffit pour disperser la manifestation.

Les états généraux, réclamés à la suite de la « journée des tuiles », se préparent. La réunion de tous les représentants du pays venus conseiller le roi va se tenir le 5 mai à Versailles. À l'ordre du jour, le désastre financier du pays. Maman Letizia se fait du souci.

---

* Surnommé M. Déficit.

Réponse de Napoléon[4], que ces temps agités troublent beaucoup moins : « Portez-vous bien. Aimez-moi toujours. Donnez-moi des nouvelles de Corse et ne vous inquiétez pas trop de l'avenir. Je répète ce que mon père disait : "Les dents nous manqueront avant la fortune."[5] »

La Fortune, ni l'argent ni la richesse, mais la divinité aveugle des Romains, celle qui préside à la chance, au hasard, celle qui sourit aux audacieux.

Napoléon ne semble pas inquiet, au contraire. Peut-être les temps sont-ils enfin mûrs pour que la Corse sorte de la tutelle française.

Le sort de la Corse, son unique préoccupation.

À Pascal Paoli, exilé à Londres, il écrit son patriotisme corse dans une lettre emphatique : « Général, je naquis quand la patrie périssait. Trente mille Français vomis sur nos côtes, noyant le trône de la liberté dans des flots de sang, tel fut le spectacle odieux qui vint le premier frapper mes regards. Les cris du mourant, les gémissements de l'opprimé, les larmes du désespoir environnèrent mon berceau dès ma naissance. Vous quittâtes notre île, et avec vous disparut l'espérance du bonheur. »[6] La réalité de cette missive divise les historiens ; je la tiens pour très vraisemblable.

Il rentre en Corse fin septembre 1789 et va y rester presque un an et demi, jusqu'à la fin janvier 1791.

La Révolution a mis du temps à se propager jusque dans l'île. Mais le serment du Jeu de paume, la prise de la Bastille, l'abolition des privilèges, cela finit par se savoir. À Bastia, Ajaccio, Sartène, on porte la cocarde tricolore.

Pour Napoléon, la Révolution n'a d'intérêt que corse. Sur le continent il ne s'est mêlé de rien, à Ajaccio, il rédige sa première proclamation politique.

C'est une adresse à l'Assemblée nationale, formulée par les membres du Globo – le Globe, un club d'Ajaccio qui réunit les partisans de la Révolution, également paolistes. Les frères Bonaparte en sont membres, même Lucien qui n'a pas encore quinze ans, et les oncles Lucien et Fesch.

Napoléon prie l'Assemblée nationale de rétablir les Corses dans leurs droits, « que la nature à donnés à tout homme dans son pays ». Il accuse l'administration « de discréditer les insulaires, de les manger ». Il assure que « les Corses sont aussi pauvres qu'avant la conquête. Nous avons tout perdu en perdant la liberté, et nous n'avons trouvé dans le titre de vos compatriotes que l'avilissement et la tyrannie. Un peuple immense attend de vous son bonheur. Nous en faisons partie, jetez un coup d'œil sur nous, nous périssons ».

Un mois plus tard, grâce à Mirabeau qui défend la cause, un décret décide que la Corse fait partie intégrante de l'empire français. On ne dit pas que la Corse fait partie intégrante de la nation française. On dit qu'elle fait partie de l'empire français – c'est-à-dire des territoires extérieurs au royaume* – et la distinction n'a pas toujours été remarquée. On pourrait dire la même chose des îles des Antilles.

La nouvelle parvient en Corse fin décembre. À Ajaccio, les Bonaparte, enthousiastes, tirent dans leur rue une banderole à la gloire de Paoli et de Mirabeau. Enfin Mirabeau fait revenir Paoli d'exil. Le général corse reçoit un accueil triomphal à Paris avant de regagner l'île en juillet.

Une escorte de cinq cents partisans à cheval entoure Paoli qui se rend sur le lieu de son célèbre combat, Ponte Novo. Bien sûr, Napoléon en est. Il se place près du grand homme, l'écoute, lui parle, donne son avis. « Ô Napoléon ! s'exclame le héros sexagénaire en se tournant vers le jeune homme de vingt ans, tu n'as rien d'un moderne ! Tu appartiens tout à fait à Plutarque ! »

Pendant quelques années, l'adhésion à la Révolution et à Paoli se confondront en une ligne politique unique.

Joseph est élu début 1790 à Ajaccio dans la nouvelle municipalité révolutionnaire dirigée par Jean-Jérôme Levie. Joseph se trouve le seul de ce conseil à parler, lire et écrire le français, la langue des lois à appliquer. Il représente le sud de l'île à l'assemblée d'Orezza, que l'on appelle une consulte, et qui élit Paoli président du conseil général de Corse.

Napoléon suit son frère à la consulte, lui sert d'assistant à la mairie. Il cherche le moyen et le moment de se mettre lui-même en valeur. Justement, le député corse de la noblesse, Buttafuoco, s'est opposé au retour de Paoli en l'accusant de préméditer la

* Plus tard, les IIIe et IVe Républiques utiliseront le même mot d'empire pour désigner les colonies et les États associés.

vente de la Corse à l'Angleterre. Napoléon trouve là l'occasion de faire parler de lui.

Il écrit une lettre[7] qu'il lit au club Globo, où il couvre Buttafuoco d'insultes, l'accuse d'antipatriotisme, lui reproche avec grandiloquence d'avoir osé s'asseoir à côté de Mirabeau ou de La Fayette et le décrit « tout dégouttant du sang de ses frères, souillé par des crimes de toute espèce ».

Il se fait là un ennemi qui saura prendre sa revanche. Cette proclamation le situe dans l'aile avancée de la Révolution, parmi les montagnards.

Les congés militaires les plus élastiques ont une fin. Napoléon rejoint son régiment à Auxonne en février 1791 avec trois mois de retard. Il emmène son petit frère Louis, qui a douze ans et demi et dont il va surveiller les études. Il fait imprimer sa *Lettre à Buttafuoco* et l'envoie en plusieurs exemplaires à Paoli[8]. Il lui demande par le même courrier des documents pour son *Histoire de la Corse*.

Quand la réponse arrive[9], l'impatience de Napoléon est bien déçue. Loin de l'encourager, Paoli le freine : « Jeune homme, l'Histoire ne s'écrit pas dans les années de jeunesse mais veut de la maturité. » La lettre incendiaire à Buttafuoco le laisse froid : « Ne vous donnez pas la peine de démentir les impostures de Buttafuoco. »

Les frères Bonaparte, Napoléon, Joseph, Lucien, et Paoli ne sont pas d'accord. Paoli a soixante-cinq ans, toute l'Europe des Lumières l'admire, en Angleterre il a découvert la monarchie constitutionnelle. Louis XVI l'a reçu à son retour d'exil. Le roi a évoqué sa fidélité et le vieux rebelle assagi, ému, a acquiescé.

Les Bonaparte, au contraire, avec la famille du député du tiers état Salicetti et quelques autres, s'enflamment de façon radicale pour une Révolution française transposée en Corse.

Leurs routes ne peuvent que diverger. Napoléon ne le sent pas encore.

Louis XVI tente de s'enfuir à l'étranger*. En trahissant ainsi son serment à la Constitution, il nourrit l'audace des plus révolu-

* 20 et 21 juin 1791, épisode de la fuite à Varennes. Le roi rompt ainsi son serment de fidélité à la Constitution.

tionnaires. On veut s'assurer de la loyauté des officiers, tous nobles : ils doivent prêter le serment civique. Napoléon jure fidélité à la nation, par écrit puis de vive voix sur le champ de Mars de Valence. Nombre de ses collègues qui, eux, sont attachés au roi, choisissent plutôt d'émigrer. Par exemple son ami de l'École militaire des Mazis, qu'il avait retrouvé à Auxonne.

Napoléon ne suit pas la voie que son père Charles lui a tracée, il n'a aucune intention de faire carrière en France. Pourtant l'émigration de la noblesse laisse bien des places vides dans les cadres de l'armée, l'avancement d'un officier instruit en sera facilité. Il n'y pense pas du tout : seule la Corse l'intéresse. Il entreprend de se faire nommer adjudant-major dans le bataillon des volontaires corses, la Garde nationale.

Rentré une fois de plus sur son île, il brigue ensuite l'élection au poste de lieutenant-colonel, ce qui le dispenserait une bonne fois pour toutes de rejoindre son corps sur le continent. C'est vital pour lui.

Il a en face de lui les candidats officiels de Pascal Paoli et la puissante famille Pozzo di Borgo, devant qui les petits Bonaparte ne sont pas grand-chose.

Napoléon dépense l'argent de son oncle Lucien en propagande, défie un rival en duel, va jusqu'à faire enlever et séquestrer un électeur récalcitrant. Pour citer Bainville[10], « il lui fallut plus d'intrigues que pour devenir empereur ». Le voilà lieutenant-colonel en second.

À Pâques 1792 éclate à Ajaccio une émeute contre la Constitution civile du clergé, qui va soumettre l'Église à l'État*. Sous le commandement inexpérimenté de Napoléon, les volontaires sans formation de la Garde nationale tirent sur la foule. Ils font même feu sur les troupes de ligne. Ce grave incident ne rend pas Napoléon populaire, ni auprès des Ajacciens, ni devant Paoli.

Joseph conseille à son frère de quitter la Corse.

Comme il va finir par être compté comme déserteur ou, ce qui serait pire, comme émigré, Napoléon part pour Paris s'occuper de ses affaires.

---

* La Constitution civile du clergé est adoptée le 12 juillet 1790. Le pape la condamne en mars 1791.

Arrivé fin mai 1792, il trouve la capitale « dans les plus grandes convulsions », écrit-il à Joseph. Il descend dans le même hôtel qu'un Pozzo di Borgo et les deux compatriotes se font des sourires contraints.

« Les mécontents sont très nombreux, observe-t-il. Voilà trois nuits que la ville reste éclairée[11]. » Ce qui signifie que les Parisiens ne se couchent pas et manifestent dans les rues à la lumière des torches et des flambeaux. « On a doublé la Garde nationale qui restait aux Tuileries pour garder le roi. »

La France vient de déclarer la guerre à l'empereur d'Autriche, qui soutient les émigrés. « Les nouvelles des frontières sont toujours les mêmes. Il est probable que l'on se repliera à faire la guerre défensive. La désertion parmi les officiers est excessive[12]. »

Le 20 juin, la foule prend d'assaut le palais des Tuileries où réside le roi.

Bonaparte se trouve dans le quartier en compagnie de son ami de collège Bourrienne, avec qui il doit dîner. Au lieu de chercher un cabaret, ils suivent les émeutiers à distance pour voir ce qui se passe. « Avant-hier, raconte-t-il ensuite à Joseph, sept à huit mille hommes, armés de piques, de haches, d'épées, de fusils, de broches, de bâtons pointus, se sont portés à l'Assemblée pour y faire une pétition. De là ils ont été chez le roi. Le jardin des Tuileries était fermé et quinze mille gardes nationaux le gardaient. Ils ont jeté bas les portes, sont entrés dans le palais, ont braqué les canons contre l'appartement du roi, ont jeté à terre quatre portes, ont présenté au roi deux cocardes, une blanche et l'autre tricolore. Ils lui ont donné le choix. Choisis donc, lui ont-ils dit, de régner ici ou à Coblence[13]. » Coblence en Rhénanie, où les nobles émigrés sont réfugiés en masse, avec l'intention de reconquérir la France par les armes, aidés par les princes étrangers.

« Le roi s'est bien montré. Il a mis le bonnet rouge. La reine et le prince royal en ont fait autant. Ils ont donné à boire au roi. Ils sont restés quatre heures dans le palais. Cela a fourni ample matière aux déclarations aristocratiques des Feuillantins[14]. » Il s'agit des députés de droite, les monarchistes constitutionnels, majoritaires à l'Assemblée législative.

« Il n'en est pas moins vrai cependant que tout cela est inconstitutionnel et de très dangereux exemple. » Napoléon Bonaparte, ami de l'ordre, n'approuve pas plus la populace, pour qui il a plusieurs commentaires méprisants, que ce roi qui lève un verre de vin avec les sans-culottes, le bonnet phrygien sur la tête, au lieu de faire son métier de roi. « Si le roi s'était montré devant la foule, à cheval, la foule aurait reculé » : Napoléon retient que la faiblesse de Louis XVI cause sa chute : le monarque n'est vaincu que par sa lâcheté.

Avec cent hommes, estimera-t-il plus tard, Napoléon est sûr qu'il aurait, lui, balayé l'émeute.

« Il reste bien difficile de deviner ce que deviendra l'empire dans une circonstance aussi orageuse[15]. » La seule partie de l'empire qui l'intéresse, c'est encore et toujours la Corse – elle y appartient par décret, on s'en souvient : c'est pour cela qu'il emploie le terme. Il ne faut pas croire qu'avec cette phrase Napoléon fasse de l'anticipation et se voie en futur empereur. Il pense que l'invasion autrichienne et la décomposition du corps politique français mènent droit à l'indépendance de l'île. Aussi conseille-t-il à Joseph de rester proche de Paoli.

Les affaires militaires de Napoléon s'arrangent, le ministère le réintègre dans l'artillerie avec le grade de capitaine. Le lendemain 11 juillet 1792, l'Assemblée proclame la patrie en danger, les volontaires affluent pour combattre à Verdun, Longwy ou Jemmapes. Le 10 août, le roi est incarcéré, fin août l'Assemblée prévoit l'élection d'une Convention.

Il faut que Joseph soit candidat.

Napoléon, que les avis de sa famille avaient d'abord décidé à rejoindre son régiment, retire sa sœur Élisa de Saint-Cyr et rentre avec elle à Ajaccio.

Il est persuadé que son destin est d'être, dans une Corse indépendante, le chef de l'armée de Paoli. N'est-il pas le premier officier corse sorti de l'École militaire de Paris ?

Le frère et la sœur quittent Paris juste après les massacres de septembre[16], six jours de tueries où le peuple de Paris et quelques villes assassine en masse prêtres réfractaires, contre-révolutionnaires réels ou supposés, prisonniers de droit commun et prostituées. Le temps que les deux Bonaparte voyagent vers le sud, l'armée française gagne à Valmy[17], ils débarquent en Corse avant la victoire de Jemmapes[18]. L'armée de la Révolution repousse les Autrichiens et les Prussiens, elle occupe les Pays-Bas autrichiens, la rive gauche du Rhin, le duché de Savoie.

Le dernier acte de l'Assemblée législative est de retirer au clergé la gestion de l'état civil. Le premier de la Convention nouvellement élue, le lendemain 21 septembre 1792, sera la proclamation de la république.

Pour la première fois depuis longtemps, la fratrie Bonaparte entière se réunit dans la maison familiale. Joseph n'est pas député, Paoli lui a barré la candidature.

Napoléon reprend son poste de lieutenant-colonel en second des volontaires de la garde nationale corse. Il se prépare à envahir la Sardaigne* par le nord, sous le commandement de Cesari, un neveu de Paoli.

Une escadre française attaquera par le sud.

En effet, la Convention a donné l'ordre à Paoli d'attaquer l'île voisine pour ouvrir un deuxième front contre l'Autriche.

Petit éclaircissement de géographie politique : le roi de Sardaigne, qui est en même temps prince de Piémont et duc de Savoie, est allié à la maison d'Autriche.

À Ajaccio, le climat politique devient détestable.

Des soldats arrivent de Marseille appuyer l'opération. Marseille, la ville qui a popularisé depuis six mois un chant de guerre qu'on appelle *La Marseillaise***. Les gardes nationaux corses, paolistes, monarchistes constitutionnels et indépendantistes, et les troupes du continent, très révolutionnaires et républicaines, se battent en ville et sur le port, se tirent dessus dans les coins de rue.

Le 21 janvier 1793, à Paris, le roi Louis XVI est livré au bourreau.

La France commence à exporter la Révolution en Europe. En face se dresse alors la première coalition : l'archiduché d'Autriche, les royaumes de Grande-Bretagne, d'Espagne, de Prusse, de Piémont-Sardaigne et de Naples, les Provinces-Unies. La Prusse et l'Autriche attaquent par le nord et l'est.

---

* La Sardaigne, à dix kilomètres au sud de la Corse, est aujourd'hui une île italienne.

** Au moment de la déclaration de guerre à l'Autriche, Rouget de Lisle compose à Strasbourg, à la demande du maire, un *Hymne de guerre* dans la nuit du 25 au 26 avril 1792. Les patriotes marseillais le chantent en montant à Paris en juillet 1792.

Un mois plus tard, en février, Napoléon prend pied avec ses hommes sur l'îlot Saint-Étienne, moins de deux kilomètres carrés, installe ses canons, bombarde les batteries de la petite île de la Madeleine* toute proche. Il est prévu que Cesari, le neveu de Paoli, s'empare de l'archipel de la Madeleine d'abord puis de là, attaque l'île de Sardaigne. Au lieu de quoi ses marins corses se révoltent et empêchent les soldats d'aborder. Le commandant Cesari leur cède. Trahison ! Cesari ordonne la retraite et l'abandon des canons ; Napoléon n'a que le temps de rembarquer sous le feu sarde.

Ce désastre renforce les préventions de la Convention contre Paoli. Au même moment ou presque, la Vendée se soulève contre Paris et contre la Révolution, soutenue par l'Angleterre. Le vieux nationaliste corse n'aurait-il pas fait échouer exprès les plans de la République française ?

La Convention veut l'entendre. Elle envoie des commissaires, dont le député Salicetti, inspecter sa conduite. Paoli refuse de se laisser contrôler. La Convention le dénonce comme traître à la République, le destitue, le déclare d'arrestation.

Napoléon prend la défense de son grand homme. Il envoie à la Convention une lettre de protestation**, la placarde en ville. Il avait pourtant d'abord écrit à Paoli, avec les officiers de son unité, pour critiquer le commandement lamentable de son neveu Cesari : Paoli n'avait pas apprécié.

Paoli réplique à la Convention en convoquant une consulte à Corte, trois mille personnes, pour s'engager dans la résistance armée et séparer la Corse de la France.

La guerre civile sur l'île semble aussi inévitable que sur le continent. La consulte va faire le tri. Elle désigne les familles ennemies de la Corse.

Les Salicetti.

Les Arena.

Les Bonaparte.

---

* Archipel de la Maddalena. L'îlot où il débarque se nomme Saint-Étienne ou San Stefano. L'archipel est formé de trois îlots.

** Lettre du 5 avril 1793, signée du capitaine Bonaparte qui s'exprime au nom de la Société populaire d'Ajaccio, et qui proteste auprès de l'Assemblée contre le décret de destitution de Paoli : « Nous lui devons tout, jusqu'au bonheur d'être République française. Il jouit toujours de notre confiance, rapportez en ce qui nous concerne votre décret du 2 avril, et rendez pour tout ce peuple la joie. »

Pourquoi les Bonaparte ?

On exhibe la preuve, une lettre interceptée : Lucien Bonaparte se vante à sa famille d'être l'un des artisans du décret de destitution de Paoli. Il a dénoncé Paoli dans un club patriotique de Toulon comme un ennemi de la Révolution et un adversaire de la France.

Calomnie ? Pas du tout, Lucien l'avoue dans ses *Mémoires* : à dix-huit ans, il s'est laissé emporter par le sentiment général.

Il est probable que Napoléon assiste à cette consulte. Il entend lire la condamnation des Bonaparte : « Nés dans le despotisme, nourris et élevés sous les yeux et aux frais d'un pacha luxurieux qui commandait dans l'île – c'est Marbeuf – les trois frères s'étaient faits avec le plus ardent empressement les zélés coopérateurs et les perfides agents de Salicetti. Pour peine l'assemblée les abandonne à leurs remords intimes et à l'opinion publique qui d'ores et déjà les a condamnés à une perpétuelle exécration et infamie. »

Napoléon, qui croyait sa vie en Corse derrière Paoli, fait volte-face.

Quelle autre issue ? Entre la Corse et son frère, il choisit son frère.

Il fera montre d'une même capacité de retournement quelques années plus tard, à la tête de ses troupes massées devant Boulogne et qu'il dirigera soudain jusqu'à Austerlitz. Ses ennemis redouteront toujours sa fulgurance dans l'action.

Napoléon, objet de la vendetta paoliste, se réfugie chez ses cousins Tusoli à Boccognano, dans la montagne, et chez les familles alliées. Il glisse de ferme en auberge, se cache d'écurie en alcôve. De Saint-Florent, le 17 mai 1793, il tente avec les républicains un coup de force contre Ajaccio. Il échoue.

Il faut fuir. Napoléon fait passer un billet à sa mère pour l'avertir. Elle prend le maquis avec les enfants. Derrière elle, les paolistes mettent à sac la maison Bonaparte puis l'incendient.

La famille réunie s'embarque ensemble sur un bateau militaire français, direction Toulon.

« Tout avait plié, ma présence n'était bonne à rien ; je quittai la Corse[19] », résume Napoléon.

Contrairement à ce que Napoléon a souvent prétendu lui-même, les Bonaparte ne sont pas là les victimes de traîtres pro-anglais.

Il est bien vrai que l'année suivante s'instaure sur l'île un éphémère royaume anglo-corse. Cela se comprend : la Corse, une fois débarrassée de la France, préfère un allié lointain qui lui laissera sa souveraineté tout en offrant des moyens de défense. Il est vrai aussi que Paoli, qui avait connu l'exil en Angleterre, parlait sa langue et admirait ses institutions, mais tel n'est pas le motif de la rupture avec les Bonaparte.

Ils partent, dénoncés pour ce qu'ils sont : des républicains, des partisans de la Montagne, comme on désignait alors les députés les plus révolutionnaires assis sur les bancs les plus hauts de la Convention, avant que cette tendance ne siège du côté gauche de la salle et ne change ainsi de surnom. Paoli appartient au bord opposé, girondin, monarchiste constitutionnel, défenseur du clergé. De droite, pourrait-on dire.

Napoléon a cherché à le dissimuler par la suite. Des pièces ont d'ailleurs disparu des archives. Il ne tenait pas à ce qu'on sache qu'il avait été partisan de la Révolution dans ce qu'elle a eu de dur, de la Convention en particulier, du même avis que Danton, que Maximilien Robespierre, que Marat.

La suite immédiate de sa carrière prouve pourtant qu'il doit tout à la Convention et au frère cadet de Robespierre, Augustin dit Robespierre le Jeune*, commissaire de la Révolution à Marseille et qui finira sur l'échafaud avec son frère aîné.

Telles sont les raisons politiques et les circonstances qui amènent les Bonaparte à quitter la Corse. Napoléon n'a d'autre choix que de changer de carrière ; cette fois, son avenir est en France.

---

* Augustin Robespierre, dit Robespierre le Jeune (1763-1794), montagnard, membre du Club des jacobins, condamné à la guillotine.

Chapitre VI – Capitaine Canon

Fuite vers la France – Gauchisme – À Toulon – Général à vingt-quatre ans – De futurs ancêtres – Chute de Robespierre – Bonaparte en prison – « Chère Désirée, à toi pour la vie » – Il y a trop de généraux – Napoléon écrit un roman sentimental – Impatiences et triste mine – Il déménage à la cloche de bois – Comment j'ai failli payer sa note d'hôtel.

Chassés de Corse, les Bonaparte débarquent à Toulon le mardi 11 juin 1793, à la Saint-Barnabé ou la Saint-Fortuné ou bien, selon le nouveau calendrier en vigueur depuis peu, tridi 23 prairial de l'an I, jour de Chèvrefeuille. Seul Lucien n'est pas à bord, il se trouve déjà sur place. Ils ont traversé la mer sur une flûte, un bâtiment de guerre à trois mâts : rien à voir avec la barque chahutée sur laquelle Abel Gance, dans son film*, montre Napoléon, sombre et seul, cinglant dans la tempête vers son destin.

Fin mai et début juin, tandis que Napoléon se cachait des paolistes chez ses amis républicains, à Paris les sans-culottes chassaient du pouvoir les girondins, c'est-à-dire les plus modérés, au profit des montagnards. La province connaît un mouvement politique contraire. À Lyon, à Marseille, les girondins chassent leurs maires montagnards. Bientôt le Midi se soulève contre la Convention, contre Paris. C'est la guerre civile, les fédérés contre le gouvernement de la capitale et l'armée de la République contre l'insurrection.

Letizia s'installe d'abord à La Valette, un village près de Toulon, avec ses enfants. Mais il n'est pas bon d'être repéré

* *Napoléon*, film en noir et blanc réalisé en 1925 et sorti en 1927, scénario et dialogues d'Abel Gance, musique d'Arthur Honegger. Le film a été tourné en muet ; Gance y a ajouté par la suite les dialogues prévus dès le départ.

comme patriote jacobin. Très vite, l'insurrection royaliste oblige les Bonaparte à fuir vers Marseille et l'anonymat de la grande ville.

L'Assemblée prend soin de ses partisans et vote une aide aux insurgés corses. Ce petit subside permet à Mme Bonaparte de loger quelque temps à Marseille, dans l'hôtel de Ciprières déserté par son propriétaire, un émigré. La vie n'est pas facile, Letizia accepte des travaux de couture pour survivre, ses filles lavent leur linge à la fontaine publique.

Napoléon reprend du service comme capitaine au 4e régiment d'artillerie stationné à Nice. On le charge bientôt de ramener un convoi de munitions d'Avignon. Il tombe là en pleine guerre civile. Les insurgés fédéralistes soutenus par les monarchistes, très actifs dans le Midi, contrôlent la vallée de la Durance et Marseille. L'armée républicaine du général Carteaux est venue les mater.

Dans quel état d'esprit se trouve notre jeune capitaine ? Il en fait part dans une saynète, *Le Souper de Beaucaire*, datée du 29 juillet 1793. Napoléon a reçu l'ordre d'occuper Tarascon et Beaucaire, deux villes de part et d'autre du Rhône au sud d'Avignon. À Beaucaire depuis le Moyen Âge se tient tous les ans à cette époque une immense foire commerciale.

D'une rencontre à l'auberge avec des marchands venus pour la foire, il tire une pièce de propagande révolutionnaire à l'intention du représentant local de la Convention.

Bonaparte met en scène un Nîmois, un Marseillais, un industriel de la région de Montpellier et un militaire – lui-même.

La conversation roule sur l'actualité. Le Marseillais expose sa thèse fédéraliste et girondine. Le militaire défend la Convention. Les deux autres personnages jouent un rôle mineur. Il est intéressant de voir qu'il n'a pas fait de l'exposé du girondin une caricature. Il distingue entre la Vendée contre-révolutionnaire, qui veut un roi, et ceux qu'il considère comme de vrais républicains. Il a dépeint un Marseillais ami des lois, de l'ordre et du drapeau tricolore. Le militaire révolutionnaire, *alias* Bonaparte, le met en garde : il risque de faire le jeu des royalistes, de l'Espagne et de l'Autriche – on est en guerre. Il affirme surtout combien les conventionnels sont supérieurs militairement aux girondins : ils mènent une guerre de mouvement. Les girondins, qui se retranchent dans la défensive, sont battus d'avance.

La discussion s'achève sur la promesse d'une réconciliation générale.

Ce dialogue, d'un style aisé, assez vif et naturel, reste tout à fait lisible aujourd'hui encore. Dans la conclusion, on peut deviner l'ombre de celui qui régnera au-dessus des factions et mènera la guerre de mouvement.

Les convictions jacobines de l'auteur ne font pas le moindre doute. Le militaire conventionnel proclame les convictions du Napoléon Bonaparte d'alors : « Peut-on être assez fort en révolution ? Marat et Robespierre, voilà mes saints ! »

Mais Jean-Paul Marat le montagnard, le prophète de l'extrême gauche et de la violence, a été assassiné deux semaines plus tôt. Une jeune fille fédéraliste, Charlotte Corday, l'a poignardé dans sa baignoire.

Napoléon fait imprimer sa pièce à quelques exemplaires. Il ne l'a pas écrite pour le plaisir de la littérature ni pour édifier le grand public mais pour attirer sur lui l'attention politique. Il envoie la brochure à son compatriote Salicetti, lui aussi proscrit de Corse pour opinions jacobines, alors détaché dans le Midi comme commissaire de la Convention. Belle réussite, Salicetti approuve beaucoup. L'œuvre plaît encore davantage au second commissaire, Robespierre le Jeune, Augustin Robespierre, frère de l'autre – Maximilien Robespierre dit l'Incorruptible, présentement occupé, au Comité de salut public, à l'élimination des girondins et à l'instauration de la Terreur.

Robespierre le Jeune et Salicetti sont enthousiastes. Ils décident de publier *Le Souper de Beaucaire* aux frais du Trésor public.

C'est avec ce manifeste révolutionnaire que Napoléon fait son entrée dans l'histoire de France, estime Jean Tulard. Il est vrai qu'il n'a jusqu'alors jamais pris de position publique sur les événements nationaux.

Napoléon regagne ensuite Marseille fin août dans les troupes de la Convention, en convoyeur de munitions. À l'arrière et non en première ligne, il est le témoin de la répression féroce qu'applique le général Carteaux.

La chance de Bonaparte arrive avec la mission suivante du même général Carteaux.

Le Comité de salut public a donné l'ordre de reprendre Toulon. La ville portuaire s'est non seulement soulevée contre la République, mais elle a fait appel aux Anglais. Dans la ville et ses forts, les troupes étrangères se montent à plus de dix mille hommes.

Carteaux* est un général sans-culotte, un peintre de portraits qui a été un peu soldat avant la Révolution. Le siège de Toulon est au-dessus de ses capacités. L'armée manque toujours autant de cadres.

À la mi-septembre 1793, Napoléon rencontre son compatriote Salicetti, lequel saute sur l'occasion. Bonaparte est un « capitaine d'artillerie instruit », comme il l'écrit au Comité de salut public. Aussi lui offre-t-il sur-le-champ le poste de commandant de l'artillerie de Carteaux. Ce commandement n'a rien de grandiose, il consiste en quatre canons et deux mortiers.

Ces quatre canons et deux mortiers lui ouvriront sa carrière.

Napoléon conçoit de mettre le feu aux navires anglais en les bombardant de boulets chauffés au four, les boulets rouges.

Le général Carteaux, son chef, choisit l'emplacement de la première batterie. Napoléon demande un tir d'essai à boulet froid. D'un coup d'œil, il a jugé la cible hors de portée, la batterie mal située. Il ne perd pas son temps à l'expliquer. Un canon fait feu. Le boulet retombe à mi-distance, loin des bateaux anglais. Mieux que des paroles, le tir démontre l'incompétence de Carteaux.

Napoléon connaît Toulon, où il est arrivé et parti par mer bien des fois, et surtout, il a réfléchi. Il faut prendre la pointe de l'Éguillette, avec son fort à vingt-deux canons dans le goulet à l'entrée de la rade. Les Anglais perdront la maîtrise du port et tout sera fini.

Napoléon met le doigt sur la carte et déclare, laconique :

« Toulon est là ! »

---

* 1751-1813. Il a quarante-deux ans, Bonaparte vingt-quatre.

Le brave général Carteaux, déjà dénué du sens de l'artillerie, n'a pas non plus celui de la stratégie, encore moins celui du langage imagé. Il éclate de rire sous ses grosses moustaches noires :

« Ce blanc-bec de capitaine Canon ne connaît rien à la géographie ! »

Carteaux est bientôt remplacé par un ancien médecin qui ne supporte pas la vue du sang et qui cède la place à un général à même de remporter le siège de Toulon. C'est Dugommier*, quarante ans de service, qui comprend le plan de Bonaparte et l'applique.

Bonaparte a su réquisitionner des canons. Il établit de nouvelles batteries pour bombarder le fort. Il leur donne des noms propres à galvaniser ses troupes : la batterie des Jacobins, la batterie des Chasse-Coquins, la batterie des Hommes Sans Peur.

Le fort de l'Éguillette tombe le 17 décembre 1793 et, comme Napoléon l'avait prévu, Toulon tombe avec.

Le lendemain, les Anglais évacuent.

Le 22 décembre, Napoléon est général de brigade.

Au combat de l'Éguillette, Napoléon a son cheval tué sous lui et reçoit un coup de pique dans la cuisse. À Toulon, il attrape la gale. À dater de ce moment, il se gratte presque toute sa vie.

Napoléon Bonaparte fait d'intéressantes rencontres durant le siège.

Durant la construction d'une de ses premières batteries, Napoléon demande un sous-officier qui sache écrire. Un sergent sort des rangs et prend sous sa dictée, appuyé sur le bord de la tranchée. Ils ont à peine fini qu'un boulet tombe à côté en couvrant la lettre de terre. « Bien, je n'aurai pas besoin de sable », remarque tranquillement le sergent. On sèche alors l'encre avec du sable ou de la cendre. Napoléon apprécie la plaisanterie et le calme du sergent.

Il s'appelle Junot.

Junot**, surnommé le Sergent la Tempête, deviendra son aide de camp, gouverneur de Paris, général de division, ambassadeur à Lisbonne, duc d'Abrantès. Il aura cette fière réplique au duc de

---

* Jacques François Coquille dit Dugommier (1738-1794).

** Jean Andoche Junot (1771-1813).

Montmorency qui lui reproche d'être un duc sans ancêtres : « C'est nous qui sommes les ancêtres ! »

À Toulon, Napoléon fait encore la connaissance de Duroc[*], de Suchet[**], Leclerc[***], Dessaix[****], Marmont[*****], qui seront ses généraux, et surtout du ci-devant vicomte Paul de Barras[******] qui lui ouvrira le chemin du pouvoir.

Barras, député du Var, est le commissaire politique de la Convention pour les opérations du Midi. Napoléon comprend que c'est de lui qu'il doit se faire remarquer et apprécier.

Napoléon a ses idées sur la façon de mener la guerre étrangère et les écrit au ministre, Lazare Carnot, le futur Organisateur de la victoire. Il lui envoie des notes « sur la position de nos armées de Piémont et d'Espagne, pour convaincre le ministre d'attaquer en Italie plutôt qu'en Espagne ». La Convention est obsédée par l'Espagne : là règnent des Bourbons qui pourraient bien secourir leurs cousins de France.

Bonaparte est le premier à penser qu'il faut au contraire affaiblir l'Autriche en l'attaquant par le sud, en Italie, dans la plaine du Pô. Pendant ce temps-là, l'armée du Rhin, la plus importante, se concentrerait sur le cœur de son dispositif, Allemagne, Prusse, Autriche.

Il ne parvient pas à convaincre Carnot. Il lui faudra pour cela monter plus haut dans la hiérarchie militaire.

À Marseille, les Bonaparte ont fait la connaissance de la famille Clary. Ces négociants riches et cultivés vendent et achètent tout ce qui s'échange d'une rive à l'autre de la Méditerranée, en particulier des tissus, arment des bateaux et se livrent aussi à

---

* Géraud Duroc (1772-1813), aide de camp de Bonaparte, général de division, duc de Frioul et ami personnel.

** Louis Gabriel Suchet (1770-1826), lieutenant-colonel à Toulon, maréchal d'Empire, duc d'Albufera. N'a jamais essuyé une défaite. Dans le *Mémorial* : « Si j'avais eu Suchet à la place de Grouchy, je n'aurais pas perdu Waterloo. »

*** Charles Leclerc (1772-1802), capitaine à Toulon, général, épouse Pauline Bonaparte en 1797.

**** Joseph Dessaix (1764-1834), colonel en 1793, député du Mont-Blanc aux Cinq-Cents et opposé au coup d'État de Bonaparte le Dix-huit Brumaire.

***** Auguste Viesse de Marmont (1774-1852), maréchal d'Empire, duc de Raguse. Trahit en 1814. Tuteur du fils de Napoléon. Neveu d'un camarade à Brienne et au régiment de La Fère.

****** Paul Barras (1755-1829).

la course. La politique ne les intéresse pas. En homme d'affaires, le père Clary se tient à l'écart des débats de la Révolution.

Joseph et Napoléon courtisent deux des sept filles de la maison, celles qui sont en âge de se marier, Julie, vingt-deux ans, et Désirée*, seize ans. Les deux aînées sont déjà pourvues, les trois autres trop jeunes.

Napoléon fait à la cadette une cour discrète et retenue. Ils s'écrivent, il lui donne des conseils : qu'elle prenne des leçons de piano, de chant. Il lui parle comme un professeur à une élève.

Napoléon n'a rien du coureur qu'était son père. On ne connaît pas d'autre femme dans sa vie avant Désirée Clary, si ce n'est la fille du Palais-Royal dont il a parlé. On peut toujours imaginer qu'il y en ait eu, bien sûr, mais ce n'était pas trop dans son caractère pudique. À Brienne, il se montrait choqué par ses condisciples qui s'intéressaient aux demoiselles et dénonçait leurs mœurs dissolues.

Une lettre à Joseph mesure le peu de feu qu'il met dans cette relation, ou alors son incapacité à communiquer ses sentiments à son frère : « Dans un bon ménage, il faut que l'un des deux cède à l'autre. Tu es d'un caractère indécis, écrit-il à Joseph. Il en est de même de Désirée, tandis que Julie et moi, nous savons ce que nous voulons. Tu feras donc mieux d'épouser Julie. »

Comme on le voit, les deux frères Bonaparte, ensemble, font la cour aux demoiselles Clary, en bloc, d'une façon assez raisonnée. Ils cherchent tout simplement à se marier. Joseph, d'ailleurs, épouse Julie cette année-là, le 1er août 1794.

Napoléon n'assiste pas à la noce qui se tient près de Marseille, il est alors dans son régiment à Nice.

Dans les mêmes temps, Robespierre tombe, la Révolution bifurque, changement considérable.

Après avoir éliminé l'extrême gauche des montagnards, les Enragés, le dictateur a exterminé leur aile droite, les Indulgents de Danton. Rien qu'à Paris, il a fait couper mille quatre cents têtes de révolutionnaires et de nobles. Ce qui reste de députés vivants, en un complot avec le centre, dit le Marais pour ses opinions mouvantes, l'accuse d'accaparer le pouvoir.

---

* Bernardine Eugénie Désirée Clary (Marseille, 8 novembre 1777-Stockholm, 17 décembre 1860), qui finira reine de Suède et de Norvège.

Le 27 juillet, le Neuf Thermidor, la Convention déclare Robespierre hors la loi.

Le lendemain il est guillotiné. Robespierre le Jeune aussi.

Fin de la Terreur.

Napoléon se trouve alors en fâcheuse position : personne n'ignore le patronage dont il a bénéficié. Augustin Robespierre a décrit à son aîné et à la Convention les talents de Bonaparte en termes enthousiastes le 5 avril 1794 : « Le citoyen Buonaparte, commandant l'artillerie, est d'un mérite transcendant. »

Il est absolument sûr que Napoléon a apprécié l'énergie et l'efficacité du gouvernement de Robespierre, le combat contre la désintégration du pays et, surtout, la restauration de sa puissance et la reconstitution de son armée. C'est indubitable, même s'il a cherché ensuite à dissimuler ses opinions de jeunesse. Dans le *Mémorial*, il livrera son opinion définitive sur Robespierre : « Il avait plus de suite et de conception qu'on ne pensait ; après avoir renversé les factions effrénées qu'il avait eu à combattre, son intention avait été le retour à l'ordre et à la modération[1]. » En somme, il lui prêtera la place de précurseur de sa propre action : une manière de se disculper.

Après Thermidor, Napoléon va devoir vite passer de la protection de Robespierre le Jeune à celle de Barras, qui a toujours sa tête sur les épaules et la surveillance des opérations du Midi.

Napoléon écrit le 7 août à l'envoyé de la République à Gênes, Tilly : « J'ai été un peu affecté de la catastrophe de Robespierre le jeune que j'aimais et que je croyais pur, mais, fût-il mon père, je l'eusse moi-même poignardé s'il aspirait à la tyrannie[2]. »

Début de virage, mais insuffisant. Napoléon est arrêté et emprisonné au fort d'Antibes pour robespierrisme et jacobinisme.

Il semble, assez curieusement, qu'il doive l'arrestation à son ami Salicetti. Salicetti a sans doute eu besoin de se dédouaner lui-même : il porte la responsabilité de la répression de Marseille. Il a dû lui paraître opportun de la partager avec les militaires, et parmi eux, Napoléon. Napoléon, qui le saura, ne lui en tiendra jamais vraiment rigueur. J'ai mentionné au début de ce livre*, à propos de Talleyrand, la cynique indulgence de Napo-

* Voir le chapitre « Napoléon du matin au soir », 1re partie.

léon Bonaparte envers les traîtres : on le voit, ce trait de caractère opère dès la jeunesse.

Napoléon envoie lettre sur lettre pour expliquer sa situation et combien il a tout donné à la République. Au bout de dix jours, on le relâche, il regagne son régiment à Nice, retrouve son commandement. Salicetti, resté en poste, le charge de concevoir une expédition pour reconquérir la Corse.

Le régiment de Napoléon quitte Nice pour l'Italie. Le voilà pour longtemps loin de Désirée, qu'il préfère appeler de son deuxième prénom, Eugénie. D'Oneille sur la côte ligure – Oneglia en italien –, il lui écrit la confusion de ses sentiments :

« [...] Étranger aux passions tendres, je ne devais pas me méfier au plaisir de votre société. Les charmes de votre personne, de votre caractère, ont gagné insensiblement le cœur de votre amant. Vous avez depuis lu dans mon âme. [...] Mais de mon côté, le devoir m'entraîne à vous quitter. Vous ne serez donc pas surprise que je déjoue l'éloignement en vous épanchant mon âme. Il est nuit, tout promet les vents à la mer et demain nous serons encore plus éloignés de dix lieues. Je ne penserai que plus souvent à Eugénie ; mais elle, dans l'âge et du sexe de l'inconstance, partagera-t-elle ma sollicitude, mes peines, mon amour !!! C'est par l'absence que les sentiments vacillent et se caractérisent. Eugénie est-elle tout entière à son amant ?[3] »

Dans la même lettre il lui conseille ensuite de s'acheter un pianoforte. Dans une autre[4], il lui donne une liste de livres à lire. Il ne mentionne exprès aucune pièce de théâtre, que lui-même adore : puisqu'elle va au spectacle tous les soirs, elle se fera son opinion elle-même. Ce n'est pas tant qu'il partage ses goûts avec elle, il veut d'abord lui être utile.

Quelques jours après, le 12 février 1795, il répond de Toulon à Eugénie Désirée qui s'est plainte de lui.

« Si vous étiez témoin, mademoiselle, des sentiments que m'a inspirés votre lettre, vous seriez convaincue de l'injustice de vos reproches. [...] J'ai eu lieu de désirer souvent que vos sentiments correspondent à la force des miens. Il n'est pas un plaisir auquel je ne désire vous associer. Il n'est pas un rêve que vous ne soyez de moitié. Soyez donc bien sûre que "la plus sensible des femmes aime le plus froid des hommes" est une phrase inique de méchanceté et d'injustice que vous n'avez pas crue en l'écrivant[5]. »

Quelques lettres plus tard, les amoureux semblent réconciliés :

« Je t'ai écrit, ma bonne amie, d'Avignon. [...] J'ai reconnu à chacune de tes paroles mes propres sentiments, mes propres pensées. Je n'ai pas cessé de t'avoir présente à ma mémoire. Ton portrait est gravé dans mon cœur. [...] Je pars à l'instant pour Tarascon [...]. Il est quatre heures après midi. À toi pour la vie[6]. »

Le 7 mai 1795, à Marseille, Napoléon Bonaparte reçoit l'ordre de rejoindre l'armée de l'Ouest, qui réprime la rébellion monarchiste de la Vendée. Il a été rayé des cadres de l'artillerie : il y a trop de généraux. Il était le plus jeune, le sort est tombé sur lui. On le verse dans l'infanterie.

Voilà qui ne fait pas son affaire. L'infanterie ? Il se sent déchu, seule l'artillerie vaut à ses yeux, il tient l'infanterie pour subalterne. Affronter des civils ? Il veut se battre contre l'ennemi étranger, contre des militaires.

Une seule solution, régler l'affaire dans les bureaux à Paris.

Dès le lendemain, Napoléon entame le voyage vers la capitale avec ses amis Junot et Marmont et laisse Eugénie Désirée.

Le surlendemain, il termine une lettre qu'il lui envoie d'Avignon ainsi : « Le débordement de la Durance m'a empêché d'arriver plus tôt ici. [...] Adieu, ma bonne et tendre amie. Souvenir et amour, par celui qui pour la vie est à toi[7]. »

C'est vers cette époque que Napoléon écrit un roman sentimental, *Clisson et Eugénie*. Le héros est officier, l'héroïne a seize ans : Clisson, c'est lui ; Eugénie, c'est elle. Il s'inspire de leur idylle. Napoléon nous décrit la demoiselle de ses pensées : « Eugénie avait seize ans, de jolis yeux, une taille ordinaire ; sans être laide, elle n'était pas une beauté, mais la bonté, mais la douceur, une tendresse vive, lui appartenaient essentiellement. »

Clisson, jeune guerrier, aime Eugénie, ils sont amants, ils sont heureux. Parti à la guerre, il lui envoie son aide de camp. L'aide de camp séduit Eugénie. Clisson ne peut pas la reconquérir : il doit livrer bataille. Il triomphe des ennemis mais choisit la mort.

Clisson part pour la guerre au lieu de courtiser Eugénie, exactement comme Napoléon.

Il évoque le suicide, thème d'époque, à nouveau présent sous sa plume : « J'avais épuisé la vie et ses biens ; que me restait-il pour l'avenir que la satiété et l'ennui ? »

La trahison avec l'aide de camp ne relève que des complications mélodramatiques nécessaires au scénario. Eugénie, la vraie, est très éprise de Napoléon et affligée de son départ.

« J'ai tout perdu en me séparant de toi, lui écrit-elle le 21 mai 1795. Ne partages-tu pas une peine aussi profonde ? [...] Je te le répète je ne pourrais vivre sans t'aimer, sans te le dire, et sans t'en avoir persuadé. Comment ne partages-tu pas un amour aussi tendre ? [...] Oui, mon ami, je crois que tu m'aimes, je chéris cet espoir, cet espoir est nécessaire à mon existence. Sans toi, sans ton amour, la vie ne me serait plus rien. »

Quand elle écrit cette lettre, Napoléon et ses amis sont déjà arrivés depuis quelques jours chez le père de Marmont, en Bourgogne.

Il visite les alentours et suggère à Joseph d'acheter une propriété avec lui. J'ai toujours été frappé par cette constante chez Napoléon : il repère les propriétés à vendre et les propose à son frère. J'ai trouvé une dizaine de lettres où il ne cesse de décrire des biens à Joseph : « Mon frère, tu devrais acheter... J'ai vu en passant cette maison à vendre... Tu devrais t'intéresser à ceci », etc.

Lettre du 22 mai 1795, de Semur-en-Auxois en Côte-d'Or, commune de La Roche-en-Brenil :

« J'ai été toute la journée d'hier à la terre de Ragny dont je t'ai parlé dans ma dernière lettre (lettre que nous n'avons pas). Cette terre qui appartient à M. Montigny est regardée comme étant dans le meilleur local de Bourgogne pour le blé et le pâturage. [...] Le château est un corps de logis [...]. Il y a de grandes haies devant. Ce terrain est tel qu'il ne faut que vouloir pour l'avoir. » Il a examiné les choses en détail : « Il y a de la pierre pour bâtir une maison. Le bois est tout pris. Le site est très beau et très pittoresque. L'on l'aurait sans doute pour 600 à 900 000 en assignats[8]. »

J'ai le sentiment que les historiens n'ont pas prêté grande attention à ce désir si révélateur de l'homme. Il y a chez Napoléon une mentalité de propriétaire foncier.

J'y vois la marque des origines, où sa famille tire sa subsistance des propriétés, où l'ascension sociale s'accompagne de l'achat de terres de rapport et de maisons confortables. À la même époque, les biens Bonaparte en Corse sont inaccessibles, la propriété des Milelli l'objet d'un procès, la pension des mûriers toujours dans le vague. Je trouve ce désir d'acheter avec son frère préféré assez attendrissant. Ce qui n'empêche pas les calculs précis. Le 28 mai, toujours à Joseph, il détaille les prix du sucre et autres produits qu'il voit à Marseille : l'inflation en devient délirante. N'oublions pas que dans la France des assignats, entre 1791 et 1796 les prix ont été multipliés par deux cents : vingt mille pour cent d'augmentation !

C'est la panique universelle chez les propriétaires d'assignats, cette monnaie de papier qui perd sa valeur de jour en jour. Il est urgent de la dépenser, si possible en échange de propriétés de rapport. Et il y en a beaucoup à vendre, notamment des biens nationaux.

En Bourgogne, Napoléon ne s'occupe pas que d'explorer le patrimoine foncier, il mène la vie de château. Dans ses *Mémoires*, Mme de Chastenay* raconte. Elle a deux ans de moins que Napoléon et doit à son titre de chanoinesse, reçu à quatorze ans, de se faire appeler Madame.

La famille de Victorine de Chastenay est voisine des Marmont chez qui Napoléon séjourne. Le jeune Marmont est amoureux de Victorine, brune aux yeux bleus, le teint blanc et de jolies dents. Les parents Chastenay ne le trouveront pas assez bien né. En fait, nul prétendant ne lui conviendra jamais : elle restera célibataire.

« Maigre et pâle, Napoléon Bonaparte ne fait rien pour paraître aimable, écrit-elle. Il désole ses hôtes (les Marmont) par sa parfaite et constante taciturnité au point que certains convives n'hésitent pas à le traiter d'imbécile. »

Revoilà notre Napoléon mutique quand il n'est pas à l'aise.

Tout le monde rend visite aux Chastenay**, Marmont, Junot, Napoléon et son jeune frère Louis, qu'il visse et accable d'algèbre, remarque-t-elle.

---

* Marie Victoire Louise de Chastenay (1771-1855), dite Victorine, femme de lettres.

** Les 19 et 20 mai 1795.

Victorine se met au piano et chante une romance italienne. Elle demande à Napoléon si elle a bien prononcé.

« Non », répond-il platement. La conversation s'arrête là.

Décidée à trouver un moyen de dérider cet invité récalcitrant à son charme, le lendemain, après le dîner où il ne sort que monosyllabes, elle l'entreprend sur la Corse.

C'est la bonne clé, Napoléon s'ouvre : « Notre entretien commença, je crois qu'il dura plus de quatre heures, rapporte-t-elle. Je n'avais jamais rencontré personne qui me parût avoir tant d'esprit. » Il ne lui cache pas son mépris pour les contre-révolutionnaires incapables de la moindre énergie, sans pour autant se faire d'illusions sur les thermidoriens qu'il a rencontrés à Toulon. « Le général républicain n'avait aucune maxime, ni aucune foi républicaine. »

Voilà l'homme pragmatique, qui critique aussi bien ceux qu'il va servir que la contre-révolution ou même la république. Derrière le silencieux, il n'y a pas seulement le discret mais l'observateur – et déjà son leitmotiv, le mépris des incapables.

Les deux jeunes gens se découvrent des goûts communs. Ils parlent des poèmes d'Ossian – ce barde écossais du IIIe siècle ressuscité par les romantiques et que Napoléon sait par cœur, des douceurs de *Paul et Virginie* de Bernardin de Saint-Pierre, de la tragédie. Il propose à Victorine de lui apporter un recueil d'Ossian, elle refuse – par souci des convenances, écrit-elle plus tard en ajoutant qu'elle l'a regretté « plus d'une fois ».

Le jeune général de vingt-six ans, une fois dégelé, accepte enfin de se mêler à cette société de vacances, de jouer à des jeux de salon, de se faire donner un gage et de se retrouver à genoux devant Victorine.

Il participe même à la conversation générale. Tous se félicitent du calme revenu dans le pays malgré la persistance des antagonismes. « Bonaparte, dit Victorine, ne craignit pas de dire que sa façon de voir était très opposée ; en pareil cas il convenait qu'une victoire complète fût à l'un des partis : dix mille par terre, d'un côté ou de l'autre, autrement il faudrait toujours recommencer. »

Quand il sera chargé de rétablir l'ordre, dans quelques mois, il appliquera la méthode. Le général Vendémiaire est déjà là.

Napoléon écrit toujours à Eugénie Désirée. De Paris, où il arrive bientôt, il évoque pour elle en juin 1795 le souvenir « de cette soirée enchanteresse et de ces promenades où l'amour nous unissait sans nous contenter et nous enivrait d'espoir[9] ». L'amour qui unit sans contenter, on peut s'interroger sur le degré d'intimité de leur liaison.

Eugénie Désirée voyage en Italie avec sa sœur, Napoléon s'impatiente : « Il y a bien longtemps que je n'ai de tes nouvelles, ma tendre amie. Depuis que tu es en Italie, tu ne penses donc plus à ceux qui s'intéressent si vivement à ton sort ? Si cela est, tu aurais bien promptement changé. [...] Mon frère m'explique qu'il veut aussi venir vous joindre, vous serez tous ensemble. Soyez heureux[10]. »

Une pointe de jalousie à l'idée que les autres s'amusent sans lui.

Eugénie Désirée répond un mois plus tard par des protestations d'amour et de fidélité. « Ma destinée, ô mon ami, c'est de t'aimer toujours. Puisse la tienne être égale à la mienne. Et puisses-tu avoir toujours pour ton amie les mêmes sentiments. Oui, quelquefois j'arrive à me persuader que tu m'aimes encore, mais quand je réfléchis sur tout ce que tu disais dans le cas que je vinsse en Italie, hélas que cette illusion est passagère et que les regrets qui la suivent sont durables. »

Napoléon éprouve les plus grandes difficultés avec le nouveau ministre de la Guerre, Aubry : celui-ci a percé son ambition et s'efforce de la barrer. En juin 1795, il l'a fait verser dans l'infanterie, général de brigade de l'infanterie de l'armée de l'Ouest.

Napoléon expédie son brosseur et ses chevaux en Vendée ; puis il renonce à s'y rendre lui-même et se fait mettre en congé de maladie jusqu'à la fin août.

Dans Paris où a pris fin la Terreur, les anciennes puissances jacobines sont en danger. Salicetti, par exemple. Napoléon sait où il se cache : chez Mme Permon, une compatriote chez qui dînent tous les Corses de Paris.

Salicetti lui a valu la prison. Va-t-il en faire autant ? Pas du tout, mais il va le lui faire sentir dans une lettre qu'il dicte à Junot :

« Salicetti, tu le vois, j'aurais pu te rendre le mal que tu m'as fait, et, en agissant ainsi, je me serais vengé, tandis que toi, tu m'as fait du mal sans que je t'eusse offensé. Quel est le plus beau rôle en ce moment, du mien ou du tien ? Oui, j'ai pu me venger, et je ne l'ai pas fait. [...] Va, cherche en paix un asile où tu puisses revenir à de meilleurs sentiments pour ta patrie. [...] Repens-toi, et surtout apprécie mes motifs ; je le mérite, car ils sont nobles et généreux. Mme Permon, mes vœux vous suivent, ainsi que votre enfant. [...] Soyez surtout prudente [...][11]. »

L'enfant de Mme Permon dont Napoléon se soucie dans sa lettre est une fille de dix ans et demi, Laure*. Elle épousera Junot en 1800, après qu'il aura en vain demandé à Napoléon la main de Pauline Bonaparte.

Laure, devenue duchesse d'Abrantès, se souvient dans ses *Mémoires*[12] combien l'aspect du jeune Bonaparte était saisissant. Souvent il passait voir Mme Permon à l'hôtel de la Tranquillité rue des Filles-Saint-Thomas, dans ce qui est de nos jours le quartier de la Bourse à Paris.

À cette époque, Napoléon est laid, osseux, le teint jaune, les mains longues – ce qui alors n'est pas un critère de beauté, au contraire – et noires.

Il a l'air maladif et ne fait pas grand effort d'élégance. Le résultat : « un aspect désagréable ».

Beaucoup de jeunes gens ont plutôt les cheveux courts, à la Titus. Napoléon porte les cheveux longs, les mèches le long des joues. La duchesse d'Abrantès le décrit « entrant, en 1795, dans la cour de l'hôtel de la Tranquillité, la traversant d'un pas gauche et incertain, ayant un mauvais chapeau rond enfoncé sur ses yeux et laissant échapper ses deux oreilles de chien mal poudrées ». Il porte une redingote gris-de-fer qu'il rendra célèbre, va sans gants, dépense inutile prétend-il, chaussé de bottes non seulement mal faites, mais mal cirées.

Il n'est pas que maigre et négligé, il est pauvre.

Début juillet, il vit dans une chambre meublée du quartier Latin à trois francs par semaine, dans l'hôtel du Cadran Bleu, rue

---

* Laure Permon Junot, duchesse d'Abrantès (1784-1838), grande mémorialiste de l'époque.

de la Huchette, au coin de la rue du Petit-Pont. Il se nourrit le matin d'une tasse de café qu'il prend au café Cuisinier, près du pont Saint-Michel, et le soir d'un dîner à un franc. Petit budget.

Quand j'étais étudiant, j'avais des amis qui habitaient là-bas, rue de la Huchette, dans ce même garni qui existait toujours. Un jour que je dînais chez eux, ils me disent que le propriétaire allait passer récolter son loyer.

Je vois donc ce propriétaire, qui m'apprend d'abord que l'immeuble était dans sa famille depuis des générations. Il ajoute :

« J'ai chez moi toute une série de clés des gens qui ont habité dans ces appartements et qui ont déménagé à la cloche de bois. Et parmi elles, il y a une clé de l'époque de Bonaparte. »

Il était convaincu d'avoir la clé de Napoléon Bonaparte, parti sans payer.

C'est tout juste s'il ne m'a pas présenté la note pour mon défunt parent.

Chapitre VII – Le général Vendémiaire rencontre Joséphine

Fantasmes de suicide – « Dis-moi que tu m'aimes encore » – Rayé de la liste des généraux ! – Sans un sou – Une mitraillade qui rapporte – « Quel est le plus gras de nous deux ? » – Enfin de l'argent et des places pour la famille – Quand Joséphine s'appelait Rose – Une coiffure en coup de vent – « Mio dolce amor » – Un mariage bâclé – Départ.

Sans argent, sans nouvelles de Désirée, Napoléon se sent seul, « seul comme un ours », et il n'a pas toujours le moral. « Si cela continue, mon ami, écrit-il à Joseph, je finirai par ne pas me détourner lorsque passe une voiture[1]. » Il ne s'agit pas de spleen romantique, il lui passe bel et bien par la tête l'envie de se détruire lorsqu'il se sent abandonné.

Napoléon se plaint plusieurs fois à Eugénie Désirée : « Je reçois des lettres de tous côtés, de tout le monde et point des vôtres, mademoiselle » ; « Paris serait bien gai avec mon Eugénie, il est triste sans elle. Je viens d'entendre exécuter ces morceaux de Sapho que je t'envoie, ma bonne amie je suis sûr qu'ils te plairont. L'amour rendit Sapho malheureuse. Elle mourut d'amour[2] » ; « Réponds-moi que tu m'aimes encore[3]. »

À Joseph, il témoigne de son ébahissement devant la vie agitée de Paris. Il est encore comme un provincial monté à la capitale. Le couperet de la guillotine est passé très près pour bien des gens, surpris d'avoir été épargnés après avoir été surpris d'être arrêtés. L'avenir est incertain : tout le monde se dépêche de s'amuser.

Lettre du 12 juillet 1795, à Joseph[4] : « Le luxe, les plaisirs et les arts reprennent ici d'une manière étonnante [...]. Les voitures, les élégants reparaissent. »

Les mœurs ont changé. « Les bibliothèques, les cours d'Histoire, de chimie, de mathématiques, de belles-lettres, de botanique, d'astronomie, de musique se saccadent. Ils n'intéressent guère de monde. » Voilà qui laisse penser que lui au moins y est allé. « Tout est installé dans ce pays pour distraire et rendre bien agréable. »

Il s'inquiète un peu. « Qui a les moyens de voir en nous au milieu de cette occupation de l'esprit et ce tourbillon si actif ?

« Les femmes sont partout : aux spectacles, aux promenades, aux bibliothèques. Dans les cabinets des savants, vous voyez de très jolies personnes. Ici seulement, de tous les rois de la terre, elles méritent de tenir le gouvernail. Aussi, les hommes en sont-ils fous, ne pensent-ils qu'à elles et ne vivent que par et pour elles. Une femme a besoin de six mois de Paris pour connaître ce qui lui est demandé et quel est son esprit. »

Napoléon se débat pour échapper à la Vendée et conserver un commandement dans l'artillerie. Il rêve d'être nommé en Turquie. Son congé se termine fin août : s'il n'obtient rien, il sera obligé d'obéir. Il adresse donc un mémoire au Comité de salut public où il rappelle ses états de service.

Le ministre de la Guerre, Aubry, l'a écarté au motif qu'il était trop jeune. Prétexte, se récrie-t-il, il est désormais le plus ancien dans le grade.

Aussi brutal par écrit qu'en paroles, il plaide sa cause à la troisième personne : « Si le général Buonaparte a été exclu du nombre des officiers généraux d'artillerie, il l'a été sans aucune raison et par l'impulsion de quelques intrigants connus de tous temps dans le corps, par leur assiduité à circonvenir tous les hommes en place, ce qu'ils appellent faire la guerre et avoir des années de service[5]. »

Il poursuit sur un ton comminatoire : « Le général Buonaparte attend de la justice des membres du Comité de salut public, chargés de la partie militaire, qu'ils voudront bien le restituer à ses fonctions, et ne permettront pas qu'il ait la douleur, après avoir commandé l'artillerie dans les circonstances les plus fâcheuses de la guerre, et avoir contribué aux succès les plus éclatants, de voir sa place occupée par des hommes qui se sont constamment tenus en arrière, qui sont absolument étrangers à nos succès, inconnus dans nos armées et qui ont l'impudence de se présenter aujourd'hui pour nous arracher le fruit de la victoire dont ils n'ont pas voulu courir les chances. »

Napoléon sollicite Barras et toutes les relations influentes qu'il peut avoir, rend visite sur visite. Au lieu de l'envoyer se battre à la tête des troupes contre l'ennemi étranger ou de le détacher à Constantinople, on le nomme au bureau topographique du ministère de la Guerre.

Le voilà conseiller militaire du gouvernement.

On connaît ses horaires par une lettre à Joseph[6] : de une heure de l'après-midi à cinq heures, puis il reprend à onze heures du soir pour finir à trois heures du matin.

Cette organisation lui laisse manifestement le temps de sortir, de dîner en ville et de voir du monde, d'aller au théâtre.

Désirée est à Gênes. Napoléon s'en sert pour lui prêter des infidélités ou une indifférence qu'elle n'a probablement pas.

« J'ai appris avec intérêt que tu avais des amies à Gênes et que tu vois souvent la société, non pas de ces tristes et maussades seigneuries mais de quelques aimables Lyonnaises [...]. Si tu avais voulu venir avec moi, tu vois que tu n'eusses pas été à la guerre comme tu le pensais. Je suis toujours à Paris occupé auprès du Comité du salut public pour la direction des armées. Cela m'occupe depuis deux heures après midi à quatre heures et depuis une heure après minuit à deux heures, sans cependant me gêner[7]. »

On voit qu'en huit jours, ou selon à qui il s'adresse, ses horaires s'allègent beaucoup.

« J'eusse eu le temps de faire voir les raretés de cette superbe ville parisienne à mon amie, mais elle a voulu passer en Italie, préférer Gênes à Paris, un frère à un amant. Cela s'appelle de la sagesse, de la raison. Oui, de la raison. Que devient devant elle le tendre sentiment, l'émotion de l'âme venant de l'amour ? Fille mauvaise, tu as préféré l'amitié à l'amour. »

Désirée pouvait-elle venir à Paris ? Aurait-elle eu la permission de ses parents ? ou n'était-ce qu'un projet en l'air qu'il retourne contre elle avec mauvaise foi ?

« J'ai dîné avant-hier soir chez Mme Tallien. Elle est toujours assez aimable, mais je ne sais pas par quelle fatalité ses charmes se sont effacés à mes yeux, elle a un peu vieilli. Je ne sais pas par quel mystère elle ne me plaît pas du tout… »

Vieilli ?

Thérésia Tallien* a vingt-deux ans, quatre de moins que lui ! Elle ne lui plaît plus du tout ? Elle lui a plu. Il lui a fait la cour, il a eu la naïveté de lui avouer ses ennuis d'argent, elle a fait rire à ses dépens dans son salon** et ne cède pas. Le mystère qui efface ses charmes réside peut-être là.

Ce jeune homme qui ne sait plus ce qu'il ressent, qui jette la responsabilité de son trouble sur l'absente, je le trouve d'une mauvaise foi amusante. On le voit si vivant à travers sa lettre, humain et proche – il est comme nous.

Napoléon décide qu'il est temps pour lui d'épouser Eugénie Désirée, d'avoir une femme, une vie domestique, sa maison. Il aimerait charger Joseph des pourparlers avec la famille Clary, et que sa femme Julie, sœur de Désirée, et leur frère Nicolas*** s'entremettent aussi.

C'est ainsi que se traitent les mariages. Pour éviter l'affront d'un refus direct, les proches négocient l'union.

Dans le style décousu de sa correspondance à son frère, Napoléon écrit au milieu de sa lettre du 19 fructidor, 5 septembre 1795 :

« Que faudrait-il faire pour terminer l'affaire d'Eugénie (il souligne) ? Que pense sur ce son frère, elle et que veux-tu faire ? »

À la fin de la même lettre, il se répète :

« Si je reste ici après, il ne serait pas impossible que la folie de me marier ne me prît. Je voudrais à cet effet un petit mot de ta part là-dessus. Il serait même peut-être bon d'en parler au frère d'Eugénie. S'il ne veut pas, fais-moi le savoir et tout est dit. Il n'est pas rare de trouver ici des femmes qui ont… (passage surchargé où l'on peut discerner : envie de. La phrase pourrait donc être : qui ont envie de se marier. Argument pour la négociation : il ne serait pas en peine de trouver un parti à épouser.)

---

* Thérésia Cabarrus (1773-1835), alors mariée à Jean Lambert Tallien. Ils ont une fille née cette année-là, Thermidor Rose Thérésia Tallien (1795-1862).

** Mme Tallien l'interpelle devant témoins à propos de ses culottes neuves.

*** Le frère d'Eugénie et de Julie, Nicolas Clary, a alors trente-cinq ans.

« Occupe-toi un peu de cela seulement autant que je m'occupe de tes affaires. Écris-moi vraiment afin que je comprenne ce que tu me dis. Personne ne lit tes lettres.

« Chauvet ira à Nice dans 10 jours t'apportera (*sic*, Napoléon saute des mots) les livres que tu demandes.

« Bp

« Le célèbre évêque d'Autun et le général de Montesquiou ont la permission de rentrer en France et sont effacés de la liste des émigrés. »[8]

On note qu'il s'intéresse déjà à Talleyrand, l'évêque d'Autun, son futur complice dans le coup d'État du Dix-huit Brumaire.

Avec sérieux, Napoléon veut se marier. Il revient sans cesse sur le sujet.

Le lendemain 6 septembre, à Joseph, avant-dernier paragraphe :

« Adieu, mon ami, amuse-toi. Tout va bien, sois gai. Pense à mon affaire car j'ai la folie d'avoir une maison puisque tu n'y es pas et que tu vas rester à l'étranger. Il faut bien que l'affaire d'Eugénie se finisse ou se rompe. J'attends ta réponse avec impatience. »[9]

C'est touchant : puisque son frère n'habite pas dans la même ville que lui, il rêve d'une vie de famille à lui pour compenser. Mais Napoléon commence à douter : et si le mariage ne se faisait pas ?

Le 8 septembre, de Paris, à Joseph :

« Je désire beaucoup que tu t'occupes de l'affaire d'Eugénie dont je t'ai écrit. (Eh oui, *sic*, nous savons qu'il fait des fautes de français, en voilà une.)

« J'en ai parlé aussi dans une lettre à ta femme et pour que cette affaire finisse et dans la circonstance actuelle, ce ne doit pas être difficile. [...]

« Je suis ici l'on ne peut mieux et dans une position plus agréable et flatteuse. »[10]

Napoléon exagère pour se faire valoir. En réalité, son refus de partir pour l'armée de l'Ouest lui a porté tort. Il traîne dans un modeste bureau topographique du Comité de salut public.

On ne dispose malheureusement pas des réponses de Joseph.

On sait que M. Clary père – et peut-être le frère et des oncles – ne veut pas d'un général obscur et désargenté pour gendre. Il songe sans doute à un riche parti, un négociant marseillais dans son genre.

On s'en doute, Napoléon le prend mal.

Le 27 septembre, de Paris, à Joseph :

« Si ces messieurs ne veulent pas finir l'affaire d'Eugénie, tant pis pour elle si elle est assez bête pour les écouter. Je suis étonné de ta manière d'envisager cette affaire-là. L'on dirait que c'est une chose bien inconvenante pour ces messieurs. Je crois lui faire beaucoup d'honneur. »[11]

Dans ses lettres postérieures à sa rencontre avec Joséphine, il demandera à Joseph de saluer Désirée, sans plus.

À la mi-septembre, Napoléon est rayé de la liste des généraux, il n'a plus un sou. Ami du célèbre acteur Talma* depuis trois ans, il lui demande de quoi vivre. À bout de ressources, il lui faudrait quelques écus. Il offre de rembourser sur le premier royaume qu'il conquerra avec son épée.

Au 15 septembre 1795, Napoléon traîne dans Paris, sans avenir.

Pas plus tard que début octobre, vendémiaire selon le calendrier républicain en vigueur, l'Histoire lui redonne une chance.

Une crise politique secoue Paris.

Le 22 août 1795, la Convention a voté une nouvelle Constitution et instauré le Directoire. Cinq directeurs vont gouverner, les représentants du peuple seront répartis en deux chambres, le conseil des Cinq-Cents et le Conseil des Anciens.

Les royalistes n'acceptent pas que les deux tiers des chambres ne soient pas élus mais nommés par les directeurs parmi les députés de la Convention : bref, que la majorité soit truquée.

C'est l'émeute.

Le général Menou, désemparé, réprime mollement le soulèvement royaliste.

La Convention s'en remet à Barras. Le voilà à la tête des troupes, général en chef de l'armée de l'Intérieur.

Ce que Bonaparte pense des capacités de commandement de Barras, il le dit dans le *Mémorial de Sainte-Hélène* : « Il

* François Joseph Talma (1763-1826), fondateur du Théâtre de la République.

n'avait aucun talent pour la tribune et nulle habitude de travail. Au moment de la crise (celle du Neuf Thermidor), la Convention le nomma pour marcher contre la Commune qui s'était insurgée en faveur de Robespierre. Il réussit. Cet événement lui donna une grande célébrité. Le 12 vendémiaire (4 octobre 1795), les circonstances étaient trop graves pour lui, elles étaient au-dessus de ses forces, Barras n'avait pas fait la guerre[12]. »

Barras sait fort bien qu'il lui faut un militaire accompli à ses côtés. Ce Bonaparte qu'il fréquente et qui a si bien remporté le siège de Toulon fera l'affaire. Le 13 vendémiaire, 5 octobre, Barras fait nommer le général Bonaparte au commandement de l'armée de Paris. Napoléon revient de loin. Le jacobinisme notoire peut encore servir.

Napoléon n'a pas assisté en vain à la chute de la monarchie en 1792. Il sait qu'un régime menacé doit réprimer durement s'il veut se maintenir.

Il envoie Murat, chef d'escadron au 21e chasseurs, récupérer des canons aux Sablons, à quatre kilomètres, pour les rapporter aux Tuileries avant que les royalistes ne s'en emparent.

Dans le cul-de-sac de la rue Dauphin qui donne sur le parvis de l'église Saint-Roch, Napoléon dispose un canon de 8 chargé à mitraille. Le tir de sa pièce d'artillerie sert de signal aux autres postes.

Bilan : environ deux cents morts et blessés dans chaque camp, mais les Tuileries dégagées *manu militari*.

L'émeute royaliste est jugulée.

Quelques jours plus tard, Barras, le sauveur par Bonaparte interposé, est élu directeur.

Quant à Napoléon, il y gagne une première célébrité et un surnom : il sera le Général Vendémiaire. Désormais responsable de l'ordre public dans la capitale, il commande quarante mille hommes.

Il y a de quoi faire. L'hiver rude rend l'approvisionnement difficile. C'est la disette. Dans Paris on s'attroupe devant les boutiques, on manifeste, on accuse le gouvernement.

Napoléon a l'habitude de patrouiller en compagnie de son état-major pour s'assurer de la tranquillité publique. Un jour que la farine n'arrive pas, la foule se masse à la porte des boulangeries, attend en vain, crie et proteste, exige du pain. Passent Napoléon et ses officiers, tous en uniforme. Dans l'attroupement, une femme particulièrement grosse et imposante vocifère plus que tout le monde. Elle prend les militaires à partie, raconte Napoléon :

« Tous ces tas d'épauletiers se moquent de nous ! Pourvu qu'ils mangent et qu'ils s'engraissent bien, il leur est fort égal que le pauvre peuple meure de faim[13] ! »

Napoléon l'apostrophe à son tour :

« Ma bonne, regarde-moi bien : quel est le plus gras de nous deux ? »

Napoléon est toujours aussi maigre, la femme énorme, la populace éclate de rire.

La manifestation tourne court et l'état-major poursuit son chemin.

Toujours maigre, certes, mais nettement moins mal habillé. La duchesse d'Abrantès le remarque : « Il n'était plus question de bottes crottées. Bonaparte n'allait plus que dans un bel équipage, habitait une maison fort convenable du boulevard des Capucines. Enfin, il était devenu un personnage important, nécessaire, et tout cela sans antécédents, sans bruit, comme par un coup de baguette. »

Napoléon n'a plus besoin d'emprunter de quoi vivre.

Au contraire, il est en position de distribuer.

Sa première préoccupation : la famille. Napoléon ne vit que par le plaisir qu'il fait aux siens, comme il l'a formulé dans une lettre à Joseph un mois plus tôt[14].

Il surveille de près l'instruction de ses jeunes frères.

Il donne son avis à sa mère sur les prétendants qui demandent Pauline en mariage.

Parfois il les intercepte même avant. C'est ainsi qu'il a découragé son ami et aide de camp Junot, fou amoureux de la sœur de son général. Le flegmatique sergent qui prenait en dictée sous les bombes de Toulon est passé lieutenant : petite solde mais il table sur son futur héritage pour faire vivre une famille.

Napoléon, pratique, refuse gentiment :

« Ainsi donc, résumons : tu n'as rien, elle n'a rien, quel est le total ? rien. Vous ne pouvez donc pas vous marier à présent ; attendons[15]. »

Dorénavant Napoléon veillera mieux sur ses proches : il peut enfin leur procurer des emplois, un revenu.

Dix jours après avoir été nommé général en chef, lettre à Joseph[16]. Il ne s'étale pas sur la façon dont il a rétabli l'ordre, sûr que son frère sait tout par les journaux : « Nous avons vaincu et tout oublié. »

Puis il lui indique ce qu'il a décidé pour chacun :

« J'ai fait nommer Chauvet (ami intime de Joseph et Napoléon) commissaire ordonnateur en chef. Fesch [est] agent général des hôpitaux. » L'oncle Fesch*, jeune demi-frère de leur mère, a quitté la prêtrise au moment de la Terreur pour garder la vie sauve.

« Lucien accompagne Fréron** qui part pour Marseille. J'ai envoyé l'ordre que l'on m'envoie Jérôme ici. Toi, tu seras placé consul à la première paix. Fréron (qui courtise Pauline) est parti avec l'intention d'être utile à Mme Clary et à tes parents. Je lui ai écrit en conséquence. M. Clary n'aura qu'à m'écrire ce qu'il veut et il l'aura. [...] Après l'orage, je ferai placer Villeneuve en France, chef de bataillon du génie employé dans le Nord ou où il le désire. Ramolino est placé inspecteur des charrois à Marseille. Je ne puis faire plus que je ne fais pour tous. Pourquoi faut-il que leur saline de Cadix soit abandonnée ? Il rend 100 000 francs. Adieu, mon ami. Je n'oublierai rien de ce qui peut t'être utile et contribuer au bonheur de ta vie. »

Dans une autre lettre à Joseph, le 1er janvier 1796 :

« [...] Tu ne dois avoir aucune inquiétude pour la famille. Elle est abondamment pourvue de tout. Jérôme est arrivé hier avec un général qui l'a mené ici. Je vais le placer dans un collège où il sera bien. [...] Tu ne tarderas pas à avoir ton consulat[17]. [...] »

De quoi s'agit-il ici ?

Des dizaines de postes sont à pourvoir parce que la situation est nouvelle, parce que les précédents cadres sont guillotinés, émigrés ou opposants politiques. Toute personne un tant soit peu formée trouve un emploi. Napoléon lui-même en profite pour arriver si vite si haut. C'est le cas maintenant, et hier déjà au

---

* Joseph Fesch (1763-1839) n'a que six ans de plus que Napoléon. Il deviendra cardinal.

** Fréron (1754-1802), journaliste, conventionnel. « Missionnaire de la Terreur » dans le Midi, ennemi de Robespierre, proche de Tallien, instigateur avec lui des attaques de jacobins en juillet 1795 par les bandes de la « Jeunesse dorée de Fréron ». Il part arrêter les massacreurs royalistes de Marseille.

siège de Toulon où, nous l'avons vu, on ne le nomme que parce qu'il est un capitaine instruit.

Les places que procure Napoléon à son entourage viennent combler des vides béants dans le service de la France, cela est certain.

Elles fournissent aussi à la famille de quoi vivre, c'est aussi clair.

Napoléon a grimpé d'un bond dans l'échelle sociale, il a de l'argent, des relations et du pouvoir. Il partage aussitôt.

C'est un trait de son caractère et de son éducation. Il trouve naturel d'inclure les siens dans sa réussite. La promotion des Corses n'est jamais une promotion individuelle mais de groupe, de clan. En position de les servir, il endosse le rôle.

En octobre 1795, quelques jours après avoir écrasé l'émeute royaliste, début octobre, le Général Vendémiaire découvre Joséphine un soir chez Barras.

Il ne voit que sa grâce. D'une main potelée aux doigts fuselés, elle retient à peine une étole sur ses épaules très nues. Joséphine, la femme en vue dans le Paris qui s'amuse et qui gouverne, sourit au général célèbre.

Elle est une grande amie de Mme Tallien, autre reine de Paris qui se moquait de Bonaparte il y a peu, lorsqu'il était pauvre et obscur. Elles se sont connues en prison, trois semaines au couvent des Carmes transformé en geôles, à redouter la guillotine. Le coup d'État du Neuf Thermidor leur a sauvé la vie. Le mari de Joséphine n'a pas eu cette chance : il est mort sur l'échafaud trois jours avant.

Joséphine devient la maîtresse officielle de Barras, lui aussi artisan de la fin de Robespierre avec Tallien et Fouché.

Personne ne l'appelle encore Joséphine, mais Rose.

Elle est née Marie Josèphe Rose de Tascher de La Pagerie à la Martinique, le 23 juin 1763, d'une famille désargentée de la bonne société de l'île. À seize ans, elle arrive en métropole, timide et ignorante. Elle a fait le voyage pour épouser Alexandre de Beauharnais*, lui aussi né à la Martinique quand son père y était gouverneur.

* Alexandre François Marie, vicomte de Beauharnais, 1760-1794.

En 1792, Alexandre de Beauharnais est général de l'armée du Rhin. Deux ans plus tard, il est décapité.

Ils ont deux enfants. Un fils, Eugène, né en 1781 et que Napoléon adoptera. En 1783, une fille, Hortense. Hortense épousera Louis Bonaparte, un des frères de Napoléon, et sera la mère de l'empereur Napoléon III.

Lorsque Napoléon rencontre la citoyenne Beauharnais, elle pourrait lui paraître un peu âgée, car, aux yeux des contemporains, à trente et un ans, une femme n'est plus une jeune femme.

Brune et sensuelle, les manières langoureuses, la Créole sait plaire. Sans être d'une beauté frappante, elle dégage un charme prenant. Elle sourit sans desserrer les lèvres pour dissimuler ses mauvaises dents. Elle montre bien autre chose. Elle se vêt, ou plutôt se dévêt, selon la mode, de robes de gaze ou de mousseline les plus transparentes, les plus décolletées, les plus fendues, sous lesquelles elle ne porte rien.

On l'a oublié, parce que le XIXe siècle bourgeois et convenable a passé par-dessus avec ses collets montés et ses manches longues, mais après avoir échappé à la guillotine, les rescapés dévorent la vie à la folie. L'Ancien Régime était déjà le monde des philosophes et des libertins. Après la Terreur, amours libres, mœurs légères, habits extravagants, rires, fêtes et plaisirs pour effacer la peur et le sang.

Par dérision, on porte les cheveux à la victime, courts dans le cou comme si le bourreau venait de les tailler pour faciliter le passage du couperet. Tantôt on les poudre, tantôt on les cache sous des perruques bleues ou vertes. Il nous reste un dessin du miniaturiste Isabey, Joséphine de profil arborant une impressionnante coiffure en coup de vent qui a un air furieusement moderne.

La citoyenne Beauharnais dépense beaucoup, surtout l'argent que Barras lui donne. Elle vit dans le quartier à la mode, rue Chantereine, une maison qu'elle loue à Julie Talma, la femme du tragédien.

Napoléon lui rend visite chez elle mi-octobre.

Elle le relance bientôt.

« Vous ne venez plus voir une amie qui vous aime, écrit-elle le 28. Vous l'avez tout à fait délaissée. Vous avez bien tort, car elle vous est tendrement attachée. Venez demain septidi déjeuner avec moi. J'ai besoin de vous voir et de causer avec vous sur vos intérêts. »

Causerie captivante à n'en pas douter, car il revient chaque soir.

Un jour de décembre, à sept heures du matin, il lui écrit ce billet fougueux :

« Je me réveille plein de toi. Ton portrait et le souvenir de l'enivrante soirée d'hier n'ont point laissé de repos à mes sens. Douce et incomparable Joséphine, quel effet bizarre faites-vous sur mon cœur ! Vous fâchez-vous ? Vous vois-je triste ? Êtes-vous inquiète ? Mon âme est brisée de douleur, et il n'est point de repos pour votre ami… Mais en est-il donc davantage pour moi, lorsque, vous livrant au sentiment profond qui me maîtrise je puise sur vos lèvres, sur votre cœur, une flamme qui me brûle. Ah ! c'est cette nuit que je me suis bien aperçu que votre portrait n'est pas vous. Tu pars à midi, je te verrai dans trois heures. En attendant, *mio dolce amor*, reçois un millier de baisers, mais ne m'en donne pas, car ils brûlent mon sang[18]. »

Il l'appelle Joséphine, un prénom qu'il lui crée, un prénom neuf qui n'a jamais entendu de mots d'amour.

Le jeune Corse pudibond vient de tomber sous le charme de la femme expérimentée et découvre les plaisirs de la chair.

Il lui arrive la même chose qu'à bien des puissants de nos jours, chastes durant leur ascension, soit qu'ils sont trop occupés à réussir, soit qu'ils n'aient pas le physique qui plaît, quand ce ne sont pas les deux ensemble. Une fois au sommet, les femmes les trouvent attirants même s'ils sont laids, chauves, ventripotents. Ils en profitent sans trop vouloir comprendre ce qui leur arrive.

Napoléon ne traînait vraiment pas les cœurs après soi quand il était capitaine. Tout à coup, la femme la plus séduisante de Paris lui dit : « Venez. »

Distingué par la vedette, il s'éblouit d'elle et de lui. Il est amoureux. Rien à voir avec Eugénie Désirée, cette fois il n'est pas le dominateur.

Eugénie, justement. Que faire avec elle ? Napoléon a une idée saugrenue : il lui écrit de demander elle-même à ses parents s'ils veulent bien de ce mariage, sinon leur relation se terminera là.

La pauvre ne peut pas demander sa propre main à son père : inconcevable à cette époque. De plus, elle vient de refuser un prétendant en assurant ne pas vouloir se marier. Si elle annonce l'intention de s'établir, ses parents lui imposeront cet indésirable. Devant la lettre de Napoléon, elle pleure en cachette la nuit, seule dans sa chambre, sans comprendre.

En janvier, elle écrit à Napoléon qu'elle ne sait pas comment résister à son père et ne trouve pas de solution pour eux deux.

Le 7 février, Napoléon fait publier les bans de son mariage avec Joséphine.

Lorsqu'il épouse Joséphine le 8 mars 1796, il n'avertit pas Eugénie lui-même. Elle l'apprend, sans doute par Joseph, et adresse à Napoléon une dernière lettre[19] éplorée.

« Je ne désire que la mort, écrit-elle. La vie est un supplice affreux pour moi depuis que je ne puis plus vous la consacrer. Vous marié, je ne puis m'accoutumer à cette idée, elle me tue, jamais je ne me marierai. »

Deux ans et demi plus tard, celle qu'on n'appelle plus Eugénie mais Désirée se marie pourtant. Elle épouse le général Bernadotte, ami de Napoléon, par la suite maréchal d'Empire puis roi de Suède et de Norvège. Ils fonderont une dynastie qui règne toujours sur la Suède. On peut lire la correspondance de Napoléon avec Désirée Clary parce que celle-ci a conservé toutes ses lettres, aujourd'hui déposées aux Archives nationales de Suède dans le fonds Bernadotte. Celles de Désirée à Napoléon, au contraire, sont dispersées.

Ainsi se terminent les amours de Napoléon Bonaparte et Désirée Clary.

Ainsi commencent ses amours avec Joséphine. À son tour d'être le plus épris des deux.

Napoléon croit que Joséphine est riche. Erreur : elle s'en donne l'apparence avec talent. Devant Napoléon, Barras lui prête un crédit politique et financier qu'elle n'a pas. En effet, Barras pousse son protégé Napoléon dans les bras de Joséphine. Elle commence à l'encombrer. Et comme il veut du bien au jeune général…

« Elle tient à l'ancien Régime et au nouveau, elle te donnera de la consistance, insinue Barras à Napoléon qui le rapporte dans le *Mémorial de Sainte-Hélène.* Sa maison est la meilleure de Paris. »

Napoléon avouera : « Pour moi, c'était une excellente affaire, elle disait qu'elle avait un ou deux millions de francs à la Martinique. Elle n'avait que 500 000 que je n'ai jamais vus. »

Une semaine avant le mariage, un soir, Joséphine a des doutes. Elle fait une scène à Napoléon. On en voit la trace dans la lettre[20] que Napoléon lui écrit pour se justifier.

« mars 1796, 9 heures du matin.

« Je vous ai quittée emportant avec moi un sentiment pénible. Je me suis couché bien fâché. Il me semblait que l'estime qui est due à mon caractère devait éloigner de votre pensée la dernière qui vous agitait hier au soir. »

C'est-à-dire la pensée qu'il l'épouse pour son argent.

« Si elle prédominait dans votre esprit, vous seriez bien injuste, Madame, et moi bien malheureux ! Vous avez donc pensé que je ne vous aimais pas pour vous !!! Pour qui donc ? Ah Madame, j'aurais donc bien changé ! Un sentiment si bas a-t-il pu être conçu dans une âme si pure ? J'en suis encore étonné, moins encore que du sentiment qui, à mon réveil, m'a ramené sans rancune et sans volonté à vos pieds. Certes, il est impossible d'être plus faible et plus dégradé. Quel est donc ton étrange pouvoir, incomparable Joséphine ? Une de tes pensées empoisonne ma vie, déchire mon âme par les volontés les plus opposées, mais un sentiment plus fort, une humeur moins sombre me rattache, me ramène et me conduit encore coupable. Je le sens bien, si nous avons des disputes ensemble, je devrais récuser mon cœur, ma conscience : tu les as séduits, ils sont encore pour toi.

« Toi cependant, *mio dolce amor*, tu as bien reposé ? As-tu seulement pensé deux fois à moi. Je te donne trois baisers : un sur ton cœur, un sur ta bouche, un sur tes yeux. »

Ils signent leur contrat de mariage le 8 mars chez maître Raguideau, le notaire de la citoyenne Beauharnais. Ce notaire désapprouve l'union de sa cliente avec un homme qui, il le dit, n'a que la cape et l'épée. Napoléon, sans un sou, n'a pas de notaire personnel.

Le mariage a lieu le lendemain à la mairie du IXe arrondissement, rue d'Antin.

Joséphine porte une robe de mousseline ornée de fleurs tricolores.

Vu l'heure tardive, neuf heures du soir quand Napoléon arrive enfin, le maire est parti se coucher. Un commissaire le remplace, qui n'a pas trop la qualité pour les unir.

Les témoins, pour elle : Barras et Tallien ; et pour lui : son aide de camp Lemarrois.

Deuxième irrégularité, Lemarrois n'a que vingt ans, la majorité est à vingt et un. Comme mineur il n'a pas la capacité à témoigner de quoi que ce soit.

Les fantaisies avec la légalité ne s'arrêtent pas là, Napoléon le raconte d'ailleurs dans le *Mémorial*. Joséphine produit l'acte de naissance de sa sœur morte au lieu du sien. La cadette avait trois ou quatre ans de moins et Joséphine veut se rajeunir : elle a six bonnes années de plus que son mari.

Dernière approximation, Napoléon n'a pas non plus son acte de naissance. Il utilise celui de Joseph, ce qui le vieillit et atténue encore la différence d'âge.

La cérémonie dure cinq minutes, il est tard, il fait froid, chacun rentre chez soi, l'affaire est réglée. On se retrouve chez la mariée dans l'hôtel de la rue Chantereine.

Il est probable que Napoléon n'a pas encore compris que Joséphine n'en est pas la propriétaire : elle le loue.

Attaquer les armées autrichiennes en Italie : Napoléon revient à son idée. On se souvient qu'en poste dans le Midi il avait en vain tenté d'en persuader Carnot, alors ministre de la Guerre. Depuis, Carnot est devenu l'un des cinq directeurs et Napoléon le commandant de l'armée de l'Intérieur. Ses conseils et ses arguments portent.

En janvier 1796, le Directoire se laisse enfin convaincre. Le 2 mars, il nomme le général Bonaparte à la tête de l'armée d'Italie pour exécuter son plan. Le 11, Bonaparte se met en route pour le Midi.

Il n'a que Joséphine à l'esprit. Il s'arrête chez les Marmont, d'où il lui poste ces mots[21] :

« Je t'ai écrit de Châtillon, et je t'ai envoyé une procuration pour que tu touches différentes sommes qui me reviennent. [...] Chaque instant m'éloigne de toi, adorable amie, et chaque instant je trouve moins de force pour supporter d'être éloigné de toi. Tu es l'objet perpétuel de ma pensée ; mon imagination s'épuise à chercher ce que tu fais : si je te vois triste mon cœur se déchire et ma douleur s'accroît. Si tu es gaie et folâtre avec tes amis, je te reproche d'avoir bientôt oublié la douloureuse séparation de trois jours ; tu es alors légère, et dès lors tu n'es affectée par aucun sentiment profond. Comme tu vois je ne suis pas facile à me contenter ; mais ma bonne amie, c'est bien autre chose si je crains que ta santé ne soit altérée [...].

Il poste sa lettre à une bien curieuse adresse :

« La citoyenne Bonaparte,
chez la citoyenne Beauharnais,
rue Chantereine, numéro 6 à Paris. »

Comme s'il n'était pas sûr que sa célèbre épouse porte son nom.

Chapitre VIII – L'Italie ou la victoire en un mois

Madame Mère n'apprécie pas Joséphine – Des généraux envieux – Les soldats aux pieds nus – Une victoire écrasante – Naissance d'une ambition politique – « Il vaut mieux un mauvais général que deux bons » – Confiscations et pillage – Bonaparte tombe du pont d'Arcole – « Adieu, Joséphine » – « Douce amie, je délire » – Un personnage considérable.

Avant de prendre le commandement de l'armée d'Italie, Napoléon passe par Marseille : il doit annoncer son mariage à sa mère.

Letizia Bonaparte n'apprécie ni l'âge ni la réputation de sa nouvelle bru. Il lui faut une pleine semaine pour se décider à lui écrire. Le mot de bienvenue, sans chaleur, annonce les rapports futurs. Letizia n'adoptera jamais Joséphine.

Napoléon ne se sépare pas d'un petit portrait de son amoureuse, peint sur le couvercle d'une tabatière comme cela se fait à l'époque. Il est si fier et si épris de sa célèbre femme qu'il le montre à ses généraux.

Mauvaise entrée en matière.

Berthier, Masséna, Sérurier, Augereau, il les fera un jour maréchaux, princes, ducs, comte. Pour l'heure, ces généraux de la République ne le voient pas tous arriver d'un bon œil.

D'abord, ils jugent son projet d'offensive périlleux. Ils savent l'armée sous-équipée, les soldats indisciplinés. L'armée prioritaire est celle du Rhin face aux principaux adversaires de la Révolution.

Ensuite, plusieurs sont envieux. Napoléon Bonaparte n'est réputé que depuis peu, pour sa canonnade de vendémiaire. Eux ont vaincu sur le champ de bataille. Ils ont la quarantaine, déjà la cinquantaine pour Sérurier. Chacun d'eux se voit général en chef. Pourquoi cet inconnu de vingt-cinq ans ?

Masséna, Augereau et Sérurier croient deviner lorsqu'ils découvrent le frêle Bonaparte, le portrait de sa Joséphine à la main. L'intrigant a sans aucun doute obtenu ce commandement dans une alcôve.

Ils comprennent vite que Bonaparte connaît son métier. Il a déjà distingué en Berthier le chef d'état-major qu'il lui faut : laid, petit mais l'esprit organisé comme une machine.

Napoléon sait bien qu'il n'a pas l'allure martiale qui impressionne. Il a décidé d'en imposer par son comportement. Froid, la parole brève, le regard aigu, il explique son plan de bataille.

Il est important que le lecteur puisse se faire une idée de la stratégie générale et de l'objectif poursuivi. Le directeur Carnot lance trois armées sur Vienne. Le général Jourdan va pénétrer l'Autriche par la vallée du Main avec ses quatre-vingt mille hommes. Les quatre-vingt mille de Moreau attaqueront par le Danube.

Bonaparte doit remonter de la vallée du Pô jusqu'aux Alpes autrichiennes et s'arrêter à cent kilomètres de Vienne.

Destinée à faire diversion, son armée d'Italie est la plus faible, trente-six mille hommes. Ils trouveront en face d'eux quatre-vingt-cinq mille soldats des armées d'Autriche, du royaume de Piémont-Sardaigne[*] et des principautés italiennes.

La montagne des Apennins et des Préalpes se dresse le long de la côte ligure.

Napoléon a étudié chaque col, chaque défilé, chaque fort. Il sait où passer. Il va frapper le milieu du dispositif ennemi.

Il a prévu les itinéraires des renforts, quand les faire apparaître par surprise, les manœuvres de rechange à adopter.

Subjugués, les généraux se concentrent en silence sur les cartes. Il leur a coupé l'envie de ricaner. En sortant de cette conférence d'état-major[1], Augereau résume ses impressions dans son vocabulaire populaire :

« Ce petit bougre de général m'a fait peur », avoue-t-il avec son accent parisien des faubourgs.

---

* Victor-Amédée III, duc de Savoie, prince de Piémont, roi de Sardaigne, est l'allié des rois de France. Deux de ses filles ont épousé deux frères de Louis XVI, les futurs rois de France Louis XVIII et Charles X. La République lui a pris le comté de Nice dès 1792.

Napoléon déplace son quartier général vers le théâtre des opérations. Il quitte Nice, déjà prise au roi de Piémont-Sardaigne, pour une ville de la côte italienne à mi-chemin de Gênes, Albenga.

La nuit de son arrivée, il apprend la mort à Gênes de son ami Chauvet. Il prend aussitôt une plume, du papier, pour se confier à Joséphine.

« Il est une heure après minuit. L'on m'apporte une lettre. Elle est triste, mon âme en est affectée. C'est la mort de Chauvet. [...] Mon amie, je sens le besoin d'être consolé. C'est en t'écrivant à toi seule, dont la pensée peut tant influer sur la situation morale de mes idées, à qui il faut que j'épanche mes peines[2]. »

Comme je l'ai raconté, dès qu'il a eu un pouvoir d'intervention, Napoléon annonce à Joseph des nominations. En premier, il lui a parlé de celle de Chauvet : commissaire ordonnateur en chef – responsable de l'intendance de l'armée d'Italie. Napoléon a toujours affiché sa méfiance envers les ordonnateurs. L'argot militaire de l'époque les surnomme les riz-pain-sel, Bonaparte les traite de fripons, un mot bien plus violent alors qu'aujourd'hui. Ils se montrent grands prévaricateurs, voleurs de marchandises et détourneurs de fonds. Chauvet devait y remettre de l'ordre. Il avait fait le voyage avec Napoléon depuis Paris en même temps que Junot.

Malgré mes recherches, je ne suis pas encore parvenu à savoir de quelle façon les frères Bonaparte et Chauvet se sont liés.

« Qu'est-ce que l'avenir ? continue Napoléon. Qu'est-ce que le passé ? Qu'est-ce que nous ? Quel fluide magique nous environne et nous cache les choses qu'il nous importe le plus de connaître ? Nous naissons, nous vivons, nous mourons au milieu du merveilleux. »

De cette méditation sur la mort d'un proche, Bonaparte glisse à une de ses idées fixes, l'exploitation des sentiments par les vendeurs d'illusion.

« Est-il étonnant que les prêtres, les astrologues, les charlatans aient profité de ce penchant, de cette circonstance singulière pour promener nos idées et les diriger au gré de leurs passions ? »

Ce même homme envahi de chagrin par la perte d'un ami fait fort bien la part des choses entre le deuil privé et les morts sur le champ de bataille. Dès qu'il aura remporté la victoire, il se vantera dans une lettre à Barras des dommages infligés à l'ennemi[3]. « J'ai tué six mille hommes », écrit-il en les prenant à son compte.

Il sait restaurer la discipline, indulgent parfois ou sévère jusqu'à la peine de mort.

Bonaparte a dû mater une rébellion dès les premiers jours de son commandement. Un bataillon refuse d'avancer, deux cents hommes furieux, manquant de chaussures, sans solde.

La République ruinée n'a pas de quoi entretenir ses troupes. L'armée est censée vivre sur l'habitant. Chevaux, grain pour le pain, fourrage, viande, argent, tout repose sur la contribution forcée des départements du Midi, peu coopératifs. Les soldats dépenaillés n'ont pas une chemise chacun.

On est à peine au début du printemps, il va pourtant falloir les mener à pied dans les montagnes encore couvertes de neige. Il n'y a aucun espoir de recevoir un équipement supplémentaire. Trois cents kilomètres les séparent de leur but, la plaine du Pô, Turin, Milan, Venise.

Bonaparte met aux arrêts la compagnie d'élite du bataillon rétif, les grenadiers. Il envoie les autres marcher dans une direction puis dans l'autre, ordre et contrordre, pieds nus ou pas. Enfin il dissout le bataillon et disperse les soldats dans d'autres unités.

Après la bataille, les militaires français se livrent au pillage. « Les malheureux sont excusables », considère Bonaparte. Non seulement il n'a pas de chaussures ni d'uniformes pour tous, ni assez de ravitaillement, mais il leur a promis « les richesses de l'Italie ».

En revanche, ce qu'il ne tolère pas, ce sont « des horreurs » qui le font « frémir » – en clair, des crimes de guerre. Il n'admet pas davantage des vols de vases sacrés dans une église. Le châtiment qu'il applique, c'est le bagne pour les vols, le peloton d'exécution pour le reste.

Sa sévérité se met au service de sa propagande. Il joue dans cette affaire la réputation de l'armée française, comme on peut le lire dans sa lettre au Directoire :

« Dans trois jours, la discipline sera sévèrement établie, et l'Italie étonnée admirera la sagesse de notre armée autant qu'elle admire son courage[4]. »

Nul doute qu'il soigne sa propre renommée du même coup, en Italie mais aussi à Paris.

À mi-chemin entre le quartier général de Bonaparte, Albenga, et la ville de Gênes se trouve l'embouchure d'un fleuve qui descend des Apennins, la Bormida.

La vallée de la Bormida donne accès au plus bas col qui permette de franchir la montagne.

Bonaparte a choisi cette route grâce, entre autres, à sa connaissance de l'Antiquité. Vers l'an 13 avant notre ère, l'empereur Auguste avait construit là une voie romaine. Elle reliait Arles, en Gaule, et la plaine du Pô. Le souverain de Piémont-Sardaigne ne fait manifestement pas le même usage de ses lectures. Il n'a pas jugé bon de construire un fort pour interdire le passage.

Bonaparte sait que les armées de la coalition sont réparties tout au long de la plaine du Pô, les Autrichiens à l'est, l'armée de Piémont-Sardaigne à l'ouest, en Piémont précisément.

Il va frapper le milieu du dispositif par le sud.

Le général en chef de l'armée autrichienne, Johann von Beaulieu[*], a plus de soixante-dix ans. Il pense facile d'administrer une leçon à ce jeune bon à rien, ce *giovinastro*.

Bonaparte commence par bluffer Beaulieu. Il envoie des troupes sur la route de Gênes.

Beaulieu tombe dans le piège. Pour secourir Gênes, il dégarnit la ville de Milan et s'engage par l'est vers les montagnes. Pendant que l'Autrichien laisse ainsi son allié piémontais seul, Bonaparte attaque au centre.

Il fait revenir les troupes de la route de Gênes à marche forcée, en renfort. En deux jours, toute l'armée de Bonaparte déferle sur un seul point, le hameau de Montenotte[**], à mi-pente des Apennins.

Il remporte une victoire écrasante.

Puis ce sont les deux autres victoires en montagne, Dego, Millesimo.

* Johann von Beaulieu (1725-1819), originaire du Brabant, province belge appartenant à l'Autriche.

** La ville se nomme aujourd'hui Cairo Montenotte.

L'armée autrichienne se replie pour protéger Milan. Le gros des troupes piémontaises reflue vers Turin, sa capitale. L'un part vers l'est, l'autre part vers l'ouest. La manœuvre de Bonaparte a coupé en deux le dispositif militaire de la coalition.

Autour de Montenotte, Dego et Millesimo, la population piémontaise acclame les Français en libérateurs : ils apportent les idées de la Révolution.

Les troupes piémontaises survivantes descendent de la montagne. Elles se réfugient dans la ville de Mondovi, en amont de la Bormida.

Bonaparte les poursuit. À nouveau, il concentre toute sa force sur ce point unique, prend Mondovi.

Je suis allé à Montenotte. Je voulais contempler la vue qu'il a aperçue après sa victoire. Comme lui, je suis passé sur l'autre versant des Apennins, après le col. Je l'ai imaginé découvrant au loin les vastes monts des Alpes enneigées, les plaines du Piémont à ses pieds.

Il dira avec beaucoup de modestie : « Annibal avait franchi les Alpes, nous les avons tournées. »

L'armée piémontaise a subi une telle déconfiture que son roi accepte de discuter d'un armistice.

L'entrevue* se déroule à Cherasco. Bonaparte a réquisitionné la demeure d'un comte comme quartier général. Arrivent les plénipotentiaires de l'ennemi, le général marquis Costa de Beauregard, chef d'état-major, et le général de La Tour, accompagnés de leurs aides de camp. Il pleut, dix heures et demie du soir ont sonné.

Costa de Beauregard a raconté l'événement. Aux abords du palais, ni chevaux, ni fourgons, ni mulets d'équipage, rien n'annonce que réside là le chef de l'armée française. Au lieu de plantons au garde-à-vous, ils ne croisent que des soldats épuisés.

Une négociation se passe entre personnages de même rang. Le marquis, général d'une nation qui ne fait pas la révolution, s'attend à rencontrer un militaire en grande tenue comme lui, bas de soie, chapeau à plume et arme de parade.

---

* Commencée le soir du 27 avril 1795.

Bonaparte n'a encore jamais traité avec les représentants d'un chef d'État. Il a méprisé les cours d'étiquette à l'École militaire. Il est à la guerre, il sort d'une réunion avec ses généraux, il reçoit sans se changer : en bottes, tête nue, sans sabre.

Les pourparlers traînent. Pour brusquer l'adversaire, Bonaparte tire sa montre de sa poche. Il est une heure du matin, il le fait remarquer. Il avertit qu'à deux heures il attaquera comme prévu : rien ne le mettra en retard. La menace produit son effet, les Piémontais signent l'armistice.

On leur sert alors un souper. Costa de Beauregard n'en a pas fini avec les surprises. Il découvre à la lueur des flambeaux un simple bouillon clair, de la viande ordinaire, du pain de munition. Au lieu d'argenterie, des couverts en cuivre jaune, cuillers et fourchettes de simple soldat. Le dénuement de l'armée victorieuse le stupéfie et l'effraie.

Bonaparte vient d'éliminer une des composantes de la Coalition.

Il ne s'est écoulé qu'un mois, jour pour jour, depuis la conférence d'état-major où il a subjugué ses généraux.

En dix jours de combats, il a réussi là où la République échouait depuis quatre ans.

Les hommes l'ont suivi, même sans chaussures, sur la promesse qu'ils en trouveraient là où ils vaincraient. Ils ont chargé au cri de : « Vive la République ! »

Napoléon accorde grande importance à sa première victoire, Montenotte. De ce jour, quand on le questionnera sur ses aïeux, il répondra : « Ma noblesse date de Montenotte. »

Mais une autre bataille va secrètement tout changer en lui, celle du pont de Lodi.

Quelques jours après l'armistice avec les Piémontais, Bonaparte franchit le Pô. Les Autrichiens reculent sur un affluent, l'Adda. Le 10 mai 1796, il poursuit leur arrière-garde jusqu'à Lodi, à trente kilomètres de Milan.

À l'extérieur des remparts de Lodi, un pont de deux cents mètres de long traverse l'Adda. Les Autrichiens, disposés sur plusieurs lignes, occupent la berge en face de la ville, à l'extrémité du pont.

Le gros de l'armée de Napoléon le rejoint dans la ville. Après des heures de canonnades, voici le moment décisif, l'attaque, le corps à corps.

Bonaparte harangue ses fantassins.

Les tambours battent.

Le chef de bataillon Dupas*, drapeau brandi, charge le premier.

Les Français courent sus aux Autrichiens sur le pont.

« Vive la République ! »

La mitraille autrichienne les fauche. Les grenadiers trébuchent sur les cadavres des leurs, hésitent.

« En avant ! En avant ! » hurle Dupas toujours en tête.

Saisissant des drapeaux, quatre généraux s'élancent, Berthier, Masséna, Cervoni, Dallemagne, le sabre dans l'autre main. Le chef de brigade Lannes, les aides de camp se précipitent.

« Vive la République ! » Le cri raffermit tous les courages.

Dans une ruée de bravoure, cette troupe furieuse traverse le pont, enfonce la première ligne ennemie, pulvérise les canonniers.

Les Autrichiens contre-attaquent.

Soudain les renforts français déferlent de partout. Ils courent au centre sur le pont, surgissent à gauche par un gué, traversent à la nage par la droite.

Submergés, décimés, balayés, poursuivis, les Autrichiens se retirent.

L'armée de la Révolution, fanatisée par ses slogans, vient de battre l'armée autrichienne, une armée d'Ancien Régime.

Les Français ont fait masse, une nouveauté. Au choc des soldats de l'an II qui foncent dans le tas en hurlant s'ajoute la tactique de Bonaparte. Ce qui lui appartient, c'est sa combinaison de l'attaque en plein centre avec des renforts qui surgissent au bon moment sur les côtés, sa concentration des forces sur un seul point.

Les chefs, les généraux chargent en tête. Là, n'allez pas croire qu'il s'agit d'un courage nouveau-né de l'esprit révolutionnaire ou de l'audace de Bonaparte. Cela s'est toujours fait. Dans l'armée autrichienne, les généraux de Beaulieu aussi sont devant. C'est seulement depuis la guerre de 14-18 qu'on ne met plus les généraux en première ligne. Il me semble d'autant plus néces-

---

* Deviendra général puis comte d'Empire, surnommé général Z'en Avant.

saire de le préciser que, de nos jours, les armées se battent contre des civils et que les généraux sont derrière des ordinateurs.

Le soir même, en dînant chez l'évêque de Lodi, Bonaparte lui dit : « *Non fu grancosa*, ce n'était pas grand-chose. » Militairement, peut-être. Mais, d'un point de vue politique, cette bataille revêt une immense importance par la nature du vaincu.

Deux forces continentales sont aux prises, la France et l'Autriche. Il faut savoir que l'Autriche dont je parle est beaucoup plus étendue que celle d'aujourd'hui. Le souverain autrichien règne sur un tiers de l'Europe. En la bousculant, on modifie l'équilibre politique, ce que tous les rois de France se sont efforcés de réussir.

Napoléon a vaincu le grand ennemi. Il l'a vaincu vite. Il ne lui a fallu qu'un mois depuis la première escarmouche avant Montenotte pour faire battre en retraite les troupes de Beaulieu.

Cette victoire le change. Jusqu'à présent Napoléon Bonaparte voulait gagner la guerre. Maintenant il veut davantage.

Il veut le pouvoir.

« Après Lodi, je ne me regardai non plus comme un simple général mais comme un homme appelé à influer le sort d'un peuple, dévoile Bonaparte dans le *Mémorial*. Il me vint l'idée que je pourrais bien devenir un acteur décisif sur notre scène politique. Alors naquit la première étincelle de la haute ambition[5]. » Admirons cette lucide sincérité.

Si Napoléon a compris qu'il avait un rôle à jouer, le Directoire s'en aperçoit aussi et même avant lui. Il lui semble urgent de freiner ce général en chef trop rapide dans la victoire.

Dès qu'ils ont analysé la capitulation des Piémontais, les directeurs envoient[6] leurs instructions à Bonaparte. Son opération de diversion a réussi, il a ordre d'en rester là contre les Autrichiens. Qu'il aille plutôt renverser le pape. Pour conquérir Milan, ils ont choisi Kellermann.

La poste à cheval met six jours pour acheminer leur lettre.

On peut déjà communiquer plus vite par le télégraphe optique inventé par Claude Chappe. Le système est en service sur le territoire français depuis deux bonnes années. Il ne faut qu'une heure ou deux pour transmettre une dépêche à la capitale. Cependant, le gouvernement ne l'utilise pas pour correspondre avec le général en chef de l'armée d'Italie, qui mérite une lettre détaillée.

Le courrier du Directoire rejoint donc Bonaparte à Lodi, plusieurs jours après sa victoire. Il n'est plus le même homme, il sait ce qu'il vaut.

Partager le commandement de l'armée ?

Jamais.

Il a annoncé que toute la province de Milan « peut être considérée comme à la République », et on voudrait qu'il aille se perdre vers le sud ? Pas si fou.

Bonaparte prend une journée pour réfléchir avant de répondre. Il met sa démission dans la balance. Il ajoute qu'il prend de travers cette marque de défiance du gouvernement.

Il l'écrit à Barras.

« La nature, avec quelques talents, m'a donné beaucoup de caractère ; je ne puis être utile ici qu'investi de toute votre confiance. Si l'on veut me faire jouer un rôle secondaire, m'obliger à voleter sous des commissaires, à être soumis, *pour mes opérations* à un Allemand dont je n'estime ni les *principes* ni le ton, je lui céderai le champ. Cela ne fera aucun tort aux affaires puisque tout est si bien disposé actuellement que Kellermann trouvera tout en ordre pour faire marcher l'armée[7]. »

Il l'écrit à Carnot le même jour : « Je crois qu'il faudrait plutôt un mauvais général que deux bons. La guerre est comme le gouvernement, c'est une affaire de tact[8]. »

Bien sûr, Napoléon Bonaparte n'a aucune intention de quitter la partie. Au lieu de démissionner, il va mettre le Directoire devant le fait accompli.

Le jour même, il fait occuper Milan par Masséna.

Le lendemain, Napoléon double Kellermann : il entre lui-même dans Milan.

Bonaparte a vu juste, le Directoire n'est pas en état de lui imposer quoi que ce soit. Il va continuer sa route, conquérir l'Italie, l'enrichir des idéaux des Lumières et enrichir la République française des trésors italiens.

Une fois de plus, l'apparence de Bonaparte stupéfie les autorités. Milanais comme Piémontais avaient sans doute une idée préconçue. Peut-être s'imaginaient-ils ne pouvoir être dominés que par un colosse entre deux âges revêtu de pourpre, d'hermine et d'or, voituré en carrosse.

L'archevêque de Milan a laissé le témoignage de son étonnement. Il a vu le conquérant sur Bijou, son cheval blanc, il l'a observé en descendre comme tout un chacun. Il a remarqué lui aussi la maigreur, le chapeau révolutionnaire à plumet tricolore, les cheveux pas très bien poudrés tombant devant sur les épaules.

D'après Stendhal, la majorité de la population pousse des cris d'enthousiasme : la voilà enfin libérée des Autrichiens. La réalité est sans doute plus contrastée. Le soir, au cours d'un banquet, Bonaparte assure les Milanais de sa protection. Il parle en italien :

« La République fera tout pour vous rendre heureux, vous serez libres, vous aurez l'amitié éternelle de la France. Mais craignez les prêtres, éloignez-les des fonctions politiques. Si l'Autriche revenait à la charge, je ne vous abandonnerais pas. »

Bonaparte n'a pas révélé aux convives l'ensemble de son programme. C'est au Directoire qu'il l'annonce dès le lendemain. La nouvelle devrait clore toute discussion.

« Nous tirerons de ce pays dix millions », écrit-il.

Il se garde bien de mentionner les sommes supplémentaires qu'il partagera avec ses généraux. La campagne d'Italie, qui sert à amoindrir l'Autriche, est aussi une guerre d'enrichissement pour la République et l'armée elle-même.

Chacun puise pour son compte dans les richesses du pays, selon son tempérament. Bonaparte rentrera d'Italie avec de l'argent qui lui aura « collé aux doigts » au passage, pour citer une plaisanterie. Augereau sera le plus avide et le plus grossier, il remplit des fourgons qui le suivent partout.

Stendhal ajoute cette phrase assassine : « Le bon peuple milanais ne savait pas que la présence d'une armée, même libératrice, est toujours une calamité. »

Juste avant les Milanais, les premiers à l'avoir senti sont les ducs de Modène et de Parme. Pour épargner leurs territoires, Bonaparte a fixé la rançon en œuvres d'art. Il expédie à Paris « vingt superbes tableaux » qu'ils ont dû lui remettre, « à la tête desquels se trouve le célèbre *Saint Jérôme* du Corrège ». Il en promet autant de Milan, « entre autres des tableaux de Michel-Ange ».

La contribution forcée de l'Italie permet aussi, tout simplement, d'entretenir l'armée qui trouve enfin les chaussures, les chemises, les uniformes, le pain, la viande et les soldes qui lui manquaient tant.

À Paris, les félicitations fleurissent de toutes parts. Les gazettes le saluent comme un génie. Il y veille. Pour faire sa propagande, Bonaparte crée des journaux.

Il lance le premier à Paris. *Le Journal de Bonaparte et des hommes vertueux* sort son numéro un le 1er ventôse an V, 19 février 1797 vieux style. Sous ce nom ronflant, en haut à droite, une sorte de devise :

« Annibal dormit à Capoue :

« Bonaparte ne dort pas dans Mantoue. »

Le premier article donne des nouvelles d'Italie, six lignes de victoires et l'annonce que « Bonaparte est prêt à passer le Rubicon, il est dans ce moment à Ravenne ». Après ce flatteur parallèle avec Jules César, quelques ratages des armées françaises en Allemagne, celles qui ne sont pas sous le commandement du héros ; l'archiduc d'Autriche au « cœur ulcéré » des nouvelles du front italien ; les victoires sur l'armée autrichienne de « l'infatigable Bonaparte ». En bas de cette première page, le compte rendu de la séance du Directoire tient en une phrase : « Ce jour était fixé pour la réception des drapeaux enlevés à l'ennemi par la brave armée d'Italie. »

On peut s'abonner dans quatre bureaux différents. Leurs adresses s'écrivent dans le style laïque et républicain de 1797 : pas plus de sainte à la Montagne-Geneviève, chez le directeur du journal, que de saint pour l'imprimeur rue des Fossés-Jacques. Quant au libraire Dentu, il n'est pas sis au Palais-Royal mais au Palais-Égalité.

Bonaparte crée deux périodiques à Milan.

Le Courrier de l'armée d'Italie, par une société de Français républicains, où il communique avec ses hommes dans un style vigoureusement révolutionnaire, sort en juillet 1797.

En août paraît *La France vue de l'Armée d'Italie, Journal de Politique, d'Administration et de Littérature Française et Étrangère.* Il donne la ligne dans son premier numéro, d'ailleurs gratuit pour servir de prospectus. « Son objet sera de faire connaître la vérité sur ce qui se passe en Italie, sur la manière dont on y envisage la situation de la France » et de lutter « contre les partisans de la tyrannie ou de la terreur ».

Napoléon Bonaparte continue de libérer l'Italie du Nord de sa sujétion à l'Autriche, ou, si on préfère, de la conquérir aux idéaux de la République française. Survolons cette épopée et ses moments célèbres.

Bonaparte réprime le soulèvement pro-autrichien de Pavie. Il autorise trois heures de pillage à ses soldats. « Il faut être militaire pour gouverner, commente-t-il, on ne gouverne un cheval qu'avec des bottes et des éperons. »

Le royaume de Naples quitte la Coalition. Encore un allié de moins pour l'Autriche.

La bataille d'Arcole n'a rien à voir avec le tableau héroïque qu'on voit partout. Bonaparte, bousculé, tombe du pont dans le marécage. Ses soldats en pleine fuite le repêchent et le portent vers l'arrière. Il finit par ragaillardir le moral des troupes et changer la défaite en victoire.

Le Directoire envoie en Italie le général Clarke pour négocier avec l'Autriche, c'est-à-dire freiner Bonaparte. Bonaparte le subjugue : Clarke découvre son « génie », son « ascendant sur les hommes », son « sang-froid », son « extrême promptitude à changer ses plans » selon les circonstances. Conclusion : Bonaparte persuade l'envoyé du Directoire de continuer les combats. Il fera plus tard de Clarke son ministre de la Guerre.

À Rivoli, Bonaparte, jaune et enfiévré de paludisme, découvre l'ennemi sur les crêtes. Il a confiance dans son plan de bataille. Avec son laconisme habituel, il lâche juste : « Ils sont à nous. » L'affaire commence mal mais la charge de Murat sur l'arrière-garde autrichienne renverse le sort, c'est la victoire.

Bonaparte se sent les mains libres, tant sur le plan militaire que politique. Il pénètre en Autriche, pousse jusqu'à Graz. Il n'en réfère même plus au Directoire.

Le 18 avril 1797, il décide seul de signer des préliminaires de paix à Leoben.

Les Autrichiens ont rédigé un texte. Le préambule annonce que leur empereur « reconnaît la République française ».

« Effacez ! » ordonne Bonaparte, outragé.

De quoi se mêle l'archiduc d'Autriche, chef du Saint Empire romain germanique ?

« L'existence de la République est aussi visible que le soleil, se fâche-t-il. Un pareil article ne saurait convenir qu'à des aveugles, nous sommes maîtres chez nous, nous voulons y établir le gouvernement qu'il nous plaît, sans que personne ne trouve à y redire. »

Les négociations durent jusqu'en octobre de cette année 1797. Le 17, contre l'avis du Directoire, Bonaparte signe le traité de Campo-Formio. L'Autriche cède à la France la Belgique et la rive gauche du Rhin. Sur les terres italiennes que l'Autriche abandonne, le traité crée sur le modèle français une République cisalpine. La république de Venise est démembrée, l'Ouest va à cette République cisalpine, l'Est à l'Autriche.

Même s'il n'a pas donné son autorisation au traité, le Directoire ne peut pas s'opposer à la paix de Campo-Formio. En septembre 1797, Bonaparte ne l'a-t-il pas aidé à se maintenir contre le coup d'État royaliste de Fructidor ? D'autre part, l'opinion publique française a fini par se lasser de tant de guerres et de tant de morts. Enfin, le Directoire est impopulaire. Barras lui-même, pour préserver ses pouvoirs, envisage de monter un coup d'État*. La presse, travaillée par la propagande des journaux de Bonaparte, couvre d'éloges le héros de l'Italie.

La campagne d'Italie marque le début de la logique guerrière de Napoléon.

Ce conflit où il entre comme général en chef tient à la propre nature de la Révolution. L'affrontement politique et social irréductible qui s'ouvre en Europe entre la République et les monarchies ne permet que des accords provisoires. Chaque camp veut le triomphe de son système à n'importe quel prix.

Certes, le traité reconnaît des conquêtes à la France. Mais il la place surtout en protagoniste obligatoire dans la question italienne. Voilà la France obligée de jouer un rôle politique et militaire dans cette péninsule où se heurtent les peuples, l'Église et les armées d'occupation austro-hongroises.

Napoléon ne saura pas briser l'enchaînement.

---

* Avec le général Hoche, un homme de la génération de Bonaparte.

Mais au fond, pourquoi conserver l'Italie ? J'ai trouvé une analyse très intéressante dans le *Napoléon* de Luigi Mascilli Migliorini, universitaire de Naples. À l'époque qui nous intéresse, remarque-t-il, l'indépendance des États-Unis ferme les possibilités d'expansion coloniale en Amérique du Nord. La France se tourne alors vers la Méditerranée. Elle vise plus loin. Elle veut aller vers l'orient, et en particulier les Indes, où l'éternelle rivale, l'Angleterre, a pris pied. La campagne d'Italie, celle d'Égypte qui va suivre sont des étapes vers les Indes.

À quoi pense Napoléon en conquérant un pays ?

À Joséphine.

Pendant qu'il renverse la coalition des ennemis de la France et propage les idées de la Révolution chez les sujets des princes italiens, le vainqueur attend sa femme.

Juste après l'avoir épousée, on s'en souvient, il est parti rejoindre son armée. Ils se sont mariés un soir, le matin du surlendemain il était en route. Joséphine reste à Paris. Napoléon, très épris, lui envoie au moins une lettre par jour.

Il a prévu de la faire venir auprès de lui dès la victoire. Il est pressé de vaincre afin qu'elle le rejoigne plus vite.

« Si, au milieu de la nuit, je me lève pour travailler encore, lui écrit-il alors qu'il n'est encore qu'à Nice[9], c'est que cela peut avancer de quelques jours l'arrivée de ma douce amie. »

Tout au long de cette campagne, Napoléon guette le courrier, compte les jours, scrute chaque mot qu'il reçoit. Hélas, Joséphine se montre bien moins amoureuse que son mari.

Elle ne se donne pas la peine de feindre. Elle écrit quand elle a le temps. Deux jours après le départ de Napoléon, elle commence une lettre, n'arrive pas à la terminer, la reprend.

« Dans ta lettre du 23[*], du 26 ventôse, se fâche-t-il, tu me traites de <u>vous</u>. Vous toi-même. Ah ! mauvaise ! comment as-tu pu écrire cette lettre ? Qu'elle est froide ! Et puis du 23 au 26 restent quatre jours : qu'as-tu fait, puisque tu n'as pas écrit à ton mari ? »

Elle pense manifestement à autre chose, ou plutôt à quelqu'un d'autre.

---

* 13 mars vieux style. Ils se sont mariés le 9 au soir, il est parti le 11.

« Ah, mon amie, ce vous et ces quatre jours me font regretter mon antique indifférence. Malheur à celui qui en serait la cause ! »

L'antique indifférence de Napoléon, celle de son amourette de débutant avec Désirée Clary, a fait place à une passion d'homme. Moins Joséphine y répond, plus il s'enflamme : « Mourir sans être aimé de toi, mourir sans cette certitude, c'est le tourment de l'enfer, c'est l'image vive et frappante de l'anéantissement absolu. [...] Douce amie, pardonne-moi, je délire[10]. »

Napoléon perd la tête pour cette femme mais s'en rend compte. Les combats sont proches, il a besoin de se reprendre. Après avoir reproché à Joséphine de ne pas lui marquer assez d'amour, voilà qu'il en veut moins.

Moins de sentiment ? Joséphine le prend au mot avec grande facilité. Nouvelle déception. « Ta dernière lettre est froide comme l'amitié », regrette-t-il aussitôt. « Je désirais des lettres plus froides ; mais elles me donnent le glacé de la mort[11]. »

Une fois la paix assurée sur le Piémont, Napoléon peut enfin faire venir Joséphine.

« Tu vas être ici à côté de moi, sur mon cœur, dans mes bras, sur ma bouche. Prends des ailes, viens, viens ! Mais voyage doucement. La route est longue, mauvaise, fatigante. Si tu allais verser ou prendre mal ; si la fatigue... va doucement mon adorable amie, mais sois souvent et rapidement avec moi par la pensée. [...] Un baiser au cœur, et puis un plus bas, bien plus bas[12]. »

Malgré les mots d'amour de son mari, Joséphine ne s'empresse pas d'annoncer son arrivée.

Il ne se fait pas d'illusions, elle s'amuse loin de lui.

« Pas de lettres de toi ; je n'en reçois que tous les quatre jours, au lieu que si tu m'aimais, tu m'écrirais deux fois par jour ; mais il faut jaser avec les petits messieurs visiteurs dès dix heures du matin, et puis écouter les sornettes et les sottises de cent freluquets jusqu'à une heure après minuit. Dans les pays où il y a des mœurs, dès dix heures du soir tout le monde est chez soi ; mais dans ces pays-là l'on écrit à son mari, l'on pense à lui, l'on vit pour lui. Adieu, Joséphine ; tu es pour moi un monde que je ne peux expliquer ; je t'aime tous les jours davantage. L'absence guérit les petites passions et accroît les grandes. Un baiser sur ta bouche, un sur ton cœur ; il n'y a personne que moi, n'est-ce pas ? et puis un sur ton sein[13]. »

Devenue Mme Bonaparte, Joséphine continue de mener la vie parisienne qui a toujours été la sienne, au milieu de laquelle Napoléon l'a d'ailleurs connue. Pourquoi ne le rejoint-elle pas en Italie ? Le voyage ne lui dit rien, peut-être. Surtout, un autre homme l'occupe.

Napoléon se renseigne sur ce qui retient sa femme. Elle a bien essayé de lui faire croire qu'elle ne peut voyager pour cause de grossesse. Les cahots des routes empierrées, les secousses des voitures aux roues cerclées de fer ne valent rien aux femmes enceintes, c'est bien connu. En réalité, elle n'attend aucun enfant et le prétexte ne tient pas.

Napoléon finira par apprendre en Égypte que Joséphine s'est entichée d'un hussard, Hippolyte Charles*. Plus jeune encore que son mari et plus petit, méridional comme lui, le lieutenant Charles est beau garçon, le teint basané, les cheveux noirs et très drôle.

Face à tant d'indifférence, Napoléon souffre : « Tu m'as aimé par un léger caprice ; tu sens déjà combien il serait ridicule qu'il arrête ton cœur ; il me paraît que tu as fait ton choix et que tu sais à qui t'adresser pour me remplacer. Je te souhaite bonheur[14]. »

Joséphine promet encore de partir pour l'Italie et ne part jamais. Chaque fois Napoléon la croit : « J'avais pressé mes opérations, je te calculais le 13 à Milan, et tu es encore à Paris… »

« Mon malheur est de t'avoir peu connue ; le tien de m'avoir jugé comme les hommes qui t'environnent. » Il est au désespoir : « *Adieu*, Joséphine, reste à Paris ; ne m'écris plus, et respecte au moins mon asile. Mille poignards déchirent mon cœur ; ne les enfonce pas davantage. Adieu, mon bonheur, ma vie, tout ce qui existait pour moi sur la Terre ! »

Joséphine mettra des semaines à se décider à venir. Lui se consume d'amour et accepte l'inévitable.

Le 11 juin, Napoléon écrit du quartier général de Milan à Joséphine[15] : « Joséphine, où te remettra-t-on cette lettre ? Si c'est à Paris, mon malheur est donc certain, tu ne m'aimes plus.

---

* Hippolyte Charles (1773-1837) est alors l'adjoint de Leclerc, qui épousera Pauline ; il fréquente Junot et Duroc.

Je n'ai plus qu'à mourir… Serait-il possible !!! Tous les serpents des Furies sont dans mon cœur et déjà je n'existe qu'à demi. Oh ! toi… Mes larmes coulent, plus de repos ni d'espérance. […] Je m'accoutumerai à tout dans ce nouvel état de choses ; mais je ne puis pas m'accoutumer à ne plus l'estimer ; mais non, ce n'est pas possible, ma Joséphine est en route ; elle m'aime, au moins un peu ; tant d'amour promis ne peut pas s'être évanoui en deux mois.

« Je déteste Paris, les femmes et l'amour… Cet état est affreux… et ta conduite… Mais dois-je l'accuser ? Non, ta conduite est celle de ton destin. Si aimable, si belle, si douce, devrais-tu être l'instrument auteur de mon désespoir ? […] Adieu, ma Joséphine, ta pensée me rendait heureux, tout a bien changé. Embrasse tes aimables enfants. »

« Dis-moi, lui écrit-il encore en juin 1796, toi qui sais si bien faire aimer les autres sans aimer, saurais-tu comment on guérit de l'amour ? Je paierais ce remède bien cher[16]. »

Joséphine finit par arriver. Napoléon lui adresse encore cette lettre le 14 juin 1796 : « Depuis le 18 (18 prairial c'est-à-dire le 6 juin), ma chère Joséphine, je tardais et je te croyais arrivée à Milan. À peine sorti du champ de bataille à Borghetto, je courus pour t'y chercher. Je ne t'y trouvai pas ! Quelques jours après un courrier m'apprit que tu n'étais pas partie et il ne m'apportait pas de lettre de toi. Mon âme fut brisée de douleur. […] Toutes les passions me tourmentent ; tous les pressentiments m'affligent ; rien ne m'arrache à la douloureuse solitude et aux serpents qui me déchirent l'âme. J'ai besoin d'abord que tu me pardonnes les lettres folles, insensées que je t'ai écrites ; si tu lis bien, tu y verras que l'amour ardent qui m'anime m'a peut-être égaré[17]. » Un peu plus loin cette affirmation importante : « Tout est horrible et le seul espoir où je serais sûr de me calmer me manque. Je ne crois pas à l'immortalité de l'âme. Si tu meurs, je mourrai tout aussitôt. »

Oui, il écrit qu'il ne croit pas à l'immortalité de l'âme.

Le 15 juin : « Ma vie est un cauchemar perpétuel. »

Joséphine comprend soudain qu'elle ne veut pas tout perdre. Elle prend enfin le chemin de Milan le 24 juin 1796, en compagnie de Joseph et de Junot. La voiture emporte un quatrième passager : le lieutenant de hussards Hippolyte Charles à la belle moustache, son amant. À Milan, elle le verra chaque fois que Bonaparte aura le dos tourné.

Début novembre 1797, Napoléon Bonaparte reçoit des nouvelles du Directoire. On le nomme commandant en chef de l'armée d'Angleterre : à lui de préparer l'invasion des îles Britanniques. On lui donne aussi les pleins pouvoirs au congrès de Rastadt. Ce congrès doit définir avec la Coalition les compensations dues aux princes allemands dépossédés par le traité de Campo-Formio.

Dans quel état d'esprit Napoléon part-il ? Il ne cache pas ce qu'il pense du Directoire, ni de ses ambitions. Témoin ces phrases notées le 19 novembre 1797 par un proche de Joseph, Miot*. Miot, ancien ministre des Affaires étrangères de la Convention, représente alors la République française à Florence. Napoléon Bonaparte, en chemin pour Paris, loge chez lui à Turin.

« Ces avocats de Paris qu'on a mis au Directoire n'entendent rien au gouvernement, lui dit Bonaparte. Ce sont de petits esprits... Je doute fort que nous puissions rester longtemps d'accord. [...] Quant à moi, mon cher Miot, je vous le déclare, je ne puis plus obéir. J'ai goûté du commandement et je ne saurais y renoncer. »

Rastadt se situe sur la rive droite du Rhin, aux confins de la Suisse, de l'Alsace et de l'Allemagne. Napoléon y rencontre Axel de Fersen, le célèbre amant de la reine Marie-Antoinette, qui représente les intérêts de son pays, la Suède. Il ne reste au congrès que quelques jours, assez pour échanger les ratifications de son traité de Campo-Formio. Il laisse les négociations territoriales aux autres représentants de la France et rentre à Paris. À Nancy, il s'arrête le temps de visiter une loge maçonnique.

Le 5 décembre 1797, dès son arrivée dans la capitale, Napoléon prend rendez-vous pour le lendemain avec Talleyrand, ministre des Relations extérieures. On ignore ce qu'ils se disent durant leur long entretien. J'imagine qu'ils évoquent le projet de l'expédition d'Égypte. Ensuite ils rendent visite ensemble aux directeurs.

---

* Miot (1762-1841), comte de Melito en 1814. Laisse ses souvenirs : *Mémoires sur le Consulat, l'Empire et le roi Joseph ou Mémoires du comte Miot de Melito.*

Tout le mois de décembre, Napoléon travaille aux plans d'invasion de l'Angleterre.

Il est devenu un personnage considérable. Le Directoire lui organise une réception officielle au palais du Luxembourg.

Le 15 décembre, le Théâtre Feydeau, deux mille deux cents places, crée un spectacle à sa gloire, *Le Pont de Lodi*[18], musique de Méhul. Le compositeur est l'auteur du fameux *Chant du départ* que Napoléon Bonaparte aime tant.

Les deux assemblées des représentants du peuple, le Conseil des Cinq-Cents et le Conseil des Anciens, lui offrent un magnifique dîner de huit cents couverts.

Le lendemain, l'Institut l'élit à la quasi-unanimité membre de la première classe, celle des sciences physiques et mathématiques.

Le 29 décembre 1797, la rue où Napoléon habite dans la maison de Joséphine, la rue Chantereine, change de nom en son honneur.

Désormais, c'est la rue de la Victoire.

Joséphine n'arrive à Paris que le 30.

Chapitre IX – Le sultan Napoléon el-Kébir

Prendre l'Égypte pour conquérir les Indes – Quatre mille bouteilles de vin de Bourgogne – Respect au Coran – Les mamelouks attaquent – L'infidélité de Joséphine dévoilée – Bonaparte va-t-il se convertir à l'islam ? – La fin du racisme par la polygamie universelle – Inexcusable cruauté – La peste, le désert, la retraite.

Comment transformer une gloire militaire en pouvoir politique ?

Napoléon Bonaparte ne croit pas le moment venu. Huit ans seulement depuis que la Révolution s'est attaquée à la monarchie, il sait l'extrême gauche toujours puissante et les jacobins nombreux. Il sait surtout que l'opinion publique n'est pas prête à mettre un général à la tête de l'État : il laissera mûrir la situation.

Le Directoire, qu'il méprise, se méfie de lui. Barras redoute cette ambition et craint son ancien protégé. Lors de la ratification du traité de Campo-Formio, œuvre de Bonaparte seul, Barras a donné ses instructions au ministre des Relations extérieures, Talleyrand : « Ce n'est point le général, c'est le négociateur de la paix, et c'est surtout le citoyen qu'il faut tâcher de louer et de trouver ici. »

Barras est lucide. Il voit ses médiocres collègues du Directoire des mêmes yeux que Napoléon : « étourdis d'une élévation si inespérée », dépourvus du soutien populaire et « que le moindre choc [peut] renverser ». Le général Bonaparte cherche l'occasion de donner le choc en question, Barras l'a compris. Il faut lui susciter des concurrents. Barras pousse Augereau et Bernadotte. Augereau est promu à la tête de l'armée du Rhin dès octobre 1797, Bernadotte à celle de l'armée d'observation. L'influence de Barras le fera ensuite ministre de la Guerre*.

En ce début de 1798, Napoléon joue à l'homme discret. Pour se rendre à une immense fête chez Talleyrand, pour assister aux

* Du 3 juillet au 14 septembre 1799. Il épouse Désirée Clary le 17 août 1798.

séances de l'Institut, il affecte de s'habiller en civil, reçoit les éloges sans orgueil. *Le Moniteur*, journal du gouvernement, vante avec complaisance tant de modestie.

Que faire ?

Prendre du recul, s'en aller.

Il l'a dit à Miot[1], cet ami de Joseph dont j'ai parlé à la fin du chapitre précédent, en quittant l'Italie : « Mon parti est pris, si je ne puis être le maître, je quitterai la France. »

Napoléon peut-il conquérir l'Angleterre, comme le Directoire l'en a chargé ? Malgré la dissolution de la première coalition par le traité de Campo-Formio, l'Angleterre est toujours en guerre contre la France.

Napoléon se rend à Boulogne, inspecte les côtes, visite les ports. Il fait au Directoire un rapport réaliste : il est impossible d'envahir l'Angleterre.

Depuis la campagne d'Italie, Bonaparte songe à l'Égypte. Il en a confié le secret à Talleyrand.

Il vise loin. Dans cette guerre contre l'Angleterre, la maîtrise de l'Égypte ouvrirait la voie des Indes. L'Angleterre tente alors de s'implanter partout dans le sous-continent, elle tient les ports. La France doit se battre pour défendre ses comptoirs contre son adversaire perpétuel.

Depuis Louis XVI, la France a pour allié aux Indes le sultan de Mysore, Tippo Sahib*. Ennemi des Anglais, Tippo Sahib a envoyé ses ambassadeurs au roi de France. La Révolution ne freine pas son désir d'alliance. Il s'adapte aux circonstances, adhère au Club des jacobins, laisse un corsaire français planter un arbre de la liberté dans sa capitale. Le Directoire lui envoie en 1797 une centaine de volontaires de l'île Bourbon**.

La principauté de Tippo Sahib se trouve stratégiquement placée sur la rive est de la mer d'Oman : elle serait accessible d'Égypte.

---

* Tippo Sahib ou Tippo Sultan, dit le Tigre de Mysore (1749 ou 1750-4 mai 1799) meurt au combat contre les Anglais, le sabre à la main.

** Aujourd'hui la Réunion.

Napoléon l'expose en ces termes : « Les colonies françaises des Indes occidentales (l'Amérique) étant perdues, la liberté accordée aux Noirs et les événements dont Saint-Domingue était le théâtre depuis huit ans ne laissaient plus d'espoir de rétablir l'ancien système colonial. Dans cet état des choses, la France avait besoin d'une nouvelle et grande colonie qui lui tînt lieu de celle de l'Amérique. [...] Ainsi, d'un côté, l'Égypte remplacerait Saint-Domingue dans les Antilles et, de l'autre, elle serait un acheminement à la conquête de l'Inde. »

En dehors de ces considérations politiques et coloniales, l'Égypte excite l'intelligence de Bonaparte. Le XVIIIe siècle voulait redécouvrir l'Égypte : « C'était jadis un pays d'admiration, c'en est un aujourd'hui à étudier », comme la définit l'*Encyclopédie*.

Peut-être le goût de l'inconnu s'y mêle-t-il aussi. Quinze ans plus tôt, à l'École militaire, il écoutait les récits passionnants d'un de ses professeurs de mathématiques, Dagelet*, qui avait fait le voyage vers les terres Australes avec le navigateur Kerguelen. À l'époque, La Pérouse, autre fameux navigateur, recrutait pour un tour du monde. Il offrait une place pour un élève de l'École militaire. Napoléon en rêva[2] sans l'obtenir. Dagelet, choisi comme astronome, s'embarqua avec La Pérouse. Il ne revint jamais : comme on sait, l'expédition La Pérouse disparut corps et biens au bout de trois ans de mer.

Que se passe-t-il en Égypte ? Rien. La Turquie l'occupe depuis le XVIe siècle. Elle y laisse le pouvoir local aux mamelouks, les descendants des esclaves introduits du Caucase vers 1230 pour servir d'armée d'élite.

Napoléon et Talleyrand tombent d'accord : c'est bien là où il faut débarquer. Dans ses *Mémoires*, Talleyrand s'en attribue l'idée. Mais il l'écrit après avoir trahi Napoléon. En réalité, le projet est dans les cartons du ministère depuis Vergennes**.

---

* Dagelet (1751-1788), nommé à l'École militaire pour son excellence durant l'exploration avec Kerguelen, disparaît avec l'expédition La Pérouse. Louis Monge, autre professeur de mathématiques de Napoléon et sélectionné aussi par La Pérouse, a survécu : il a débarqué dès les Canaries à cause du mal de mer.

** Vergennes (1719-1787), secrétaire d'État aux Affaires étrangères de Louis XVI.

C'est Bonaparte qui prend l'initiative de le mettre en œuvre[3].

Je m'appuie sur plusieurs lettres, une au Directoire dès août 1797, d'autres qu'il envoie ensuite à Talleyrand. Napoléon demande au ministre des Relations extérieures d'assurer au sultan de Constantinople que l'expédition française ne le menace en rien. Talleyrand ne bougera pas.

Dans leur majorité, les membres du Directoire ne voient pas bien l'intérêt de conquérir l'Égypte. Mais c'est une occasion d'éloigner ce général ambitieux : le Directoire donne son aval. Napoléon réunit trente mille soldats à Toulon.

C'est une expédition militaire, intellectuelle aussi. Bonaparte emmène avec lui une foule de savants et d'artistes, polytechniciens, astronomes, géomètres, peintres, musiciens, dessinateurs, chirurgiens, imprimeurs avec des caractères latins, arabes et grecs, médecins, pharmaciens, sculpteur, interprètes, orientalistes, naturalistes, mécaniciens, botanistes, minéralogistes, archéologue, poète, graveurs, architectes, ingénieurs des Ponts et Chaussées, zoologiste, antiquaires : cent cinquante et un membres de la commission des sciences et des arts.

À leur tête, Gaspard Monge, l'éminent mathématicien. Parmi eux des noms qui nous parlent encore aujourd'hui : Berthollet le chimiste ; Geoffroy Saint-Hilaire le naturaliste et son peintre personnel Redouté, spécialiste des plantes et frère du célèbre peintre de roses ; le violoniste Kreutzer, à qui Beethoven dédiera sa *Sonate pour violon* n° 9 ; Vivant Denon, dessinateur, graveur et amateur d'art dont il a déjà été question ; Joseph Fourier, diplomate et mathématicien qui laissera son nom à un outil d'analyse en trigonométrie ; Conté, physicien et chimiste, l'inventeur du crayon à mine de graphite que nous utilisons toujours.

Bonaparte confie à Monge d'autres responsabilités que de rassembler cette équipe étonnante. Voici ses instructions[4] à cet homme qui dirige l'Institut de France, et le frère aîné de son professeur de mathématiques à l'École militaire Louis Monge :

« Vous trouverez ci-joint, citoyen, une copie de la lettre que vous écrit le Directoire [...]. Tous les savants partent demain pour Toulon. Nous comptons le 10 floréal être à la voile. Je vous ai déjà écrit pour faire embarquer huit cents bouteilles de vin que mon frère avait dans sa cave à Rome [...][5]. »

Joseph Bonaparte était ambassadeur à Rome jusqu'à janvier 1798.

« Vous trouverez ci-jointe une lettre pour Naples, pour avoir quatre mille bouteilles de vin de Bourgogne. Je vous prie de la faire passer par le plus court moyen et de demander à ce négociant de faire partir ce vin pour Civitavecchia où vous le ferez embarquer avec le convoi. Vous sentez combien nous aurons besoin de bon vin. »

Il ajoute : « Je vous prie de me faire embarquer une bonne et solide voiture de ville avec double harnais. »

Dernière recommandation pour l'agrément de tous : « Si vous trouvez un bon chanteur en Italie, faites-le embarquer avec vous. »

Napoléon est à Paris, sur le point de partir. Il ne se préoccupe évidemment pas que de boissons à consommer dans le désert ou de distractions musicales. Le même jour, il donne ses instructions au général Desaix*, qui se trouve à Rome, pour combiner le regroupement des navires français. La flotte anglaise peut entrer en Méditerranée, un bateau seul courrait des risques. Il faut traverser groupés. Un croiseur quittera Gênes, un autre la Corse, le gros des troupes partira de Toulon. Rendez-vous à Malte. Bonaparte détaille :

« Vous devez avoir une frégate, deux bricks, deux avisos et deux galères du Pape. Il serait à désirer que vous pussiez vous procurer deux autres avisos bons voiliers, etc.[6] »

Bonaparte emmène en Égypte son frère cadet Louis** et Eugène de Beauharnais, le fils de Joséphine. Quant à Joséphine elle-même, il prévoit de l'embarquer elle aussi.

Eugène, seize ans et demi, un grand blond aux yeux verts, est sous-lieutenant depuis la campagne d'Italie. Napoléon, qui l'apprécie, le prend comme aide de camp. Il l'adoptera en 1806 et lui fera une carrière considérable sous l'Empire ; nous en reparlerons.

---

* Louis Charles Antoine Desaix (1768-1800) fait la connaissance de Bonaparte durant la campagne d'Italie, à ne pas confondre avec Joseph Marie Dessaix (1764-1834) pour qui la rencontre date du siège de Toulon.

** 1778-1846, futur roi de Hollande et père de Napoléon III.

Un matin à trois heures, en secret, Napoléon prend la route. Pour dérouter les espions britanniques, il voyage sous le nom de l'un de ses secrétaires. Cinq jours plus tard, le voilà à Toulon.

Le mouillage est empli de mâts, de vergues, de haubans. Les quais, les rues, les jetées, les grèves grouillent d'une foule considérable. Marins, savants, officiers, interprètes, mousses, soldats, femmes et amies, cantinières, blanchisseuses, vaisseaux de toutes formes, frégates, bricks, avisos, carrioles, chevaux, caisses, coffres, tonneaux, canons, c'est l'effervescence.

Cinquante mille personnes doivent prendre place à bord de trois cent neuf bâtiments.

Certains navires portent des noms formidables : le *Tonnant*, le *Guerrier*, la *Courageuse*, le *Conquérant*, le *Peuple-Souverain* ; mais encore la *Justice*, la *Fortune* ; même la *Sérieuse* et la *Badine* avec leurs quarante canons, et aussi la *Sensible*[7]. Sous ces appellations poétiques ou pittoresques, des bateaux disparates et nolisés un peu partout, le mot français de l'époque pour dire loués en charter : en fait, une flotte de bric et de broc, mal équipée, encombrée de civils. Mieux vaudrait ne pas rencontrer les Anglais[8].

Napoléon passe quelques unités en revue, harangue les hommes. Nous avons le texte de la proclamation qu'il fait placarder[9]. Je le trouve assez beau.

« Vous êtes une des ailes de l'armée d'Angleterre. »

Voilà qui est intéressant, alors qu'il s'adresse à l'armée de la Méditerranée.

« Vous avez fait la guerre de montagnes, de plaines, de sièges, il vous reste à faire la guerre maritime. Les légions romaines que vous avez autrefois imitées, mais pas encore égalées, combattaient Carthage, tour à tour sur cette même mer et aux plaines de Zama ; la victoire ne les abandonna jamais parce que constamment elles furent braves, patientes à supporter la fatigue, disciplinées et unies entre elles. [...]

« Le génie de la liberté qui a rendu, dès sa naissance, la République l'arbitre de l'Europe, veut qu'elle le soit des mers et des nations les plus lointaines. [...] »

Napoléon emmène tant d'hommes de fonctions si diverses qu'avant qu'un problème de discipline ne surgisse il leur donne des règles communes.

S'ensuit un règlement intérieur de la flotte d'une grande fermeté.

Et il signe : « Bonaparte, membre de l'Institut, général en chef de l'armée d'Angleterre ».

Mais voilà qu'au moment de partir Joséphine se découvre malade. Il lui faut une cure thermale toutes affaires cessantes. Elle court prendre les eaux. Un navire viendra la chercher plus tard, quand elle sera guérie…

Napoléon s'embarque sur le vaisseau amiral l'*Orient*. Le 19 mai 1798 les vents sont favorables, il donne le signal du départ.

À bord comme en campagne, en bon militaire, il ne cesse de rédiger ses rapports à sa hiérarchie, le Directoire : « Il est sept heures du matin. L'escadre légère est sortie, le convoi défile et nous levons l'ancre avec un très beau temps. Quatre frégates espagnoles sont arrivées hier. Elles viennent de Minorque ; elles ont mis sept jours en route. Elles viennent ici pour acheter de la poudre[10]. »

À ce moment-là, l'Espagne est l'alliée de la France. Les marins espagnols fournissent des renseignements sur les flottilles anglaises qui croisent en Méditerranée.

Il faudra à la marine anglaise une semaine avant de se lancer à la poursuite du convoi de Bonaparte. Elle ne partira pas de Méditerranée mais de Cadix, sur l'Atlantique, à une centaine de kilomètres de Gibraltar. Les navires anglais sont une fois et demie plus rapides que les nôtres mais ils ont presque trois fois plus de chemin à couvrir. Bonaparte débarquera en Égypte avec une confortable avance sur l'ennemi.

À bord, les journées sont longues. Napoléon écrit. Il se lève tard, il joue beaucoup aux cartes. Il gagne tout le temps. C'est parce qu'il triche et que ses partenaires le laissent faire. À la fin de la partie, Napoléon reconnaît la fraude et leur rend leur argent. Il ne tient pas à les dépouiller, il veut juste gagner.

Parmi les deux mille hommes à bord de l'*Orient*, entre les officiers et les savants, Bonaparte n'a qu'à choisir pour se trouver une compagnie intéressante.

Après dîner, il soumet ses convives à des joutes oratoires.

Il lance un sujet, par exemple : les planètes sont-elles habitées ? Ou encore : quelle probabilité que notre globe soit détruit par l'eau ou plutôt par le feu ?

Puis il désigne trois ou quatre participants pour soutenir un point de vue, autant pour défendre l'opinion inverse.

Napoléon adore ces assauts d'esprit, il en profite pour jauger les capacités des débatteurs qu'il ne connaît pas encore. Son ami et secrétaire Bourrienne raconte que Napoléon donne « la préférence à ceux qui avaient défendu avec habileté une proposition absurde, sur ceux qui s'étaient faits les défenseurs de la raison ».

L'expédition atteint Malte, qu'elle conquiert au passage. Bonaparte rapporte au Directoire :

« Le 21 au soir, j'ai envoyé un de mes aides de camp pour demander au grand maître la faculté de faire de l'eau dans différents mouillages de l'île[11]. » Lequel grand maître de l'ordre de Malte, souverain de l'île, ne tient pas à laisser entrer trois cents bateaux dans ses ports : on peut le comprendre.

Il les autorise à faire de l'eau, mais par quatre à la fois.

Voilà qui contrarie Bonaparte : il est pressé. Les Anglais ne sont pas loin. « Le besoin de l'armée était urgent et me faisait un devoir d'employer la force pour m'en procurer », écrit-il.

En bref : l'escadre soumet l'île en quelques heures, le grand maître demande une suspension d'armes.

Pour commencer, Bonaparte fait donner pour instruction[12] « aux citoyens Monge et Berthollet de faire la visite de la Monnaie et du trésor de l'église Saint-Jean, et d'autres endroits où il pourrait y avoir des choses précieuses. L'or et l'argent, les pierres précieuses seront confisqués. L'or sera fondu en lingots et le tout versé à la caisse du payeur de l'armée ».

C'est ensuite le renversement social complet pour la petite île : l'instauration des principes républicains. Bonaparte signe l'ordre du quartier général de Malte le 16 juin 1798 :

« Le général en chef ordonne :

« Tous les habitants de Malte sont désormais égaux en droit. Leurs talents, leur mérites, leur patriotisme, leur attachement à la République française établissent seuls entre eux la différence.

« L'esclavage est aboli. Tous les esclaves connus sous le nom de *buonavoglia* (esclaves de leur plein gré) sont mis en liberté et le contrat déshonorant pour l'espèce humaine qu'ils ont fait est détruit.

« En conséquence de l'article précédent, tous les Turcs qui sont esclaves de quelque particulier sont mis entre les mains du général commandant pour être traités comme prisonniers de guerre. Et vu l'amitié qui existe entre la Porte ottomane et la République française, ils seront renvoyés chez eux lorsque le général en chef l'ordonnera et qu'il aura connaissance que les beys consentent à renvoyer à Malte tous les esclaves français et maltais qu'ils ont en leur pouvoir. »

Après Malte, la flotte française repart en convoi serré vers l'Égypte, véritable forêt ambulante, comme le dit Bourrienne frappé par l'assemblage de tant de mâts.

Par pure chance, jamais elle ne rencontre les Anglais.

Le but approche. Bonaparte dicte à Bourrienne une proclamation[13] pour l'escadre entière. Les imprimeurs qui sont à bord la tirent en plusieurs exemplaires, des navettes la portent sur chaque vaisseau.

« Soldats,

« Vous allez entreprendre une conquête dont les effets sur la civilisation et le commerce du monde sont incalculables. Vous porterez à l'Angleterre le coup le plus sûr et le plus sensible, en attendant que vous puissiez lui donner le coup de mort.

« Nous ferons quelques marches fatigantes ; nous livrerons plusieurs combats ; nous réussirons dans toutes nos entreprises, les destins sont pour nous. Les beys-mamelouks qui favorisent exclusivement le commerce anglais, qui ont couvert d'avanies nos négociants, et qui tyrannisent les malheureux habitants du Nil, quelques jours après notre arrivée n'existeront plus. »

Après avoir fait le lien entre l'Anglais, ennemi connu, et le bey-mamelouk, nouvel adversaire, après avoir désigné la population locale comme une victime à défendre, Napoléon informe ses hommes du monde qui les attend.

« Les peuples avec lesquels nous allons vivre sont mahométans ; leur premier article de foi est celui-ci : "Il n'y a pas d'autre Dieu que Dieu, et Mahomet est son prophète." Ne les contredisez pas ; agissez avec eux comme nous avons agi avec les Juifs, avec les Italiens ; ayez des égards pour leurs muftis et leurs imams, comme vous en avez eus pour les rabbins et les évêques ; ayez pour les cérémonies que prescrit l'Alcoran, pour les mosquées, la même tolérance que vous avez eue pour les couvents, pour les synagogues, pour la religion de Moïse et de Jésus-Christ. »

Songeons que l'expédition se compose de révolutionnaires ennemis des prêtres, déistes parfois, athées souvent. En France, ils ont renversé le clergé. En homme des Lumières pour qui toutes religions se valent, Napoléon prend la précaution de brider leurs ardeurs républicaines.

« Les légions romaines protégeaient toutes les religions. Vous trouverez ici des usages différents de ceux de l'Europe : il faut vous y accoutumer.

« Les peuples chez lesquels nous allons traitent les femmes différemment que nous, mais dans tous les pays celui qui viole est un monstre.

« Le pillage n'enrichit qu'un petit nombre d'hommes, il nous déshonore, il détruit nos ressources, il nous rend ennemis des peuples qu'il est de notre intérêt d'avoir pour amis.

« La première ville que nous allons rencontrer a été bâtie par Alexandre : nous trouverons à chaque pas de grands souvenirs dignes d'exciter l'émulation des Français. »

Comme pour la vie à bord, Napoléon édicte les règles de conduite à terre. L'article premier donne le ton : « Tout individu de l'armée qui aura pillé ou violé sera fusillé. » Les victimes d'extorsions dont les coupables resteront inconnus seront remboursées sur la solde de la division ou du corps concerné, et ceux qui détourneront des réquisitions passeront deux ans aux fers.

Une semaine de mer plus tard, le 1er juillet à onze heures du soir, Napoléon Bonaparte débarque sur une plage d'Égypte près d'Alexandrie.

L'amiral Nelson guette les Français, mais au mauvais endroit.

Le lendemain, Bonaparte prend Alexandrie. Il veut se concilier la population, il fait aussitôt imprimer une proclamation en arabe : « l'heure du châtiment » est venue, dit-il, pour les beys-mamelouks qui « tyrannisent la plus belle partie du monde ».

« Peuple de l'Égypte, on dira que je viens pour détruire votre religion ; ne le croyez pas ! répondez que je viens vous restituer vos droits, punir les usurpateurs, et que je respecte, plus que les mameluks, Dieu, son prophète et l'Alcoran. »

Voici l'égalité révolutionnaire qui rencontre la religion :

« Dites-leur que tous les hommes sont égaux devant Dieu ; la sagesse, les talents et les vertus mettent seuls la différence entre eux.

« Or, quelle sagesse, quels talents, quelles vertus distinguent les mameluks, pour qu'ils aient exclusivement tout ce qui rend la vie aimable et douce ? Si l'Égypte est leur ferme, qu'ils montrent le bail que Dieu leur en a fait. [...]

« Tous les Égyptiens seront appelés à gérer toutes les places ; les plus sages, les plus instruits, les plus vertueux, gouverneront, et le peuple sera heureux ! »

Les faits d'armes des Français parlent pour eux : « Dites au peuple que nous sommes amis des vrais musulmans. N'est-ce pas nous qui avons détruit le pape, qui disait qu'il fallait faire la guerre aux musulmans ? » Il est bien certain que l'armée de la Méditerranée, qui a conquis les États pontificaux, ne vient pas ici répandre le christianisme.

Cette armée de la République, ces savants, ces artistes, tous sont les fils de cette Révolution qui a mis fin à l'emprise politique, fiscale et sociale du clergé sur la France. Bonaparte lui-même ne cesse de récriminer contre les prêtres, cause de tous les maux. Pour tous, la religion est une affaire privée, individuelle. Ils croient trouver un écho de leur préoccupation laïque chez les musulmans. Ils savent que l'islam n'a pas de clergé : ils y voient des points communs et n'ont aucune idée de l'importance réelle de la religion.

« N'est-ce pas nous, poursuit Napoléon dans sa proclamation, qui avons détruit les chevaliers de Malte, parce que ces insensés croyaient que Dieu voulait qu'ils fissent la guerre aux musulmans ? » Là, Bonaparte exagère. Il est bien l'ennemi sincère des guerres de religion mais il n'a certes pas conquis Malte pour protéger l'islam en Égypte. N'importe, cette victoire le sert pour sa propagande d'arrivée.

Il conclut : « Trois fois heureux ceux qui seront avec nous ! Ils prospéreront dans leur fortune et leur rang. Heureux ceux qui seront neutres ! [...] Trois fois malheur à ceux qui [...] combattront contre nous. [...] Ils périront. »

Bonaparte est convaincu de n'en avoir que pour quelques semaines.

D'Alexandrie, il prend la route du Caire, à l'est du delta du Nil. Il veut traverser le fleuve et passer en Syrie.

Il décrit la dureté de cette première marche. « Ces Arabes [...] se cachaient avec la plus grande habileté derrière les moindres plis de terrain, d'où ils s'élançaient comme l'éclair sur tous les soldats qui s'écartaient des rangs. [...] Les colonnes françaises, enveloppées par les Bédouins, semblaient des escadres suivies par des requins. » Voilà qui remet de l'ordre chez ces révolutionnaires indisciplinés. Le soldat « perdit l'habitude de traîner, de quitter ses rangs. Il n'avança plus sans s'être éclairé sur les flancs. Les bagages marchaient en ordre au milieu des colonnes. Les camps furent pris avec le plus grand soin, et sans oublier aucune règle. »

Les soldats découvrent le pays. Ils s'attendaient au paradis, une terre idéale, un mélange de Paris et des villes italiennes. Au lieu de quoi ils rencontrent des villages boueux, misérables, peuplés de gens assommés de fatigue et d'enfants crasseux. Effarée, la troupe avance au milieu de cette misère absolue.

Où est la magnifique conquête, cette « plus belle partie du monde » que promettait le général en chef ?

La déception ébranle les hommes.

Dans son exil de Sainte-Hélène, Bonaparte décrira le désarroi de ses soldats, qu'il semble bien près de partager. La troupe sombre dans la « mélancolie », elle est « attaquée du spleen ». Plusieurs se suicident en se jetant dans le Nil.

Au choc culturel s'ajoute le climat d'une dureté inattendue.

L'armée ne dispose d'aucun équipement adapté aux circonstances. Pas de tenue d'été, juste le même drap de laine que dans les Alpes ou la plaine du Pô. La chaleur les accable, le sable s'enfonce sous leurs pieds, la soif les tourmente, ils ne trouvent d'eau nulle part, la lumière les aveugle, leurs yeux malades les brûlent.

Dix mille cavaliers mamelouks plus vingt-quatre mille janissaires et fellahs, envoyés par Mourad Bey, viennent couper la route du Nil aux Français.

Sans peur, le sabre pointé, au galop sur leurs chevaux rapides ou à pied, ils se précipitent en hurlant pour effrayer l'adversaire.

Ils n'ont aucune idée de ce qu'est l'armée moderne sur laquelle ils se ruent.

Les soldats français forment les carrés : les fusils font feu dans quatre directions à la fois.

En quelques minutes, trois cents cavaliers mamelouks tombent. Stupéfaits par la mitraille, par cet ennemi hors de portée de leurs lames, les survivants font demi-tour.

Fidèle à sa tactique, Napoléon les poursuit. Les voilà coincés par le Nil, ils obliquent vers les pyramides, fuient à découvert, contre-attaquent.

Les Français les hachent menu.

Le matin même, 21 juillet 1798, tout près, Napoléon Bonaparte a harangué ses hommes. Bien qu'on n'ait pas le texte de son discours, on sait qu'il a prononcé à cette occasion une phrase fameuse :

« Songez que du haut de ces monuments, quarante siècles vous contemplent* ! »

Ils ont pris Milan, Rome, Venise, ils connaissent Marseille, Paris. Le Caire, enfin ! Après les villages décevants qu'ils viennent de traverser, les voilà dans la capitale de l'Égypte.

L'entrée dans Le Caire les saisit, Napoléon comme ses hommes.

Castelot cite le témoignage d'un certain Detroye, chef de bataillon, qui découvre une pauvreté atroce et inattendue. La déception redouble. Ici nulle architecture élégante, nulle mode raffinée chez les habitants. Pas de rues pavées, des maisons croulantes. Partout une saleté omniprésente, corollaire de tant de misère. Le soldat croise des enfants maigres couverts de mouches, une profusion d'aveugles. La vue de pauvresses cachant mal des corps décharnés sous des haillons achève de le démoraliser.

Napoléon, lui, épanche sa tristesse et son vague à l'âme dans une lettre[14] à Joseph. Le pays le navre : « La barbarie y est à son

* Pyramides ou monuments ? Quarante siècles ou quarante siècles d'histoire ? L'original manque, mais il y a assez de témoignages pour que l'on considère la phrase comme un fait historique.

comble. » Il n'a pas l'intention d'y passer beaucoup de temps : « Je pense être en France dans deux mois. » Rentrer ? mais pour voir qui ? « J'ai beaucoup, beaucoup de chagrin domestique, car le voile est entièrement levé. » Voile levé sur les infidélités de Joséphine.

Quelques jours avant la bataille des Pyramides, en effet, Junot, Berthier et d'autres proches lui ont révélé à quel point Joséphine le trompe. Napoléon en est dévasté. Son rival, il le sait désormais, est Hippolyte Charles, le beau hussard qu'elle fréquentait déjà durant la campagne d'Italie.

« Toi seul me restes sur terre, écrit Napoléon à son frère préféré. Ton amitié m'est bien chère : il ne me reste plus, pour devenir misanthrope, qu'à la perdre et te voir me trahir. [...] C'est ma triste situation que d'avoir à la fois tous les sentiments pour une même personne dans un seul cœur. »

Napoléon garde intact ce désir lancinant de s'installer que j'ai déjà souligné : « Fais en sorte que j'aie une campagne à mon arrivée, soit près de Paris ou en Bourgogne. Je compte y passer l'hiver et m'y enfermer. Je suis ennuyé de la nature humaine. J'ai besoin de solitude et d'isolement, la grandeur m'a nui ; le sentiment est desséché. »

Son ambition n'a plus la même saveur : « La gloire est fade à vingt-neuf ans. J'ai tout épuisé, il ne me reste plus qu'à devenir bien vraiment égoïste ! Je compte garder ma maison : jamais je ne la donnerai à qui que ce soit. [...] Adieu ; mon unique ami ; je n'ai jamais été injuste envers toi. [...] Embrasse ta femme et Jérôme. »

La population du Caire, débarrassée de l'oppression des mamelouks, n'accueille pas pour autant les Français en libérateurs. L'esprit des Lumières, la liberté, l'égalité, la République ? Ce n'est pas l'Italie : ici pas de révolutionnaires, nulle conscience politique, les masses délivrées n'avaient appelé personne.

Napoléon Bonaparte s'efforce de rassurer.

Il proclame : « Ne craignez rien pour vos familles, vos maisons, vos propriétés, et surtout la religion du Prophète, que j'aime. » Il s'y est en effet intéressé, comme beaucoup de gens de son époque. On l'a vu avec sa malle de livres rapportée au sortir de l'École militaire. Durant une de ses premières garnisons, il a même transcrit d'après ses lectures une histoire qui se passe à Bagdad « en l'an 160 de l'hégire » et qu'il a titrée *Le Masque prophète*. Hakem, le prophète masqué, tue ses sectateurs avant de se suicider mais il épargne sa maîtresse. Cette légende inspirera aussi Thomas Moore[15] et Victor Hugo.

Passons sur l'anecdote. Je crois que Napoléon admire l'islam ou, plus exactement, qu'il admire l'œuvre de l'islam. Il a lu tout ce qu'il fallait sur les conquêtes musulmanes, sur les croisades, sur l'arrivée des Turcs jusque sous les remparts de Vienne. Il reconnaît le pouvoir social et religieux de l'islam, il le respecte, il l'apprécie en militaire. Mais pour lui, c'est d'abord une donnée politique.

Dès son arrivée au Caire, Napoléon réorganise l'administration locale en ranimant d'anciennes coutumes.

Les mamelouks à la tête des vingt-quatre provinces de l'Égypte portaient le titre de beys. Ils formaient un gouvernement, le *diwan*, que présidait un pacha turc. À l'arrivée des Français, le pacha Abou-Bekr prend la fuite.

Napoléon constitue donc autour de lui ce qu'il appelle son divan où il nomme les plus importants dignitaires religieux de la ville, les cheikhs. Puis il instaure des divans dans les provinces.

Les cheikhs du Caire, écrit Napoléon, « étaient des vieillards respectables par leurs mœurs, leur science, leur richesse et même par leur naissance ».

La police, en revanche, Bonaparte la confie à un Grec moins recommandable, Barthélemy Serra. Le grand Barthélemy ne va nulle part sans sa femme. Elle est experte au sabre, lui officie en personne comme bourreau au besoin. Ce couple impitoyable se déplace au milieu de terribles janissaires qui ont le garrot facile. Le général Belliard, un brave pourtant, s'avoue impressionné par ce duo sanguinaire avec sa bande d'étrangleurs : « C'était un spectacle à refouler au fond de bien des cœurs toute intention mauvaise. »

À l'aube avant la mosquée, les cheikhs viennent au palais où Napoléon réside. La garde leur rend les plus grands honneurs, les aides de camp, les interprètes leur font offrir café et sorbets.

Napoléon s'assied parmi eux. Il ne néglige rien pour leur inspirer confiance, les questionne sur le Coran, montre beaucoup d'admiration pour le Prophète.

Napoléon ne se limite pas à ces marques de considération. Du temps des Turcs et des mamelouks, ces cheikhs étaient tenus à l'écart de toute fonction officielle. Lui, tout au contraire, les charge dorénavant de la justice. Il leur confie même les contentieux avec l'administration française.

Double langage de Bonaparte : après avoir affirmé aux Turcs vouloir rétablir leur autorité sur l'Égypte, il donne aux Égyptiens le prestige que leur déniaient les Turcs.

Voilà les vénérables cheikhs bien étonnés de la tournure des événements. Ils redoutaient la victoire des Français, ces infidèles, et ceux-ci, en moins d'un mois, leur rendent les antiques prérogatives attachées à leur rang.

Marque d'honneur, Napoléon fait peindre leurs portraits.

Il a rapporté ces tableaux d'Égypte, ils se sont transmis dans la famille. Mes parents les avaient accrochés le long d'un escalier. Nous les appelions non pas les cheikhs mais les janissaires, à cause de ce titre gravé sur chaque cartouche avec leur nom. Enfant, je l'ai dit, cette douzaine de vieux barbus me faisait très peur. Avec mon frère et mes sœurs, nous évitions de les regarder, nous nous collions à la rampe, le plus loin possible du mur où ils figuraient.

Il existe plusieurs exemplaires de ces portraits et l'on peut en voir une série au musée de la Malmaison.

Napoléon voulait appuyer les Arabes contre les Turcs. J'ai retrouvé dans ses écrits un parfait résumé de sa politique. Ce sont, à son départ d'Égypte, ses ultimes recommandations à son successeur :

« Les ulémas et les grands cheikhs […] ont la confiance et l'affection de tous les habitants de l'Égypte. C'est ce qui a dans tous les temps inspiré aux Turcs et aux mamelouks [de] les tenir loin du maniement des affaires publiques. Je n'ai pas cru devoir imiter cette politique. Il nous est impossible de prétendre à une influence immédiate sur le peuple pour qui nous sommes si étrangers. Nous avons besoin pour les diriger d'avoir des intermédiaires. Nous devons leur donner des chefs sans quoi ils s'en choisiront eux-mêmes. J'ai préféré les ulémas et les docteurs de la loi. Un, parce qu'ils l'étaient naturellement ; deux, parce qu'ils sont les interprètes du Coran et que les plus grands obstacles que nous avons éprouvés, que nous éprouverons encore, proviennent des idées religieuses ; trois, parce que ces ulémas ont des mœurs douces, aiment la justice, sont riches en amitié et animés de bons principes. »

Le 1er août, l'amiral Nelson anéantit la flotte française qui relâche en baie d'Aboukir. Deux amiraux tués, onze des treize vaisseaux de ligne détruits, l'*Orient* désintégré dans une explosion avec son capitaine. Au fond de la rade, rapporte un capitaine du génie, la plage ne montre que débris, chaloupes, voiles, cordages, hamacs, cadavres. Quelques jours plus tard, au Caire, Napoléon apprend le désastre.

Sans flotte de combat, les Anglais maîtres de la Méditerranée, impossible de revenir en France.

Il faut rester, conquérir et, qui sait, fédérer les Arabes autour de soi, puis rentrer en France par terre à travers la Turquie…

Napoléon écrit au Directoire :

« Nous voilà dans l'obligation de faire de grandes choses. »

Volney* est un fin connaisseur de l'Égypte, qu'il a longuement visitée et étudiée quinze ans plus tôt. Napoléon l'a rencontré plusieurs fois. Il a lu son *Voyage en Égypte et en Syrie*, sans peut-être croire tout à fait à la dureté des propos. « Pour s'établir en Égypte, écrit Volney, il faudra soutenir trois guerres. La première contre l'Angleterre, la deuxième contre la Porte (c'est-à-dire la Turquie, aussi nommée la Sublime Porte), puis la troisième, la plus difficile de toutes, contre les musulmans qui forment la population de ce pays. Et cette dernière occasionnera tant de pertes, que peut-être doit-elle être considérée comme un obstacle insurmontable. »

Napoléon ne veut pas mener pareille guerre, mais se concilier les hommes. Il se prête aux cérémonies, se laisse surnommer sultan el-Kébir, le Grand.

---

* Constantin de Chassebœuf, comte de Volney (1757-1820), philosophe et écrivain.

Il préside à la fête immémoriale du Nil, le jour où les eaux entrent dans Le Caire.

Avant l'aube, deux cent mille spectateurs couvrent les deux rives du Nil. Napoléon traverse la ville pour rejoindre les cheikhs. Le suivent son état-major, quatre muftis et des oulémas de la grande mosquée. Le cadi coupe la digue et des milliers d'embarcations pavoisées se laissent porter par les flots. S'ensuivent neuf nuits de joie et d'illuminations. Le fleuve monte progressivement dans la ville et les alentours.

« Dans le courant de septembre, écrit-il, toute l'Égypte offrit le spectacle d'une mer vue du haut des pyramides [...]. Ce spectacle était ravissant [...]. Le coup d'œil de ces plaines fleuries couvertes de riches moissons était enchanteur. Le soldat se crut de retour dans cette belle Italie. C'était un contraste avec l'âpreté qu'avaient présentée ces plaines arides et brûlées aux mois de juin et juillet, il y avait à peine six mois. »

Quelques jours après la rupture de la digue, Napoléon participe dans tout son apparat à une autre solennité, la fête du Prophète. En remerciements de ces égards, les Cairotes se joignent avec entrain à la fête de la République, le 1er vendémiaire, soit le 22 septembre 1798.

Comme il a créé une République cisalpine sœur de la française en Italie du Nord, Napoléon entend dispenser à l'Égypte les bienfaits des lois républicaines. Certaines sont mieux accueillies que d'autres. Le mariage civil semble aux Égyptiens de toutes confessions compliqué et inutile. Mais les textes sur la propriété foncière libèrent les petites gens de l'emprise séculaire des mamelouks. Les cheikhs, qui représentent les villageois, approuvent le changement. Le grand divan déclare à l'unanimité que la réforme venue d'Occident est « conforme à l'esprit du Livre de Vérité, que c'était par ces principes qu'avait été régie l'Arabie du temps des califes ». L'assemblée discute encore du taux auquel imposer la paysannerie : la moitié des récoltes ? le quart ? Sur les trois millions d'habitants, deux millions six cent mille cultivateurs pressurés de redevances voient leur sort s'améliorer.

Fin août, Napoléon Bonaparte envoie le général Desaix poursuivre Mourad Bey, qui n'a pas abandonné le combat contre les Français. Desaix le pourchasse jusqu'à la première cataracte du

Nil, neuf cents kilomètres au sud. Ses soldats souffrent atrocement du soleil, près d'une centaine d'entre eux en deviennent aveugles. Vivant Denon, qui l'accompagne avec une équipe de polytechniciens, décrira alors les monuments et les paysages de haute Égypte jusqu'à Assouan. Les temples de Philae, les merveilles de Louqsor, de Karnak, de Memphis éblouissent autant les soldats que les savants.

Napoléon apprécie Desaix : un homme « aimant la gloire pour elle-même », se souviendra-t-il plus tard à Sainte-Hélène. Il le jugeait « capable à la fois de combiner une opération et de la conduire dans les détails d'exécution. Il pouvait commander une armée comme une avant-garde ». Desaix mourra pendant la deuxième campagne d'Italie. « Il eût su gouverner une province aussi bien que la conquérir ou la défendre. »

Napoléon se montre moins flatteur pour le général Kléber, caractère difficile, esprit caustique, avec qui il a eu plusieurs accrochages. Napoléon est sensible à la prestance de ses officiers : « Kléber était le plus bel homme de l'armée », reconnaît-il, mais il « avait dans le caractère on ne sait quoi de nonchalant qui le rendait facilement dupe des intrigants. Il avait des favoris. Il aimait la gloire comme le chemin des jouissances. Il était homme d'esprit, de courage, savait la guerre, était capable de grandes choses, mais seulement lorsqu'il était forcé par la nécessité et les circonstances. Alors que les conseils de la nonchalance et des favoris n'avaient pas de saisons. »

Ces mots ne sont pas de la main de Napoléon mais du général Bertrand, son confident à Sainte-Hélène à qui il dictait ses *Mémoires*. Mon arrière-grand-père Plon-Plon, fils cadet de Jérôme, roi de Westphalie, a intégré ces textes à la correspondance du grand empereur, les tenant à juste titre pour conformes à la pensée de Napoléon Bonaparte.

La bonne volonté du nouveau sultan el-Kébir, *alias* le général en chef Bonaparte, ne suffit pas à lui attirer l'adhésion des populations dans l'Égypte profonde.

Les docteurs de la foi réunis dans son divan l'avertissent, eux qui reçoivent les rapports des provinces. Infidèle il est, infidèle il reste, lui, son état-major et son armée : voilà l'objet des prêches du vendredi dans les mosquées. Les exhortations que les oulémas envoient du Caire n'y changent rien.

Excédé par ces désordres, Napoléon s'adresse aux dix cheikhs en qui il a confiance. Il veut que la grande mosquée al-Azhar ordonne au peuple de lui prêter serment d'obéissance.

Long moment de silence consterné.

Enfin le chef de tous les oulémas de Gama al-Azhar, le cheikh el-Charkaoui, prend la parole.

« Vous voulez avoir la protection du Prophète, dit-il à Napoléon, il vous aime. Vous voulez que les Arabes musulmans accourent sous vos drapeaux. Vous voulez relever la gloire de l'Arabie. Vous n'êtes pas idolâtres. Faites-vous musulmans. Cent mille Égyptiens et cent mille Arabes viendront de l'Arabie, de Médine, de La Mecque se ranger autour de vous. Conduits et disciplinés à votre manière, vous conquerrez l'Orient, vous rétablirez dans toute sa gloire la patrie du Prophète. »

Autant ces propos réconfortent les autres cheikhs, autant ils surprennent Napoléon Bonaparte.

Il n'a aucun goût pour les conversions.

Selon ses mots, « Tout homme doit mourir dans sa religion. » Elles se valent toutes, pourquoi en changer ? Napoléon n'est pas croyant. En bon Corse, il est sensible au rituel du catholicisme de son enfance, sans plus. Il a sans doute une conception personnelle d'un Être suprême : il n'est pas athée comme son père, plutôt déiste à la façon de Voltaire. Un engagement spirituel ne le tente pas. On le voit avec la franc-maçonnerie : tous ses proches y adhèrent, pas lui. Il ne me semble pas qu'à cette époque Napoléon croie à un au-delà. Les fleuves de lait et de miel, une place à la droite du Seigneur, tout cela le laisse indifférent.

Son armée, surtout celle d'Italie, partage cette tranquille incroyance, elle est faite de révolutionnaires pour qui le catholicisme est depuis longtemps tombé en désuétude.

Pas question d'expliquer cela aux cheikhs. Au contraire, Napoléon saisit l'occasion : sur le sujet, comme il l'expose dans ses souvenirs, toute discussion « serait d'un bon effet ».

« Il y a deux grandes difficultés, répond donc Napoléon, qui s'opposent à ce que moi-même et mon armée nous puissions nous faire musulmans. La première est la circoncision, la deuxième est le vin. Mes soldats en ont l'habitude dès l'enfance. Je ne pourrai jamais les persuader d'y renoncer. »

Le cheikh El-Charkaoui pèse les objections. Il en délibérera avec ses soixante collègues théologiens d'al-Azhar.

La nouvelle se propage à travers les mosquées du pays : le général en chef Bonaparte et l'armée envisagent d'embrasser l'islam. Les esprits musulmans s'agitent.

L'opinion se retourne en faveur des Français.

D'accord pour l'islam à deux objections près, déjà ils ne sont plus des infidèles. Les Égyptiens, trop heureux, se racontent ce qu'ils veulent entendre : le sultan Napoléon Bonaparte el-Kébir saurait le Coran par cœur. Mieux : le Prophète lui serait apparu, lui aurait parlé. On rapporte mille versions du dialogue.

Napoléon lance à son tour quelques bruits qui l'arrangent : il aurait obtenu un an de préparation à la conversion ; promis de construire une grande mosquée ; assuré que l'armée entière se convertirait, etc.

Au bout de quarante jours de réflexion et de dur travail, quatre muftis se présentent avec une fatwa devant Napoléon et le divan. En premier lieu, disent-ils, la circoncision n'est pas nécessaire. Il s'agit d'une perfection que le Prophète n'a pas instituée mais recommandée seulement.

Ensuite, on peut boire du vin tout en étant musulman. Mais, précise la fatwa, le musulman qui en boit se trouve en état de péché et sans espoir d'obtenir les récompenses célestes.

La première partie réjouit tout le monde. Pour la seconde, en revanche, Napoléon ne peut qu'objecter : « Comment persuader à des hommes d'embrasser une religion, pour se déclarer eux-mêmes réprouvés et s'établir en état de rébellion contre les commandements du ciel ? »

Devant une difficulté si inextricable, l'un des cheikhs propose de promulguer d'abord une fatwa sur la première question et de continuer à réfléchir à l'autre. Après de nouvelles discussions et plusieurs correspondances avec La Mecque, les muftis, pleins de bonne volonté, annoncent une deuxième fatwa. Les nouveaux convertis pourront boire du vin à la condition de racheter ce péché par des actions charitables et des bonnes œuvres.

Napoléon se lance alors dans les plans et les devis d'une mosquée assez vaste pour contenir toute l'armée le jour de sa conversion.

Comme on sait, cette conversion n'aura pas lieu. Quelques mois plus tard, Bonaparte quittera l'Égypte.

Serait-il passé aux actes ? Peut-être, par calcul politique. Napoléon a toujours considéré les religions comme des instruments au service de la politique. Mais je ne le crois pas capable d'un engagement religieux. Dans le Prophète, il admire d'abord le conquérant.

Le général Menou* nous donne l'exemple inverse. Sans attendre l'année de délai demandée par Napoléon ni poser de condition particulière, il se fait musulman. À quarante-huit ans, il prend le prénom d'Abdallah et épouse une Égyptienne d'une grande famille. La population locale se réjouit de le voir fréquenter la mosquée de Rosette. Menou inaugure ainsi les multiples conversions d'écrivains et d'artistes français qui voyageront en Égypte durant le XIXe siècle.

J'ai dit plus haut que Napoléon apportait en Égypte les idées des Lumières et les lois de la République. L'Égypte l'instruit en retour, comme on le découvre avec ses considérations sur la polygamie :

« L'Asie et l'Afrique sont habitées par plusieurs couleurs d'hommes, écrit-il. La polygamie est le seul moyen efficace de les confondre pour que le Blanc ne persécute pas le Noir ou le Noir le Blanc. La polygamie les fait naître d'une même mère ou d'un même père, le Noir et le Blanc étant frères sont assis et se voient à la même table. Aussi, en Orient, aucune couleur n'affecte la supériorité de l'autre. Mais pour remplir ce but, Mahomet pensa que quatre femmes étaient suffisantes. »

Napoléon spécule. On est frères sans être de la même mère. L'idée le séduit, lui qui a un sens si développé de ses devoirs envers ses frères et sœurs. Il conclut hardiment :

« Lorsqu'on voudra dans nos colonies donner la liberté aux Noirs, et détruire les préjugés de couleur, le législateur autorisera la polygamie. »

---

* Menou (1750-1810). Lorsque Kléber, successeur de Bonaparte en Égypte, meurt assassiné en 1800, Menou devient à son tour le général en chef. Comte de l'Empire en 1808.

Pour ne pas sursauter en lisant cette phrase, le lecteur doit se souvenir que l'homme qui pense ainsi vit dans une époque charnière, qui n'est plus la monarchie et son monde hiérarchique, mais pas encore le XIXe siècle colonialiste et inégalitaire qui va suivre. Peut-on comparer ce bref moment de l'histoire, où la pensée vagabonde plus librement qu'avant et après, aux années 1970, elles aussi secouées d'utopies ?

On l'a vu, l'amiral Nelson a détruit la flotte française à Aboukir. Cela change les plans de Napoléon Bonaparte et le contraint à « faire de grandes choses » en Égypte. Mais cette catastrophe a d'autres conséquences.

C'est une révélation pour leurs ennemis : malgré leur conquête stupéfiante de rapidité, les Français ne sont pas invincibles.

La défaite précipite une alliance des Turcs avec les Anglais et les Russes. Cinq semaines après Aboukir, la Turquie déclare la guerre à la France. Sur place, le pouvoir des mamelouks se raffermit : ils sauront fomenter la sédition.

Le 21 octobre 1798, une partie du Caire se révolte contre les Français. Les insurgés tuent trois cents soldats et massacrent un général. Les mamelouks ont travaillé les esprits, les propriétaires fonciers aussi, qui s'estiment mal indemnisés par la réforme agraire. La nouvelle se propage : la Turquie fait la guerre à la France. Toute la nuit, les muezzins des quatre cents minarets du Caire lancent leurs imprécations contre les infidèles.

Napoléon à Berthier : « Vous voudrez bien, citoyen général, donner l'ordre au commandant de la place, de faire couper le cou à tous les prisonniers qui ont été pris les armes à la main. Ils seront conduits cette nuit au bord du Nil entre Boulaq et le vieux Caire. Leurs cadavres sans tête seront jetés dans la rivière. »

S'ensuit une répression brève mais d'une extrême violence. Tout se termine à l'intérieur de la mosquée d'al-Azhar, où les soldats s'emparent des livres sacrés. La propagande de Bonaparte pour se concilier les Égyptiens en est ruinée : cette mosquée du Xe siècle est aussi un centre de théologie prestigieux. Parmi les élites du Caire, certains ont accueilli Napoléon comme un libérateur qui les débarrasserait des mamelouks. Mais ceux-là sont peu nombreux. Napoléon a contre lui une majorité de gens instruits, et ce sont eux qui mènent la révolte.

Tous sont choqués de l'intrusion dans la mosquée. Bonaparte leur avait pourtant proclamé après la bataille des Pyramides : « Ne craignez rien pour vos familles, vos maisons, vos propriétés, et surtout la religion du Prophète, que j'aime[16] », et ils l'ont cru alors. Mais par cette profanation, les Français se transforment en occupants, en colonisateurs. Bonaparte ne parvient à pacifier les esprits qu'en décrétant une amnistie générale.

Pour distraire ses officiers, Napoléon a fait construire une promenade au Caire, dite les jardins de Tivoli, à l'imitation de ceux de Paris, eux mêmes copiés sur Rome. Le jour de l'inauguration*, Napoléon remarque une jolie femme décolletée, élégante, à la mode de Paris, une robe fendue très haut qui montre ses jambes.

Qui est-ce ? On le renseigne aussitôt : Pauline Bellisle, la femme du sous-lieutenant Fourès, du 22e chasseurs à cheval.

Que fait-elle là ? Malgré les interdits du règlement militaire, beaucoup d'épouses d'officiers ou de soldats ont suivi leur mari. Pour passer incognito, comme ses consœurs, Pauline s'est tout simplement déguisée en homme.

Napoléon, qui rumine le choc de la trahison de Joséphine depuis cinq mois, envisage de divorcer. C'est assez : il se sent enfin capable de s'intéresser à une autre. Blonde aux grands yeux, un ravissant visage ovale, Mme Fourès sourit d'une bouche pulpeuse aux belles dents. Le lendemain, il lie connaissance, promeut le mari capitaine et l'envoie en mission secrète, loin : en Syrie.

Dès lors, Pauline suit Bonaparte à cheval lors de ses sorties, en uniforme et coiffée d'un bicorne emplumé de général. Elle a de l'énergie, du caractère. Napoléon tombe amoureux. Très populaire parmi la troupe, les soldats la surnomment Bellilote, Notre-Dame de l'Orient. Surtout, ils l'appellent la Cléopâtre de Bonaparte.

On ne connaît à Napoléon qu'une autre maîtresse en Égypte, la fille du cheikh el-Bekri, un des membres du divan. Elle a seize

* 30 novembre 1798, soit le 10 frimaire an VII, cinq semaines après la révolte du Caire.

ans. Après le départ de Bonaparte, et pour cette liaison, la malheureuse aurait eu la tête coupée.

En février 1799, Napoléon Bonaparte part affronter l'armée turque. Il remonte vers la Palestine avec les généraux Kléber, Lannes, Régnier. Pour s'adapter au climat et aux circonstances, une partie de la cavalerie de Murat, ancêtre des méharistes, monte des dromadaires. Mais la troupe reste peu apte au désert, la marche dans les sables toujours aussi difficile aux Français. Néanmoins, l'armée turque ne parvient pas à garder ses villes : El-Arich puis Gaza tombent.

Jaffa résiste au siège durant deux jours.

À la chute de la ville, Napoléon prend une décision qui lui ressemble peu : il ordonne qu'on fusille ou qu'on passe au fil de l'épée les défenseurs puis livre pendant vingt-quatre heures la cité au pillage.

Il avait promis lors de la reddition que la garnison turque aurait la vie sauve ; il fait fusiller, noyer ou achever à la baïonnette entre deux et trois mille prisonniers.

Pourtant Napoléon n'est pas cruel. Sous son autorité, les massacres de prisonniers ne sont pas chose fréquente. Les répressions féroces, oui, pas la mise à mort de soldats qui ont capitulé. Pourquoi se laisse-t-il emporter ?

Je ne me l'explique que par l'épuisement physique et moral où se trouve l'armée. Napoléon n'est pas fier de ces massacres et ne s'en vante pas dans ses lettres au Directoire. Il laisse supposer que le pillage de la ville aurait entraîné la tuerie des prisonniers. Mais nous possédons les instructions qu'il a données à Berthier[17] : « Vous ordonnerez à l'adjudant général de service de conduire tous les canonniers et autres Turcs, pris les armes à la main à Jaffa, au bord de la mer, et de les faire fusiller, en prenant ses précautions de manière qu'il n'en échappe aucun. »

Plus tard, Bonaparte invoquera diverses raisons pour justifier ce manquement à sa parole : l'exécution de trois plénipotentiaires français, un par le commandement de Gaza, deux autres par celui de Jaffa ; la découverte parmi les prisonniers d'hommes déjà capturés à El-Arich et alors libérés contre la promesse de ne plus combattre. En semant la terreur, Napoléon Bonaparte a voulu réveiller le souvenir du précédent conquérant de la Palestine, Abou Daha, tout aussi terrible en 1776. Mais, comme l'écrit Pérusse, adjoint au payeur général et futur trésorier de l'Empire : « Cet exemple va apprendre à nos ennemis qu'ils ne peuvent compter sur la loyauté française et tôt ou tard le sang de ces trois mille victimes retombera sur nous. »

Après les atrocités, la peste.

Là, Napoléon Bonaparte montre un tout autre visage, comme le rapporte le médecin de l'expédition, Desgenettes. Bonaparte visite les hôpitaux, parle aux malades, les console, ne craint pas de les toucher. Pour aider un infirmier, il soulève lui-même le cadavre d'un pestiféré.

Une semaine après la prise de Jaffa, Napoléon part pour Saint-Jean-d'Acre.

Le pacha Djezzar défend l'ancienne ville des croisés. Il est conseillé par un officier français, Phélippeaux*, ancien condisciple de Napoléon Bonaparte et qui, royaliste, s'est mis au service des Anglais et des Turcs. Deux mois durant, l'armée française assiège Acre sans résultat : la flotte anglaise, menée par l'amiral Sidney Smith, ravitaille la ville par mer.

Le 20 mai, Napoléon lève le siège.

L'expédition d'Orient s'achève. Les batailles dont Napoléon Bonaparte rend compte au Directoire ne servent à rien : Qaqoun, Haïfa, Nazareth, Cana, le mont Thabor.

« Mon imagination est morte à Saint-Jean-d'Acre, dira-t-il. Mes projets comme mes songes, l'Angleterre a tout détruit. »

Il faut rentrer au Caire.

Les conditions se révèlent harassantes. Les notes du capitaine Larrey en témoignent. Le capitaine a vu des soldats se coucher par terre, refuser de marcher, mourant de soif, hébétés : « Plus de chants, plus de paroles sensées, du découragement et de l'atonie. » La retraite dans les sables brûlants préfigure la retraite de Russie dans la neige. Larrey continue : « Le manque absolu de moyens de transport réduisait tous les blessés à la cruelle alternative ou d'être abandonnés dans les ambulances (qui sont des postes et non des véhicules), et même dans les déserts, exposés à y périr de soif ou de faim ou d'être égorgés par les Arabes. »

* Antoine Le Picard de Phélippeaux (1767-1799).

Tout le monde va à pied, y compris Napoléon. On réserve les montures aux blessés et aux pestiférés qu'on dépose peu à peu, morts ou vivants, au bord du chemin.

Voici un autre témoignage, le chasseur Millet que cite Castelot. « Ce qui perça le cœur à l'armée, voyant qu'il fallait laisser les malheureux frères d'armes à la merci des barbares qui leur coupèrent la tête aussitôt que nous fûmes partis. Plusieurs de ces malheureux venaient criant auprès de nous, nous conjurant de ne pas les abandonner. »

Bourrienne racontera : « J'ai vu abandonner des amputés, des blessés, des pestiférés, ou soupçonnés seulement de l'être. La marche était éclairée par des torches allumées pour incendier les petits villages, les bourgades [...]. Nous n'étions entourés que de mourants, de tueurs et d'incendiaires, des mourants jetés sur le bord des chemins disaient d'une voix faible "je ne suis pas pestiféré, je ne suis que blessé". Mais pour convaincre les passants on en voyait rouvrir leurs blessures ou s'en faire de nouvelles. Personne n'y croyait, on disait "son affaire est faite" et l'on passait. »

À Jaffa, on abandonne les pestiférés. Napoléon tient absolument à leur distribuer de l'opium pour adoucir leur mort et leur éviter de se faire égorger. Le médecin Desgenettes s'oppose farouchement à l'euthanasie et refuse de coopérer. Un ami de Napoléon, le général Caffarelli (Gaffarelli, prononce Napoléon), blessé à la bataille du mont Thabor, meurt de l'infection de ses plaies.

De retour au Caire, Napoléon reçoit un cadeau du cheikh el-Bekri : celui-ci lui donne un ancien esclave géorgien, jeune mamelouk de dix-huit ans aux joues rondes. Comme entrée en matière, Napoléon lui tire les oreilles, une manie familière.

« Sais-tu monter à cheval ?

— Oui.

— Sais-tu donner des coups de sabre ?

— Oui, j'ai même sabré plusieurs fois les Arabes, répond l'adolescent en montrant une blessure qu'il a reçue à la main.

— C'est très bien. Comment t'appelles-tu ?

— Yaya.

— Mais c'est un nom turc. Quel nom portais-tu en Géorgie ?

— Je m'appelais Roustam.

— Je ne veux pas que tu portes un nom turc, je veux que tu portes le nom de Roustam. »

Napoléon offre à Roustam une paire de pistolets chargés et un sabre à la poignée ornée de six diamants.

Dès le soir même, Roustam sert Napoléon à dîner.

Comme Napoléon, obsédé par les complots, redoute qu'on veuille le tuer, Roustam dormira désormais en travers de sa porte.

Chapitre X – Le coup d'État

Un parfum de Corse – Retour en triomphe – Une scène terrible avec Joséphine – Réconciliation – Première rencontre avec Fouché, l'homme le plus puissant de France – Le complot – Inquiétudes – Le coup d'État du 18 brumaire a lieu le 19 – Mauvais départ – Bonaparte hors la loi – « Foutez-moi tout ce monde-là dehors ! »

Sur le pont de la frégate *Muiron*, une odeur délicieuse charme sa narine, un effluve qu'il n'a pas oublié bien qu'il ne l'ait pas respiré depuis six années : l'air marin embaume le maquis. Du large, Napoléon Bonaparte reconnaît la Corse à son parfum.

Il a trente ans, les cheveux longs, la silhouette maigre. Son teint pâle a bronzé sous le soleil des pyramides. Il rentre en France pour prendre le pouvoir.

Cinq semaines plus tôt, il a quitté l'Égypte. Le 23 août 1799, soit le 6 fructidor an VII de la République, il a laissé les troupes à Kléber avec cette dernière recommandation : « L'armée que je vous confie est toute composée de mes enfants ! » et fait voile à bord de la frégate *Muiron* suivie de la *Carrère*.

Ses desseins, il les a confiés au général Menou venu lui faire ses adieux : « Si j'ai le bonheur de mettre le pied en France, le règne du bavardage est fini ! »

Il emmène avec lui son état-major et, accompagné de son beau-fils Eugène de Beauharnais, il traverse la Méditerranée. Sa flottille se faufile sans encombre à l'écart du blocus des Anglais, au point qu'on s'interrogera plus tard sur une manigance de leur part. Plutôt que d'une complicité de l'ennemi, Bonaparte profite de sa bonne étoile. La fortune, comme il aime à la nommer, ne l'abandonne pas.

Pourquoi s'est-il décidé à quitter l'Égypte ? L'armée française usée à Saint-Jean-d'Acre ne peut espérer de renforts, les Anglais occupent la Méditerranée et on a abandonné la voie terrestre par la Turquie. Le général ne veut plus perdre son temps dans cette situation sans issue militaire.

Péripétie notable, non pour l'histoire du coup d'État mais pour la sienne propre, Bonaparte fait escale dans son île avant de prendre pied sur le continent. La *Muiron* mouille à Ajaccio, il va y passer trois jours. C'est la première fois qu'il y revient depuis la fuite des Bonaparte en 1793. Parti jadis comme un proscrit, il débarque aujourd'hui en triomphateur. Dans la petite ville de quatre mille habitants, l'arrivée du héros crée un émoi considérable. Imaginez l'effet que produisent le général et ceux qui l'accompagnent, leurs uniformes couverts de gloire au milieu des paysans descendus des montagnes environnantes. Le prestigieux général de la campagne d'Italie, le général en chef de l'armée d'Égypte, enfant du pays de surcroît ! Des attroupements dans les rues, chacun veut le voir, l'entendre, lui parler, on l'admire, on l'invite chez soi.

Il accepte ces hommages avec la simplicité de l'enfant du pays et la secrète mais vive fierté de tout Corse qui a réussi. Il rend d'abord visite à sa propre jeunesse. Le voici dans la maison natale, la maison de sa mère Letizia. Brûlée autrefois par les paolistes, la maison a été remontée et remeublée, elle appartient aujourd'hui à son frère Joseph.

Il se promène, homme, là où il a couru enfant.

Il traverse les terres de sa famille, Salina, la Sposata, passe par le vignoble, grimpe dans la montagne jusqu'aux bergeries d'Alata. Ces bergeries, justement, il en fait don au nom de sa famille à deux bergers qui l'ont aidé à fuir en 1793 : Bagaglino et Félix Tusoli. Les Tusoli sont apparentés aux Bonaparte et, dans l'adversité, comme de juste, ils avaient soutenu leur cousin ainsi que je l'ai raconté.

Toujours sur la piste de son enfance, il retourne à la maison des Milelli, perchée sur les hauteurs au-delà d'Ajaccio. Là, au milieu des oliviers, le général Bonaparte se revoit gamin, récitant ses déclinaisons à Charles-André Pozzo di Borgo qui lui enseignait le latin et qui deviendra plus tard son ennemi. Napoléon s'emplit les yeux, la tête, la mémoire de l'île qu'il aime, des paysages qui l'émeuvent. Ce bref séjour en Corse sera le dernier et cette provision de sensations nourrira pour toujours son esprit. « Ah docteur, où est le beau ciel de Corse ? dira-t-il plus tard à Sainte-Hélène à son médecin corse. Quels souvenirs la Corse m'a laissés ! Je jouis encore de ses sites, de ses montagnes, je la foule, je la reconnais à l'odeur qu'elle exhale. »

Les vents contraires qui maintenaient la flottille de Bonaparte au port d'Ajaccio commencent enfin à tourner. Il rembarque sur la *Muiron* qui ne quitte pour de bon les parages corses que deux jours après.

Le 9 octobre, il arrive à Saint-Raphaël, devant Fréjus. Là aussi, la population se presse pour saluer le héros, les gens montent à bord pour le voir de près.

Il débarque enfin.

Le pied sur le continent, l'aventure commence.

La précipitation dont il a fait montre en quittant l'Égypte, avec peu de navires mais une partie du butin, se transforme en prudence. Dispensé de quarantaine, sous le faux prétexte qu'il l'aurait subie en Corse, il se dirige vers Paris dès le lendemain. Sans se hâter, il prend soin maintenant de se faire annoncer par la rumeur publique. En passant à Aix, il écrit au Directoire comme tous les généraux qui rapportent leurs activités. Il justifie son retour en France : « Je devais me trouver où ma présence pouvait être le plus utile. Animé de ces sentiments, je me serais enveloppé dans mon manteau et serais parti sur une barque, si je n'eusse eu de frégates[1]. »

Il s'organise aussi pour que tous connaissent sa victoire à Aboukir où, le 25 juillet 1799, 7 thermidor de l'an VII, il a écrasé les Turcs alliés des Anglais. Dans cette grande bataille terrestre, il a pris la revanche de la défaite navale de la France devant Aboukir un an auparavant. La bonne nouvelle doit le précéder : « Je serais à Paris presque en même temps que ce courrier ; mais l'air sec et froid qu'il fait ici me saisit et me fatigue extrêmement : ce qui m'occasionne un retard de trente ou quarante heures. » Il est encore à Aix lorsque le Directoire annonce la victoire au Conseil des Cinq-Cents, les représentants du peuple.

Pourquoi ce peu d'empressement ?

Parce qu'il craint la réaction des directeurs. Il a pris seul l'initiative de rentrer, on pourrait le considérer comme déserteur, lui reprocher d'abandonner son armée, peut-être de tramer un mauvais coup. Les réactions immédiates sont d'ailleurs mitigées. Par exemple celle de Boulay (de la Meurthe), qui deviendra un personnage important du Consulat mais qui aujourd'hui fulmine : « Qu'il soit fusillé ou pendu, peu importe ! » De son côté, Bonaparte a besoin de s'informer de la situation politique. Il lui faut évaluer l'état de décomposition réel du Directoire et mesurer les chances et les formes d'une prise du pouvoir. Le chemin du retour est long et dangereux. Politique à part, les routes ne sont pas sûres. La voiture qui le suit avec ses bagages est pillée entre Aix et Avignon et on lui vole ses uniformes.

Le 11 octobre il est à Avignon. Le 12, il fait étape à Valence, ville où il avait été affecté au sortir de l'École militaire. Il reconnaît dans la foule des admirateurs une Mlle Bou chez qui il avait logé en 1785, lui fait un cadeau. Le 13, la nouvelle de son arrivée se propage dans Paris.

Dans l'effervescence, le Théâtre Feydeau interrompt sa représentation pour informer le public. Les acteurs tentent en vain de reprendre leurs rôles. Impossible, tant les spectateurs commentent l'événement à haute voix. Pendant ce temps il est à Lyon où l'accueil populaire est si compact qu'il parvient avec peine jusqu'à ses appartements. Le 14, toujours aussi entouré, il excursionne autour des remparts – une habitude, il observe partout les remparts – avant de partir pour Chalon. Le 15 il est à Nevers à l'Hôtel du Grand-Cerf. Le 16 au matin, il arrive à Paris.

Bonaparte se rend chez lui à sa maison rue de la Victoire. Il y trouve sa mère qui l'attend mais de Joséphine, point.

Elle est partie à sa rencontre. L'épouse infidèle a reçu par le courrier d'Égypte les reproches justifiés de son mari, elle sait qu'il songe au divorce et voulait le rejoindre en route. Malchance, tandis que le général passait par la Bourgogne, Joséphine prenait le chemin du Bourbonnais. Ils se manquent. Bonaparte pique une colère puis reprend son calme. Dans la soirée, il va présenter ses civilités au président du Directoire, Gohier.

Le lendemain, il se rend au palais du Luxembourg où siège le Directoire. Quel accueil l'attend ? Il n'en sait rien.

En tout cas, il soigne sa tenue d'autant plus que ses uniformes sont restés aux mains des pillards d'Avignon. Il se fait couper les cheveux très court, revêt une redingote de drap couleur olive, se coiffe non d'un bicorne mais d'un chapeau rond à la mode. Fantaisie pour marquer qu'il revient d'Orient, à la ceinture, au lieu d'un sabre, un cimeterre turc.

Le Directoire le reçoit avec chaleur.

Quand Joséphine arrive enfin, il lui fait une scène terrible. Il ne supporte pas l'aventure qu'elle a eue avec Hippolyte Charles et veut rompre. Les cris et les pleurs durent une partie de la nuit, la réconciliation occupe le reste du temps. Joséphine sait le reconquérir et il l'aime encore. Il pardonne la trahison, c'est dans son caractère. C'est aussi son intérêt politique : le rôle de sauveur de la patrie qu'il vient jouer s'accorderait mal d'une histoire de divorce et de mari trompé.

Tout le monde se précipite chez lui. L'hôtel particulier n'est pas vaste mais installé à la dernière mode. Joséphine avait commandé sans retenue lorsque le général était en Italie et la décoration luxueuse a coûté bien plus que ne valait la maison. Le perron vitré, couvert d'un toit pointu comme une tente et reposant sur des colonnettes, sert d'entrée et donne dans la salle à manger. De là on passe dans le salon aux beaux sièges garnis de tissu vert et enfin dans le bureau du général. À l'étage, moins haut de plafond, les deux chambres du couple séparées par un salon. Les domestiques dorment dans les combles.

Les notables accourent rue de la Victoire, Roederer, Talleyrand, Regnault de Saint-Jean-d'Angély. Bonaparte garde quelque rancœur contre Talleyrand. En tant que ministre des Relations extérieures, Talleyrand devait se rendre à Constantinople convaincre les Turcs du bien-fondé de l'expédition en Égypte, mission qu'il n'a pas accomplie. Bonaparte le lui a reproché. Qu'importe ! Aujourd'hui il est là, de même que Boulay (de la Meurthe), calmé et qui ne veut plus le pendre. Bien entendu, les frères Bonaparte sont présents, deux personnalités du moment : Lucien préside le Conseil des Cinq-Cents, Joseph est député. Les directeurs Barras, Gohier et Moulins viennent à leur tour, les membres de l'Institut les suivent.

L'après-midi de ce même 17 octobre, Bonaparte retourne au palais du Luxembourg puis passe dans plusieurs ministères, en particulier à la Justice dirigée par Cambacérès*. Le soir de cette

* Jean-Jacques de Cambacérès (1753-1824), d'une famille de noblesse de robe, président de la Convention (1794) puis du Comité de salut public (1795).

journée riche en rencontres, il doit recevoir le ministre de la Police générale, Fouché. Il ne l'a encore jamais vu et le laisse faire antichambre une heure durant. Son aide de camp Bourrienne finit par lui dire : « Mon général, vous ne vous rendez pas compte de qui vous faites attendre : l'homme le plus puissant de France, le ministre de la Police. » Fouché fut un jacobin enragé, régicide, l'auteur des noyades de Nantes, des mitraillades de Lyon. Stefan Zweig a brossé de lui un portrait magnifique[2].

Dès ce premier soir, Bonaparte parle sans doute à Fouché de ses projets. Il semble qu'ils se découvrent un terrain d'entente.

Comment le deviner ?

Eh bien, parce qu'à partir de ce moment-là, les rapports du bureau central de la police sur Napoléon Bonaparte ne présentent soudain plus aucun intérêt. Fouché, à qui ses informateurs détaillent tout sur tout le monde, ne garde alors plus aucune trace écrite de la préparation du coup d'État ni rien de significatif sur le général Bonaparte.

Pour la première fois, Napoléon Bonaparte s'ouvre de son intention : le pouvoir.

À la fin de la campagne d'Italie, il s'est déjà posé la question, comme on l'a vu. Bonaparte est un soldat, pour lui la question du pouvoir civil dépend de ses rapports avec l'armée : une affaire plus militaire que politique. Il sentait que les généraux jacobins empêcheraient toute tentative, raison qui l'a conduit à partir pour l'Égypte. En Égypte, il échange une correspondance avec le Directoire, cherchant sans cesse à s'informer de la situation en France. Le courrier ne traverse pas facilement la Méditerranée, les informations sont rares. Des paquets de lettres lui parviennent sporadiquement, leur contenu périmé par les longs délais. Il est peu au courant de ce qui se passe dans le pays, c'est pour cela qu'il ne rentre que maintenant. Entre-temps, Paris a vu éclater la conspiration du 30 prairial an VII, 18 juin 1799, la démission obligée de trois directeurs antijacobins, la persécution d'anciens aristocrates, l'emprunt forcé sur les riches, la menace d'invasion étrangère.

Dès son arrivée, Bonaparte démarche, il s'informe, il met sa stratégie en place, il ajuste.

Comme en Italie, il sait qu'il a affaire à certains généraux restés très jacobins et qui ne seront sans doute pas ses partenaires, surtout Bernadotte et Moreau. Bernadotte a épousé Désirée Clary, c'est-à-dire Eugénie, la première fiancée de Napoléon à Marseille. Le voilà donc le beau-frère de Joseph Bonaparte, lui-même marié à Julie Clary.

Le général Bonaparte ne craint pas Moreau qu'il trouve mou et sans énergie. En revanche il redoute Bernadotte, général entreprenant qu'il connaît bien et dont il dit qu'il a du sang maure dans les veines. Complication, Bonaparte mesure que ses propres frères sont liés avec lui, Lucien autant que Joseph. Napoléon n'apprécie pas Bernadotte. Non pas à cause de Désirée Clary, après tout c'est lui qui l'avait quittée et Bernadotte ne l'avait rencontrée qu'ensuite, mais Bernadotte est resté le jacobin que Bonaparte a cessé d'être. Napoléon Bonaparte a lentement abandonné ses idées de jeunesse, jacobinisme le plus pur et tradition corse. Cette longue conversion correspond à sa maturation d'homme, à son adhésion définitive à la France. Dans le même temps, il s'est écarté des jacobins qui le considèrent désormais comme un ennemi. Il saura les utiliser à bon escient. Les complots de sa montée au pouvoir, le Consulat puis l'Empire prendront le prétexte de menées jacobines, y compris celui du Dix-huit Brumaire qui nous occupe.

À cette époque le personnage le plus considérable qu'il rencontre est l'abbé Sieyès, l'un des directeurs. Sieyès est d'une autre génération, ils ont plus de vingt ans de différence.

Sieyès, auteur d'innombrables projets constitutionnels, ne veut pas d'un coup d'État militaire mais, dit-il, un « coup d'État parlementaire ». Selon lui, il faudrait pousser le Parlement par la force à voter un nouveau texte. Napoléon se méfie de cet homme qu'il trouve insaisissable, il ne le comprend pas, rejette son esprit spéculatif. « C'est un homme à système que je n'aime pas », déclare-t-il en sortant du palais du Luxembourg où, en compagnie de Joséphine, il vient de déjeuner avec lui. « Nous avons joué au tabouret comme des vieilles duchesses qui se cherchent », ajoutera-t-il. Il est bien question en effet de préséance politique entre le général et le pamphlétaire de 1789 qui enflamma le peuple avec sa fameuse formule : « 1) Qu'est-ce que le tiers état ? Tout. 2) Qu'a-t-il été jusqu'à présent dans l'ordre politique ? Rien. 3) Que demande-t-il ? À y devenir quelque chose. » Sieyès œuvra à la Déclaration des droits de l'homme, vota la mort du roi, refusa d'être directeur sous la Constitution de l'an III.

Pour Sieyès, ce modéré ondoyant qui tient le pouvoir civil, les affaires du pays se traitent par les textes. Pour Napoléon Bonaparte, la société idéale est celle dont il est le maître.

À part Sieyès, il lui faudrait s'allier Barras, premier personnage de l'État et, malgré la déconfiture du Directoire, encore très puissant.

Bonaparte dîne plusieurs fois avec Barras, que Talleyrand et Roederer s'emploient à endormir en lui promettant une place. Barras, ambigu comme toujours, finit par admettre la nécessité de changer le mode du gouvernement mais il négocie aussi avec les envoyés du comte de Provence, le futur Louis XVIII. Se croyant maître de l'histoire, il alloue sa part à Bonaparte : « Ton lot dans cette affaire, c'est le militaire. »

Bonaparte connaît fort bien Barras. Ils sont en bons termes. Il n'ignore rien de ses vices, de ses turpitudes, ni de l'habileté du bonhomme. Il s'en méfie mais sait comment l'amadouer.

Où se passe le complot ? D'abord chez Joseph Bonaparte qui a fini par s'acheter sur les conseils de Napoléon une propriété à Mortefontaine, au nord de Paris.

Joseph a fait un bon mariage, sa belle-famille Clary est riche mais il a lui-même très vite gagné de l'argent. Une partie de la fortune des Bonaparte provient de la course en mer où Joseph, son frère Lucien et leur oncle Fesch ont investi. Grâce à son mariage, Joseph a pu mettre les premiers fonds. Les Bonaparte arment des felouques qui partent d'Ajaccio écumer les eaux autour de la Corse jusqu'aux côtes de France et d'Italie, à la poursuite de navires des nations ennemies. La course est légale, une activité économique normale qui se pratique sur toutes les mers. Il arrive qu'on se trompe de proie. En mai 1798, Lucien a bien failli être arrêté : un de ses équipages a malencontreusement capturé un vaisseau turc, or la Turquie n'est pas hostile à la France. Plainte, enquête. Mais Lucien est élu de la Corse au Conseil des Cinq-Cents. Le tribunal, qui n'avait sans doute pas grand-chose à lui refuser, finit par donner raison à « Lucien et consorts ».

En dehors de cet épisode, l'affaire est bonne et la course fructueuse. Joseph a ainsi pu s'offrir une villégiature de notable dans un endroit à la mode.

Autre lieu choisi par Napoléon pour conspirer, l'hôtel particulier de Lucien au 2 rue Verte*, à Paris. Après des débuts hasardeux, Lucien préside désormais le Conseil des Cinq-Cents, l'une des deux assemblées du Directoire avec le Conseil des Anciens. Il doit sa présidence à la gloire de son frère : Barras avait pesé de tout son poids sur cette désignation pour complaire à son protégé Napoléon.

Les conjurés ne sont pas bien tranquilles, même s'ils ont le ministre de la Police dans leur manche.

Un soir, Bonaparte discute du complot chez Talleyrand, rue Taitbout, tout près de chez lui rue de la Victoire. La maison est au fond de la cour mais communique par des galeries à l'étage avec les pavillons qui donnent sur la rue. Il est une heure du matin, les deux conspirateurs sont seuls à la lumière des bougies, en pleine conversation dans le silence de la nuit. Tout à coup, grand bruit dans la rue, roulement de voiture, claquements de sabots de nombreux chevaux. À l'oreille, ils reconnaissent une escorte de cavalerie. Les voitures s'arrêtent devant la maison.

Bonaparte pâlit, son hôte aussi.

La même idée les traverse : le Directoire les fait arrêter. Talleyrand souffle les bougies et se faufile jusqu'à l'un des pavillons pour regarder dehors. Bonaparte le suit. Quand ils finissent par comprendre ce qui se passe, les deux hommes éclatent de rire. Il y a bien une escorte de gendarmes avec des voitures, mais elle ne se soucie ni de Talleyrand, ni du général Bonaparte, ni de la stabilité du gouvernement. La cause du tumulte est plus légère. Les maisons de jeu du quartier du Palais-Royal font transporter la recette de la soirée dans des fiacres chez le banquier des jeux. Comme les rues ne sont pas sûres la nuit, ce trésor traverse Paris sous bonne garde aux frais dudit banquier. Le hasard fait qu'un des fiacres a eu une avarie juste devant la porte de Talleyrand où le convoi reste arrêté un quart d'heure, le temps de réparer. Les deux complices en sont quittes pour la peur, « la panique », avoue Talleyrand dans ses *Mémoires*, et il précise : « Nous rîmes beaucoup. »

Dans les premiers jours de novembre, tout le monde s'attend à des bouleversements. Lesquels ?

* Aujourd'hui rue de Penthièvre. La maison de Lucien n'existe plus.

Bonaparte, Sieyès et Fouché, qui se méfient les uns des autres, sont les seuls à connaître les détails du plan complet.

On utiliserait les dispositions constitutionnelles qui autorisent le Conseil des Anciens et le Conseil des Cinq-Cents à transférer leurs séances hors de Paris en cas de menace. Cela mettrait le Directoire sur la touche pendant les premières heures. Pour se protéger, les assemblées nommeraient Napoléon commandant de la division militaire. On affecterait environ sept mille hommes sous son commandement, beaucoup d'anciens de la campagne d'Italie. Isolés par leur transfert hors de Paris, les jacobins des assemblées seraient moins dangereux. On proposerait alors aux Conseils assagis de désigner trois consuls – ce qui se produira ; de proclamer un régime transitoire – ce qui aura également lieu ; qu'une commission législative rédige une nouvelle Constitution et la fasse adopter. Et bien entendu, ajournement des Conseils pour trois mois, histoire d'avoir les mains libres.

Reste à trouver le prétexte : ce sera évidemment un prétendu complot jacobin contre la République, en agitant la crainte du retour de la Terreur, la guillotine et ses lueurs de sang, le despotisme et le drapeau rouge.

La presse contribue au climat d'inquiétude nécessaire.

Les plus grands journaux, *Le Moniteur universel* en premier, sont de mèche, Napoléon Bonaparte est un grand précurseur en matière de communication politique.

On fixe d'abord le jour des événements au 16 brumaire, soit le 7 novembre, mais on repousse au surlendemain pour laisser à Bonaparte le temps de négocier encore avec certains jacobins hésitants, des généraux qu'il pense rallier. De son côté, l'abbé Sieyès prend à tout hasard des leçons d'équitation dans les jardins du Luxembourg. Joséphine se met enfin sérieusement au service des projets de son mari. Elle a eu grand-peur de tout perdre. Elle ne voudrait pas que le Chat botté, comme elle a qualifié Napoléon dans une image bien trouvée, la quitte. Elle organise des soupers, des déjeuners pour les membres du Directoire dont elle a été l'amie ou la maîtresse, afin de les neutraliser. Elle invite à Paris ou à la Malmaison, cette propriété du XVIIe qu'elle a achetée sur ses biens propres en avril 1799 et dont le général Bonaparte assure désormais l'entretien. Pour le grand jour, elle doit s'employer à endormir la confiance de Gohier, le président du Directoire, qui éprouve un penchant pour la belle Créole. Elle le convie pour le 18 brumaire à un déjeuner privé : « Venez, mon cher Gohier, lui écrit-elle, j'ai à causer avec vous de choses intéressantes. »

Juste avant, c'est Bonaparte qui est prié à table : les Anciens ont lancé une souscription pour lui offrir, ainsi qu'au général Moreau qui compte bien moins d'admirateurs, un banquet le soir du 6 novembre, 15 brumaire. Sept cents couverts sont dressés dans le temple de la Victoire, autrement connu sous le nom d'église Saint-Sulpice.

La foule des Parisiens acclame Bonaparte à son arrivée. À l'intérieur, il fait grand froid et pas seulement à cause de la saison. « Une atmosphère glaciale qui s'est communiquée aux convives », note un observateur. Il n'y a que des représentants du peuple, des ministres, des directeurs, des généraux, pas de femmes. Méfiant, Bonaparte ne goûte pas les plats qu'on sert aux convives. Il s'ennuie, fait le tour des invités, trinque, ou comme l'on dit alors, porte les santés. Il a horreur de cela. Il prononce quelques mots aimables, s'éclipse. Il déteste les grandes réunions, mal à l'aise dans les assemblées civiles.

Le 17 brumaire, la veille du coup d'État, les comploteurs affinent le dispositif.

Les deux présidents sont de connivence, Lemercier du Conseil des Anciens, Lucien Bonaparte pour le Conseil des Cinq-Cents. On prépare les convocations à distribuer le lendemain. Pour donner corps aux soupçons de complot jacobin, on renforce la garde aux Tuileries où siègent les Anciens. Napoléon y a trouvé un bureau.

Il passe de l'euphorie à l'angoisse.

Lorsqu'il est de bonne humeur, on l'entend comme à son habitude chanter des airs à la mode, à plein gosier et très faux. L'instant d'après, il perd patience devant les atermoiements de Cambacérès, le ministre de la Justice, et de Lebrun, qui deviendront consuls à leur tour.

« Qu'ils se décident aujourd'hui, sinon il sera trop tard ! » lance-t-il.

Comme il ne veut pas trop se montrer, il ne se rend pas en personne chez Barras pour une ultime mise au point mais envoie Bourrienne à sa place.

Barras se lève tard, il n'est pas pressé, il fait attendre le visiteur dans son palais : dix heures, onze heures... La veille, Napoléon, son ancien protégé, lui avait promis qu'il viendrait en personne régler une dernière fois le complot.

Quand Barras voit Bourrienne au lieu de Napoléon, il comprend qu'il n'est pas le maître :

« Je vois que Bonaparte me trompe, s'écrie-t-il. Il ne reviendra pas. C'est fini. Et c'est pourtant à moi qu'il doit tout. »

Le soir, Bonaparte dîne chez Cambacérès. La conversation languit lors de ce repas sinistre, chacun pense au lendemain où il jouera sa tête.

Napoléon Bonaparte se couche à deux heures du matin, épuisé et inquiet.

Dans la nuit, les inspecteurs distribuent aux Anciens une convocation pour le lendemain matin à sept heures. Il faut rester prudent, on ne la distribue qu'aux Anciens les plus sûrs, c'est-à-dire environ cent cinquante parmi les deux cent cinquante membres. Les autres resteront chez eux. La minorité de gauche sera encore au lit quand se jouera le lendemain aux Tuileries le premier acte de la mort du Directoire.

Pour Napoléon, la nuit est courte. Couché à deux heures, dès six heures il reçoit chez lui les officiers généraux.

Ces officiers qui accourent ont été ses subalternes en Italie. Le fidèle Berthier les avait mandés par courrier pour accompagner leur général dans une prétendue revue. Lefebvre arrive le premier. C'est un républicain convaincu mais il a cependant des comptes à régler avec ce gouvernement d'avocats. Bien entendu, Napoléon ne fait confiance qu'à ses compatriotes, comme le général Sébastiani, qui habite ce merveilleux village de Pugnani. Il le charge de former des haies d'honneur à sa porte rue de la Victoire puis aux sièges respectifs des deux assemblées, les Tuileries et le Palais-Bourbon.

Un seul rebrousse chemin : Bernadotte. Il est d'ailleurs venu en civil. Bonaparte le lui reproche. Ceux qui restent ont compris que le nouveau César va franchir le Rubicon.

À sept heures du matin aux Tuileries, le Conseil des Anciens adopte le transfert des deux assemblées à Saint-Cloud pour qu'elles y soient en sûreté, protégées par le général Bonaparte.

Un Ancien, soutenu par le président Lemercier, prend la parole et dit : « Bonaparte est là, prêt à exécuter vos ordres aussitôt que vous l'en aurez chargé. Cet homme illustre, qui a tant mérité de la patrie, brûle de couronner ses nobles travaux par cet acte de dévouement envers la République et la représentation nationale. » Le Conseil nomme Bonaparte commandant de la garde du Corps législatif, de la Garde nationale et des troupes stationnées à Paris, et vote immédiatement le décret d'application.

C'est la première étape du coup d'État.

Vers neuf heures, Napoléon, désigné pour commander les troupes, va aux Tuileries prendre la parole à la tribune des Anciens. D'une voix claire et assurée, il annonce, en application des mesures dont on vient de le charger, le transfert à Saint-Cloud le lendemain, comme prévu. Peu de protestations, les adversaires ne sont pas sur place. Il quitte la salle des délibérations puis passe les troupes en revue sur un cheval prêté par l'amiral Bruix. Napoléon n'est pas un excellent cavalier : dans la tradition corse, on ne monte pas.

Devant les officiers et les soldats, il apostrophe Bottot, le secrétaire de Barras.

Bonaparte n'est pas un faiseur de discours à longues périodes, il s'exprime en phrases courtes de style militaire. Comme chacun il a l'accent de sa région, un accent prononcé. Avec son timbre plutôt haut perché, sa voix porte modérément, moins que le grave de Murat par exemple.

Un petit nombre de curieux et de partisans prend des notes pour les journaux :

« Dans quel état j'ai laissé la France, lance-t-il ce matin-là dans la cour des Tuileries, et dans quel état je l'ai retrouvée ! Je vous avais laissé la paix, et je retrouve la guerre ! Je vous avais laissé des conquêtes, et l'ennemi passe vos frontières ! J'ai laissé nos arsenaux garnis, et je n'ai pas retrouvé une arme ! J'ai laissé les millions d'Italie, et je retrouve partout des lois spoliatrices et la misère ! Nos canons ont été vendus ! le vol a été érigé en système ! les ressources de l'État épuisées ! On a eu recours à des moyens vexatoires, réprouvés par la justice et le bon sens ! On a livré le soldat sans défense ! Où sont-ils les braves, les cent mille camarades que j'ai laissés couverts de lauriers ! Que sont-ils devenus ! Cet état de choses ne peut durer ; avant trois mois il nous mènerait au despotisme. Mais nous voulons la République, la République assise sur les bases de l'égalité, de la morale, de la liberté civile et de la tolérance politique. Avec une bonne administration tous les individus oublieront les factions dont on les fit membres pour leur permettre d'être Français. Il est temps enfin que l'on rende aux défenseurs de la patrie la confiance à laquelle ils ont tant de droits ! À entendre quelques factieux, bientôt nous serions tous des ennemis de la République, nous qui l'avons affermie par nos travaux et notre courage ! Nous ne voulons pas de gens plus patriotes que les braves qui sont mutilés au service de la République. »

Bientôt imprimée, la diatribe devient célèbre, sans doute excessive sur les turpitudes de Barras, mais utile pour galvaniser les militaires et s'exhorter soi-même.

Nous sommes au milieu de la matinée.

Encore frémissant de sa harangue, Bonaparte fait annoncer par Fouché le vote des Anciens au président du Directoire, Gohier. Celui-ci ne veut pas se laisser manipuler. Le directeur Moulins menace d'en appeler aux faubourgs pour défendre le Directoire.

« Il n'y a plus de Directoire ! » l'interrompt Napoléon Bonaparte.

Boulay (de la Meurthe), qui a su passer du bon côté, insiste :

« Vous ne voulez pas, citoyen Gohier, qu'on mette à cette demande plus que de l'invitation. »

Devant cette résistance, Napoléon dépêche Moreau avec trois cents fantassins pour monter la garde autour du Luxembourg, siège des directeurs. Les voilà prisonniers.

Gohier et Moulins s'exclament : « Représentants du peuple français, c'est aujourd'hui qu'il faut proclamer la république en danger ! »

En effet, la république du Directoire vacille bel et bien.

Autour du Luxembourg, la troupe repousse les membres du Conseil des Anciens venus aux nouvelles.

Fouché pratique toujours les vieilles méthodes de la Terreur : il fait immédiatement fermer les portes de Paris. Bonaparte lui demande de suspendre cette mesure qui rappelle trop les heures sinistres du Comité de salut public. Fouché n'en tient pas compte. Tant qu'il ne connaît pas le résultat de la partie, il préfère la prudence.

Et Barras ? Il se dit souffrant, en fait il attend de voir ce qui se passe. Bruix et Talleyrand lui rendent visite. Il négocie sans doute avec d'autres, avec les généraux jacobins. Bruix et Talleyrand tentent le tout pour le tout et lui annoncent la démission de ses collègues directeurs, Sieyès, Ducos, Gohier et Moulins, ce qui n'est qu'à moitié vrai. Barras capitule. Sa lettre de démission présente Bonaparte, « le guerrier illustre à qui j'ai eu le bonheur d'ouvrir les chemins de la gloire », comme le seul vainqueur de la journée. On lui a promis la somme de deux millions de francs pour se retirer, l'histoire dit que Talleyrand l'aurait détournée. Barras part pour son château de Grosbois en Seine-et-Marne sous escorte militaire.

Les faubourgs restent apathiques. Pour Paris c'est une journée ordinaire. Le 18 brumaire et le lendemain, les théâtres sont pleins.

À sept heures du soir, ultime répétition aux Tuileries avec les principaux conspirateurs : Sieyès, Ducos, Cambacérès, Lemercier, Lucien Bonaparte. Ils se méfient les uns des autres. On se sépare tard dans la nuit mais sans plan concerté pour le lendemain, à part la volonté de convaincre le Corps législatif de voter comme prévu, d'en finir avec le Directoire et de nommer trois consuls. Sieyès propose qu'on retire le droit de vote aux anciens jacobins dans les assemblées, Napoléon le refuse, probablement pour pouvoir s'appuyer sur eux contre Sieyès si besoin est. Ma conviction, c'est qu'au fond de lui-même il souhaite que les assemblées lui offrent la dictature à la façon de la Rome antique.

Vers une heure du matin, dernier mot à Bourrienne avant d'aller se coucher :

« En somme, cela n'a pas été mal aujourd'hui, nous avons gagné. »

La partie décisive du coup d'État du 18 brumaire se déroule le 19, le lendemain, à Saint-Cloud.

Pour accéder au château en venant de Paris, il faut gravir un raidillon bordé de guinguettes et de casernes. En haut sur la colline, une étroite cour en demi-lune donne dans la vaste cour principale. Orné de jardins d'un « luxe fantasmagorique », nous dit un contemporain anonyme, le bâtiment est immense, assez pour recevoir plusieurs centaines de représentants du peuple, l'état-major, les secrétariats, la foule des observateurs et des intrigants. Tapissiers et menuisiers préparent en hâte pour la fin de la matinée sièges, tribunes pour les orateurs, tapis, tentures, barrières à contenir les spectateurs. Le salon de Mars orné de nymphes, de Grâces, de Vénus peintes par Mignard et la fastueuse galerie d'Apollon, treize fenêtres de chaque côté, sont réservés aux Anciens. Les Cinq-Cents prendront place dans l'Orangerie. Les appartements sont pour Bonaparte, Ducos, Sieyès et leurs suites, les petits salons pour les inspecteurs.

L'infanterie, les dragons, l'artillerie et les grenadiers sont rangés en bataille depuis huit heures du matin, les grilles du château fermées et gardées. Dans la cour, une haie d'honneur formée de grenadiers, de gardes du Directoire doublée par précaution d'un rang de troupes régulières. La Constitution prévoit la publicité des débats, aussi a-t-on autorisé deux cents chanceux à entrer, dont quelques jacobins.

Il pleut.

Vers six heures du matin, Napoléon Bonaparte quitte Joséphine pour se rendre à Saint-Cloud en bougonnant : « Ce n'est pas une journée de femme. » Il porte un uniforme brodé, une large ceinture bleu, blanc, rouge autour de la taille, des bottes aux revers retroussés sur son habituelle culotte blanche.

Parmi la troupe et les curieux, dans une grande pagaille d'embouteillages qui les freinent, tous les acteurs de cette journée prennent la même route.

Sauf Fouché, trop prudent pour se compromettre.

Le secrétaire général du ministère de la Police, Turot, qui écrit aussi dans *La Gazette de France*, sait qu'il faut réussir à tout prix, qu'il paierait chèrement le crime de la défaite, que son patron n'hésiterait pas à arrêter jusqu'à Sieyès et plus en cas d'échec. Il n'est pas le seul à se faire ce genre de réflexion. En passant par la place de la Révolution, actuelle place de la Concorde, Napoléon aurait dit à Bourrienne : « Nous coucherons demain au Luxembourg ou nous finirons ici. » Ici, où l'on dresse la guillotine.

Napoléon met plusieurs heures pour accéder à Saint-Cloud. À l'intérieur, les ouvriers n'ont pas fini les travaux et il trouve les députés qui discutent depuis un moment par groupes dans la cour et les jardins, en grande tenue officielle. Les Anciens portent une cape blanche à bordure rouge et bleu, les Cinq-Cents se drapent dans des toges rouges. Bonaparte se précipite pour faire accélérer les installations, va et vient. Ce funeste retard laisse aux Cinq-Cents le temps d'interpeller les Anciens qui les ont amenés là, aux Anciens hors du coup de la veille de se dénombrer. Tout le monde est nerveux.

Des députés jacobins insultent Bonaparte qui traverse la cour.

Il passe sa colère sur un malheureux chef de bataillon qui a pris l'initiative de déplacer un poste. « Il n'a d'ordres à recevoir que les miens ! rage-t-il. Qu'on arrête cet homme et qu'on le jette en prison ! »

La séance des Cinq-Cents commence à une heure et demie de l'après-midi. Lucien Bonaparte préside et ne parvient pas à rétablir le calme. Les jacobins sont nombreux parmi les Cinq-Cents, les cris fusent : « Vive la Constitution ! À bas la dictature ! » Ils obtiennent que chaque député un par un renouvelle son serment de fidélité à la Constitution. L'appel nominal va durer des heures : les choses tournent mal. C'est une victoire pour l'opposition.

Aux Anciens, le climat n'est pas meilleur. L'opposition demande qu'on lui démontre la réalité du complot jacobin qui amène les assemblées à Saint-Cloud. Le président Lemercier balbutie de fausses informations sur la démission de quatre directeurs et la mise sous surveillance du cinquième par Bonaparte. Il n'hésite pas à intoxiquer ses collègues, mais plusieurs Anciens évincés la veille ont des doutes.

Napoléon, Sieyès et Ducos s'impatientent dans le salon qui leur sert de bureau. On signale au général la présence autour du château d'hommes de mauvaise mine. Lucien d'un côté, Lemercier de l'autre font passer des messages ou se déplacent pour informer Bonaparte, ils sont en contact permanent. La tension est grande.

L'opposition contrôle les Cinq-Cents et les Anciens.

Le coup d'État parlementaire que voulait Sieyès – ou du moins la partie parlementaire du coup d'État – est perdu.

Napoléon n'y tient plus. Bientôt quatre heures de l'après-midi. Il s'énerve. Il lui vient une crise d'urticaire, il se gratte les mains. Ses hommes autour de lui disent à haute voix, dépités, que « c'est le tour des jacobins » et pas celui de Bonaparte. Non.

Il y va.

Le vrai coup d'État commence.

Suivi de Bourrienne et de Berthier, Bonaparte pénètre dans la galerie d'Apollon où siègent les Anciens. Entre deux séances, sa présence n'est pas illégale. Il s'avance tête nue et sans armes, demande la parole, l'obtient.

« Représentants du peuple, vous n'êtes point dans des circonstances ordinaires ; vous êtes sur un volcan. Permettez-moi de vous parler avec la franchise d'un soldat, avec celle d'un citoyen zélé pour le bien de son pays, et suspendez, je vous en prie, votre jugement jusqu'à ce que vous m'ayez entendu jusqu'à la fin.

« J'étais tranquille à Paris lorsque je reçus le décret du Conseil des Anciens, qui me parla de ses dangers, de ceux de la République. À l'instant j'appelai, je retrouvai mes frères d'armes, et nous vînmes vous donner notre appui ; nous vînmes vous offrir les bras de la nation, parce que vous en étiez la tête. Nos intentions furent pures, désintéressées ; et, pour le prix du dévouement que nous vous avons montré hier, aujourd'hui, déjà on nous abreuve de calomnies ! On parle d'un nouveau César, d'un nouveau Cromwell ; on répand que je veux établir un gouvernement militaire.

« Représentants du peuple, si j'avais voulu opprimer la liberté de mon pays, si j'avais voulu usurper l'autorité suprême, je ne me serais point rendu aux ordres que vous m'avez donnés ; je n'aurais pas eu besoin de recevoir cette autorité du Sénat. »

Ce qui est extraordinaire, c'est que le Sénat n'existe plus depuis la chute de l'Empire romain.

« Plus d'une fois, et dans des circonstances extrêmement favorables, j'ai été appelé à la prendre [cette autorité] ». Il argumente : général victorieux, il a eu l'occasion de perpétrer des coups d'État qu'il n'a pas tentés, voilà bien la preuve qu'il n'essaie pas d'en faire un en ce moment.

« Je vous le jure, représentants du peuple, la patrie n'a pas de plus zélé défenseur que moi ; je me dévoue tout entier pour faire exécuter vos ordres. Mais c'est sur vous seuls que repose son salut, car il n'y a plus de Directoire. »

Hommage à l'armée, salut respectueux aux Anciens, flou sur les dangers encourus, voilà le contenu du discours. Il est interrompu par un obscur député qui lui crie :

« Et la Constitution ?

— La Constitution ! répond-il, vous l'avez violée au 18 fructidor ; vous l'avez violée au 22 floréal ; vous l'avez violée au 30 prairial. »

Le Directoire qui s'est débarrassé de ses opposants en violant ses propres lois « n'offre plus de garantie aux citoyens », dit-il encore, et « n'obtient plus le respect de personne ».

Après l'interruption, sa harangue prend un ton différent, il s'exalte, revient en boucle sur ses premiers termes, on l'interpelle. Il signale qu'il est « environné de ses frères d'armes » pour protéger ce Corps législatif à qui il cesse soudain de parler pour saluer ses soldats : « Mes braves camarades ! vous, aux yeux de qui l'on voudrait me peindre comme un ennemi de la liberté ! vous, grenadiers dont j'aperçois les bonnets ! vous, braves soldats dont j'aperçois les baïonnettes. » Si jamais quelqu'un « parlait de me mettre *hors la loi* j'en appellerais à vous, mes braves compagnons d'armes ! à vous, braves soldats, que j'ai tant de fois menés à la victoire ! »

La menace d'en appeler aux troupes ! Propos effrayants que la version officielle édulcorera ainsi : « Souvenez-vous que je marche accompagné du dieu de la Guerre et du dieu de la Fortune. »

Dans cette enceinte civile, l'effet est déplorable. On crie au despotisme, l'agitation est immense : « Vive la Constitution ! À bas la dictature ! »

Bourrienne et Berthier entraînent Bonaparte hors de la salle.

Napoléon croise Augereau qui lui dit : « Te voilà dans une jolie position ! Tu ferais mieux de renoncer. » Napoléon répond : « Tiens-toi tranquille. Le vin est tiré, il faut le boire. »

Devant les Cinq-Cents, l'ambiance n'est pas meilleure. Il pénètre dans l'Orangerie accompagné de son état-major et de grenadiers en armes aux portes. « Des baïonnettes ? Des sabres ? Mort au tyran ! À bas le dictateur ! » Les représentants du peuple, outrés, protestent avec fureur, veulent s'en prendre à lui : « une émeute entre quatre murs », selon la formule de Marco de Saint-Hilaire, page de l'empereur Napoléon Ier et mémorialiste.

Puis un cri bientôt repris : « Hors la loi ! »

À ces mots, Napoléon pense à Robespierre : c'est ainsi que l'Incorruptible a perdu. Dans une assemblée révolutionnaire, le cri de « hors la loi » vaut synonyme de guillotine. Si tous le reprennent, c'en est terminé. Bien que la présence de poignards, les « stylets sous les toges », comme il a été dit, n'ait jamais été prouvée, le vainqueur d'Italie et d'Égypte manque bel et bien périr devant ces dizaines de parlementaires qui le traitent de *hors-la-loi*. Il ne profère pas un mot. Au comble de l'émotion, il est pris d'un malaise. Vaincre des armées, d'accord, mais des parlementaires républicains… Les généraux Murat, Leclerc, Gardanne et plusieurs grenadiers se portent à son secours et l'évacuent.

Ce n'est ni une feinte ni une comédie, Bonaparte, hors de lui, se trouve mal, il se gratte le visage, il tombe.

Enfant, à Brienne, il était déjà tombé au cours d'une violente crise nerveuse, comme je l'ai raconté. C'était lors d'une punition pour insubordination, qui du coup fut levée. Que va-t-il advenir de cette insubordination d'adulte et de la punition autrement plus grave qu'il encourt ?

Lucien le tire d'affaire.

Dans le tumulte extrême du Conseil des Cinq-Cents, Lucien abandonne purement et simplement son siège de président. Il dépose sa toque, sa toge, ses décorations sur le bureau, rejoint son frère dans la cour. Napoléon entouré de ses soldats divague encore, suggère que les Anciens l'investissent du pouvoir civil. Lucien l'entraîne. Ils sont dehors dans le froid, la pluie, la pénombre, avec autour d'eux plusieurs centaines d'hommes. Devant le front des troupes, à pied, Lucien dénonce ceux qui auraient voulu attenter à la vie de leur chef Napoléon. Il emploie des images tirées de l'Antiquité romaine, évoque les fameux stylets, César. Ce ne sont pas des vérités historiques, on ne peut rien prouver mot à mot, mais Lucien, meilleur orateur que son frère, touche l'auditoire avec ce discours. Il l'accompagne d'un geste, d'une phrase de légende, il se saisit d'une épée qu'il pointe sur la poitrine de Napoléon en disant : « Je jure de percer le sein de mon frère si jamais il porte atteinte à la liberté des Français. »

La troupe est conquise. Napoléon retrouve ses esprits. Il ne voudra jamais le reconnaître, mais Lucien lui a sauvé la partie. Le dénouement est proche.

Napoléon ordonne à Murat de faire évacuer la salle de séance des Cinq-Cents.

Murat se précipite dans l'Orangerie, proclame : « Citoyens, vous êtes dissous ! » Et à ses hommes il dit : « Foutez-moi tout ce monde-là dehors ! » Les grenadiers sortent les députés *manu militari*. D'autres sautent par les treize fenêtres de l'Orangerie avec leurs toges rouges à cordelière et gland, leurs toques à plumes tricolores, on les voit s'enfuir dans les bois de Saint-Cloud, courir dans les rues.

Il faut légaliser le coup de force. Lucien se présente devant les Anciens pour raconter ce qui s'est prétendument passé aux Cinq-Cents, un complot d'assassins jacobins qui a failli coûter la vie à son frère. Les Anciens proposent un projet de décret assez proche de ce qui était combiné d'avance. On peut cependant considérer qu'ils résistent en votant de façon moins radicale que souhaité. Sieyès, l'homme du droit, estime que le texte n'est pas suffisant pour renverser le gouvernement et faire aboutir le coup d'État. Il ne reste qu'une issue, estime-t-il, rappeler les Cinq-Cents.

On dépêche les huissiers récupérer à travers bois et chez les traiteurs alentour les membres de la chambre basse éparpillés dans Saint-Cloud. On finit par en retrouver quelques-uns, les historiens ne savent pas au juste si c'est trente ou trois cent cinquante. À neuf heures du soir, Lucien reprend son fauteuil de président, remet ses médailles et siège avec ceux des représentants du peuple qui ne sont pas rentrés à Paris.

L'assemblée commence par exprimer sa reconnaissance à Napoléon qui a sauvé le Conseil en l'assainissant des comploteurs. On propose de préciser le texte voté par les Anciens en remplaçant le Directoire par une commission exécutive de trois membres, Sieyès, Ducos, Bonaparte, et en lui confiant le pouvoir pendant un mois au cours duquel les assemblées seraient suspendues. « Cette soirée, dit Lucien, sera aussi mémorable que le serment du Jeu de paume. » Lucien veut en finir, les commissions désignées se réunissent séance tenante pour rédiger les rapports, le conseil vote.

Pendant ce temps, Napoléon prépare une proclamation à faire imprimer dans *Le Moniteur*, il tient à informer lui-même l'opinion publique : « À mon retour à Paris, j'ai trouvé la division de toutes les autorités ; l'accord établi sur cette seule vérité que la Constitution était à moitié détruite et ne pouvait sauver la liberté. Tous les partis sont venus à moi, m'ont confié leur destin [...] et m'ont demandé mon appui. J'ai refusé d'être l'homme d'un parti. » C'est très important : le bonapartisme, ce gouvernement hors des partis, se définissait dès ce soir même.

Deuxième préoccupation tandis qu'on le nomme consul dans une pièce à côté, une lettre qu'il dicte à Reinhard, le ministre des Relations extérieures qui a succédé à Talleyrand. Une préoccupation, un souci permanent, la presse, la communication et aussi la politique étrangère. Il fait insérer dans *Le Moniteur* et *Le Rédacteur* plusieurs articles en faveur du parti de l'opposition en Angleterre. Au moment du coup d'État, le jour même du coup d'État, à l'heure du coup d'État, il anticipe les répercussions sur la politique intérieure et extérieure. On voit naître sa méthode de gouvernement, des ordres très détaillés qui ne laissent absolument rien au hasard. Là, le Consulat est né.

Les trois consuls viennent se présenter à l'assemblée, il est déjà quatre heures du matin. Ils prêtent le serment de fidélité inviolable à la souveraineté du peuple, à la République française une et indivisible, à l'égalité, à la liberté et au système représentatif.

Dans cette journée grandement livrée à l'improvisation, Napoléon et ses complices s'en sont remis aux circonstances. Il a cru qu'il subjuguerait les assemblées par la parole, qu'il lui suffirait d'un minimum de phrases pour être proclamé, élu, nommé. Rien ne s'est montré aussi facile qu'il le croyait.

C'est fait, pourtant.

Napoléon Bonaparte rentre chez lui au petit matin, toujours avec Bourrienne. Il embrasse Joséphine puis dit :

« Bourrienne, j'ai donc dit bien des bêtises.

— Pas mal, général.

— J'aime mieux parler à des soldats qu'à des avocats. Ces bougres-là m'ont intimidé. Je n'ai pas l'expérience des assemblées. Cela viendra. »

Chapitre XI – Au pouvoir !

D'où vient l'argent ? – Un président par jour – Habiletés de Bonaparte – Premier consul ! – « On a tout détruit, il s'agit de tout recréer » – Le génie du code civil – Le nouveau franc – Le baccalauréat.

À quatre heures du matin, après le coup d'État, Sieyès, Ducos et Bonaparte sont à la tête de la France.

Napoléon a-t-il enfin le pouvoir ?

Presque.

Il ne lui faudra qu'un mois et un jour pour y parvenir.

Sur quels atouts peut-il compter ?

En premier lieu sur ses deux frères : Joseph, député et plein d'entregent, Lucien, président du Conseil des Cinq-Cents. Ensuite ses deux beaux-frères généraux. Leclerc, un fidèle depuis le siège de Toulon, qui a épousé Pauline deux ans plus tôt. Durant le coup d'État, Leclerc à la tête des grenadiers a envahi la salle des séances du Conseil des Cinq-Cents. Murat, qui vit avec Caroline Bonaparte et va se marier dans deux mois, a, lui aussi, on s'en souvient, puissamment intimidé les représentants du peuple. Enfin Joséphine use de son influence, comme on l'a vu à la veille des événements où elle a endormi la méfiance des directeurs.

Dernier point d'importance, les Bonaparte ont quelques moyens. La famille avait acheté des biens nationaux en Corse et elle a investi dans les bateaux corsaires, on l'a vu.

L'ami Cambacérès contribue lui aussi à enrichir le clan Bonaparte. Retiré de la carrière publique depuis trois ans, il dirige un cabinet d'affaires où il donne des conseils juridiques à la Compagnie des Indes, entre autres clients d'envergure. Il oriente les plus intéressantes de ses relations vers le Premier consul et le sommet de l'administration consulaire.

Je rappelle aussi les millions de la campagne d'Italie collés aux doigts de Napoléon, selon le bon mot de l'époque : ils sont suivis d'autres sommes en provenance d'Égypte. Bonaparte en a d'ailleurs eu bien besoin en rentrant à Paris. Pendant qu'il combattait les mamelouks, dirigeait son divan et fondait l'Institut d'Égypte au Caire, Joséphine vivait dans le luxe mais à crédit. Au printemps 1799, elle s'est offert une propriété de sept cents hectares, le domaine de la Malmaison.

Au lendemain du coup d'État, Napoléon Bonaparte s'empresse de régler les dettes de sa femme. La confiance que les créanciers de Joséphine ont mise dans le destin du général Bonaparte lui coûte deux millions.

À midi ce 11 novembre 1799*, les trois nouveaux consuls se retrouvent au palais du Luxembourg pour constituer un gouvernement.

Empressé, déjà soumis, Ducos déclare d'emblée à Bonaparte :

« Il est inutile d'aller aux voix pour la présidence, elle vous revient de droit. »

Sieyès tord le nez de dépit. L'homme de confiance de la classe politique, c'est lui. Depuis dix ans que la Révolution a commencé, il est membre de toutes les Assemblées. En janvier 1789, son pamphlet fameux avait posé l'essentiel :

« Qu'est-ce que le Tiers-État ? Tout.

Qu'a t-il été jusqu'à présent dans l'ordre politique ? Rien.

Que demande-t-il ? À y devenir quelque chose. »

Les hommes du parti brumairien, ceux qui veulent le changement, se sont appuyés sur Bonaparte comme l'homme d'épée nécessaire dans la péripétie – avant lui, ils avaient d'ailleurs songé à Moreau. Mais, à leurs yeux, l'indispensable, c'est Sieyès, pas le général.

Napoléon veut bien davantage qu'une prépondérance provisoire : il refuse cette flatterie de Ducos. Il propose au contraire une présidence tournante : chacun d'eux assurera seul le pouvoir vingt-quatre heures durant.

Tous les jours à dix-sept heures, ils se passeront donc le relais jusqu'à ce que la nouvelle Constitution en décide autrement. Bonaparte commence, les autres suivent par ordre alphabétique.

---

* Le coup d'État du Dix-huit Brumaire se termine la nuit du 19 au 20 brumaire an VIII, 10 au 11 novembre 1799.

En fait, Ducos s'effacera bientôt par incapacité tandis que Sieyès se consacrera au projet de Constitution.

Bonaparte compose son gouvernement en gardant les plus capables des ministres sortants : Cambacérès à la Justice, Fouché à la Police et en nommant ses propres hommes : Laplace à l'Intérieur, Berthier à la Guerre. Aux Relations extérieures, ce sera Reinhard en attendant que Talleyrand soit disponible, quelques jours plus tard, et qui reprendra encore le poste après Talleyrand. Une incise sur ce que Bonaparte pense de Talleyrand : « une mystification historique. » Et surtout ce commentaire : « Je sais qu'il n'appartient à la Révolution que par son inconduite. Jacobin et déserteur de son ordre dans l'Assemblée constituante, son intérêt nous répond de lui. »

Aux Finances, Bonaparte nomme Gaudin*, un homme compétent qui a derrière lui une carrière de vingt ans dans les finances de l'État. Six mois plus tôt, Sieyès lui avait en vain proposé le poste. « La faiblesse du pouvoir est trop grande », avait répondu Gaudin en refusant la mission impossible. Il avait même précisé : « Là où il n'y a ni finances, ni moyens d'en faire, un ministre est inutile. »

Aujourd'hui, le petit quadragénaire digne, frisé et poudré à l'ancienne, accepte. La différence, c'est la fin du Directoire et c'est Bonaparte. Gaudin restera ministre des Finances du début du Consulat jusqu'à la fin de l'Empire.

Premières instructions de Bonaparte :

« Rendez-vous dans deux heures au ministère pour en prendre possession et donnez-nous, le plus tôt que vous le pourrez, un rapport sur notre situation, en même temps que sur les mesures à prendre pour rétablir le service qui manque partout. Venez me voir cette nuit à ma maison de la rue de la Victoire : nous causerons plus amplement de nos affaires. »

Gaudin va faire immédiatement l'inventaire de la fortune du pays.

La France n'a en caisse que la somme dérisoire de soixante-dix-sept mille francs[1]. Environ deux cent trente mille euros. Le Trésor est si vide que, le soir du coup d'État, on n'a même pas trouvé « de quoi expédier des courriers aux armées et aux grandes villes pour les informer de l'événement[2] ».

---

* Martin Gaudin (1756-1841).

Les fonctionnaires ne sont plus payés depuis longtemps, même pas la police !

De même qu'elle inspire confiance à Gaudin, l'arrivée de Bonaparte au pouvoir inspire confiance à la population.

Sa présence rassure. Il est l'homme du traité de Campo-Formio, il saura bien mettre fin à la guerre qui menace de reprendre au printemps. Sur son passage, on lui crie : « Vive la paix ! » On ne craint ni qu'il veuille restaurer la monarchie ni rétablir la Terreur. Et puis son éloignement en Égypte lui donne un faux air d'avoir été écarté par le Directoire honni.

En une semaine, le cours de la rente double. Au lieu du troc*, un peu de vraie monnaie sort des cachettes : on revoit quelques louis d'or. Quelques jours après, le 1er frimaire, 22 novembre, *La Gazette de France* signale que l'immobilier et le commerce reprennent : « Les biens-fonds des environs de Paris, qui ne pouvaient trouver ni acheteur ni prêteur, trouvent à présent l'un et l'autre... Les marchands de toute espèce vendent mieux... Les appartements démeublés se remeublent, les voitures partent de la remise[3]. »

En 1802, le budget de la France sera revenu à l'équilibre.

Les trois consuls provisoires, assistés de leur secrétaire Maret, doivent produire au plus tôt une Constitution nouvelle. Sieyès s'adonne depuis plus de dix ans au plaisir de concevoir des Constitutions. Mais il échafaude ses théories sans jamais rédiger un texte. Sieyès a conçu en esprit le régime qui devait succéder au Directoire en remplaçant les cinq têtes de l'État par trois seulement. Aux yeux de Bonaparte, sa proposition comporte un inconvénient majeur : elle met les trois consuls sur un pied d'égalité, nul rôle prépondérant pour lui.

Le remède est simple.

Bonaparte convoque chez lui la commission législative. Il s'est installé au Petit Luxembourg, dans les anciens appartements des directeurs, un pour lui, un pour Joséphine. Il fixe à cette cinquantaine de parlementaires un horaire à sa façon : rendez-vous tard le soir, travail jusqu'à une heure avancée de la nuit, séances

* Les assignats avaient été retirés de la circulation et détruits par le Directoire le 18 mars 1796, et remplacés par les mandats nationaux, eux-mêmes retirés dès le 4 février 1797. Il n'y a plus de papier-monnaie au moment du Dix-huit Brumaire.

En racontant l'Empereur, le général républicain ou son enfance corse, à la différence de tous les historiens, j'écris sur ma propre famille.

Napoléon donne son accord au mariage de Jérôme, son frère et mon arrière-arrière-grand-père, avec Catherine de Wurtemberg. Mon aïeul avait épousé en Amérique Elisabeth Patterson. Mais ce mariage ne sert pas les intérêts de l'Empereur qui refuse de le reconnaître. Il lui fait épouser Catherine de Wurtemberg avant de le nommer roi de Westphalie.

Letizia Ramolino, mère de Napoléon. Dans la prospérité et les revers, elle garde l'âme sereine et elle montre une confiance en elle-même qui lui permet de ne s'étonner ni se réjouir de rien.

Charles Bonaparte, le père de Napoléon. « Il tenait fort à la noblesse et à l'aristocratie ; d'un autre côté il était très chaud dans les idées généreuses et libérales », dira de lui Napoléon.

Maison natale à Ajaccio. Elle ne comporte alors que deux étages. La famille vit dans un appartement composé d'un morceau du rez-de-chaussée et du premier étage, environ cent cinquante mètres carrés.

La maison des Milelli, sur les hauteurs d'Ajaccio, est la résidence d'été des Bonaparte. Ils s'y retirent pour respirer l'air pur et fuir l'atmosphère d'une ville édifiée sur d'anciens marécages.

Joseph Bonaparte, frère aîné et préféré de Napoléon, qui lui accorde une confiance dont il ne sera jamais déçu, même s'il critique son manque d'ambition. À Sainte-Hélène, il le décrit comme « le plus doux et le plus aimable des hommes ».

Lucien Bonaparte, frère cadet de Napoléon. Président du Conseil des Cinq-Cents, l'un des principaux organisateurs du coup d'État de Brumaire. « Je dois à mes impressions de jeunesse la répugnance que j'ai toujours eu à fléchir devant lui », dira Lucien pour expliquer ses désaccords ultérieurs avec l'Empereur.

Le Souper de Beaucaire. C'est avec ce dialogue révolutionnaire de juillet 1793 que le jeune capitaine Bonaparte fait son entrée dans l'histoire de France.

Napoléon, 1927, film noir et blanc d'Abel Gance sur une musique d'Arthur Honneger. En 1793, chassé de Corse, le jeune Napoléon, sombre et seul, cingle dans la tempête vers son destin. L'histoire ne s'est pas tout à fait passée ainsi !

Joséphine Bonaparte. « Un baiser sur ta bouche, un sur ton cœur, il n'y a personne que moi, n'est-ce pas ? et un sur ton sein. » *Lettre de l'armée d'Italie du 29 avril 1796.*

Désirée Clary. Le premier amour de Napoléon. « Elle avait seize ans, de jolis yeux, une taille ordinaire ; sans être laide, elle n'était pas une beauté, mais la bonté, mais la douceur, une tendresse vive, lui appartenaient essentiellement », dit d'elle Napoléon dans son roman *Clisson et Eugénie.*

Hortense, fille du premier mariage de Joséphine. Napoléon a un faible pour elle. Il l'adopte et lui donne la main de son frère cadet, Louis. Elle sera la mère du futur Napoléon III.

En août 1794,
Napoléon est emprisonné quelques jours au fort d'Antibes pour robespierrisme et jacobinisme.

La Malmaison en 1805. Joséphine achète en 1799 cette propriété de sept cents hectares qui séduira le Premier consul. Dernière rencontre avec le souvenir : l'Empereur déchu viendra s'y recueillir avant de partir pour Sainte-Hélène.

Entrée de Napoléon au Caire. Nul ne s'attendait à cette pauvreté atroce, ces maisons croulantes, cette saleté omniprésente.

Théière ornée de scènes imitées de l'Égypte. La puissance du mythe transforme le mobilier et les arts décoratifs de l'époque.

Bonaparte au Conseil des Cinq-Cents à Saint-Cloud, le 19 brumaire. L'affaire tourne mal, les parlementaires le traitent de hors-la-loi. Il ne s'en sort que grâce au sang-froid de son frère Lucien et à l'intervention de Murat qui proclame : « Citoyens, vous êtes dissous ! »

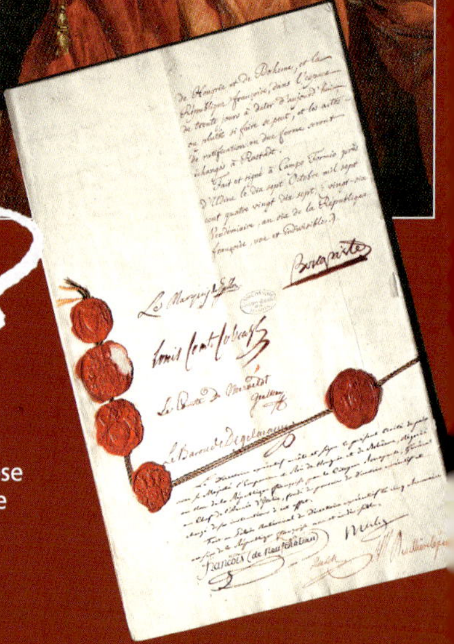

Le 17 octobre 1797, le général Bonaparte appose pour la première fois son célèbre paraphe au bas du traité de Campo Formio.

Les trois consuls Bonaparte, Cambacérès et Lebrun.
« La République, dit Napoléon, nous ne l'aurons jamais si nous ne jetons pas sur le sol de France quelques masses de granit. »

Le Premier consul Bonaparte visite une manufacture avec Joséphine. Au pouvoir, Napoléon, officier de formation, questionne, s'informe, se fait expliquer des réalités qu'il ignore.

1er déc. 1805, veille de la bataille d'Austerlitz. Une dernière inspection avant d'aller prendre un peu de repos. Ses soldats le reconnaissent et allument spontanément des brins de paille au bout de leurs baïonnettes pour éclairer la visite de leur Empereur. À la guerre, Napoléon vit au milieu de ses hommes.

Avant que Napoléon se couronne empereur, il a fallu construire sur la façade de Notre-Dame des décors en carton et en stuc pour masquer les statues des rois bibliques décapitée‹s pendant la Révolution.

Nous avons conservé
dans la famille un service
semblable que l'Empereur
avait offert
à son frère cadet Jérôme.
Enfant, je regardais les assiettes
comme un livre d'images.

Lit de campagne de
l'Empereur. Composé de
baguettes d'acier
qui s'ajustent l'une
dans l'autre,
ce modèle est
d'environ six pieds de
long sur trois
de haut et
quatre de large.
Des rideaux de soie
gris-vert l'envelop-
pent.
Dessouche, serru-
rier du garde-
meuble
impérial,
en fabriqua
plusieurs.

Napoléon s'habille avec l'aide de son valet Constant. Au lever, il passe de sa tenue de chambre à celle qu'il va garder toute la journée, culottes blanches, bas de soie blancs, souliers à boucle d'or.

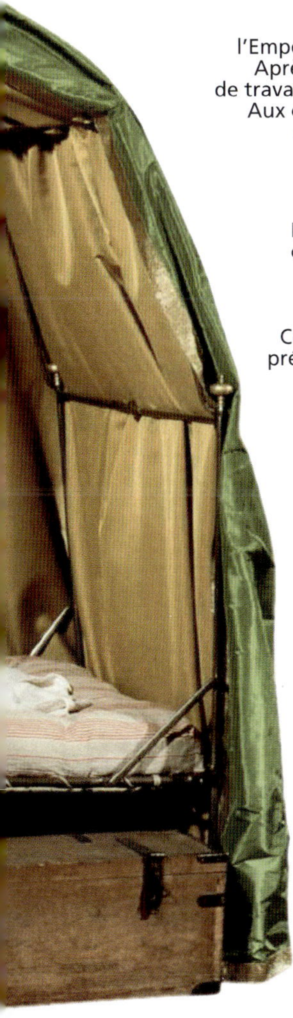

Boîte à jeu de loto de l'Empereur (en haut à droite). Après d'épuisantes journées de travail, Napoléon aime jouer. Aux cartes, il tient la banque et triche sans vergogne.

Nécessaire de toilette de campagne (à droite). Ses objets personnels le suivent enfermés dans des nécessaires. Ce sont des boîtes de bois précieux où chaque brosse, chaque tasse, chaque paire de ciseaux a sa place millimétrée dans des compartiments qui s'imbriquent comme un puzzle.

Casserole du service de campagne de Napoléon, à ses armes. En campagne, l'Empereur fait halte en plein champ, s'assoit sous un arbre et demande à déjeuner. Les valets tirent les provisions de la voiture et les chauffent dans ces petites casseroles.

Au château de Saint-Cloud, on lui amène ses neveux et ses nièces, de temps en temps ses deux fils naturels, le petit Léon et le petit Walewski.
Ici, sur ses genoux, son neveu Louis-Napoléon, fils d'Hortense, le futur Napoléon III.

L'impératrice Marie-Louise. « J'ai été fort occupé dans ma vie par deux femmes très différentes. L'une était l'art et les grâces, l'autre l'innocence et la simple nature », confie Napoléon à Sainte-Hélène. Elle donne à Napoléon le fils qu'il désirait tant.

Marie-Louise arrive à Compiègne pour épouser Napoléon. « Sire, dit la fille de l'empereur d'Autriche en le voyant pour la première fois, vous êtes bien mieux que vos portraits ! »

Napoléon et son fils le roi de Rome. Au pire moment de la retraite de Russie, Napoléon, avant les rapports de ses ministres, lit les lettres qui lui apportent des nouvelles de son enfant.

Portrait du roi de Rome en 1815, l'année où Napoléon le voit pour la dernière fois.

Marie Waleswka. Elle devait conquérir sur l'oreiller de Napoléon l'indépendance de son pays. Napoléon, très épris, l'appelle sa femme polonaise.

Napoléon au Kremlin assiste impuissant à l'incendie de la ville. Le lendemain, il écrit au tsar Alexandre : « Monsieur mon frère, la belle et superbe ville de Moscou n'existe plus, Rostopchine l'a fait brûler, cette conduite est atroce et sans but. »

La Bérézina n'est pas une défaite mais une victoire : l'essentiel des rescapés de la Grande Armée traverse la rivière grâce au sacrifice des pontonniers du général Eblé.

Campagne de France. Napoléon se bat jusqu'au bout avec une totale détermination qui contraste avec le découragement de ses généraux.

Napoléon à Sainte-Hélène. Il s'est volontairement livré aux Anglais et refuse les offres d'évasion. « Si au lieu d'être ici, j'étais en Amérique comme Joseph, on ne penserait plus à moi et ma cause serait perdue », dit-il.

À Sainte-Hélène, Napoléon dicte ses mémoires au général Gourgaud. À gauche, le madras qu'il porte autour de la tête. « Le martyre achève de me dépouiller de ma peau de tyran », confie-t-il à Las Cases.

Crayons de l'Empereur à Sainte-Hélène. Il aime à faire des croquis en marge de ses lectures.

Leçon d'anglais. À Sainte-Hélène, il apprend la langue de ses geôliers avec l'application d'un écolier.

Vue de Sainte-Hélène avec le tombeau de Napoléon. Il est inhumé le 9 mai 1821 à l'endroit qu'il avait désigné : à l'ombre d'un bouquet de saules dans la vallée des Géraniums. Il y jaillit une source dont il buvait l'eau fraîche.

onze jours de suite. Il profite de leur épuisement, c'est sa méthode. Il le dit crûment : « Pour les affaires publiques, administratives et militaires, il faut une forte pensée, une analyse profonde et la faculté de pouvoir fixer longtemps les objectifs sans être fatigué. »

Pour démontrer sans contredit que la Constitution sera bien républicaine, il menace les législateurs, s'il n'obtient pas satisfaction, de déclencher une nouvelle guerre civile. Le dernier jour, 12 décembre 1799, au moment d'élire les trois nouveaux consuls, Bonaparte parvient à forcer Sieyès à se retirer.

Comment s'y prend-il pour éliminer le « grand prêtre », surnom que Sieyès doit à ses talents constitutionnels ?

On vote. À peine le dépouillement commencé, Bonaparte écarte les bulletins et déclare d'un ton tranquille :

« Au lieu de dépouiller, donnons un nouveau témoignage de reconnaissance au citoyen Sieyès en lui décernant le droit de désigner les trois premiers magistrats de la République, et convenons que ceux qu'il aura désignés seront censés être ceux à la nomination desquels nous venons de procéder. »

Personne ne songe à s'y opposer. Comme Bonaparte l'a prévu, Sieyès n'ose pas se nommer lui-même. Vaincu, il désigne dans l'ordre : Bonaparte, Cambacérès, ministre de la Justice en poste, Lebrun, membre de la commission du Conseil des Anciens. On inscrit alors leurs noms en tête de la Constitution, on brûle les bulletins sans même les avoir dépliés.

Pareil épisode valide le bon mot qui réjouit Paris :

« Qu'y a-t-il dans la Constitution ?

— Il y a Bonaparte ! »

Arrivé au pouvoir sans autre légitimité que celle de la force, un coup d'État qui aurait pu lui coûter la vie, Napoléon Bonaparte conçoit d'unir tout le monde. À ce moment, fin 1799, les partis politiques formés durant ces années de révolution sont en pleine activité, chaque faction regorge de membres. Ces hommes s'opposent depuis dix ans, ils se détestent, ils se sont proscrits mutuellement mais ils sont toujours là. Seuls manquent ceux qui ont péri sur l'échafaud, expédiés à la guillotine par un camp ou par un autre. Bonaparte a la volonté de les mettre ensemble dans les mêmes organismes. C'est une réussite. Ainsi que le rapporte avec humour Chaptal, ces hommes, très étonnés de se retrouver dans la même assemblée, finissent par se réconcilier et parfois se lier d'amitié. « Ils parlaient du passé comme d'un accès de vrai délire révolutionnaire, écrit-il dans ses Mémoires. L'histoire de la Révolution était alors pour nous à la même distance que les Grecs et les Romains. »

« Il faut qu'une Constitution soit courte et obscure », voilà ce que dit Bonaparte.

La Constitution de l'an VIII est donc compliquée. Mais, comme elle porte la marque de fabrique du pouvoir napoléonien, en voici quelques traits. Certains dureront jusqu'à la fin de l'Empire, d'autres nous appartiennent toujours deux siècles plus tard.

Bonaparte se méfie des assemblées. Il reprend à Sieyès l'idée d'un pouvoir législatif coupé en quatre. Le Conseil d'État – trente ou quarante membres nommés par le Premier consul – prépare les projets de loi. Bonaparte en préside les réunions : de là viendra la construction de la France nouvelle.

Ces projets, le Tribunat, cent membres, les discute, formule des vœux mais ne vote pas*.

Le Corps législatif, trois cents membres, vote les projets de loi mais ne les discute pas.

Le Sénat n'a que le pouvoir de nommer les trois consuls pour dix ans et d'annuler les actes anticonstitutionnels. Sieyès le préside : il avait toujours caressé l'idée d'une juridiction chargée de contrôler la constitutionnalité des lois.

L'initiative des lois et des nominations appartient au Premier consul, les deux autres consuls n'ayant qu'un rôle consultatif.

Consulat, Tribunat, Sénat : comme le disait un vieil et bel écrivain, Emmanuel Berl, « les Occidentaux ont toujours joué aux Romains, comme les enfants jouent au papa et à la maman », et Napoléon Bonaparte plus que les autres.

Pour approuver la Constitution, Bonaparte a recours au plébiscite.

Le corps électoral se compose des citoyens âgés de vingt et un ans au moins et domiciliés depuis un an dans leur commune,

---

* En réalité il usera peu de cette prérogative, sauf lorsqu'il sera sollicité par le pouvoir, comme pour le passage à l'empire.

mais non de citoyennes. L'idée de donner le droit de vote aux femmes n'est venue à personne et le Conseil d'État n'a pas abordé le sujet.

Le scrutin est public : le citoyen inscrit « oui » ou « non » sur un cahier. Voilà qui rend l'électeur prudent. Le ministre de l'Intérieur, Lucien Bonaparte à ce moment-là, proclame trois millions onze mille sept voix pour. Il se trouve mille cinq cent soixante-deux opposants assez courageux pour se signaler contre la Constitution de l'an VIII. En défalquant les manipulations auxquelles s'est livré Lucien, la participation recalculée n'est que de vingt pour cent environ, un taux bien faible.

Peut-on en quelques jours rétablir la confiance dans un pays ruiné, divisé, désorganisé et le redresser en un ou deux ans ? Ce rêve, cette ambition souvent avortée fut celle de bien des dirigeants français des XIXe, XXe et XXIe siècles. Bonaparte l'a réalisée et de là demeurera pour bien des républicains un exemple aussi envié qu'inavouable.

Songez à l'action du général de Gaulle de retour au pouvoir en 1958-1959, aux menaces de l'armée, aux pressions sur les Chambres. De Gaulle se légitime par référendum, réforme les institutions, les modes de scrutin, l'organisation du travail, l'administration, les décorations, il rétablit les Finances et crée un nouveau franc. C'est trait pour trait, en plus respectueux des libertés, le programme de Bonaparte après Brumaire.

Certes, la situation du pays est moins dramatique que le Premier consul et ses hommes ne l'ont prétendu et certains historiens pensent aujourd'hui trouver des aspects positifs dans le bilan du Directoire. Mais le pays vacille entre la guerre civile et la guerre étrangère. Encore un peu et Louis XVIII n'est pas loin de reprendre le trône.

Une bourgeoisie nouvelle apparaît, essentiellement constituée de fournisseurs aux armées que Bonaparte méprise et qui s'enrichissent de façon spectaculaire, tel le célèbre spéculateur et prévaricateur Ouvrard*. La population, essentiellement rurale et

* 1770-1846. Parti de rien, Ouvrard commence à s'enrichir dès le début de la Révolution.

agricole, ne craint pas la disette, les récoltes sont bonnes, mais c'est pourtant la misère. Dans les villes mal approvisionnées, une jeunesse gâtée parade en muscadins, merveilleuses et incroyables aux accoutrements morbides, vêtus en vieillards difformes à vingt ans. Les lamentables assignats dévalorisés n'ont plus cours – même les mendiants les refusaient – et aucune monnaie ne circule depuis près de trois ans. Les impôts ne rentrent pas, la corruption s'étend à la mesure du désordre administratif et commercial. On se souvient qu'à peine débarqué d'Égypte Bonaparte se fait voler ses bagages et en particulier ses uniformes. Il expérimente là ce dont souffre une France entière sous la coupe des bandes de pillards qui ravagent le territoire : au nord les *Gueux*, dans le Midi les *Chauffeurs*, les *Barbets* dans les Cévennes et tant d'autres, gangs cruels et impunis.

La question religieuse divise les Français. D'un côté les révolutionnaires hostiles au catholicisme, de l'autre les croyants qui se sentent persécutés. Les tensions s'avivent depuis que les prêtres réfractaires ont profité de la faiblesse du pouvoir pour revenir. Dans l'Ouest, les bandes monarchistes prolifèrent.

La guerre civile est un des premiers dossiers dont se saisit Bonaparte. Dès novembre 1799, il offre une trêve aux insurgés royalistes qui tiennent la Vendée. Pour couper au désordre il reçoit bientôt un émissaire du comte de Provence, ce frère cadet de Louis XVI qui vit en exil et rêve de monter sur le trône[*].

Introduit discrètement au palais du Petit Luxembourg, l'envoyé des Bourbons prend d'abord le Premier consul pour un domestique. « Un homme assez petit entra, racontera-t-il, vêtu d'un mauvais frac verdâtre, la tête baissée, l'aspect presque minable. » Sans un mot, le frileux Napoléon se met près du feu, on est fin décembre. « L'homme s'approcha de la cheminée et, s'adossant, releva la tête. Alors il parut tout d'un coup grandi, et la flamme de son regard, subitement dardé, signala Bonaparte[4]. »

L'envoyé lui remet une lettre : le comte de Provence lui demande son aide pour rétablir la monarchie. En échange, il lui propose de le nommer général en chef. Napoléon Bonaparte refuse par écrit[5] :

* Il succédera à Napoléon sous le nom de Louis XVIII. Le troisième frère, le comte d'Artois, régnera ensuite sous le nom de Charles X.

« J'ai reçu, Monsieur, votre lettre. Je vous remercie des choses honnêtes que vous m'y dites. Vous ne devez pas souhaiter votre retour en France ; il vous faudrait marcher sur cent mille cadavres… Sacrifiez votre intérêt au repos et au bonheur de la France. L'Histoire vous en tiendra compte. Je ne suis pas insensible aux malheurs de votre famille… Je contribuerai avec plaisir à la douceur et à la tranquillité de votre retraite. »

Comme pour signaler avec force que la place est prise, Bonaparte quitte le Petit Luxembourg pour s'installer dans l'ancien palais des Bourbons, aux Tuileries. Les lieux sont abandonnés depuis le départ de Louis XVI et de sa famille pour la prison du Temple. Napoléon Bonaparte en fait sa résidence et le siège du gouvernement. La République occupe le terrain.

Le Premier consul commence par faire effacer les graffitis révolutionnaires et les bonnets phrygiens rouges peints aux murs par les sans-culottes. La chronique note qu'il fait gratter cette proclamation : « Le 10 août 1792, la royauté est abolie et ne se relèvera jamais. » Elle se relèvera comme on le sait quinze ans plus tard par ce même comte de Provence qu'il vient d'éconduire.

Après quelques modestes aménagements, Bonaparte s'installe le 19 février 1800. L'endroit n'a rien de plaisant, comme je l'ai décrit au premier chapitre, et Roederer le lui dit :

« Ceci est triste, mon général.

— Oui, comme la grandeur », réplique Napoléon.

En regardant Paris de sa fenêtre, les souvenirs le frappent. « Voilà la maison de votre frère, dit-il à son secrétaire Bourrienne. N'est-ce pas de là que j'ai vu assiéger les Tuileries et enlever le bon roi Louis XVI ? Mais soyez tranquilles qu'ils y viennent. » C'était il y a huit ans.

Fin décembre 1799, parmi ses premières correspondances de consul, Bonaparte écrit aux souverains d'Angleterre et d'Autriche pour les rassurer sur ses intentions : la paix avec la France dans ses frontières naturelles, c'est-à-dire la rive gauche du Rhin obtenue à Campo-Formio. Ils refusent. Dès les beaux jours revenus, la guerre reprendra donc.

Le 11 nivôse de l'an VIII, grande et joyeuse nouveauté : on célèbre le jour de l'an. C'est en effet le 1er janvier 1800 et pour la première fois depuis longtemps, les mœurs anciennes sont à nouveau permises. Il ne s'agit pas comme de nos jours de réveillonner depuis la veille au soir avec embrassades à minuit, mais de se rendre visite en plein jour pour se souhaiter la bonne année, s'offrir des étrennes ou déposer sa carte de visite. Embarras de voitures devant les confiseurs de la rue des Lombards, attroupement devant la vitrine de marrons glacés chez Berthélemot au Palais-Royal, jeunes gens pique-niquant de bouteilles et de pâtés entassés à huit dans un fiacre : Paris s'amuse enfin[6].

« Je ne suis ni bonnet rouge ni talon rouge*, je suis national. J'aime les honnêtes gens de toutes les couleurs » : Napoléon Bonaparte se définit, aussi éloigné des révolutionnaires extrémistes que des nostalgiques de la cour de Versailles. Sa formule est parlante, elle est restée célèbre.

Pour garantir la tranquillité intérieure, Bonaparte promulgue une double amnistie. Elle permet le retour d'une centaine d'émigrés des deux bords. À droite, de La Fayette, parti sur un désaccord politique en 1793. À gauche, de Carnot**, ancien ministre et directeur, proscrit en 1797.

George Washington***, premier président des États-Unis, meurt le 14 décembre 1799. Au mois de février 1800, la France honore sa mémoire. Dix jours durant, le drapeau de la République porte un crêpe noir. Dans les plus grandes pompes que le permet la pauvreté de l'État, le gouvernement se montre dans une cérémonie au temple de Mars, nom révolutionnaire des Invalides.

Bonaparte va-t-il être le Washington français ?

On le souhaite, on s'y attend et même on le lui demande. Pourtant personne n'est plus différent de Bonaparte que le grand patricien et propriétaire terrien de Virginie, qui avait été un piètre

---

* Louis XIV portait des souliers à hauts talons rouges, les gentilshommes de la cour s'empressèrent d'imiter le roi. Depuis donc le XVIIe siècle, *talon rouge* désigne les aristocrates.

** Lazare Carnot (1753-1823) s'est opposé au coup d'État du 18 fructidor an V, 4 septembre 1797, fomenté par Barras. En 1800, Bonaparte le nomme ministre de la Guerre. Il meurt en exil après avoir voté contre l'empire. Son portrait figure sur la frise du Panthéon et ses cendres y sont déposées en 1899, son petit-fils Sadi Carnot étant président de la République.

*** George Washington (1732-1799).

militaire et vouait à Louis XVI une reconnaissance éternelle pour l'aide qu'il lui avait apportée dans les moments critiques de sa guerre contre les Anglais. Il avait su se retirer comme un vrai Cincinnatus, après la bataille de Yorktown qui marqua la victoire finale des insurgeants américains sur les Anglais. Élu président, il avait écarté ceux qui lui proposaient la couronne et surtout il avait transformé l'union des treize provinces en un État uni. Un trait de caractère pourtant les rapproche : une force morale et une détermination hors du commun qui leur ont permis de bâtir, chacun à leur manière, un empire.

Et Bonaparte, que pense-t-il de la comparaison ? Des mots que tout cela, la chose est plus facile à dire qu'à faire. Des années plus tard, à Sainte-Hélène, il reviendra sur le sujet :

« Si j'eusse été en Amérique, volontiers, j'eusse été aussi un Washington. Mais si lui se fût trouvé en France, sous la dissolution du dedans et sous l'invasion du dehors, je l'eusse défié d'être lui-même. »

En modernisant le style, comprenons : j'aurais agi comme Washington dans les mêmes circonstances que lui ; mais Washington, placé devant celles que moi j'affronte, déliquescence de l'État, guerres civile et étrangère, n'aurait pas pu s'en tenir à la modération qu'on lui a connue. On peut être Washington en Amérique, en France en 1800 il faut être Bonaparte.

Avec lui, c'est la tradition jacobine qui triomphe. Des temps aussi troublés appellent la rapidité de décision et la volonté héroïque des hommes, non les méandres de la délibération et les calculs de la raison.

« En quelques semaines, dès qu'il a pris le pouvoir, l'anarchie générale est étouffée, par des moyens quelquefois rudes, mais légaux. Peu d'exemples, mais choisis : "La sévérité prévient plus de fautes qu'elle n'en réprime." » Élie Faure résume en quelques mots combien la population française consent au coup d'État et à la direction vigoureuse du Premier consul. « La nuit les rues, les routes redeviennent sûres. Les fonctionnaires sont soudain probes. Les magistrats intègres. Les agents du fisc désintéressés. Le calme renaît dans les villes, la sécurité dans les campagnes. Le travail reprend partout[7]. »

Je cite ici une déclaration que Napoléon Bonaparte prononce devant le Conseil d'État le 8 mai 1802, lorsqu'il est réélu Premier consul. Il y utilise les termes frappants dont il s'est aussi servi au tout début du Consulat :

« On a tout détruit, il s'agit de tout recréer. Il y a un gouvernement, des pouvoirs, mais tout le reste de la nation, qu'est-ce que c'est ? Des grains de sable. Nous sommes épars, sans système, sans réunion, sans contact. Tant que j'y serai je réponds bien de la République, mais il faut prévoir l'avenir. Croyez-vous que la République soit définitivement acquise ? Vous vous tromperiez fort. Nous sommes maîtres de la faire, mais nous ne l'avons pas et nous ne l'aurons pas si nous ne jetons pas sur le sol de France quelques masses de granit. »

Quelles *masses de granit* veut-il poser comme fondations du pays ? Système administratif, code civil, finances saines, monnaie nouvelle, instruction publique, Légion d'honneur, paix religieuse. Toutes ces réformes ont été esquissées, étudiées et parfois adoptées sous la Révolution, parfois même sous la monarchie. Le grand mérite de Napoléon sera de leur donner une réalité et une cohérence, de fonder un État moderne préfigurant la République.

Trois mois jour pour jour après le coup d'État, une nouvelle loi réorganise l'administration.

En dehors d'approuver la Constitution – ce qui n'arrive pas tous les jours –, le corps électoral doit procéder à l'élection des fonctionnaires. La méthode, mise en place par la Révolution, a produit beaucoup de personnels médiocres, plus inféodés à leurs électeurs que dévoués au bien public. Pour assurer leur indépendance vis-à-vis des populations qu'ils administrent, la réforme de l'an VIII établit un système pyramidal. Les électeurs de chaque arrondissement désignent le dixième d'entre eux, qui eux-mêmes désignent les notables départementaux. Ceux-ci élisent à leur tour des notables nationaux. C'est parmi eux que le gouvernement choisira juges et fonctionnaires.

Pour désigner les responsables des administrations locales, Sieyès propose le terme de préfet, qui désignait les anciens gouverneurs dans les diocèses romains du Bas-Empire : on reste dans Rome. L'importance des préfets doit frapper les esprits, aussi leur fait-on construire des bâtiments prestigieux en plein centre-ville, le plus beau du département. Les préfets doivent parcourir leur territoire à cheval et se montrer dans toute leur puissance, solides relais du pouvoir. Dans le *Mémorial de Sainte-Hélène*, Napoléon les appelle d'ailleurs « les empereurs au petit pied ».

Dans les quarante mille communes de France, le maire, non plus élu par les notables mais choisi dans une liste, doit s'entourer d'un conseil municipal. En décembre 1799, dans une lettre à Lucien Bonaparte, Napoléon écrit : « Si la guerre ne m'était nécessaire, je commencerai la prospérité de la France par les communes. »

Jusqu'aux confins du pays, la France sera désormais partout administrée de la même façon. Cette présence de l'État doit d'abord éteindre les luttes sociales exacerbées durant la période révolutionnaire. Il s'agit aussi d'abolir les particularismes locaux sur lesquels reposait l'Ancien Régime, de prolonger et de faire aboutir l'œuvre de la Révolution : c'est la fameuse République une et indivisible qui s'établit.

Bonaparte reprend à son compte les mécanismes qui avaient réussi au Comité de salut public. Il écartera du pouvoir tous ceux qui le lui reprocheront. Toute revendication particulière doit s'évanouir devant la nécessité de l'unité. « En temps de guerre, comme l'écrit Charles Péguy dans *L'Argent*, il n'y a qu'une politique et c'est celle de la Convention nationale, il n'y a qu'un régime et c'est le régime jacobin. » Robespierre, d'ailleurs, justifiait de même l'expulsion des girondins par les jacobins : « Un peuple qui a deux espèces de représentants cesse d'être un peuple unique. »

Cinq mois après le coup d'État, le 5 mars 1800, Napoléon écrit à Brune* : « Tout ici va de mieux en mieux. Les préfets se rendent à leur poste, et j'espère que dans un mois la France sera enfin un État organisé[8]. »

Ce système s'est étendu jusqu'aux cent trente départements de l'Empire de 1811, au maximum de son expansion territoriale. Il a

* Brune (1763-1815), général de la Révolution, puis l'un des principaux collaborateurs de Bonaparte. Envoyé mater l'insurrection royaliste à la tête de l'armée de l'Ouest, membre du Conseil d'État.

servi de modèle pour de nombreuses administrations, en Italie, en Hollande, en Westphalie, et inspirera de nombreux pays d'Europe. Pour l'essentiel, cette construction demeurera en application jusqu'en 1982. Elle sera alors remaniée par les lois de décentralisation de Gaston Defferre. Je l'ai connu et j'ai travaillé avec lui à la Délégation à l'aménagement du territoire et à l'action régionale pour mettre en place la décentralisation. Cette réforme de l'État était devenue indispensable, aussi bien à cause du poids excessif de Paris par rapport à l'ensemble du territoire national, que de l'émergence d'une société civile active sous l'impulsion des médias, de la culture de masse et de la liberté individuelle.

D'où Bonaparte tire-t-il les compétences nécessaires aux réformes ? Il a appris l'artillerie et la guerre, mais pas l'administration ni les finances. Il a « beaucoup rêvé mais jamais étudié », résume Chaptal. Il n'est même pas très au fait des formes de gouvernement de la France avant la Révolution. Quand il prend la direction du pays, Bonaparte est conscient de ses lacunes. Il ne cache pas son ignorance. Au contraire, il questionne, il s'informe, il demande, il se fait expliquer le sens des mots. Il s'entoure bien. Pour se forger une opinion, il provoque la discussion entre spécialistes et la fait durer autant qu'il lui est nécessaire. Le Conseil d'État joue son rôle à plein. Il mérite son appellation. Durant les quatre années du Consulat, Napoléon Bonaparte prend véritablement conseil auprès de ces hommes qu'il a réunis pour lui apprendre à gouverner.

La justice. « Lorsque nous voyageons au travers du royaume, disait Voltaire, nous changeons aussi souvent de législation que de chevaux. » À cela, la Révolution a ajouté l'élection des juges, méthode qui a surtout produit faiblesse et corruption.

Bonaparte exprime sa volonté dans une lettre aux magistrats du département de la Seine, en 1800 : « Lorsque les factions divisaient la France, la justice était mal administrée. […] Il y a dix ans que cet état dure, vous le ferez cesser, vous n'examinerez jamais de quel parti était l'homme qui vous demandera justice, mais les droits de chacun seront pesés avec la plus sévère impartialité. […] Vous êtes nommés à vie, personne n'a le droit de vous destituer. Vous n'êtes responsables de vos jugements qu'à vos consciences. Vous serez impassibles comme la loi. »

La Constitution de l'an VIII crée une justice civile complète : un juge de paix élu, des tribunaux de première instance et d'appel ; une justice pénale, tribunaux correctionnels, et tribunaux criminels avec un jury populaire, tiré au sort, conformément aux institutions de la Révolution, avec un tribunal de cassation. Les juges sont choisis sur des listes, communale, départementale, nationale, selon leur niveau. Pour les garantir des pressions politiques, Bonaparte décide qu'ils seront désormais inamovibles. Parfois, il tempère lui-même sa propre autocratie.

Suivent des lois qui organisent les professions de notaire, d'avoué, d'avocat. En février 1800 apparaissent des tribunaux spéciaux contre le brigandage, qui visent les chouans.

Le grand maître de cette réforme est Sieyès. Mais c'est Bonaparte lui-même qui décide de rendre aux magistrats costumes, rites et appellations de l'Ancien Régime, pour renforcer leur prestige.

« Waterloo effacera le souvenir de tant de victoires, dit Napoléon dans le *Mémorial*, ce qui vivra éternellement, c'est mon code civil. »

Déjà Louis XV puis les hommes de 1789 avaient tenté d'unifier le droit civil sans y parvenir. Gigantesque et compliquée, la tâche nécessite une fine connaissance juridique alliée à une solide volonté d'aboutir. Napoléon possède la seconde.

Portalis*, l'un des quatre rédacteurs, le dit avec clarté : « L'ordre civil vient cimenter l'ordre politique. »

Là, le génie de Bonaparte accomplit avec éclat la Grande Révolution dans sa vocation universelle.

Écoutez Portalis : « La loi est la mère commune des citoyens. »

« Nous ne sommes plus Provençaux, Bretons, Alsaciens, mais Français. [...] L'uniformité n'est pas seulement établie dans les

* Jean-Étienne Portalis (1746-1807), rappelé d'exil par Bonaparte en 1800, nommé commissaire du gouvernement puis conseiller d'État. Avocat à dix-neuf ans, se lance dans la politique à cinquante. Rédige le code civil avec Tronchet, Bigot de Préameneu et Maleville, sous la direction de Cambacérès qui le présente au Corps législatif en 1804. Ministre des Cultes en 1804 après avoir été directeur des cultes depuis 1801. Ses cendres sont au Panthéon.

rapports qui doivent exister entre les différentes portions de l'État, elle est encore établie dans les rapports qui doivent exister entre les individus. »

Le *Code civil des Français* définit les droits des personnes, la famille, la propriété, les contrats. Il concilie le droit écrit d'une partie de la France et le droit coutumier de l'autre, en même temps qu'il accorde les principes de la Révolution avec ceux de l'Ancien Régime modernisés.

Dans les débats du Conseil d'État, Bonaparte déploie son autorité pour dépasser les arguties entre juristes qui ont causé les précédents échecs. Il tranche parfois en allant au plus simple. Certains articles portent la marque de ses conceptions personnelles, voire de ses soucis domestiques : autorité paternelle, statut des femmes, divorce.

Il faut cent deux séances du Conseil d'État pour en venir à bout, cent deux après-midi de travail qui finissent parfois tard dans la nuit, surtout si Bonaparte est présent. Il assiste à cinquante-sept séances : on voit là l'importance qu'il y accorde.

Sorti du Conseil d'État, le texte passe devant les assemblées, où les critiques s'additionnent : de droite, de gauche, du centre, sur tous les sujets.

C'est le blocage. Napoléon n'hésite pas : il renvoie les représentants indociles et en nomme de plus conciliants.

Au bout de trois ans d'efforts, le code civil des Français* est promulgué le 21 mars 1804 : trente-six lois, deux mille deux cent quatre-vingts articles. Quelles nouveautés apporte-t-il ? L'état civil, la liberté du travail, le divorce, le prêt à intérêt, la propriété individuelle. Il reprend et unifie la législation révolutionnaire mais sur certains points, comme la famille ou le divorce, il revient en arrière.

Les corporations toutes-puissantes sur l'embauche sont dissoutes, leur gestion collective des biens immobiliers n'a plus cours.

Les paroisses ne tiennent plus les registres des naissances depuis 1792, le mariage est une affaire civile. Cette laïcité me paraît un point particulièrement important. L'esprit laïque s'introduit aussi dans le fonctionnement de la justice. La religion

* Qui en 1807 deviendra le code Napoléon.

catholique n'est pas celle de l'État, seulement celle de la majorité des Français et c'est fondamental, ainsi que le précise le préambule du Concordat de 1801.

Instrument de pouvoir, le code civil fonde le nouvel ordre social issu de la Révolution. Également arme de conquête, il rallie le monde au génie de la Révolution française. Premier code civil moderne, il inspire un nombre considérable de législateurs étrangers* en Europe, en Amérique latine et jusqu'au Japon en 1890.

Et les finances ? Peut-on imaginer la moindre réforme dans un État en faillite ?

Bonaparte manifeste en cette matière une double aversion : une méfiance extrême envers le papier-monnaie, un dégoût pour les jeux d'argent et la spéculation, que la Révolution, la vente des biens nationaux et les guerres avaient fait flamber.

Il faut savoir comment la France en était arrivée au désastre des assignats, si dévalués – je l'ai raconté plus haut – que quiconque avait de l'épargne se précipitait pour acheter aussitôt des biens fonciers. On se souvient que Napoléon lui-même ne cessait de chercher des propriétés pour Joseph et pour lui.

En 1789, le déficit de la France s'élevait à deux milliards de livres. Talleyrand, alors député du clergé aux états généraux (il était évêque), annonça que les biens de l'Église se montaient à cette somme et suggéra de les nationaliser. Le conseil fut suivi, les terres et les immeubles de l'Église catholique devinrent biens nationaux. Mais l'État ne pouvait réaliser aussitôt la vente de ces biens : leur abondance en aurait évidemment fait baisser le prix. Il fut donc décidé d'émettre plutôt des bons du Trésor gagés sur ces deux milliards : les assignats, qui rapporteraient cinq pour cent d'intérêts. Au lieu de quoi le gouvernement, pour faire face à la guerre, ne cessa d'émettre de nouveaux assignats jusqu'à la somme faramineuse de quarante-cinq milliards. La garantie n'étant toujours que de deux, plus les biens de l'Église de la Belgique annexée et certains biens nobles, on était très loin du compte.

* Belgique, Luxembourg, Allemagne, Pays-Bas, Italie, Espagne, Pologne, Argentine, Bolivie, Égypte et Japon.

Napoléon Bonaparte n'a pas de goût pour la vie à crédit. Il s'explique dans le *Mémorial* : « On a dit dans le temps que je ne faisais pas d'emprunt faute de crédit, parce que je ne sus pas trouver de prêteur. C'était faux. C'est que cela n'entrait pas dans mon système. »

Il n'a pas de connaissance particulière en économie mais il écoute ceux qui savent. Comme pour le droit, il utilise les compétences des professionnels, qu'il pousse de sa volonté politique.

Le troisième consul, Lebrun, et Gaudin, le ministre des Finances, sont les deux artisans du redressement. Assistés de Cambacérès, ils sauront persuader quelques financiers, peu nombreux au début mais richissimes, de prêter au régime nouveau de quoi démarrer une politique stable.

Bonaparte commence par organiser les conditions d'un travail fécond, comme il aime à le faire pour lui-même. Il crée une direction du Trésor, chargée du budget de l'État et séparée de l'administration qui collecte l'impôt. Cette distinction restera en place jusqu'en 2007.

La Révolution avait remplacé l'impôt par la contribution volontaire aux dépenses de l'État. Les contrôleurs de ces contributions, au lieu d'acheter leur poste comme sous la monarchie, étaient élus. Plus soucieux de leur réélection que de l'équilibre des finances nationales, ils préféraient ménager les contribuables : en clair, personne ne payait.

Bonaparte instaure dans chaque département une direction du recouvrement des contributions directes.

L'impôt est assis sur la propriété foncière, comme le célèbre impôt sur les portes et fenêtres, qui tiendra du Directoire à 1926, ou celui sur les parcs et jardins. La première tâche consiste donc à mettre les rôles à jour. C'est dans ce dessein que Bonaparte, en 1802, fonde le cadastre. L'idée n'est pas neuve, la Révolution l'avait souhaité. En Corse, notre cadastre date des premiers temps de la Révolution. En Savoie, incorporée à la République à ce moment mais indépendante avant et après, le cadastre, appelé *mappe*, remonte à 1750. La Rome antique avait cadastré son empire. Mais jusqu'au Consulat, nul n'était parvenu à l'appliquer à la nation entière.

De même que les droits et devoirs définis par le code civil étaient dans l'air et les esprits depuis plusieurs années, de même impôts, franc ne sortent pas non plus de l'imagination de Bonaparte. Il est l'énergique accoucheur des changements auxquels le pays aspire. Dix ans de bouleversements, de tentatives avortées, d'expériences poussées à leur paroxysme ont créé l'attente, la demande, le besoin d'ordre.

La population accueille les réformes avec soulagement. Mieux, elle y coopère. Son gouvernement est populaire, surtout auprès des paysans, l'essentiel de la société d'alors. Ils lui savent gré de les avoir débarrassés des droits seigneuriaux. L'impôt rentre. En 1802, après la création des chambres de commerce, la grande exposition des produits de l'industrie française attire les foules. Les visiteurs étrangers disent leur surprise : en deux ans, un climat nouveau a transformé la France.

En janvier 1800, Bonaparte Premier consul achète une action dans la nouvelle banque protégée par le gouvernement, la Banque de France, qui pratique l'escompte. Elle aura le privilège d'émettre des billets de banque à partir de la création de la monnaie nouvelle.

Le franc avait remplacé la livre depuis 1795. Au mois de germinal de l'an XI, une loi fixe sa valeur*. Le franc contient « cinq grammes d'argent au titre de neuf dixièmes de fin », soit quatre grammes et demi d'argent pur. La pièce de vingt francs, le napoléon, contient de l'or : cinq grammes huit cent un milligrammes d'or fin. La loi fixe également le rapport entre l'or et l'argent : la valeur d'un kilogramme d'or égale celle de quinze kilos et demi d'argent**.

Fidèle et stable, le franc germinal ne variera pas durant plus d'un siècle, jusqu'en 1914. Il ne sera remplacé qu'en 1928 par le franc Poincaré.

Le franc germinal devient la monnaie de référence, une quarantaine de monnaies lui sont arrimées. Cette dominance mondiale ne prendra fin qu'à la création du mark, après la défaite de la France devant la Prusse en 1870.

---

* Loi du 7 germinal an XI, 28 mars 1803.

** Ce taux sera affecté par les découvertes d'or en abondance dans la seconde moitié du XIXe siècle.

Le franc germinal ne se subdivise pas comme la livre, qui valait vingt sols ou sous, chaque sou valant douze deniers. Il y a des pièces d'un quart de franc, d'un demi-franc, de trois quarts de franc[9], sans aller jusqu'aux centimes.

Napoléon doit sa carrière à ses études et non à sa naissance. Lucien Bonaparte écrit en mars 1800 : « L'instruction publique est à peu près nulle en France, et doit être en harmonie avec toutes les autres institutions. » Chaptal, ministre de l'Intérieur après Lucien Bonaparte, se saisit du dossier, puis Roederer. On note donc qu'à ce moment l'instruction est du domaine de l'Intérieur, qui n'est pas la Police comme aujourd'hui mais un vaste domaine des affaires intérieures qui regroupe aussi l'agriculture, le commerce : la gestion intérieure de la France.

Roederer et Chaptal préparent la loi* promulguée en 1802 : l'enseignement secondaire et supérieur sont laïques et en partie à la charge de l'État ; le primaire à celle des communes. Les élèves paient une pension mais l'État crée des bourses pour les plus nécessiteux. La loi laisse la liberté d'ouvrir des écoles secondaires ecclésiastiques. Dans chaque ville assez importante pour qu'y siège une cour d'appel, on instaure un lycée. Il formera une génération nouvelle au service de l'État.

Les programmes ne négligent rien : littérature, langues et sciences, exercices physiques et même maniement des armes. Les établissements sont organisés de façon militaire, la discipline stricte. Comme pour les préfets ou les gens de robe, là aussi le costume indique la place et le rôle de chacun, enseignants et élèves.

Une anecdote célèbre nous raconte le Premier consul aux Tuileries, désignant à un visiteur la pendule de son bureau et déclarant avec fierté qu'à cette heure tous les enfants de France apprennent avec la même application la même matière.

Enfin naît en 1808 le diplôme du baccalauréat, que Napoléon désigne comme un véritable « brevet de bourgeoisie ». D'où vient ce nom étrange ? En l'altérant, d'un mot du XIIIe siècle, *baccalarius*, qui désignait un débutant à la Sorbonne.

---

* Loi du 11 floréal de l'an X, 1er mai 1802.

En réalité, le système se met en place au milieu de complications et de lenteurs : construction des établissements, difficulté de recruter des maîtres qualifiés, concurrence d'écoles privées nombreuses et bien rodées. Au bout de quelques années, on laisse d'ailleurs l'enseignement primaire aux religieux : les communes ne parviennent pas à remplir leur office.

Bien que deux de ses sœurs aient été pensionnaires à l'école de Saint-Cyr, Napoléon n'imagine pas que l'instruction publique puisse s'adresser à d'autres qu'aux garçons, à l'exception des maisons de la Légion d'honneur dédiées aux filles des militaires. La République prône l'égalité, mais elle ne s'applique pas d'un genre à l'autre. C'est l'armée, monde viril, qui sert de modèle.

Chapitre XII – Hochets et religion

La Légion d'honneur ne fait pas recette – Les deux Églises catholiques – Retour des prêtres – Le pape n'est pas pressé – Les juifs dans la Nation – Le « décret infâme » – « Ne me faites pas faire des choses ridicules » – En mulet sur la route d'Annibal – Aux portes de l'Angleterre – Rétablissement de l'esclavage – Napoléon anticolonialiste ?

Un lundi soir de février 1802, le Premier consul quitte les Tuileries et regagne la Malmaison. Il retrouve quelques familiers pour un dîner expédié aussi vite que d'habitude. En sortant de table, Bonaparte prend à part Duroc, son aide de camp, Monge devenu sénateur, le conseiller d'État Didelot, Vivant Denon le conservateur des musées, tous républicains fervents. Il entraîne aussi Arnault, homme de lettres qui a noté la conversation et l'a reproduite plusieurs années plus tard.

Bonaparte interpelle Denon :

« Avez-vous remarqué, lors de la réception que je donnai hier soir aux Tuileries, avec quelle avidité les assistants considéraient les ambassadeurs parés de plaques et de rubans des différents ordres de leurs pays ?

— Je l'ai d'autant mieux remarqué que je partageais ce sentiment, avoue Denon. Il faut convenir que ces larges rubans d'une couleur tranchante, ces plaques, ces croix émaillées produisent un merveilleux effet et contribuent singulièrement à relever le physique du personnage qui en est paré, ça habille l'homme.

— Voilà bien l'artiste ! intervient sèchement Monge, homme de sciences. Ces croix, ces plaques, ces cordons, ce ne sont que du clinquant, de véritables hochets.

— Hochets, tant que vous voudrez, lui répond Bonaparte, mais si on les aime ces croix, ces cordons, ces signes ostensibles des grandeurs humaines, c'est qu'elles frappent les yeux de la multitude et qu'elles lui inspirent un respect involontaire. »

Le Premier consul, on l'a compris, médite la création de l'ordre de la Légion d'honneur. Ce soir-là, il sonde l'opinion de gauche. La Révolution n'a pas seulement aboli la noblesse, elle a aussi aboli tous les ordres. Il va lui falloir bien des arguments pour convaincre les partisans de l'égalité républicaine qu'il est de bonne politique d'en établir un. Monge sera loin d'être son seul adversaire.

« Abordons franchement la question, poursuit Bonaparte. Les hommes sont amoureux des distinctions et les Français plus que les autres. Ils en sont réellement affamés [...]. Tenez, voyez la croix de Saint-Louis : jamais Louis XVI n'aurait pu soutenir avec avantage la lutte contre l'Europe coalisée lors de la guerre de succession s'il n'avait eu à sa disposition la monnaie de la croix de Saint-Louis. »

La croix de Saint-Louis ! Un ordre royal et catholique, quel argument ! Et à qui Bonaparte dit-il cela ? À Gaspard Monge, qui avait en son temps soutenu la suppression de l'ordre, et républicain au point d'instaurer le calendrier révolutionnaire.

Monge ne répond pas. Bonaparte plaide longuement.

« L'argent n'était d'aucun prix auprès de cette distinction, insiste-t-il, bien des gens l'auraient préférée à des monceaux d'or.

— Eh bien ! ironise Monge avec froideur, il n'y a qu'à rétablir la croix de Saint-Louis. »

Mécontent, Bonaparte abandonne la conversation.

Les autres réformes se sont imposées d'elles-mêmes, la création de la Légion d'honneur rencontre une opposition ouverte.

Deux mois plus tard, âpre discussion au Conseil d'État. Cette fois les partisans de l'idée de Bonaparte invoquent les exemples les moins monarchistes. Les révolutionnaires prennent Rome pour modèle : Cambacérès leur rappelle que jamais les républiques de l'Antiquité n'ont proscrit les distinctions. Regnault de Saint-Jean-d'Angély cite les Américains : pour les héros de l'indépendance George Washington lui-même n'a-t-il pas fondé la Société des Cincinnati, où l'appartenance est héréditaire ? Les réticences sont si vives que le Conseil doit se réunir quatre fois, et par trois fois Napoléon Bonaparte viendra en personne affronter les adversaires de son projet.

« Il viole manifestement les institutions de la Révolution et ruine l'égalité pour laquelle on combat depuis douze ans. » Ainsi en juge Thibaudeau*, homme aux opinions mouvantes, ancien président de la Convention, ancien membre du Comité de salut public, brumairien.

« L'ordre proposé conduit à l'aristocratie », condamne Berlier**, autrefois collègue de Thibaudeau au Comité de salut public. Il invoque Rome et termine avec les mêmes mots que Monge :

« Les croix et les rubans sont les hochets de la monarchie.

— On nous parle toujours des Romains, rétorque Bonaparte. Il est assez singulier que, pour repousser les distinctions, on cite l'exemple d'un peuple chez lequel elles étaient le plus marquées. »

Bonaparte n'hésite jamais à se référer à l'histoire romaine.

« Les Romains avaient des patriciens, des chevaliers, des citoyens et des esclaves ! » s'écrie-t-il, avant de se lancer dans une nomenclature des distinctions en usage à Rome.

C'est à Berlier que Bonaparte décoche sa réplique la plus célèbre :

« On appelle cela des hochets ? reprend Bonaparte. Eh bien, c'est avec des hochets qu'on mène les hommes ! »

Le général Dumas*** soulève une objection d'un autre genre. Ce géant, brave des champs de bataille de France, d'Italie et d'Égypte, survit dans le personnage de Porthos, l'un des *Trois Mousquetaires* de son fils Alexandre Dumas. Le général Dumas voudrait que la Légion d'honneur ne récompense que les militaires.

« Si l'on distinguait les honneurs en civil et militaire, on établirait deux ordres alors qu'il n'y a qu'une nation, lui répond Bonaparte. Si l'on ne décernait les honneurs qu'aux militaires, cette préférence serait encore pire car dès lors la nation ne serait rien. »

---

* 1765-1854. Deux ans après ces discussions houleuses, Thibaudeau sera pourtant commandeur de la Légion d'honneur.

** Théophile Berlier (1761-1844), avocat. Vote la mort de Louis XVI. Rédacteur de la Constitution de l'an II, du code civil.

*** (1762-1806), né à Saint-Domingue (aujourd'hui Haïti), fils du marquis Davy de La Pailleterie et d'une esclave noire, Césette Dumas, premier général de couleur de l'armée française en 1793.

Devant tant d'objections, Bonaparte n'est pas sûr de faire voter sa loi. Il en appelle à son frère Lucien. Ambassadeur à Madrid, Lucien revient à Paris : c'est un bon orateur, capable de l'emporter au Tribunat. La loi passe à une faible majorité en mai 1802. Amusant si l'on songe à la riche postérité de l'ordre dans nos Républiques.

Dix-huit mois plus tard, en 1803, Bonaparte décerne les premiers brevets, plus de neuf mille récipiendaires. En ce temps de guerre, neuf sur dix d'entre eux sont des militaires de la seconde campagne d'Italie.

Parmi les décorés du Consulat, je remarque treize corsaires.

Et les femmes ? Certaines ont combattu dans les armées de la République, notamment Angélique Duchemin veuve Brûlon*, sous-lieutenant retiré aux Invalides, pour qui le général Sérurier demande la Légion d'honneur en 1804. Elle attendra 1851 pour se la voir décerner par le neveu de Napoléon, Louis Napoléon Bonaparte, alors président de la IIe République.

Ultime *masse de granit* à poser sur le sol de France pour consolider les fondations de la république, la paix religieuse. Roederer notait tout ce que Napoléon lui disait. Il rapporte cette phrase :

« C'est en me faisant catholique que j'ai fini la guerre de Vendée, en me faisant musulman que je me suis établi en Égypte, en me faisant ultramontain que j'ai gagné les esprits en Italie. Si je gouvernais un peuple de juifs, je rétablirais le temple de Salomon. »

On peut juger le propos cynique. Pour Napoléon Bonaparte, la religion est une composante politique. Je l'ai montré dans sa conduite en Égypte.

Ses sentiments religieux personnels ont varié.

Il est né dans une famille catholique corse divisée sur la question, avec une mère un peu pratiquante, un père éloigné au possible de la religion, l'oncle Lucien Bonaparte chanoine, le jeune oncle Joseph Fesch, demi-frère de Letizia, prêtre. Charles

* Angélique Duchemin (1772-1859), veuve d'un militaire, s'engage à vingt ans comme femme et non pas déguisée en homme. Blessée au combat en Corse, admise aux Invalides en 1798.

était libre-penseur et s'en vantait, même s'il a rejoint la religion à l'article de la mort – j'ai mentionné les sarcasmes de Napoléon sur le sujet.

Napoléon passe de la parfaite indifférence de sa prime jeunesse à la franche hostilité du révolutionnaire, ses lettres de la première campagne d'Italie en témoignent. Il termine sa vie dans une sorte de catholicisme dénué de dévotion, un déisme teinté de christianisme, me semble-t-il, par habitude culturelle. Mais malgré ce glissement, au même moment il tient les propos intéressants qu'on trouve dans le *Mémorial de Sainte-Hélène*, tels ceux-ci :

« Comment pouvoir être convaincu par la bouche absurde, par les actes iniques de la plupart de ceux qui nous prêchent ? [...] Nul doute, du reste, que mon espèce d'incrédulité ne fût, en ma qualité d'empereur, un bienfait pour les peuples ; autrement, comment aurais-je pu exercer une véritable tolérance ? [...] Comment aurais-je conservé l'indépendance de ma pensée et de mes mouvements, sous la suggestion d'un confesseur qui m'eût gouverné par les craintes de l'enfer ? »

En 1817, c'est à son médecin irlandais, O'Meara, qu'il confie ceci :

« Je suis loin d'être athée, malgré toutes les iniquités et les fraudes des ministres de la religion. [...] L'homme a besoin de quelque chose de merveilleux. Il vaut mieux pour lui qu'il le trouve dans la religion que chez Mlle Lenormand (une célèbre tireuse de cartes). [...] La religion est une grande consolation et une grande ressource pour ceux qui en ont. [...] Personne ne peut répondre de ce qu'il fera dans ses derniers moments. »

Ce qui ne varie jamais chez Bonaparte, c'est son hostilité, sa défiance envers l'Église en tant qu'institution politique. De même, toujours il affichera son hostilité à l'égard des congrégations religieuses, des jésuites en particulier. Il est anticlérical.

Dans le Concordat dont je veux parler maintenant, ce n'est pas le triomphe de ses conceptions religieuses personnelles qui lui importe. Il ne s'agit pas de religion mais d'Église, pas de foi mais de politique.

Le Vatican est une force avec laquelle il faut traiter. C'est ce qu'ont d'ailleurs fait déjà ses prédécesseurs les rois fondateurs du gallicanisme, avec leurs ambitions propres.

Napoléon Bonaparte veut rallier à son gouvernement les catholiques ennemis de la Révolution sans s'aliéner les brumairiens. Cela implique d'instaurer la liberté religieuse en France tout en reconnaissant une Église catholique composante de la nation, séparée de l'État et la plus indépendante possible de Rome. Je rappelle la particularité de l'époque : il y a alors deux Églises catholiques en France : l'Église officielle qui s'est pliée aux aléas révolutionnaires et l'Église réfractaire. Bonaparte doit les réconcilier. Pour jeter les bases de la laïcité dans le pays, il doit procéder à la sécularisation de l'État sans bousculer davantage le vieux fonds chrétien.

Le rétablissement du culte sur ses anciennes bases est certainement l'opération politique la plus hardie à laquelle Bonaparte s'attache durant la première année du Consulat.

Le premier témoignage de son intention de s'accorder avec le pape date du milieu de l'année 1800. Bonaparte se trouve en Italie, il vient de remporter la bataille de Marengo. Entre Milan et Turin, il couche dans la petite ville de Verceil (ou Vercelli), en Piémont. Il s'entretient là de son plan avec l'évêque du lieu, le vieux cardinal Martiniana, et lui demande d'avertir le pape Pie VII, nouvellement élu en mars 1800, ce qui devrait faciliter le contact.

La réorganisation à laquelle Bonaparte veut procéder pour pacifier la France ne concerne pas que le Saint-Siège mais aussi les deux autres cultes qui se pratiquent sur le territoire, la religion protestante et la religion juive.

Le pays est à quatre-vingts pour cent catholique, un accord sur la religion dominante revêtirait une importance particulière. D'ailleurs dès son arrivée au pouvoir, fin 1799, Bonaparte prend des mesures d'apaisement. Les prêtres réfractaires peuvent rentrer d'exil. Les églises rouvrent le dimanche. En juillet 1800, le décadi n'est plus que le jour de congé des fonctionnaires, le reste de la population jouit à nouveau du repos du septième jour. En fait, le décret du 26 juillet 1800 donne le choix, mais chacun, piété à part, fait vite le calcul : trente-six décadis seulement contre cinquante-deux dimanches.

En novembre, le pape Pie VII, intéressé par les ouvertures de Bonaparte, lui envoie Mgr Spina, archevêque de Corinthe. Bonaparte le connaît, il l'a rencontré au retour d'Égypte. Spina a la particularité d'être né à Sarzane, ville d'origine de notre famille.

En principe, c'est Talleyrand qui aurait dû être l'interlocuteur principal du cardinal, ce qui n'aurait pas manqué de sel. Évêque sous l'Ancien Régime, Talleyrand est durant la Révolution non seulement l'auteur de la Constitution civile du clergé, mais encore le célébrant de la fête de la Fédération avec culte à l'Être suprême. C'est lui aussi qui a sacré les premiers évêques schismatiques. Pour ces raisons, sans formellement l'écarter, Napoléon désigne l'abbé Bernier qui avait déjà conduit pour lui avec succès les négociations de paix en Vendée.

Napoléon a quatre exigences, et d'abord celle de renouveler l'épiscopat entier. Ce contrôle sur la hiérarchie catholique servira son deuxième but : comme tous les monarques de France, Napoléon Bonaparte veut instaurer une Église française. Troisièmement, Rome doit avaliser la vente des biens nationaux. Enfin, dernier point, les évêchés seront découpés pour tenir compte des départements.

Rome, de son côté, souhaite assurer une position particulière au catholicisme en France. Le pape veut faire abolir les lois contraires à sa religion : divorce, interdiction des congrégations et des vœux perpétuels, sécularisation des prêtres mariés.

Bonaparte est pressé. Le pape a tout son temps. D'ailleurs, il n'a pas chargé Spina de négocier, juste de lui rendre compte.

Mauvais calcul.

Au bout de plusieurs semaines de tergiversations, Bonaparte convoque Spina à la Malmaison. Sans un accord dans les plus brefs délais, pour commencer, il occupera les États pontificaux puis mettra en place une solution qu'il appelle « gallicane révolutionnaire ».

La menace porte ses fruits. Le pape envoie un cardinal, personnage considérable muni du pouvoir de signer. Secrétaire d'État du Vatican, Hercule Consalvi* cumule les compétences temporelles d'un Premier ministre et d'un ministre des Affaires étrangères.

* 1757-1824. Consalvi a activement participé à la récente élection de Pie VII.

Là aussi, Bonaparte se rend compte que Talleyrand n'est peut-être pas le meilleur des interlocuteurs. À sa place, il désigne son frère Joseph. Consalvi arrive à Paris en juin 1801 et, le 15 juillet, il parvient à un accord avec Joseph.

Dans le Concordat, le gouvernement reconnaît la religion catholique apostolique et romaine comme celle de la grande majorité des Français. Le catholicisme, qui a dans les faits cessé d'être la religion de l'État, ne l'est officiellement plus. Les consuls reconnaissent professer la religion catholique. Le culte est à nouveau libre et public.

De l'autre côté, Rome reconnaît la République française. Mais le Saint-Siège reprend son pouvoir de juridiction sur l'Église de France.

Ce point fera l'objet de multiples discussions des années durant. Le différend sera marqué d'épisodes variés : invasion de Rome par les troupes françaises, excommunication de l'Empereur par le pape, arrestation du pape et emprisonnement en France. Pie VII passera ainsi dix-neuf mois enfermé au château de Fontainebleau avant de signer le deuxième Concordat[1] qui restera d'ailleurs lettre morte.

Pour en revenir au Concordat de 1801, il dissout l'Église constitutionnelle. Les prêtres réfractaires sont réintégrés et se soumettent aux nouveaux évêques nommés par Bonaparte et reconnus par Rome. Le nouveau découpage des diocèses ne pose aucune difficulté. La question des biens nationaux se règle de la façon suivante : le pape s'engage à ne pas troubler les acheteurs, l'État verse en contrepartie un traitement aux prêtres et aux évêques.

Les partisans d'une laïcité intransigeante, ceux d'aujourd'hui comme ceux d'alors, voient dans le Concordat une concession à Rome. Les anciens conventionnels se dressent contre, en tout premier lieu l'abbé Grégoire, évêque constitutionnel, partisan d'une Église gallicane, intraitable républicain, membre du Corps législatif puis sénateur. Fouché, Volney, Cabanis, proches du gouvernement, protestent avec force. Des généraux républicains comme Gouvion-Saint-Cyr, Bernadotte, Brune, Oudinot, La Fayette, et jusqu'à Lucien Bonaparte, ne croient pas que « le retour des prêtres soit un moyen de consolider le gouvernement », selon les termes d'un préfet.

Au Conseil d'État, au Corps législatif, au Tribunat et jusqu'au Sénat, l'opposition s'exprime avec force. Le Concordat se trouve pourtant ratifié en décembre 1801. En avril suivant, des articles organiques répondent aux critiques des plus intransigeants en limitant la liberté de l'Église et en précisant son mode de fonctionnement. Ils organiseront également le culte protestant dans le même esprit. Les pasteurs, comme les prêtres, reçoivent désormais un traitement. Les juifs de France attendent 1806 pour voir leur culte régulé par la loi.

Aujourd'hui encore, ces dispositions instaurées par Napoléon Bonaparte perdurent en Alsace et en Lorraine. En effet, lorsque la France a décidé en 1905 de la séparation des Églises et de l'État qui mettait fin au Concordat, ces terres étaient sous la domination allemande[*]. Revenues dans la nation après la victoire de 1918, elles ont repris leur statut antérieur.

À l'époque de Bonaparte, le nombre de musulmans en France est infime et personne n'évoque la question de l'islam[**].

En ce qui concerne les deux religions minoritaires d'alors, la situation faite aux protestants de France sera bientôt alignée sur celle des catholiques. Pour les juifs, tout change au moment de la Révolution. La France devient en 1791 le premier pays à leur accorder la citoyenneté sans condition[***].

Bonaparte partage les préjugés de son temps à l'égard des juifs comme envers les Noirs. On trouve dans sa correspondance des termes choquants pour les désigner ou décrire leurs activités. Il n'a pas les idées aussi modernes que l'abbé Grégoire sur l'abolition de l'esclavage, par exemple. Mais son pragmatisme lui fait souhaiter que les juifs s'organisent entre eux, se fassent représenter, enfin deviennent une composante de la nation. Il organise concrètement l'appartenance des juifs à la nation.

En 1806, on rapporte des troubles en Alsace : la population en veut aux juifs.

---

* Conséquence de la défaite française lors de la guerre de 1870.

** Elle l'avait été en 1791, pour constater leur liberté de culte et réclamer la même pour les juifs.

*** Louis XVI avait accordé en 1787 l'état civil aux non-catholiques par l'Édit de tolérance.

Des cultivateurs chrétiens se sont surendettés auprès de prêteurs juifs. Ces créanciers détiennent des hypothèques sur la quasi-totalité des terres cultivables des deux départements d'Alsace. Depuis deux ans environ, les emprunteurs qui ne remboursent pas sont expropriés ou envoyés en prison pour dettes par les tribunaux au profit des juifs, dans des proportions qui soulèvent l'indignation.

Que s'est-il passé ? Un conseiller d'État, Beugnot, est chargé d'éclaircir la question[2]. Les cultivateurs, émigrés en masse en 1793 et rentrés sous le Consulat, n'avaient pas retrouvé leurs terres, confisquées par la loi. Or des promoteurs revendaient alors des biens nationaux à la découpe. Surcroît de clients, rareté des terres : les prix flambent. « Pressés par les manies de la propriété, écrit le rapporteur Beugnot, les cultivateurs se sont portés en foule et ont acheté à des prix exorbitants sans trop consulter leurs moyens, et pour se soustraire aux poursuites des chrétiens, il a de nouveau fallu en venir à des juifs. » Insolvables, les cultivateurs alsaciens ne trouvent de crédit au fond des campagnes dénuées de banque qu'auprès des colporteurs et à des taux usuraires, autour de vingt-cinq pour cent[3]. Ces colporteurs sont juifs.

L'usure est la calamité d'alors. Le conseiller Beugnot constate qu'elle ne sévit pas qu'en Alsace et que les juifs ne sont pas seuls en cause. Il cite Pontarlier, dans le Doubs, où des chrétiens prêtent à « cinquante, soixante et même soixante-dix pour cent » ! Napoléon Bonaparte envisagera de fixer un taux d'intérêt maximal, on le comprend.

Quelle que soit l'étendue nationale de l'usure, en Alsace la crise est grave et pourrait tourner à l'émeute contre les juifs. La région se trouve à la fois la plus peuplée en juifs, les trois quarts des juifs de France y résident, et celle où ils sont le plus nombreux à vivre en marge de la société : le colportage est un métier de pauvre sans domicile. De plus, attirés par le droit de cité voté en 1791, beaucoup ont quitté les pays d'Europe où on les brime pour immigrer en France, précisément en Alsace, frontière de l'est.

Voici en quels termes directs et crus, en mai 1806, Napoléon expose ses intentions :

« Certains juifs, n'exerçant d'autre profession que celle de l'usure, ont, par l'accumulation des intérêts les plus immodérés, mis beaucoup de cultivateurs de ce pays dans un état de grande détresse. […] Nous avons résolu de réunir en une assemblée les premiers d'entre les juifs, et de leur communiquer nos intentions par des commissaires […] qui recueilleront leurs vœux sur les moyens qu'ils estiment les plus expédients pour rappeler parmi leurs frères l'exercice des arts et des professions utiles afin de remplacer, par une industrie honnête, les ressources honteuses auxquels beaucoup d'entre eux se livrent de père en fils depuis des siècles[4]. »

En Corse, Napoléon Bonaparte a côtoyé un tout autre monde que les colporteurs usuriers d'Alsace : des juifs présents depuis mille ans, implantés plutôt à Bastia et Porto-Vecchio et qui exercent les mêmes professions que les autres Corses, commerçants ou artisans. On s'en souvient aussi, la famille Bonaparte est en relation depuis plusieurs générations avec les juifs de Livourne à qui elle vend son corail. À Livourne, les juifs ont droit de cité tout comme les autres nations qui ne sont ni italiennes d'origine ni catholiques, Turcs, Grecs, Égyptiens, etc.

« Notre but, écrit Bonaparte le 22 juillet à son ministre de l'Intérieur chargé des cultes, Champagny, est de concilier la croyance des juifs avec les devoirs des Français[5]. »

« Il faut tout refuser aux juifs comme nation et tout leur accorder comme individus » : on prête cette phrase à Napoléon Bonaparte. Elle n'est pas de lui, elle date de 1789 et elle appartient à Clermont-Tonnerre*, homme des Lumières et député, dans un discours à l'Assemblée nationale. Mais Napoléon pourrait l'avoir prononcée.

La communauté juive de France comporte alors environ quarante mille personnes. Les préfets désignent ceux qui les représenteront à Paris.

Le conseil des notables juifs, réuni dans une ancienne chapelle de l'Hôtel de Ville, commence ses travaux le 26 juillet 1806. C'est un samedi, jour de *shabbat*. Napoléon l'a choisi exprès :

* Stanislas, comte de Clermont-Tonnerre (1757-1792), trois fois président de l'Assemblée nationale.

ils préféreront les affaires de la patrie à celles de la religion. Leur tâche : répondre à douze questions sur la compatibilité entre loi juive et loi civile : mariage, divorce, usure, service militaire, rapports avec les chrétiens, etc.

Chez les cent onze représentants, dont quinze rabbins, trois tendances se dégagent, détaille un rapport des commissaires[6]. Un petit groupe pieux « n'est disposé à aucune concession ». La majorité « pense concilier les intérêts de la religion avec la jouissance des droits civils ». Le troisième, en petit nombre « mais qui a tout conduit parce qu'il renferme les hommes les plus riches, les plus polis et les plus adroits et qui tient très peu à la religion et n'en conserve le nom et les apparences que par principe d'honneur ».

Napoléon fait alors renaître de l'Antiquité un sanhédrin composé de soixante et onze juges, tous rabbins, qui donnera aux conclusions l'aval de la religion qui leur manquait. Il se réunit début 1807 pendant quelques mois.

Les juifs d'Europe suivent ce qui se passe en France. En 2007 j'étais à Cassel, où mon arrière-arrière-grand-père Jérôme a régné à partir de 1807. Le maire de Cassel m'a montré une déclaration qui saluait l'arrivée de Jérôme Bonaparte en Westphalie. C'est un poème lyrique composé par la communauté juive à l'intention du nouveau souverain : ils lui disent le plaisir que leur procure sa venue et forment le souhait d'être traités comme les juifs français. Il y a dans ce texte plus que de la flagornerie envers le nouveau roi, un véritable espoir. Leur vœu se réalisera, les lois de France seront intégralement appliquées au royaume de Westphalie.

En mars 1808, Napoléon organise le culte israélite en créant les consistoires régionaux et le consistoire central, instances qui le régissent toujours. La même année, l'état civil s'applique aux juifs. Ceux qui n'en ont pas encore doivent prendre des noms de famille et des prénoms. Les nouveaux arrivants dans le pays ne sont autorisés ni aux noms bibliques ni aux noms de ville, contrairement aux usages établis chez ceux qui se sont installés depuis longtemps en France et qui, eux, les gardent.

La convocation du conseil des notables en 1806 s'était accompagnée de la suspension des dettes des chrétiens envers les juifs.

Les nouvelles dispositions de 1808 font des juifs des citoyens moins libres que les autres. Aucun n'a plus le droit de s'établir dans les départements du Haut-Rhin et du Bas-Rhin s'il n'y vit déjà. Les juifs ne peuvent se faire remplacer au service militaire comme les autres Français : qu'ils prouvent en personne leur attachement à la patrie. Seuls les juifs doivent avoir une patente pour exercer un commerce. Malgré des dérogations pour les régions* où le mode de vie des juifs n'a rien à voir avec les problèmes de l'Alsace, le texte** reste en vigueur jusqu'en 1818.

De même que le Concordat a heurté aussi bien les catholiques que les républicains, de même Napoléon ne ménage pas les juifs. C'est le prix de la paix religieuse. Dans son organisation des religions, il a fait un pas décisif sur le chemin de la laïcité moderne.

Le Concordat ne l'empêche pas de garder des réticences personnelles. Lors de la première messe solennelle à Notre-Dame, on propose de lui faire baiser la patène (petite assiette liturgique où le prêtre place l'hostie).

« Ne me faites pas faire des choses ridicules », refuse-t-il.

Pourtant à Rouen, en 1802, il s'étonnait que l'archevêque ne le lui propose pas, alors que la liturgie locale ne le prévoit pas.

Les généraux républicains qu'il a forcés à venir protestent carrément à voix haute dans la cathédrale. C'est trop, Napoléon se retourne pour les faire taire. L'assistance n'est pas dupe : « À l'exception peut-être des évêques, relate un observateur, il n'y a pas eu à Notre-Dame une seule personne qui ait emporté de cette farce religieuse un sentiment de piété, personne qui n'ait senti l'objet tout temporel de la cérémonie. »

Le musicien prussien Reichardt, admis en 1803 dans la chapelle des Tuileries, nous l'apprend : c'est un décor pour le dimanche, qu'une « cloison mobile dissimule pendant la semaine ».

Cette chapelle a été réaménagée après la promulgation du Concordat, car Napoléon se considère désormais comme un chef d'État chrétien. Il va à la messe le dimanche, même s'il ne communie pas.

---

* Languedoc, Île-de-France, Midi notamment.

** Surnommé le *décret infâme*.

À la Malmaison, résidence privée, pas l'ombre d'un début de chapelle.

J'y ai fait allusion à propos des prémices du Concordat, lorsque Napoléon demande à un cardinal du Piémont de parler au pape : la guerre a repris en Italie.

On peut discuter de la nécessité des autres guerres, mais celle-ci s'impose à Bonaparte, il ne la décide pas.

En arrivant au pouvoir, il voudrait se consacrer tout entier à la politique intérieure. Fin décembre 1799, il écrit aux souverains d'Autriche et d'Angleterre que la France veut vivre en paix.

Le Directoire n'a pas su garder la rive gauche du Rhin, que lui-même avait arrachée par le traité de Campo-Formio deux ans plus tôt, ni empêcher l'Autriche de revenir dans le nord de l'Italie.

Les réponses des deux ennemis ne sont pas encourageantes.

La guerre sera inévitable dès la fin de l'hiver.

Bonaparte vérifie son dispositif. En Hollande, les vingt mille hommes de l'armée d'Augereau doivent prévenir un débarquement anglais. Sur le Rhin, face à l'Autriche et son maréchal Kray, Moreau, l'éternel rival de Bonaparte. En Italie, Masséna et ses quarante mille soldats sont cernés près de Gênes par les cent quarante mille Autrichiens du général Melas qui occupent tout l'arc alpin.

Dès mars 1800, Napoléon prépare la population : il jure de ne combattre que pour le bonheur de la France et le repos du monde. En avril, Melas coupe en deux l'armée de Masséna, assiège Gênes, menace Toulon.

Le 6 mai, Bonaparte décide d'attaquer l'Autriche à revers. Par le col du Grand-Saint-Bernard, il pénétrera en Italie à travers les Alpes en partant de Genève, alors française.

On connaît de cet épisode la légende glorifiée par un tableau de David : le général intrépide chevauchant un splendide cheval blanc cabré devant la montagne. À ses pieds, trois noms gravés dans la roche : Bonaparte, Annibal, Karolus Magnus (Charlemagne).

En fait de cheval, Bonaparte monte un mulet, animal plus sûr pour grimper à deux mille quatre cent soixante-treize mètres d'altitude. La route du col est dangereuse. « Nous luttons contre la glace, la neige, les tourmentes et les avalanches[7] », écrit-il à ses deux coconsuls.

Le guide savoyard à qui appartient le mulet, Dorsaz, se confie avec candeur à Bonaparte durant la montée. Soucis, projets d'avenir et rêves de bonheur, le jeune homme de vingt-deux ans se raconte. Bavard mais la main ferme, le guide empêche le mulet et son cavalier de choir dans un précipice. Parvenu à l'hospice des moines du Grand-Saint-Bernard, sans s'épancher en remerciements, Bonaparte donne à son guide une lettre à remettre dans le bourg où il s'en retourne. Le jeune homme dépose le message à son adresse. Alors comme par magie, tout le monde s'empresse, on lui prodigue un terrain, on lui bâtit une maison, la fortune lui tombe dessus. Ébloui, stupéfait, Dorsaz comprend : le billet ordonnait la réalisation des souhaits formulés devant le Premier consul. Bonaparte s'est offert le plaisir de jouer en silence au parrain de conte de fées.

Très prosaïquement, le bienfaiteur descend le col vers l'Italie, accroupi, le derrière par terre sur une pente vertigineuse. Sur le glacier presque vertical, la seule façon d'échapper à la mort s'appelle « à la ramasse » : on se cramponne à un bâton, un fusil, n'importe quel objet qui vous freine.

Cette fois, Napoléon Bonaparte a vraiment franchi les Alpes avec son armée, comme Annibal. Grand communicateur, il commandera un tableau de propagande. La vraie difficulté de l'exploit ne servirait pas son propos, c'est en gloire que David est prié de le représenter, pas sur une mule ni assis dans les pierres. Napoléon garde la vérité historique pour ses commentaires à Sainte-Hélène. David peint cinq exemplaires de cette œuvre.

L'une de ces cinq toiles décorait l'entrée chez mes parents, comme je l'ai rapporté au début de ce livre.

Quelques jours plus tard, Napoléon apprend une très mauvaise nouvelle : à Gênes, Masséna a capitulé devant l'armée autrichienne. L'armée de Bonaparte se trouve à Milan à l'est, le général Melas et ses Autrichiens à l'ouest.

Bonaparte commet une erreur.

Il croit qu'après une offensive victorieuse de Lannes Melas refuse le combat. Pour bloquer la fuite des Autrichiens, il envoie de gros détachements vers le nord et le sud. Au lieu de cela, c'est Melas qui surprend les Français dispersés : il les attaque dans la plaine de Marengo.

Retraite.

La bataille de Marengo est perdue.

Mais au moment de la défaite, Desaix, que Bonaparte a appelé en renfort, revient sur le champ de bataille. Contre-offensive de Desaix, salves d'artillerie de Marmont, charge de la division Boudet, charge de cavalerie décisive de Kellermann, le sort des armes se renverse. Victoire des Français.

La poitrine transpercée par un tir, Desaix meurt le sabre à la main.

Sa perte affecte beaucoup Napoléon. Dans des lettres à Cambacérès et Lebrun, il parle de son chagrin à deux reprises : « Les nouvelles de l'armée sont très bonnes. Je serai bientôt à Paris. Je ne peux pas vous en dire davantage ; je suis dans la plus profonde douleur de la mort de l'homme que j'aimais et que j'estimais le plus. » Et aussi : « Vous trouverez ci-joint, citoyens consuls, le *Bulletin de l'armée*. Vous verrez que les nouvelles sont très bonnes. Mais je suis inconsolable de la mort de Desaix. La plus vive amitié nous unissait depuis quelques années. Sa mère, la République perdent beaucoup mais je perds plus qu'elles[8]. » Bonaparte s'épanche rarement de la sorte.

Après deux mois d'absence, Bonaparte regagne Paris au début de juillet 1800.

Sur le Rhin, les Autrichiens reprennent l'offensive. Le 3 décembre, le général Moreau les écrase à Hohenlinden et s'avance à cent kilomètres de Vienne.

Moreau est depuis toujours un rival de Bonaparte. Les brumairiens qui fomentaient le coup d'État avaient d'abord songé à lui avant de prendre Bonaparte dans le complot. Moreau aussi était une gloire : on se souvient, peu de temps avant le jour J, du dîner donné en l'honneur des deux militaires dans l'ancienne église Saint-Sulpice. Durant la bataille de Marengo, le bruit d'une défaite et même de la mort de Napoléon Bonaparte avait couru un bref moment dans Paris. Quelques sauveurs s'étaient proposés, dont Moreau et semble-t-il, Joseph Bonaparte.

La percée vers Vienne a le tort de rappeler celle où Napoléon Bonaparte s'est illustré lui-même en 1797. Moreau lui devient insupportable et il fait tout pour minimiser sa victoire.

L'affaire entre les deux hommes se terminera mal. Après un complot chouan, Moreau finira sa carrière dans l'armée d'en face, chez les Russes, tué par un boulet français.

Napoléon envoie son frère Joseph, à qui il garde sa confiance, négocier avec l'Autriche la paix de Lunéville. Ainsi prend fin la guerre avec la deuxième coalition. Le traité[9] rend à la France les acquis de Campo-Formio : souveraineté sur la rive gauche du Rhin et l'Italie du Nord.

Au même moment, la France se rapproche aussi des États-Unis. En effet, fin 1800, Joseph Bonaparte signe dans sa propriété la convention de Mortefontaine. Elle termine dix-huit mois de guerre navale larvée avec l'Amérique.

Le tsar Paul Ier met en place la « ligue des neutres » avec les pays qui refusent de s'aligner sur l'Angleterre et choisissent la paix avec la France : Prusse, Danemark, Suède.

Le seul pays qui continue la guerre reste l'Angleterre. Théâtre des opérations : l'Égypte. Même si Bonaparte est rentré depuis des mois, si Desaix en était revenu aussi, les généraux Menou et Belliard sont toujours dans les sables des bords du Nil. Les Anglais les battent en septembre 1801.

Il est enfin temps de parler de paix avec l'Angleterre : ce sera le congrès d'Amiens.

Encore une fois, Joseph représente son frère. Les autres plénipotentiaires se nomment lord Cornwallis pour les Anglais, don José de Azara pour l'Espagne alliée de la France, et l'ambassadeur Schimmelpenninck, un admirateur de Bonaparte, pour la République batave. Ils signent la paix en mars 1802.

Talleyrand résume la situation : « À l'époque de la paix d'Amiens, la France jouissait d'une puissance, d'une gloire, d'une influence telles que l'esprit le plus ambitieux ne pouvait rien désirer au-delà pour sa patrie. »

Désormais la France est la première puissance européenne. Seule la Russie lui fait contrepoids à l'est.

Le traité d'Amiens ne résout pas tous les problèmes, surtout pas celui de l'Italie du Nord et donc de l'Autriche, ni le rôle de la Prusse, ni la question des colonies. Mais il inaugure quelques mois de paix profitables. La France met ses institutions en place. Son économie se redresse, la population revit normalement. Les visiteurs étrangers en témoignent, par exemple un Anglais, John Carr, qui se rend un dimanche soir au fameux parc d'attractions des jardins de Tivoli, celui que Bonaparte avait fait copier au Caire pour distraire l'armée. À Paris après la paix d'Amiens, Tivoli est plein. Bien habillés, les Parisiens dépensent vingt sous pour entrer. « Trois cents personnes dansaient la valse à la mode importée d'Allemagne, écrit l'Anglais. Revenant à mon hôtel le soir, je traversai les Champs-Élysées qui à ce moment de l'année paraissaient être dans toute leur gloire. Toutes les allées vertes étaient peuplées d'amoureux chuchotant. De toutes parts, des bruits de fête, de danse, de musique, réjouissent les oreilles. »

Bonaparte croit-il à cette paix ? Il l'a signée pour voir venir. Il se saisira de la première occasion pour préparer la prochaine guerre, l'Angleterre aussi. Je pense que ni Anglais ni Français ne croyaient que la paix durerait. On connaît le fondement de la politique européenne de l'Angleterre : l'équilibre des puissances continentales qui lui permet de jouer son propre jeu.

La France de Bonaparte pèse lourd, plus lourd que la France de Louis XVI. Les Anglais sont en position d'infériorité. La paix leur convient le temps de réarmer.

Dans les semaines qui suivent le traité d'Amiens, grave incident à propos de Malte. Passée des Français aux Anglais après la défaite en Égypte, l'île doit revenir aux chevaliers de Malte. Les Anglais préfèrent l'occuper pour compenser l'annexion du Piémont par la France. Rien de tel dans le traité.

Le ton monte entre les deux pays, d'abord dans le *Times* et *Le Moniteur* – où Bonaparte en personne tient la plume, on s'en souvient. Puis en mai 1803, lors d'une réception aux Tuileries, il se livre à une des colères feintes dont il a l'habitude. Deux heures durant, devant tout le corps diplomatique, il menace l'ambassadeur anglais d'une guerre de quinze ans si son pays n'évacue pas Malte sur-le-champ.

Tout s'enchaîne. Un rapport alarmiste de l'ambassadeur. Les garnisons françaises en Hollande sur le pied de guerre. Le roi George III demande aux Communes de voter les crédits de guerre. L'ambassadeur quitte Paris. Napoléon décrète d'arrestation les sujets britanniques présents en France.

En juin, Napoléon Bonaparte concentre autour de Boulogne une armée considérable. Il reprend le vieux plan qu'il avait établi cinq ans plus tôt sous le Directoire : il débarquera des troupes terrestres en Angleterre après s'être assuré la maîtrise de la Manche. Régulièrement, il vient inspecter le camp de Boulogne.

Après l'Égypte, la France a reconstitué sa flotte. Surtout, Napoléon a négocié le soutien de la flotte espagnole.

Pendant un an et demi, flottes anglaise et hispano-française se livreront à une course-poursuite autour de tous les continents, très loin de la Manche. Cela se terminera par la bataille de Trafalgar, le 21 octobre 1805, où les Anglais tailleront en pièces les bateaux français au large de l'Espagne.

Bonaparte renonce à envahir l'Angleterre. Lorsque la nouvelle de la défaite de Trafalgar lui parvient, il a déjà tourné ses armées : du camp de Boulogne, il fond sur la Bavière.

Les préparatifs d'invasion de l'Angleterre jouent un rôle politique de première importance dans la marche de Napoléon Bonaparte vers l'Empire : ils lui servent d'argument pour museler la presse et bâillonner l'opposition. Nul n'aura la possibilité de critiquer son projet impérial.

En examinant la politique extérieure de Napoléon Bonaparte, j'arrive à sa politique coloniale et donc à un sujet difficile à comprendre de nos jours : le rétablissement de l'esclavage en 1802.

Si on lui parle de colonies, pas plus que la majorité des gens de son temps, il n'y discerne la question de l'esclavage des Noirs. Colonies, cela signifie pour lui richesses en matières premières et compétition avec l'Angleterre. Les matières premières venues des colonies (sucre, coton) ont pour l'économie de son temps l'importance actuelle du pétrole.

Napoléon Bonaparte est très en retard sur certains de ses contemporains : les conventionnels, à l'initiative bien connue de l'abbé Grégoire, ont aboli par acclamation l'esclavage et la traite en septembre 1794. Sa loi du 20 mai 1802 est une terrible régression sur la Révolution : elle maintient l'esclavage dans toutes les colonies et rétablit la traite des Noirs.

On a imputé le rétablissement de l'esclavage dans les Caraïbes au poids du lobby des planteurs, à l'influence de Joséphine et à l'indifférence du Premier consul plutôt qu'à un racisme de sa part. C'est à mon avis une lecture moderne des choses. À l'égard des Noirs, il partage les préjugés des gens de son temps, faits d'ignorance et de sentiment implicite d'une supériorité de la race blanche. Napoléon Bonaparte est raciste selon nos concepts contemporains. L'abbé Grégoire, que par ailleurs Bonaparte admire, et les conventionnels de 1794 professaient à ce sujet des opinions vraiment minoritaires.

Les esclaves sont libres, mais libres de quoi ? La loi n'avait rien prévu de concret. Les anciens maîtres ne sont pas disposés à les payer pour un travail qu'ils obtenaient gratuitement auparavant. Les esclaves libres n'ont aucune possibilité de gagner leur vie. Ils ne peuvent pas non plus quitter l'île de Saint-Domingue pour trouver mieux ailleurs, tels ceux d'Amérique qui fuient dans les États du Nord ou au Canada. Sans ressources, ils se livrent au brigandage. Dans le même temps, certains planteurs ont conservé leurs esclaves.

Ce désordre généralisé sert d'argument au lobby colonial.

Joséphine en fait partie : elle s'inquiète pour les intérêts de sa mère, ses plantations incultivables. Cambacérès a l'oreille des milieux d'affaires tandis que Talleyrand voit tout simplement un retour au système en vigueur sous l'Ancien Régime. Le sommet de l'État est pour l'esclavage dans les colonies.

Une partie de l'armée professe l'avis contraire. On pense évidemment au général Dumas, lui-même fils d'une esclave mais il n'est pas le seul sur cette ligne. Les militaires que l'on envoie mater la révolte des Noirs à Saint-Domingue ne sont pas favorables à la politique coloniale du Consulat.

J'ai souligné à plusieurs reprises les faiblesses structurelles de la flotte française. Les guerres de la Révolution, de 1792 jusqu'à l'époque napoléonienne, permettent aux deux vraies puissances maritimes, l'Espagne et surtout l'Angleterre, de prendre l'avantage dans les colonies : Caraïbes, Indes, Afrique.

La partie se joue à Saint-Domingue, dans la future Haïti. Le protagoniste principal se nomme Toussaint Louverture*. Esclave affranchi, il a pris la tête de l'insurrection. Sous la Convention, la métropole l'encourage, il est général de la République. Il com-

* Toussaint Breda dit Louverture (1743-1803).

mande le côté français de l'île, l'autre moitié est espagnole. Louverture poursuit un double objectif : la libération des Noirs et l'indépendance. Dès décembre 1799, Bonaparte lui écrit que la France n'accepte ni l'indépendance ni que l'île serve de base aux puissances ennemies, à savoir : l'Angleterre. Quelques mois plus tard, Bonaparte émet ce commentaire devant le Conseil d'État : « Je suis convaincu que cette île serait aux Anglais, si les Nègres ne nous étaient attachés par l'intérêt de leur liberté[10]. » Pour Bonaparte le pragmatique, la liberté des esclaves a son utilité politique : cela ne fait pas de lui un abolitionniste, il ne partage pas ce sentiment.

Toussaint Louverture, dans sa volonté d'indépendance, envahit la partie espagnole de l'île en janvier 1801.

Voilà qui gêne le Premier consul dans ses négociations avec l'Espagne. Il veut obtenir le passage de ses troupes pour déloger les Anglais du Portugal ainsi que le soutien de la marine espagnole. Cette agression contre l'empire colonial espagnol tombe mal : Bonaparte choisit la manière forte. Il envoie son beau-frère Leclerc remettre de l'ordre avec vingt mille hommes. Les Anglais, avec qui la France négocie alors le traité d'Amiens, s'empressent d'appuyer la répression contre Louverture, l'anti-esclavagiste avéré.

« Une grande sottise de ma part », dira Napoléon à Sainte-Hélène.

Si l'expédition parvient sans difficulté à mettre la main sur Toussaint Louverture et à l'envoyer en France où il mourra, elle échoue à tenir l'île.

Leclerc ne cesse d'expédier à son beau-frère Napoléon des protestations contre la politique qu'on exige de lui. Il meurt de la fièvre jaune, au grand chagrin de Pauline qui l'a accompagné, et la dureté des conditions de vie décime l'armée. Rochambeau, le successeur, use d'une brutalité inouïe qui n'empêche pas Haïti de proclamer son indépendance en janvier 1804.

Une autre expédition, commandée par le général Richepance, se fait remarquer par des brutalités identiques en Guadeloupe.

Il est impossible de maintenir des troupes si lointaines sans flotte. Dès le retour des hostilités, au moment du camp de Boulogne, l'Angleterre reprend l'initiative dans les Caraïbes.

Point notable dans le bilan colonial de Napoléon Bonaparte, la cession de la Louisiane. Il s'agit non pas de l'État américain nommé Louisiane mais d'un territoire bien plus considérable*, la rive droite du Mississippi depuis les Grands Lacs jusqu'à l'embouchure : le tiers des États-Unis d'aujourd'hui.

Louis XV avait d'abord cédé la Louisiane aux Espagnols en 1762, puis la France l'avait reprise en 1800 dans un traité secret au lendemain de la convention de Mortefontaine avec les Américains. Quand le président Jefferson apprend ces manœuvres, il exige la cession. Il l'obtiendra moyennant quinze millions de dollars. Bonaparte ne s'est jamais vraiment penché sur le dossier. Il est sans illusions sur les possibilités de conserver un territoire si vaste et si lointain sans une armée sur place et craint par-dessus tout que les Anglais ne s'en emparent, car il sait la reprise de la guerre imminente.

Citons aussi les expéditions infructueuses à Pondichéry. Les accords avec les Anglais rendent ses comptoirs de l'Inde à la France. Dans les faits, elle ne les récupère qu'en 1816.

Enfin on peut mentionner l'expédition australe du capitaine Baudin, qui baptise l'archipel Bonaparte et le golfe Joseph-Bonaparte, sur les côtes nord de l'Australie. Le nom de son frère sur des cartes de géographie de l'hémisphère Sud, c'est finalement ce qu'il reste de plus positif de la politique coloniale de Bonaparte. Pour le reste on peut parler d'un échec.

Que pense-t-il des colonies ? Caulaincourt rapporte les propos que Napoléon lui tient fin 1812, lorsqu'ils reviennent de Russie en tête à tête dans un traîneau. Depuis 1810, le Mexique s'est soulevé contre sa puissance coloniale, l'Espagne. Napoléon est sûr que le pays va proclamer son indépendance (ce qu'il fait effectivement un an plus tard**) et que les autres possessions espagnoles en feront autant. Il pense aussi que les gouvernements de ces nouveaux États trouveraient intérêt à être les « auxiliaires des États-Unis ».

* Les États qui recouvrent la Louisiane française : Montana, Dakota du Nord et du Sud, Nebraska, Iowa, Kansas, Oklahoma, Missouri, Arkansas, Louisiane proprement dite, une partie du Minnesota, du Wyoming et du Colorado.

** Le Mexique promulgue son indépendance le 6 novembre 1813 mais la guerre d'Indépendance dure jusqu'en 1821.

L'indépendance des États-Unis a tout changé. « C'est une nouvelle ère », constate Napoléon qui prévoit les conséquences : « Toutes les colonies imiteront les États-Unis. »

Caulaincourt a noté les arguments.

« On se fatigue d'attendre des ordres de deux mille lieues ; d'obéir à un gouvernement qui paraît étranger parce qu'il est loin et qu'il vous soumet nécessairement à des intérêts locaux qu'il ne peut vous sacrifier. Dès que les colonies se sentent assez fortes pour résister, elles veulent secouer le joug de ceux qui les ont créées. La patrie est le lieu où on habite. On oublie bientôt que soi ou son père est né sous un autre ciel. L'ambition achève ce que l'intérêt a commencé. On veut être quelque chose chez soi et le joug est bientôt secoué[11]. »

Ces arguments frappent par leur modernité et ressemblent à ceux des républicains modernes anticolonialistes ou décolonisateurs, Clemenceau ou de Gaulle.

Chapitre XIII – République française, Napoléon empereur

La machine infernale – Première démonstration de police scientifique – Madame Mère fâchée – « Plus qu'un crime, une faute » – « Dites bien que je suis Charlemagne » – Le palais retentit d'injures en corse – Empereur – Un manteau de cinquante-huit mètres carrés – Ruse inutile de Joséphine – « Ah, Joseph ! Si notre père nous voyait ! » – Napoléon ne ressemble pas à ses portraits.

Un bruit terrible. Une lumière dans la nuit. La bombe explose au carrefour. La charrette, le cheval, l'adolescente rousse qui le tenait, tout saute et retombe éparpillé au coin de la rue Saint-Nicaise et de la rue du Faubourg-Saint-Honoré, au milieu des boutiques et des passants. Quatre morts sur le coup, une vingtaine de blessés.

La *machine infernale* visait le Premier consul, qui se rendait en carrosse à une première à l'Opéra.

Napoléon est indemne. Le comploteur a allumé la mèche quelques secondes trop tard. Il est huit heures du soir et trois minutes, ce mercredi 24 décembre 1800, tridi 3 nivôse de l'an IX.

Sans montrer d'émotion, Bonaparte assiste à *La Création* de Haydn.

Dès qu'il est de retour aux Tuileries, il désigne les coupables : les jacobins. Comme toujours, les jacobins lui sont des ennemis très utiles : il a besoin de frapper à gauche. Au bout d'un an de Consulat, qui d'autre s'opposerait à lui, hors les républicains extrémistes ?

Avec Fouché, il dresse une liste de proscrits. Il y aura quelques exécutions capitales, essentiellement les membres d'une conspiration plus ancienne, dite des poignards et qu'on a sous la main puisqu'ils sont déjà en prison !

Fouché, ministre de la Police, obéit ; il ne partage pas les soupçons de Bonaparte. Dans un coup de génie, il lance la première enquête criminelle moderne. Sans apprécier l'homme, on peut lui reconnaître ce talent.

Un attentat à la voiture piégée en plein centre de Paris un soir de Noël, voilà qui renouvelle le genre de l'assassinat politique. Sous la monarchie, un homme seul s'attaquait au roi avec un couteau, tels Ravaillac ou Damiens. Pour Bonaparte, on entre dans la modernité : l'ère des explosifs.

L'affaire de la gamine « sacrifiée par les scélérats » horrifie l'opinion. On a retrouvé un de ses bras sur la corniche de la maison d'en face. Fouché commence donc par là, c'est de bonne politique. Les Parisiens coopèrent volontiers. En deux jours, Fouché réunit assez de témoignages pour l'identifier : Marianne Peusol, marchande de petits pains dans les rues, quatorze ans.

Il a fait ramasser les débris de l'explosion.

Morceau par morceau, il recompose le cheval, qui est une jument, remonte la charrette, convoque les marchands de chevaux, retrouve le vendeur, qui se souvient de l'acheteur. Première démonstration de police scientifique.

Au contraire de ce que pense le Premier consul, les commanditaires de l'attentat ne viennent pas de gauche, loin de là : ce sont les chouans et leur chef Georges Cadoudal*. Après avoir poursuivi les jacobins, qui restent proscrits, le gouvernement se retourne contre les royalistes.

Pour combattre ces forces contraires à la république, Bonaparte demande des pouvoirs exceptionnels. Il les obtient sans difficulté : qui oserait les lui refuser après l'attentat ?

La répression s'abat. Pour la justifier, il déclare devant le Conseil d'État : « Il ne faut pas croire que je me laisserai faire comme Louis XVI. Je suis soldat, fils de la Révolution, et je ne souffrirai pas qu'on m'insulte comme un roi. »

À Cambacérès, il donne instruction d'épurer les Chambres, début 1802 : « Je vous prie de tenir la main à ce qu'on nous débarrasse de vingt à soixante mauvais membres que nous avons dans les autorités constituées. La volonté de la nation est que l'on n'empêche point le gouvernement de faire le bien, et que la tête

* Georges Cadoudal (1771-1804), l'un des premiers dirigeants du parti monarchiste. En 1804, il complote avec Moreau et Pichegru pour enlever le Premier consul.

de Méduse ne se montre plus dans nos tribunes ni dans nos assemblées. »

L'opposition, la critique, l'opinion contraire n'ont plus cours. Le temps est loin où Bonaparte cherchait à se réconcilier après une controverse au Conseil d'État. Il fait taire des hommes de valeur comme Benjamin Constant*, un écrivain et libéral de gauche, révoqué du Tribunat en 1802. De même le grand économiste Jean-Baptiste Say**, partisan du libre-échange, qui refuse de vanter sur ordre les mérites de l'économie de guerre et du protectionnisme.

Napoléon écarte surtout son frère Lucien.

Lucien, on s'en souvient, présidait le Conseil des Cinq-Cents. De tous les autres frères, c'est le plus brillant. Il avait sauvé la partie lors du Dix-huit Brumaire. Ensuite, ministre de l'Intérieur, il nomme les premiers préfets.

En novembre 1800, Lucien publie *Parallèle entre César, Cromwell, Monk et Bonaparte*, ouvrage qui alerte sur les dangers que courrait le pays si Napoléon disparaissait, et qui plaide pour l'héritage familial. C'est trop tôt, Napoléon blâme son frère, il lui en veut. En conséquence, il l'éloigne : il l'envoie comme ambassadeur en Espagne.

Lucien commence à y faire fortune dans les affaires, il touche des commissions, des pots-de-vin aussi. C'est l'époque de la guerre des Oranges, un conflit entre l'Espagne et le Portugal qui, fidèle aux Anglais, ne veut pas de l'alliance française. Mécontent des obstacles que mettent les Espagnols à l'entrée de ses troupes, Napoléon rappelle Lucien. Il le nomme au Tribunat puis, au bout de quelques mois, l'envoie au Sénat, assemblée moins politique.

Lucien prend ses distances. Il n'approuve pas la dérive autocratique de Napoléon.

En effet, en 1802, de quoi débat-on ? Du Consulat à vie. Les consuls sont nommés pour dix ans, Napoléon pose déjà la question du renouvellement de son mandat. Huit ans à l'avance ! Voilà une belle volonté d'anticipation.

---

* Benjamin Constant de Rebecque, né à Lausanne et mort à Paris, 1767-1830, ami de Mme de Staël et précurseur du romantisme.

** Jean-Baptiste Say (1767-1832) journaliste, industriel et économiste

Le 6 mai 1802, le Tribunat téléguidé vote une motion : il faut donner à Bonaparte « un gage éclatant de la reconnaissance nationale ». Roederer plaide dans le même sens : « Ce qui manque aux grands hommes pour mûrir de grands desseins, pour les accomplir, pour assurer toutes destinées soumises à leur influence, c'est le temps », écrit-il dans sa *Lettre d'un citoyen à un sénateur.*

Deux jours plus tard, le Sénat, à qui la tâche incombe, vote dix ans de prolongation.

Contrairement à ce qu'on pourrait croire, c'est une marque d'impertinence.

Napoléon Bonaparte entre en fureur.

Ce n'est pas du tout ce qu'il attendait : il veut le Consulat à vie, pas un supplément.

Il décide alors de passer par-dessus le Sénat pour interroger directement le peuple par un plébiscite : « Napoléon sera-t-il Consul à vie ? »

Le Conseil d'État lui propose d'ajouter une seconde question : « Aura-t-il la faculté de désigner son successeur ? »

Depuis l'attentat, il est évident qu'il faut y réfléchir. Dès avant l'explosion de la machine infernale, Lucien posait déjà le problème dans son *Parallèle.*

Mais Napoléon Bonaparte ne veut pas parler de succession. C'est trop tôt : il a déjà l'Empire en tête. Pour écarter cette fâcheuse idée, il fournit un argument habile :

« On n'a pas respecté le testament de Louis XIV. Si je devais désigner un successeur, respecterait-on le mien ? Un homme mort n'est plus rien. »

Les discussions ne durent pas : le 12 mai 1802, il est décidé que le plébiscite ne comportera qu'une unique question, le Consulat à vie. Unanimité moins une voix au Tribunat, celle de Carnot, unanimité moins trois voix au Corps législatif.

Le scrutin se déroule en août. Le même corps électoral masculin, consulté deux ans auparavant pour la Constitution de l'an VIII, revient dans les mairies. Encore une fois, le suffrage manque complètement du secret qu'on pratique de nos jours. Trois millions cinq cent soixante-huit mille électeurs signent le registre du oui, huit mille trois cent soixante-quatorze celui du non. Le taux de participation s'élève cette fois à quarante pour cent : à ce niveau, on ne peut douter que ce vote soit favorable au Consulat à vie de Bonaparte.

Le Sénat adopte dans la foulée la Constitution de l'an X.

Le suffrage universel disparaît, réservé désormais aux seuls plébiscites. Des collèges électoraux remplacent le système pyramidal. Les citoyens du canton, réunis en assemblée, désignent deux titulaires pour chaque poste, le Premier consul choisira. Pour le conseil municipal, seuls votent les cent hommes les plus imposés du canton. Le montant de l'imposition n'entre pas en ligne de compte : même dans les endroits les plus pauvres, on trouvera ainsi assez d'électeurs. L'impôt sur le revenu n'existe pas encore, l'impôt de l'époque reste l'impôt foncier. On retrouve ce goût de Napoléon pour la propriété foncière.

Pur produit de la Révolution, la bourgeoisie terrienne s'est constituée par l'achat des biens nationaux. Elle craint qu'on ne lui conteste ses droits. Elle sera le plus solide soutien de Napoléon.

Napoléon Bonaparte trouve néanmoins quelques opposants, comme Mme de Staël*, femme de lettres, amie de Benjamin Constant. Bonaparte la fait interdire de séjour à Paris, elle s'exile en Suisse. Elle continue d'écrire, voyage et diffuse ses idées en Europe. Les généraux jacobins aussi montrent leurs réticences, les mêmes qui ont protesté contre le Concordat : Oudinot, Bernadotte, Moreau. Roederer, le fidèle, parle un peu trop de monarchie : Napoléon finira par l'écarter à son tour. Fouché, au centre des intrigues jacobines, perd son ministère de la Police.

Napoléon prend ce genre de décisions chez Joseph, à Mortefontaine.

Pendant ce temps-là, Lucien tient une ligne républicaine, jacobine même. Le Consulat à vie n'est pas de son goût. Il a changé d'avis, abandonné ses idées de succession monarchique publiées deux ans plus tôt. Le despote familial qu'est Napoléon, qui brisera le premier mariage de mon ancêtre Jérôme, ne parvient pas à en faire autant avec Lucien : veuf, celui-ci se remarie à son gré. Brouillé avec Napoléon, il s'exile de lui-même en Italie en 1803.

---

* Germaine de Staël (1766-1817), fille du banquier genevois Necker, ministre de Louis XVI.

Voilà pourquoi Lucien n'assiste pas au sacre de son frère, ni leur mère Letizia, elle-même fâchée avec Napoléon à cause de cette mésentente fraternelle. Letizia est avec Lucien à Rome. Comme on sait, David a cependant peint Madame Mère en bonne place sur le tableau qui immortalise le couronnement.

Douze ans après l'abolition de la monarchie française, comment Napoléon Bonaparte parvient-il au stade ultime du pouvoir personnel, l'empire ? D'abord, comme je l'ai précisé, la préparation de la guerre contre l'Angleterre lui sert de prétexte pour museler la presse. Ensuite, il utilise avec grande habileté les complots qui visent sa personne.

En février 1804, le général Moreau, le républicain absolu, le vainqueur de l'Autriche à Hohenlinden, l'homme qui lui ferait de l'ombre, Moreau, donc, a rendez-vous à Paris avec deux hommes compromettants. Le premier : Georges Cadoudal*, le chef chouan recherché par toutes les polices de France pour sa participation à l'attentat de la rue Saint-Nicaise auquel il n'a pourtant pas directement participé. Le second : Pichegru, ancien général de la Révolution puis traître monarchiste, autrefois répétiteur de mathématiques de Napoléon à l'école de Brienne. Il est venu tout exprès de Londres pour assassiner Bonaparte au bénéfice du comte de Provence, le futur Louis XVIII.

La police, au courant depuis plusieurs jours, arrête les trois conjurés.

Et voici le second épisode : l'enlèvement du duc d'Enghien**, qui a participé à l'armée des émigrés et est le fils du dernier prince de Condé.

Sur la foi de rapports de police, Bonaparte se persuade, et surtout persuade l'opinion publique, que Moreau se préparait à porter le duc d'Enghien au pouvoir. Le procès ne prouvera rien de tel.

Dans la nuit du 15 au 16 mars 1804, Napoléon fait enlever le duc d'Enghien à Ettenheim, sur la rive droite du Rhin. Transporté à Paris cinq jours plus tard, le duc d'Enghien est jugé par

* Arrêté à Paris en mars 1804, guillotiné le 25 juin.

** Louis Antoine Henri de Bourbon-Condé, duc d'Enghien (1772-1804), prince du sang.

un conseil de guerre et fusillé quelques heures après dans un fossé du château de Vincennes, le 20 mars.

Le duc d'Enghien était étranger au complot de Moreau, Cadoudal et Pichegru. C'est à propos de cet assassinat que court cette phrase fameuse : « C'est plus qu'un crime, c'est une faute ! » Qui a prononcé ce trait d'esprit politique ? On l'attribue à Boulay (de la Meurthe), à Fouché, à Talleyrand.

On s'est demandé si on pouvait exonérer Napoléon de cette responsabilité. Pas du tout. Le 20 mars 1804, Napoléon Bonaparte écrit à Murat : « Vous ordonnerez à vingt gendarmes d'élite à cheval, à vingt gendarmes d'élite à pied et à un piquet de soixante hommes [...] de se rendre à Vincennes pour y faire garnison et exécuter la sentence[1]. »

Jusqu'à Sainte-Hélène, Napoléon assume cet acte.

À la veille d'instaurer l'Empire, il doit d'autant plus renforcer sa réputation de républicain qu'il vient de faire arrêter le très populaire général Moreau.

On dit aussi que Fouché, qui avait voté la mort de Louis XVI, aurait poussé au crime afin que Bonaparte ait comme lui du sang royal sur les mains : le duc d'Enghien est un Bourbon, un cousin du roi, innocent de surcroît.

À Sainte-Hélène, Napoléon reconnaîtra au duc d'Enghien une conduite intrépide face au conseil de guerre, où il n'a nié ni son hostilité au gouvernement ni ses activités royalistes.

« Il est vrai, commentera alors Napoléon, que je désirais ainsi que la nation faire un exemple : c'est sur lui que cela tomba. »

Cadoudal est guillotiné, Pichegru meurt pendu dans sa prison, suicide très suspect. Moreau, gracié, banni, s'exile aux États-Unis avant de servir les Alliés ennemis de la France puis de mourir dans les rangs de l'armée russe d'un boulet français.

Pourquoi douter du suicide de Pichegru ? Pour qu'on le supprime dans sa cellule, il fallait avoir intérêt à ce qu'il ne soit pas fusillé. Or précisément, Pichegru avait conservé des amis dans l'armée, qui pouvaient s'agiter ou perturber le peloton d'exécution. Mais il n'y a pas de preuve de meurtre, juste des soupçons.

Bonaparte ne veut pas donner l'impression d'exercer une dictature. Pour l'opinion, exécuter Cadoudal, c'est dans l'ordre des choses ; pour le duc d'Enghien : les prétextes paraissent crédibles ; fusiller Pichegru : voilà qui devient difficile. Avec Moreau, c'est impossible : Napoléon lui fait grâce.

Dans sa progression vers le pouvoir personnel, Napoléon se cherche surtout une légitimité. Là gît d'ailleurs une question centrale du bonapartisme, de l'œuvre de Napoléon Ier à celle de son neveu Napoléon III. Gens de transition entre l'Ancien Régime et la République, en quoi sont-ils légitimes ? Existe-t-il une légitimité intermédiaire entre le sacre des rois et le suffrage universel ?

Napoléon Bonaparte apporte à cette question des réponses variées.

Il s'est d'abord prévalu de la légitimité des armes. Général de Robespierre et du Directoire, Bonaparte n'a aucun doute. Pour le peuple et par le peuple, il combat les armées des rois : sa légitimité de général vient de la Révolution, de la République, de la représentation nationale. C'est lui le plus doué pour vaincre leurs ennemis.

Après le coup d'État de Brumaire où il a failli être déclaré hors la loi, l'argument ne tient plus. Il lui faut se légitimer autrement. Durant tout le Consulat, Bonaparte déclare exercer le pouvoir parce qu'il est le plus apte. Nul autre que lui, pas même Louis XIV, ne serait à ce moment capable de gouverner la France. On veut bien le croire.

Brutal principe de réalité, légitimité de putschiste.

Mais ce putschiste a la fibre républicaine. La légitimité des urnes lui manque : le plébiscite que Lucien, ministre de l'Intérieur, organise ne mobilise qu'une participation décevante de vingt pour cent.

Pas dupe de ses propres proclamations, Napoléon Bonaparte se sait à la merci de la première défaite militaire. Il opte alors pour la légitimité des hommes du XVIIIe siècle : une Constitution. Les révolutionnaires en avaient rédigé quatre avant lui, en 1791, 1793, 1795 et 1799. En l'an XII, l'empire se proclamera sur la base de celle de l'an VIII, modifiée en l'an X de manière parfaitement légale.

Comme le corps électoral l'approuvera avec une participation de plus de quarante pour cent, Napoléon pourra enfin se prévaloir de la légitimité d'une consultation populaire. Il déniera ensuite à quiconque d'autre que lui le droit de représenter la nation : il n'y aura plus jamais de plébiscite.

Pourtant il tient à maintenir le lien de plus en plus ténu qui le relie à la République : le Consulat réhabilite celle que le Directoire avait corrompue. La Constitution de l'an VIII (13 décembre 1799) remplace celle de l'an III (22 août 1795). Après le coup d'État de Brumaire, les trois consuls Bonaparte, Sieyès et Ducos s'empressent donc de jurer « d'être fidèles à la République une et indivisible, fondée sur l'égalité, la liberté et le système représentatif ».

Pour convaincre, on compare le Consulat à la République romaine, qu'un César désintéressé transforme en dictature de salut public.

Bonaparte cherche sa légitimité par l'histoire antique.

Comme ses contemporains, il est pétri de Rome. Mais pour lui cette histoire revêt une importance plus grande. On se souvient qu'enfant, à la petite école, il a pris au sérieux sa place en classe sous la bannière de Rome plutôt que celle de Carthage. Il a écrit sur Rome. Jeune homme, il a reconstitué les batailles des Corses contre les Romains lorsqu'il est rentré dans son île.

Au coup d'État du Dix-huit Brumaire, il emploie le terme inusité de *sénat* : il prend soin de le rapporter dans son compte-rendu aux journaux.

Napoléon charge Lucien de dresser le parallèle entre la France et l'Empire romain, entre lui-même et Jules César. Les institutions du Consulat prennent des noms romains, les costumes officiels imitent ceux de Rome.

Mais il est indiscutable que la Constitution de l'an XII (18 mai 1804) qui fonde l'empire met fin à la république proclamée en 1792. Pourtant le sénatus-consulte* cherche à préserver un lien avec la République en proclamant dans son article premier que « le gouvernement de la République est confié à un Empereur qui prend le titre d'Empereur des Français ». Pour le dédouaner encore, le préambule à la nouvelle Constitution insiste bien sur la défense des acquis de la Révolution.

* Senatus-consulte du 28 floréal an XII, 18 mai 1804, aussi appelé Constitution de l'an XII.

« République française, Napoléon Empereur », lit-on sur les pièces de monnaie*.

En s'arrogeant ce titre, Napoléon se rapproche des césars, en principe nommés par le Sénat ; il pense concilier ainsi son attachement à la république et son goût pour le pouvoir despotique.

Regardez d'ailleurs à quel point Napoléon ressemble à César et le prend pour modèle : même rapidité d'action et de mouvement pour surprendre l'ennemi ; même capacité à stimuler le courage de ses troupes, à s'exposer au milieu des batailles ; même endurance physique qui fait l'admiration de ses soldats ; même émulation parmi les combattants désireux de se faire distinguer par leur général. Comme César, il connaît ses hommes, les appelle par leur nom, partage leurs deuils. Il organise le renseignement pour tout savoir du terrain et de l'adversaire avant l'affrontement. Il multiplie les opérations de propagande, tant pour démoraliser l'ennemi que pour glorifier son armée et ses victoires.

Comme César, il ne pardonne aucune faiblesse au combat mais se veut généreux après la victoire et associe les vaincus à son empire. Comme lui, il se renseigne sur les peuples qu'il occupe, sur leurs religions, leurs mœurs, leurs systèmes sociaux.

Comme César, il raconte ses campagnes avec talent en parlant de lui à la troisième personne.

Reste une louable différence : même dans la brutalité des combats, Napoléon échappe à cette tare de la civilisation romaine, la cruauté.

Autre modèle, tiré de l'histoire plus récente, Charlemagne.

Sur le tableau qui représente Napoléon franchissant le col du Grand-Saint-Bernard on trouve déjà le nom latin de Charlemagne, *Karolus Magnus*. David l'a peint quatre ans avant l'Empire.

En septembre 1804, Napoléon profite d'une visite dans les quatre départements de la rive gauche du Rhin pour passer huit jours à Aix-la-Chapelle et se recueillir devant les reliques de Charlemagne. Cette fois, il invoque la référence au Saint Empire romain germanique, héritier de l'empire romain d'Occident : Charlemagne, successeur du dernier césar en quelque sorte.

---

* Du 26 juin 1804 au 1er janvier 1809, date à laquelle « République française » sera remplacée par « Empire français ».

Peut-il honnêtement se considérer comme l'héritier de l'empereur, protecteur de la chrétienté d'Occident ? Il a certes fait un pas en reconnaissant la religion catholique en France avec le Concordat, mais il lui en resterait bien d'autres à franchir avant qu'une telle fiction prenne l'apparence de la réalité.

En tout cas, c'est le Charlemagne de l'an 800 qui lui inspire le sacre. « Dites bien que je suis Charlemagne », exige-t-il de Joseph Fesch, chargé de convaincre Pie VII.

Il va faire tirer de l'oubli les symboles du sacre de Charlemagne : le sceptre, la couronne et l'épée, qu'il fait reproduire pour le sien.

Napoléon cherche une formule qui permette de concilier légitimité populaire et légitimité de droit divin, d'allier république et monarchie.

Rien ne montre mieux son rôle de charnière entre les institutions de l'Ancien Régime et la République moderne que cet oxymore politique.

Il le dit dans cette confidence lucide à Roederer :

« Je regrette d'être venu trop tard. Alexandre, après avoir conquis l'Asie, a pu s'annoncer au peuple comme le fils de Jupiter et tout l'Orient l'a cru. Si moi je me déclarais fils du Père éternel, il n'y a [*sic*] pas une poissarde qui ne me jetât des pommes cuites. Les peuples sont trop éclairés aujourd'hui, il n'y a plus rien à faire. »

Le roi régnait par le pouvoir de Dieu. Ne pouvant se déclarer fils d'un dieu, auquel il ne croit d'ailleurs pas vraiment, Napoléon Bonaparte va se déclarer empereur.

Mais la marche vers l'empire serait impossible sans les victoires, celles de la deuxième campagne d'Italie contre les coalitions européennes et qui se termine par la paix avec l'Angleterre.

Napoléon se considère alors à juste titre comme l'homme le plus puissant d'Europe, c'est-à-dire le plus puissant du monde de son temps.

Pareille position doit se marquer par une distinction particulière, le couronnement du vainqueur : c'est probablement cela qu'il aura d'abord retenu du couronnement de Charlemagne.

Quoi qu'il en soit, l'empire ne s'installe pas le 18 mai 1804, au jour de sa proclamation.

Jusque-là, le Premier consul et général républicain a su s'entourer de civils remarquables : Talleyrand, Fouché, Cambacérès, Volney, Monge, Portalis, Regnaud et bien des membres du Conseil d'État, l'élite intellectuelle de son temps. Ils lui ont enseigné l'art du gouvernement.

Ayant entendu leurs leçons, Napoléon les couvre d'honneurs, de titres, d'argent, de costumes somptueux et gouvernera désormais seul.

L'apprentissage est terminé.

Dans le climat de complot et de préparatifs guerriers du premier trimestre de 1804, *Le Moniteur* publie une multitude d'adresses favorables au sacre de Bonaparte. Les collèges électoraux, les conseils généraux, les communes, même les unités militaires ne demandent qu'une chose, l'empire. Bien entendu, Bonaparte suscite lui-même ces proclamations. L'empire a déjà gagné les consciences de ceux qui gravitent autour du pouvoir. Lâcheté, goût des honneurs et des fastes du pouvoir, petits calculs politiques, cela comptera aussi chez beaucoup.

Je veux ici préciser en quelques mots ma position.

Il y a deux catégories d'admirateurs de Napoléon : ceux qui jugent secondaires les formes de son gouvernement au regard de la totalité de son œuvre de réformateur, et ceux qui considèrent le gouvernement impérial comme la forme la plus achevée du gouvernement des Français. Ces derniers, les vrais bonapartistes, formeront après le Second Empire un courant politique qui s'alliera aux monarchistes et mènera à la droite autoritaire. Je suis étranger à ces idées-là. Accessoirement d'ailleurs cette alliance conduira à la disparition du courant napoléonien de la scène politique française.

Les idéaux politiques ne s'imposent ni du jour au lendemain ni de façon linéaire : voilà pourquoi j'aime à partager l'opinion de mon arrière-grand-père Plon-Plon, le fils cadet de Jérôme Bonaparte, sur l'action de son oncle Napoléon. Il la livre dans *Napoléon et ses détracteurs*[2]. Plon-Plon ne cache pas son désaccord avec la Constitution impériale, mais il écrit ceci : « Quand on compare son œuvre civile à ses institutions politiques, on voit bien qu'il se réservait le soin d'achever l'édifice dont il se bornait à jeter les fondements. Il avait compris que sur ce sol encore mouvant, on ne pouvait pas asseoir une organisation définitive et qu'il fallait laisser à la démocratie le temps de fixer ses conquêtes, afin d'arrêter la forme dans laquelle elle trouverait la garantie de ses droits. Je demeure convaincu qu'il y a dans cette œuvre immense et inachevée l'idée fondamentale, le principe essentiel du gouvernement de la démocratie française. »

À le suivre, le pouvoir personnel renforcé que confère l'empire permet aux fameuses *masses de granit* (les réformes dont j'ai parlé) de prendre leur place. Ainsi ce pouvoir favorisera la transformation des sujets de l'Ancien Régime en libres citoyens.

Plon-Plon ajoutait : « Il ressort avec la dernière évidence que la pensée de Napoléon à Sainte-Hélène est une pensée d'émancipation de l'humanité, de progrès démocratique, d'application des grands principes de notre Révolution. »

Je trouve très intéressante cette lecture de l'Empire, qui dissocie les superstructures politiques des réformes mises en place dans la société civile. Je crois que c'est ainsi qu'il faut voir Napoléon. La complète superposition des institutions avec les mœurs et l'organisation d'une société demandent du temps et un peu de répit. Sous la pression de la guerre, Napoléon ne disposait ni de l'un ni de l'autre. On trouve une dissociation comparable dans bien des pays qui ont connu des révolutions ; par exemple la Chine contemporaine offre un contraste surprenant entre une économie libérale et un pouvoir communiste. Chacun sent que cette situation est fragile et provisoire.

Reste à trancher un problème : Napoléon n'a pas d'enfants. Qui donc lui succédera ?

La famille se déchire.

Louis, frère cadet, est marié à Hortense, la fille de Joséphine*. Leur fils aîné semble le mieux placé, étant à la fois Bonaparte et

* Hortense de Beauharnais (1783-1837) épouse Louis Bonaparte (1778-1846) le 4 janvier 1801. Joséphine, que sa belle-famille déteste, arrange ce mariage qui renforce sa propre union. Hortense aura quatre fils. L'aîné dont il est question ici meurt à cinq ans en 1807. C'est le troisième, né en 1808, qui deviendra empereur sous le nom de Napoléon III. Le quatrième fils d'Hortense a pour père Flahaut, aide de camp de Murat et fils naturel de Talleyrand : demi-frère de Napoléon III, qui le fera duc de Morny.

Beauharnais. De surcroît, à la façon romaine, Napoléon a adopté Hortense, dont le fils devient donc l'un de ses possibles héritiers.

Voilà qui calme les appréhensions du côté Beauharnais.

En revanche, Joseph, l'aîné des Bonaparte, prend fort mal l'idée de se faire évincer. Il conçoit mal que l'héritage lui échappe au profit de son cadet.

Lucien, opposé à l'empire et exilé volontaire, ne manifeste aucun intérêt pour ces histoires. Quant aux sœurs Pauline, Élisa et Caroline, elles n'ont pas voix au chapitre pour elles-mêmes. L'Empire va perpétuer la loi dite salique qui interdit le trône de France aux femmes depuis le XIVe siècle.

Dans cette fratrie volcanique, la querelle se fait intense et sonore, le palais retentit d'injures en corse.

L'empire se décide avant que les rivalités familiales ne trouvent leur solution.

Le 27 mars 1804, les sénateurs se rendent au château de Saint-Cloud où réside Napoléon.

Vêtu pour la dernière fois de l'uniforme de général de la République et dans les lieux mêmes de son coup d'État quatre ans et demi plus tôt, il écoute leur proclamation.

« Grand homme, lui déclare le Sénat, achevez votre ouvrage en le rendant immortel comme votre gloire. »

On lui propose l'élévation à l'empire.

Il accepte. Modestie et timidité face à la volonté unanime des corps constitués, chacun joue son rôle dans un scénario bien monté.

Le sacre de Napoléon Bonaparte est pour le 2 décembre. Il nous en reste deux traces majeures.

D'abord le tableau de David, aujourd'hui exposé au château de Versailles et au Louvre, avec tous les portraits de dignitaires exécutés d'après nature. Comme je l'ai dit plus haut, le peintre y a fait figurer Letizia à une place d'honneur alors qu'elle n'a pas assisté au couronnement.

Ensuite, les travaux d'urbanisme parisiens.

Le délabrement de la capitale, laissée à vau-l'eau depuis des années, exige une urgente intervention. Les hôtels particuliers qui s'effondrent ; un éclairage public rare ; des rues de terre et de pierres, avec la poussière ou la boue assorties selon le climat, des ornières, des flaques, pas de trottoirs ; quelques fontaines intermittentes et des porteurs d'eau qui osent vendre l'eau de la Seine à des Parisiens qui osent la boire ; des pompiers plus souvent au cabaret qu'aux casernes, dotés en tout et pour tout de deux échelles ; très peu de fiacres, pas assez de ponts ; pas d'égouts, pas de caniveaux, des ordures et des immondices devant les portes, qu'enlèvent seulement les orages… L'insalubrité de Paris stupéfie les voyageurs étrangers quand elle ne les rend pas malades.

Afin de dégager Notre-Dame en vue de la cérémonie, on démolit trois maisons du parvis mais faute de temps, on renonce à en abattre trente-cinq autres sur le quai. On achève à temps pour le grand jour des constructions commencées au début du Consulat. On rebâtit notamment un pont entre l'île Saint-Louis et l'île de la Cité*. Pour relier l'Institut au Louvre, alors dit le palais des Arts, on lance une passerelle moderne à neuf arches, en fer : cette passerelle des Arts nous est restée, plusieurs fois refaite depuis. Autre ouvrage d'art en fer, le pont du Jardin des Plantes, mis en service en 1805 et qu'on appellera ensuite le pont d'Austerlitz.

En face de la cathédrale, on remanie l'Hôtel-Dieu, le plus ancien hôpital de Paris, pour lui donner la forme qu'on lui connaît de nos jours.

On pave par endroits, place du Carrousel par exemple. Ailleurs, on sable, on comble des fossés. On améliore la voirie en imitant les Anglais comme on peut : on expérimente la chaussée bombée qui supprime la rigole au milieu de la rue. Comme on ne comprend pas d'emblée l'utilité des caniveaux, l'innovation inonde les boutiques aux premières pluies. On élève alors quelques trottoirs aux frais des propriétaires riverains. L'idée vient d'un abbé Dillon** qui publie en 1802 *Utilité, possibilité, facilité de construire des trottoirs dans les rues de Paris*.

La population peut admirer aussi des décors éphémères, surtout un arc de triomphe de bois, de carton et de stuc orné de statues figurant les trente-six plus importantes villes de France.

---

* Le pont Saint-Louis dans sa quatrième version, démolie en 1811 ; le pont actuel est le neuvième ouvrage bâti à cet endroit.

** Abbé Arthur Dillon, lointain cousin de l'ingénieur Dillon qui construit le pont des Arts.

Placé sur le parvis, il masque sur la façade les statues des rois bibliques décapitées pendant la Révolution.

Les costumes sont bien entendu à la hauteur du projet grandiose.

Doublés d'hermine, chargés d'abeilles, pourpres comme le pouvoir dans la Rome antique, les cinquante-huit mètres carrés de velours du manteau de Napoléon sont l'objet d'une furieuse querelle. Napoléon veut que ses frères le suivent en portant son manteau. Joseph et Louis se rebiffent à pleine voix, non à cause du poids, quarante kilos, mais de la soumission. Sœurs et belle-sœur crient aussi tant qu'elles le peuvent : Caroline, Pauline, Élisa et Julie refusent de tenir la traîne blanc et rouge de Joséphine.

Napoléon y va de ses sarcasmes :

« À vous entendre, on croirait vraiment que je vous ai volé l'héritage du feu roi notre père. »

Napoléon a toujours la colère facile et il n'est pas le seul de sa famille. Cette séance n'est ni la première ni la dernière. En bons Méditerranéens qu'ils sont, les Bonaparte ont l'habitude d'élever le ton. Ils se réconcilieront ensuite. Ce n'est pas un drame de faire du drame.

Empereur, il mue ses frères et sœurs en princes, rois, reines, duchesses mais les régentera tant et plus. Il les traite comme des enfants. Depuis le Dix-huit Brumaire, il vouvoie dans ses lettres ses frères avec qui il a traîné dans les ruelles d'Ajaccio. Une fois rois, ils l'appelleront sire par lettre en s'adressant à lui à la troisième personne.

Il n'échappera pas pour autant à leurs scènes ni à la tradition bien ancrée de la querelle. Il s'agacera de leurs griefs, Caroline qui préférerait que son mari Murat soit nommé roi d'Espagne plutôt que de Naples ; Joseph, qui voudrait rester à Naples plutôt que de partir pour Madrid.

Le jour du sacre, il ne suffit pourtant pas d'avoir le dernier mot pour régler les problèmes. L'affaire va au-delà de la chamaillerie dans un moment de stress. Joseph éclate de jalousie, étale son envie : il est l'aîné, pourquoi son cadet Napoléon lui passerait-il devant ? Napoléon n'est plus d'humeur à supporter cela, même de son frère préféré. Cette fois, c'est trop.

Ulcéré, il s'épanche auprès de Roederer :

« Qu'il me parle de ses droits et de ses intérêts à moi, c'est me blesser dans mon endroit sensible. C'est comme s'il eût dit à un amant passionné qu'il a baisé sa maîtresse. La maîtresse, c'est le pouvoir. J'ai trop fait pour sa conquête pour me le laisser ravir et souffrir qu'on me le convoite[3]. »

Joséphine va profiter des circonstances pour assurer ses arrières. Napoléon et elle n'ont pas d'enfants. Or la précédente dispute familiale a tourné autour de la succession du futur empereur. Angoisse : si jamais Napoléon réglait le différend en changeant de femme pour tâcher d'avoir un fils ? Voilà qui serait plus grave qu'une susceptibilité de belles-sœurs et de traîne.

Le plus sûr moyen de rester Mme Bonaparte serait de rendre leur union indissoluble.

À la dernière minute la veille du sacre, le soir quand il est trop tard pour modifier quoi que ce soit, Joséphine demande à parler au pape. Elle feint d'avoir un scrupule et lui avoue qu'elle n'est pas mariée à l'église.

Bien joué.

La gaffe calculée produit l'effet voulu. Scandalisé, le pape déclare qu'il ne procédera pas « à la triple onction d'une épouse illégitime ». Ivre de colère, Napoléon cède pour ne pas devenir la risée du monde entier.

Le mariage religieux a lieu avant le lever du soleil dans la chapelle des Tuileries. Selon le rite catholique, il faut deux témoins. Dans pareille urgence en pleine nuit, on les prend nécessairement dans l'entourage proche sur place. Surtout, on les choisit discrets.

Mission accomplie, ils le sont tant qu'on ignore aujourd'hui leurs noms.

La précaution de Joséphine ne servira à rien et Napoléon divorcera.

Lorsqu'il épousera ensuite Marie-Louise, fille de l'empereur d'Autriche, les témoins du mariage précédent verront là une raison plus grande encore de garder le secret. Berthier et Talleyrand iront jusqu'à jurer qu'il ne s'agissait pas d'eux. Mon arrière-grand-père Plon-Plon se disait sûr du contraire. Le seul dont on connaisse la présence est l'officiant : il s'agit du cardinal Fesch*.

Joseph Fesch est le demi-frère de Letizia, l'oncle de Napoléon. Prêtre dès sa jeunesse, sous la Terreur il a préféré changer d'état

* Joseph Fesch, évêque en 1802, archevêque, primat des Gaules, cardinal en 1803.

pour garder la vie sauve. Plus âgé que son neveu de six ans seulement, il a de bonne heure lié son destin au sien. Napoléon, on le sait, procure des emplois à ses proches : il le fait entrer dans les fournitures aux armées durant la première campagne d'Italie. C'est là que Fesch commence la collection de tableaux qui sera l'œuvre de sa vie : plusieurs milliers de toiles dont une partie constitue le fonds du musée qui porte son nom à Ajaccio.

Quand Napoléon accède au pouvoir, Joseph Fesch revient à l'Église. C'est lui qui convainc le pape de se déplacer en personne pour célébrer le sacre. En ce temps-là, le Saint-Père ne voyage pas et le Vatican fait là une grande concession.

Pendant cette nuit où Napoléon épouse Joséphine en catimini au milieu d'une bruyante scène de ménage, où déjà les autres se coiffent, s'habillent, se parent, se chaussent, il neige sur Paris. L'air nocturne retentit de salves d'artillerie. Au petit matin, par trois degrés en dessous de zéro, la bise souffle sur le sol verglacé.

Après, les nuages gris crèvent en pluie jusque vers neuf heures. À Notre-Dame, on y est presque, tapissiers et menuisiers s'affairent encore aux sièges, aux escaliers, aux estrades, au trône, au dais. L'intérieur de la cathédrale est garni de tentures de velours, de draperies semées d'abeilles, d'étoiles dorées : éclairé par les vingt-quatre lustres suspendus à la voûte, tout cela devrait être superbe et mettre les costumes de cour en valeur.

Le grand maître des cérémonies, Ségur, ignorant du protocole pontifical, n'a pas prévu la mule blanche réglementaire pour le camérier porte-croix qui précède le pape. Une ânesse grise de dernière minute fait l'affaire. Sur son passage, les badauds plaisantent : « C'est la mule du pape, la mule* qu'on baise ! Ha ! ha ! ha ! » Les Parisiens, anciens révolutionnaires anticléricaux mais de bonne composition, mettent le genou à terre quand Pie VII les bénit à bord de son carrosse à huit chevaux blancs.

À dix heures, une heure après le pape qui attend maintenant assis dans la cathédrale, l'empereur quitte les Tuileries. Chasseurs, cuirassiers, mamelouks, timbaliers, trompettes, carabiniers,

---

* On se prosterne devant le pape en lui baisant un pied, qu'il a chaussé d'une mule blanche ou rouge, c'est-à-dire une pantoufle.

voitures à six chevaux pour les dignitaires, une cavalcade de huit mille cavaliers menés par Murat, le cortège fait un large détour jusqu'à la halle aux Blés pour se montrer à la population. Il va prendre deux bonnes heures, alors qu'il y a deux kilomètres à vol d'oiseau.

Napoléon partage avec Joséphine, Joseph et Louis son carrosse que tirent huit chevaux à la robe isabelle. Le couple impérial salue par les vitres les curieux venus du voisinage, de l'autre bout de la France ou de l'étranger. La foule l'acclame, cependant sans délire d'enthousiasme.

Cravaté d'une fine fraise de dentelle, une toque emplumée sur la tête, le torse pris dans une veste de velours et de satin blanc aux boutons de diamant, Napoléon s'exclame dans son carrosse doré :

« Ah, Joseph ! si notre père nous voyait ! »

Midi. L'équipage de Napoléon arrive à Notre-Dame. Une tente devant l'entrée arbore un décor peint dans un style gothique. En lente procession, l'empereur, l'impératrice, les princes et princesses s'avancent jusqu'au chœur. Les belles-sœurs de Joséphine ne résistent pas au plaisir de lui faire sentir le poids de ses fonctions combiné à celui de leur inimitié. Au moment où elle monte une marche vers son trône, elles lâchent sa lourde traîne pour freiner un peu son ascension.

Devant Napoléon, les maréchaux d'Empire portent les *honneurs* : d'abord les trois précieux objets confectionnés pour évoquer Charlemagne : la couronne, le sceptre, l'épée, puis le collier de la Légion d'honneur, l'anneau, la main de justice et le globe.

En dépit de cette solennité qu'il a lui-même décidée, le premier geste que Napoléon accomplit avec son sceptre orné d'un aigle est de décocher un coup dans le dos du cardinal Fesch qui traîne.

Napoléon a fait savoir qu'il ne s'agenouillera pas. Il ne communiera pas non plus. Le pape a tout de même reçu satisfaction sur un point : les mains sacrilèges de Talleyrand, évêque défroqué, ne s'approcheront pas des saintes huiles. L'un après l'autre, Napoléon et Joséphine reçoivent la triple onction : Pie VII leur oint la tête puis chaque main.

Napoléon ne se laisse pas couronner empereur par le pape, comme tout le monde le sait. Il se saisit de la couronne la plus grosse, la pose sur sa propre tête, puis prend la seconde pour la mettre sur la tête de Joséphine. Sans doute s'est-il souvenu de l'humiliation qu'avait ressentie Charlemagne qui avait dû accepter la couronne des mains d'un pape qu'il considérait comme son protégé.

Le pape, venu tout exprès pour cela et de fort loin, avait dû accepter à la dernière minute ce changement de cérémonial.

Petite concession diplomatique ? *Le Journal des débats* du lendemain omet de relater que Napoléon s'est couronné lui-même. S'il s'agissait de ménager la susceptibilité du pape en gardant le geste caché, voilà qui ne durera pas. Dans un tableau qu'on peut voir aujourd'hui au musée du Louvre*, David immortalise Napoléon, debout tandis que le pape est assis, levant une couronne.

À ce propos, Napoléon est-il ressemblant ? Au moment du sacre, il a perdu sa maigreur et l'air maladif de sa jeunesse, il s'arrondit déjà. D'un peintre à l'autre, d'une statue à l'autre, on lui voit des visages divers. Quels sont les portraits fidèles ? Les personnalités du sacre posent pour David par dizaines, pas Napoléon. Déjà pour le tableau du col du Grand-Saint-Bernard, il n'a pas posé non plus. Au contraire il pose en 1798, lorsqu'il fait la connaissance de David à son retour d'Italie, après sa victoire de Rivoli et le traité de Campo-Formio. David laisse cette toile inachevée, ne peignant qu'un visage romantique, le regard tourmenté, la moue belle, déjà idéal.

Castelot cite ce témoignage de Kotzebue**, écrivain à succès, diplomate allemand et russe qui séjourne à Paris durant la Révolution et le Consulat. « Aucune des gravures que j'avais vues de lui auparavant, en Allemagne ou en France, ne lui ressemble parfaitement, écrit Kotzebue. Et la plupart ne lui ressemblent pas du tout. Le fameux tableau de David est du nombre de ces derniers. Isabey est celui qui a le mieux saisi sa ressemblance. […] Mais ce qui paraît lui ressembler plus encore c'est son effigie sur les nouvelles pièces de cinq francs de l'an XII. »

À Notre-Dame, la cérémonie religieuse dure cinq heures.

Heureusement des marchands de charcuterie, de petits pains, de saucisson et de pastilles de chocolat se sont glissés dans la

* La toile mesure une dizaine de mètres et le peintre met deux ans à l'achever.

** Auguste von Kotzebue (1761-1819).

cathédrale et sauvent les assistants de l'inanition. Rien, en revanche, ne protège les invités du froid glacial de décembre. Les femmes grelottent dans leur robe de cour : décolleté et bras nus qu'il leur est défendu de couvrir du moindre châle.

La main levée sur l'Évangile, Napoléon prête le serment de préserver les acquis de la Révolution. Alors le chef des hérauts d'armes proclame d'une voix sonore :

« Le très glorieux et très auguste empereur Napoléon, empereur des Français, est couronné et intronisé, vive l'Empereur !

— Vive l'Empereur ! » lui répond la nef.

Napoléon Ier s'en retourne aux Tuileries par un autre itinéraire qu'à l'aller, un détour plus grand encore, sur l'emplacement des actuels Grands Boulevards. Il fait noir. Au fur et à mesure que le cortège progresse, les maisons s'illuminent dans la nuit. Malgré cela, malgré les affiches qui annonçaient le programme, la foule ne brave pas les éléments pour voir passer le carrosse surmonté d'un aigle doré. Il fait froid, il est vrai, mais chez un peuple alors très habitué à vivre dehors il n'y aurait pas là de quoi décourager de vrais enthousiastes. Le sacre de Napoléon ne déclenche pas autant de ferveur populaire que le couronnement des rois ses prédécesseurs.

À six heures du soir, Napoléon est de retour dans son palais.

Selon la formule officielle, il est empereur « par la grâce de Dieu et les Constitutions de la République ». À l'évidence, il veut s'emparer de la légitimité ancienne des rois et la fondre dans la légitimité républicaine. Sa véritable légitimité réside dans l'ascendant qu'il prend sur la France de son temps.

Conscient d'être à la charnière entre deux époques, entre deux mondes, il le résume ainsi à la fin de sa vie dans le *Mémorial* : « Dans cette immense lutte du présent contre le passé, je suis l'arbitre et le médiateur naturel. »

Il est le seul. Il est seul. Là réside la faiblesse de son système, sans continuité possible.

Chapitre XIV – À la guerre

Quand Napoléon siffle – Au galop – Une grande leçon de géographie européenne – Le sachet de taffetas noir – Une sieste sous les boulets – Mauvaises et bonnes odeurs – La véritable histoire du célèbre lit de l'Empereur – Un pain redoutable – Galanteries passagères.

J'épargnerai au lecteur le récit des soixante batailles qu'à livrées notre héros contre les sept coalitions qui se sont formées contre la France entre 1793 et 1815. Ses victoires fameuses sont inscrites sur les piliers de l'arc de triomphe de l'Étoile, à Paris, érigé à la gloire du plus grand des chefs militaires français et de l'un des plus grands capitaines de tous les temps. Après la seconde campagne d'Italie de 1800 dont je vous ai entretenu, il y eut la campagne de 1805 contre les Austro-Russes et la victoire d'Austerlitz, la campagne de 1806 contre la Prusse avec les victoires d'Iéna et d'Auerstedt, la campagne de 1807 contre la Russie et la victoire de Friedland, la campagne contre l'Autriche en 1809 qui s'achève sur la victoire de Wagram, la campagne de Russie qui commence en mai 1812 et s'achève par la terrible retraite de Russie, la campagne en Allemagne de 1813 et 1814 qui s'achève par la chute de Paris et le premier exil à l'île d'Elbe.

Après les Cent-Jours, il y aura la défaite finale de Waterloo.

À ces campagnes on pourrait ajouter la guerre contre l'Espagne à partir de 1808 et d'autres affrontements moins connus où s'illustrèrent ses généraux, dans les Balkans ou dans les colonies lointaines. En tout, Napoléon passera la moitié des quinze années de son gouvernement à la tête de ses armées, loin de France.

Ce qui m'intéresse, je vous l'ai dit, ce sont l'homme, ses méthodes, ses comportements, ses motivations.

Quand Napoléon décide d'entrer en guerre, ses plans sont établis depuis longtemps mais nul ne doit savoir quand commencera la campagne. Le maître garde le secret pour lui seul.

Pourtant son entourage le devine. Comment ? Parce qu'à l'idée de quitter Paris pour les combats, il siffle. Il s'essaie même à chanter, toujours faux, toujours les mêmes airs, *Marlborough s'en va-t-en guerre*, *Le Chant du départ*, *La Marseillaise*. Constant, son valet de chambre, ne l'a jamais entendu davantage siffler qu'à la veille de la campagne de Russie.

Napoléon cache avec un pareil soin l'heure de son départ.

Pour déconcerter les calculs, il fait expédier vers les diverses marches de son empire le matériel complet pour son couchage, son alimentation, ses chevaux. La veille du départ, tout se passe comme à l'ordinaire. Puis à neuf heures du soir, en sortant du théâtre ou d'un concert, il dit à son cocher César* – Napoléon conduit par César ! : « Demain matin, je pars à deux heures. »

Tout doit être prêt.

Aussi, pour faire face, dans un coin de la cour des Tuileries, parmi une cohorte d'officiers généraux, d'officiers d'ordonnance, d'aides de camp, d'écuyers et de pages, se tiennent jour et nuit un officier et vingt chasseurs : le piquet de service attend sa volonté.

Dans une des écuries, on trouve de même une brigade de chevaux prêts pour l'Empereur et sa suite, dont « trois chevaux du rang de Sa Majesté ». En effet, Napoléon veut en permanence deux chevaux de bataille et un cheval d'allure.

Constant raconte :

« Les chevaux destinés au service personnel de l'Empereur passaient par un rude noviciat avant d'arriver jusqu'à l'honneur de le porter. On les accoutumait à souffrir sans faire le moindre mouvement des tourments de toute espèce, des coups de fouet sur la tête et sur les oreilles. On battait le tambour, on leur tirait aux oreilles des coups de pistolet et des boîtes d'artifice. On agitait des drapeaux devant leurs yeux, on leur jetait dans les jambes de lourds paquets, quelquefois même des moutons et des cochons. Il fallait qu'au milieu du galop le plus rapide – l'Empe-

---

* Ce cocher, qui s'appelle en fait Germain, a gagné le surnom de César en Égypte pour avoir bravement tué un ennemi au combat.

reur n'aimait que cette allure – il pût arrêter son cheval tout court. Il ne lui fallait enfin que des chevaux brisés. [...] L'Empereur tenait beaucoup à ce que ses chevaux fussent très beaux, et dans les dernières années de son règne, il n'a monté que des chevaux arabes. »

Caulaincourt, son grand écuyer, monte toujours à ses côtés – sauf bien sûr quand il se retrouvera ambassadeur à Saint-Pétersbourg. Il porte une carte des lieux accrochée à sa boutonnière. Ainsi Napoléon saura toujours où il passe et où il va.

Les autres montures sont réservées à l'entourage proche : l'écuyer de service, le mamelouk Ali, le chirurgien Yvan, équipé de ce qu'il faut pour panser, le piqueur, le préposé à la cantine et à ses effets personnels, deux valets de chambre avec des instruments de chirurgie et de la charpie, et trois maîtres d'hôtel et leur cantine. Les palefreniers ont les portefeuilles et les cartes. Un page chargé de la lunette garde aussi dans ses sacoches un mouchoir, une paire de gants et un petit assortiment de bureau, papier, plumes, encre, crayons, compas, cire à cacheter. Il transporte les armes fixées derrière sa selle.

Deux jours après le départ de l'Empereur, les équipages expédiés comme leurres reviennent aux Tuileries. On range tout jusqu'à la prochaine fois.

Napoléon part toujours très tôt le matin, souvent vers quatre heures. Ainsi en 1805 en marche vers Austerlitz, en 1806 vers la Pologne, en 1809 pour la campagne d'Autriche. Puis il chevauche à longues étapes pour gagner les places fortes de l'Est.

Le 13 avril 1809 par exemple. Depuis deux semaines, il réside à l'Élysée. La veille vers vingt et une heures, il dîne puis passe un moment avec l'impératrice Joséphine, dicte cinq notes et deux lettres, prend du café, lit un rapport arrivé de Milan, reçoit Fouché à vingt-trois heures et se couche à minuit. On le réveille à deux heures. À trois heures sa voiture est devant le grand perron de l'Élysée. À quatre heures et quart Joséphine prend place, Napoléon la rejoint cinq minutes après.

La voiture part avec Roustam monté près du cocher. Il roule tout le jour, toute la nuit.

Le 14 au matin, il arrive par surprise chez Oudinot et sa famille à Bar-le-Duc, à deux cent cinquante kilomètres de Paris.

Le 15 à l'aube, il est à Strasbourg où il laisse Joséphine. Il repart dans la journée.

Le lendemain à quatre heures du matin il a traversé la Rhénanie, il s'arrête à Ludwigshafen sur le Rhin, repart à dix heures trente pour la Bavière. Le 20 avril, il dirige la bataille d'Abensberg et coupe en deux l'armée autrichienne ; le 22, il l'emporte à Eckmühl. Le 10 mai il couche à Schönbrunn dans le palais des empereurs d'Autriche. Le 13 mai, Vienne capitule.

Trois ans plus tard, même schéma : partant le 8 mai 1812 de Saint-Cloud à six heures du matin avec l'impératrice Marie-Louise, il est en trois jours à Mayence. Il fait des étapes de cent quatre-vingts, deux cents, parfois deux cent trente kilomètres – à la vitesse d'un cheval au galop bien entendu : entre vingt et trente kilomètres à l'heure. En cinq jours Napoléon arrive à Dresde, qu'il quitte à quatre heures du matin pour Glogau sur l'Oder, en Silésie. De là, nouvelle étape de deux cent cinquante kilomètres, puis le lendemain encore cent vingt jusqu'à Posen, aujourd'hui Poznan en Pologne.

Suivre Napoléon, c'est prendre une grande leçon de géographie européenne.

Au zénith de l'Empire, l'équipage au complet se compose de cinquante-deux voitures vertes aux armes impériales, tirées par six cent trente chevaux. Derrière sa berline à six chevaux, une autre voiture transporte son bureau démontable. Puis viennent les fourgons-pourvoyeurs, les fourgons-cuisines, la cave garnie de vins fins pour lui-même et son état-major dont le fameux chambertin marqué à ses armes. Derrière suivent les détachements de la Vieille Garde.

Pour les trajets de nuit ou les déplacements lointains, il a fait aménager un véhicule avec un lit de campagne, un bureau, des étagères : il peut l'utiliser comme quartier général mobile. Un grand fanal, fixé à l'extérieur pour éviter l'incendie, éclaire son travail nocturne à travers un volet spécial.

En avril 1813, pour la dernière campagne en Allemagne, l'équipage est beaucoup plus restreint : trois berlines légères sans paquets ni vaches – les vaches sont de grands sacs de cuir. « Dans ma voiture, on mettra un choix de livres, les cartes de poste, les croquis qu'on a faits dernièrement dans mon bureau topographique, quelques cartes du pays entre l'Elbe et le Main. »

La voiture de son secrétaire et archiviste le baron Fain* transporte la correspondance avec l'armée et les états de situation. Napoléon va beaucoup plus vite avec trois voitures qu'avec cinquante-deux : il atteint Mayence en quarante-huit heures.

Les grandes routes de l'époque sont carrossables jusqu'en Allemagne. Ce sont des voies empierrées pour les besoins de la troupe. Elles partent en étoile de Paris vers Bruxelles, la Hollande, Berlin, la Suisse, l'Italie, etc. À l'est de Berlin, les chemins deviennent peu praticables, parfois calamiteux. En 1806, quittant son quartier général de Posen pour Varsovie, il doit abandonner sa berline et ses voitures de poste pour de petites calèches légères, seules capables de rouler sur ce qui ressemble davantage à des pistes qu'à des routes. Après la capitulation de Paris, en 1814, il monte dans un simple cabriolet d'osier prêté par un boucher, suivi des deux seuls Gourgaud et Lefebvre.

Quand il s'enfonce vers l'Europe orientale, Joséphine, on l'a vu, fait plusieurs fois le trajet à ses côtés, au moins jusqu'à Strasbourg ou Mayence. Souvent il garde un secrétaire dans la voiture pour lui dicter ses instructions. Il peut aussi demander à rester seul pour lire, rêver ou se reposer et dormir. De retour de Moscou, il passera trois semaines forcées en traîneau avec Caulaincourt.

À partir de 1808, la guerre d'Espagne, Napoléon emporte toujours un sachet de poison dissimulé sous ses vêtements, comme je l'ai dit au début de ce livre. Son propre valet Constant ne sait pas de quoi il s'agit, il l'avoue dans ses *Mémoires* : « Je vis l'Empereur se passer autour du col, entre le gilet et la chemise, un ruban de taffetas noir au bout duquel était suspendu une sorte de petit sachet gros comme une grosse noisette et recouvert de taffetas noir. J'ignorais alors ce que contenait ce sachet, que depuis Sa Majesté porta dans toutes ses campagnes. Quand elle revenait à Paris, elle me le donnait à garder. Ce sachet sentait fort bon. Sous son enveloppe de soie était une autre enveloppe de peau. J'aurai plus tard une triste occasion de dire à quelles fins l'Empereur portait sur lui ce sachet. »

* 1778-1837. Nommé secrétaire de l'Empereur en 1806, il l'accompagne dans toutes ses campagnes jusqu'à Waterloo.

À la fin du voyage, quand il s'approche des champs de bataille, Napoléon appelle le maréchal Berthier à ses côtés. C'est à ce moment qu'il prend ses décisions, « arrête ses plans et en donne les mouvements », dit le *Mémorial*. Berthier note. « À la première station ou au premier moment de repos, soit de jour, soit de nuit, il expédiait à son tour tous les ordres et les différents détails particuliers avec une régularité, une précision et une promptitude admirables. [...] Voilà quel était le mérite spécial de Berthier. Il était des plus grands et des plus précieux pour moi, nul autre n'eût pu le remplacer », reconnaissait l'Empereur.

Quand il n'est pas avec Napoléon, Berthier le suit au plus près dans sa propre berline, ainsi que Duroc. Un Allemand, Odeleben, décrit le cortège : « Le dispositif est le même de jour comme de nuit. Deux officiers d'ordonnance se tiennent de part et d'autre de la berline, à cheval. Deux chasseurs la précèdent. Derrière chevauchent des officiers de haut rang qui prennent seuls la liberté d'avancer des deux côtés de la voiture. Les domestiques qui conduisent la voiture de l'Empereur se considèrent comme les chefs du cortège.

« L'équipage avance au grand galop, quels que soient l'heure et le temps ; les heures passant, une certaine confusion finit par s'installer. Lorsque la route se fait étroite, on court les uns sur les autres au risque de se casser le cou dans une sorte de tourbillon [...] : chacun veut être le plus près possible du maître. » Car, souligne Odeleben, « des officiers d'ordonnance aux pages et aux chasseurs du portefeuille, tout le monde devient important lorsque Bonaparte l'appelle ! »

Napoléon lit volontiers en voiture et comme je l'ai raconté, pour gagner du poids sur ses bagages, il se fait imprimer des livres sans marges, moins lourds. Il les jette par la portière ou au feu une fois lus, ce qui explique que je n'en ai jamais vu dans la bibliothèque de mon père.

Dans ses voyages, il s'endort soudain pour un sommeil de quelques minutes. La nuit, on le voit dormir profondément dans sa voiture, enroulé dans une couverture ou un simple manteau. Il arrive au petit matin, frais et prêt à reprendre les affaires de l'État, à inspecter une fortification, à passer les troupes en revue.

Peu d'hommes auront autant de fois changé de lit. Napoléon a dormi dans tous les lieux et toutes les conditions imaginables avec cette même facilité apparente.

S'il se déplace en France, Napoléon s'arrête à l'archevêché, à l'hôtel de ville, chez le sous-préfet, chez le maire à défaut d'autorités administratives locales.

Constant décrit cette organisation.

Dès l'arrivée, le maître d'hôtel, Pzifer, veille à tout. Il rembourse en nature, avec les provisions qu'il transporte, si l'Empereur prend le repas que les hôtes ont préparé. Il achète aussi de nouveaux pâtés, de nouvelles volailles pour poursuivre la route. Avant que le convoi ne parte, le contrôleur paie avec exactitude la moindre dépense. Le maître de maison reçoit un cadeau et ses domestiques ne sont pas oubliés : ils profitent des larges restes, « tout ce qui n'était pas nécessaire à la fourniture du service ».

« Mais il arrivait parfois que l'Empereur, raconte Constant, trouvant qu'il était trop tôt pour déjeuner ou voulant faire une plus longue journée, ordonnait de passer outre. Alors tout était emballé de nouveau et le service continuait sa route.

« Quelquefois aussi, l'Empereur faisait halte en plein champ, descendait, s'asseyait sous un arbre et demandait à déjeuner. Roustam et les valets de pied tiraient les provisions de la voiture de Sa Majesté qui était garnie de petites casseroles d'argent couvertes et contenant poules, perdreaux, etc. Les autres voitures fournissaient leur contingent. M. Pzifer servait l'Empereur et chacun mangeait un morceau sur le pouce. On allumait du feu pour chauffer du café et moins d'une demi-heure après tout avait disparu. Les voitures roulaient dans le même ordre qu'avant la halte. »

Pendant la campagne de France, Napoléon dort à Troyes dans la maison du maire, un M. Duchâtel-Berthelin ; le lendemain, à Nogent chez un certain Bertin-Delaunay ; à Château-Thierry, chez un maître de poste ; à Montereau, il passe la nuit à l'hôtel du Grand-Monarque ; à Reims il s'installe chez le sieur Ponsardin.

À l'étranger et en temps de paix, l'intendance prépare son logement dans des maisons réquisitionnées, châteaux, maisons bourgeoises, abbayes… Il ne choisit pas forcément les demeures les plus somptueuses. En décembre 1806 à Pultusk, aux portes de

Varsovie, il dédaigne le château épiscopal, qu'il utilise comme observatoire et lieu de travail, pour s'installer dans une modeste maison au centre du bourg.

La veille des batailles, il fait dresser son bivouac, cinq tentes bleu et blanc – vestibule, bureau, chambre à coucher, bureau du chef d'état-major, mess des officiers – toujours montées au milieu de sa garde. Les officiers se bousculent autour du grand feu allumé devant ses quartiers.

Sur le champ de bataille, il dort là où le sommeil le trouve. On en a de nombreux exemples. À la veille d'Eylau, d'où il va déloger l'armée russe, il n'a pas retiré ses bottes depuis sept jours. Il part vers les collines proches observer la contre-attaque russe. Arrivé à la maison de la poste, son bivouac, il s'écroule sur une chaise et s'endort. À six heures du matin, un officier le réveille. En quelques minutes, il rejoint le bivouac de la garde. À Wagram aussi, il se repose sur une simple chaise et, dès quatre heures du matin, il dicte ses ordres.

On lui tient en permanence du café tout prêt.

Bertrand raconte dans le *Mémorial* avoir vu « Napoléon dormir non seulement la veille de la bataille, mais durant la bataille même. »

« Il le fallait bien, explique Napoléon. Quand je donnais des batailles qui duraient trois jours, la nature devait aussi avoir ses droits. Je profitais du plus petit instant. Je dormais où et quand je pouvais. »

Lorsqu'il dort pendant les combats à Wagram et à Bautzen, il ne se met pas toujours à l'écart du danger : Bertrand précise que Napoléon se trouve alors « fort en dedans de la portée des boulets. »

À propos de ces sommes en pleine guerre, Bertrand rapporte ce formidable commentaire de Napoléon : il ne s'agit pas seulement pour lui « d'obéir à la nature. Ces sommeils offraient au chef d'une très grande armée le précieux avantage d'attendre avec calme les rapports et la concordance de toutes ses divisions, au lieu de se laisser emporter peut-être par le seul objet dont il serait le témoin ». Napoléon a le repos tactique : en l'absence d'informations complètes, il dort pour ne pas se laisser influencer par ce qu'il voit !

Il a été surpris volant quelques instants de repos dans les endroits les moins impériaux.

Wagram toujours, le soir, les Autrichiens s'enfuient, Napoléon, écrasé de fatigue, dort vingt minutes par terre sur une peau d'ours derrière une rangée de tambours. Moins élégant encore, le décor où le découvre quatre ans plus tard Girod de l'Ain*, comme le cite Castelot. En pleine campagne de France, Girod de l'Ain cherche l'Empereur, il arrive à la cour du quartier général. Elle est encombrée, mieux que cela, remplie de tas de fumier sur lesquels sont couchés pêle-mêle hommes et chevaux. Il parvient jusqu'au rez-de-chaussée, une chambrette. Sur une petite table, des bougies allumées, des cartes étalées jusque sur le sol. Personne pourtant ne se penche sur la topographie des lieux. Au fond dans une alcôve, il voit Napoléon qui dort tout habillé sur un lit, les bottes aux pieds. Girod de l'Ain ne peut pas s'approcher : à la guerre comme aux Tuileries, le mamelouk Roustam barre la porte. Lui aussi dort, couché par terre.

Sensible au froid, Napoléon exige à la première halte que l'on allume les cheminées. Il déteste les mauvaises odeurs, on se souvient de son goût pour les parfums : on doit tout de suite lui faire brûler un mélange de bois d'aloès**, de sucre et de vinaigre dans les cassolettes de vermeil de son nécessaire.

Lorsque Napoléon s'arrête à l'écart des villes, il faut dresser sa tente. Une construction très particulière et fort pratique comme tout ce qui concerne l'Empereur. Constant, irremplaçable par son sens du détail, nous la décrit. Elle « était d'une toile de coutil rayée blanc et bleu, bordée d'une frange de laine rouge. L'enveloppe de la tente était double. Il y avait la toile extérieure qu'on tendait sur des piquets et la toile intérieure qui formait cloison. L'intervalle entre les deux toiles formait une espèce de corridor servant de magasin. C'était l'endroit où se tenaient habituellement le valet de chambre et le mamelouk.

---

* Jean-Marie Félix Girod de l'Ain (1789-1874), auteur d'un livre de souvenirs : *Dix ans de mes souvenirs militaires de 1805 à 1815.*

** Le bois d'aloès (rien à voir avec l'*aloe vera*) provient d'un arbre asiatique, *Aquilaria malaccensis*, contaminé par une bactérie et longuement vieilli. Un des composants de l'encens et utilisé en médecine ayurvédique pour rendre les idées claires et combattre la fatigue. Biennais fournit l'Empereur au tarif de 72 francs l'once, environ sept mille euros le kilo. En 2009, ce produit vaut une fois et demie à trois fois plus cher, entre 10 et 20 euros le gramme.

« Quant au lit de l'Empereur, il se composait de baguettes d'acier très légères qui s'ajustaient l'une sur l'autre avec une grande facilité. Il était d'environ six pieds de long sur trois de large et quatre de haut. Il était enveloppé de rideaux de soie gris-vert. Ce modèle de lit dont l'Empereur se servit pendant toutes ses campagnes fut l'œuvre de Desouches, serrurier du garde-meuble impérial. C'est sur un de ces lits que l'Empereur fut exposé dans la chapelle ardente de Longwood à Sainte-Hélène. » Il est muni de six roulettes. Les montants aux pieds et à la tête permettent de draper un baldaquin.

La mythologie veut qu'il ait toujours conservé le même lit. Ce n'est pas tout à fait exact. C'est le même type de lit, d'ailleurs en deux modèles, que le même serrurier fabrique en plusieurs exemplaires*. On en conserve à la Malmaison et aux Invalides. J'en ai vu un au musée de Borodino : les Russes l'avaient saisi dans les bagages de la Grande Armée en déroute.

Une facture de 1809 nous renseigne : « Un autre lit de campagne du petit modèle, pouvant être transporté à dos de mulet, avec impériale, exhaussé portant platine et pomme en cuivre doré ; les ornements dorés et son étui en cuir doublé de drap : 1 100 F. » Le grand modèle ne voyage pas à dos de mulet mais dans un fourgon.

Depuis Brienne, Napoléon dort sur ce genre de couche, sauf aux Tuileries où il use de meubles plus normaux.

Pour le campement, on le dresse où l'on peut, parfois sur le champ de bataille. La table de l'Empereur, son café, son lit, son bain même, tout est prêt en cinq minutes. Souvent, on doit d'abord dégager à toute allure des cadavres d'hommes et de chevaux.

Au soir d'une bataille longtemps indécise, le baron Fain exténué se précipite sous sa propre tente à peine installée près de celle de l'Empereur. Il s'endort aussitôt, la tête sur quelques bagages laissés par les équipages.

Au réveil, à la lumière du jour, le secrétaire de l'Empereur sursaute : son oreiller de hasard n'est autre qu'un mort frais de la veille.

* Les officiers supérieurs l'utilisent aussi.

Un autre jour, dans un petit village, en pleine expédition au-delà du Rhin, on réquisitionne la masure d'un paysan pour y loger l'Empereur. Mais la baraque a d'abord servi d'ambulance, c'est-à-dire de poste de chirurgie : il faut enlever bras et jambes coupés, laver le sang. Constant précise que ce nettoyage prend moins d'une demi-heure et que « tout était presque bien ».

À la guerre comme partout, Napoléon porte la même extrême attention à la propreté de son corps. Hors cas de force majeure, quoi qu'il arrive, il se lave beaucoup, se peigne avec soin, se parfume à l'eau de Cologne et change de linge. J'allais dire : comme un moderne. S'il s'asperge dehors, il ne craint pas de se montrer nu devant ses troupes.

Sa baignoire le suit partout.

On ne le voit qu'une seule fois avec une barbe de deux jours : le 9 février 1807, le lendemain de la sanglante bataille d'Eylau lorsqu'il parcourt l'affreux théâtre des opérations.

Nous devons cette vision exceptionnelle à Saint-Chamans, officier de l'état-major du maréchal Soult : « Sa culotte et son gilet blanc sont maculés de boue et ses gants de fine peau de daim sont noircis par la bride des chevaux qu'il aura successivement montés pendant la journée du 8 février. » En effet, à la guerre comme à la ville, Napoléon s'habille et se gante de blanc. Par-dessus, il porte le fameux costume de colonel des chasseurs de la Garde qu'il va immortaliser. Saint-Chamans ajoute : « Il avait dîné de pommes de terre qu'il avait jetées dans les braises d'un feu de la Vieille Garde. Il avait passé la nuit tout habillé et botté, couché sur un matelas au coin du feu dans une petite ferme, à une demie-lieue en arrière d'Eylau. »

Comment Napoléon mange-t-il en campagne, et quoi ? Bataille ou voyage, si l'Empereur demande à déjeuner, on fait halte en plein champ.

Comme l'Empereur lui-même, tout le monde mange sur ses genoux à la hâte.

Puis on allume un feu pour le café. Napoléon en boit beaucoup.

Sur le plateau de Friedland en juin 1807, il installe son fauteuil près d'un moulin et déjeune d'un morceau de pain noir, une sorte de brique qui contient encore de la paille. Le musée d'Erfurt conserve d'ailleurs un exemplaire de ce pain redoutable. Le général russe Bennigsen vient de tomber dans le piège, Napoléon rit, il est heureux.

Dans les quartiers généraux de campagne, il dîne rarement seul. Souvent le maréchal Berthier l'accompagne ou, en son absence, le général Duroc, grand maréchal du Palais, ou encore Caulaincourt, le grand écuyer. Parfois, il reçoit un visiteur d'importance. Mais dans un cas comme dans l'autre, comme il en a l'habitude, les repas ne durent pas plus de vingt minutes. Il mange et boit peu, sauf de temps en temps un verre de son cher chambertin. Il parle à table et plaisante volontiers. Comme tous les cyclothymiques, il peut se montrer extrêmement gai.

Dans les capitales conquises, affaire de symbole, Napoléon occupe les palais des monarques battus ou renversés.

Arrivant aux environs de Vienne avant la bataille d'Austerlitz, il s'installe dans une abbaye. Mais bien vite, le 13 novembre 1805, il prend possession de Schönbrunn, la résidence des empereurs d'Autriche, où il dort. Voilà pour impressionner les négociateurs autrichiens. Il y dormira trois nuits.

Schönbrunn est vide et c'est la première fois qu'il dort dans le palais d'un souverain vaincu.

La cour d'Autriche est partie avec les meubles les plus précieux. L'Empereur songe à la grande Marie-Thérèse*, qui a fait achever l'édifice en 1750 et dont, constate-t-il, le portrait figure partout.

Il n'a pas pris la chambre de l'empereur germanique mais une vaste pièce qui donne sur le parc. C'est là que plus tard son fils le roi de Rome, devenu duc de Reichstadt, vivra et s'éteindra.

L'année d'après, 1806, il est à Berlin. Comparée à Vienne, la ville semble encore une capitale de province. Il y passe trois semaines dans le palais de Charlottenburg, celui du grand Frédéric II**, l'ami de Voltaire. À Potsdam, il visite le tombeau du despote éclairé qu'il admire et dont il a une statuette dans son bureau. Le grand homme occupe tellement son esprit que, lorsqu'il devient chef de l'État après le Dix-huit Brumaire, et

* 1717-1780. Reine de Bohême et de Hongrie, impératrice d'Autriche, elle est la mère de Marie-Antoinette, reine de France.

** 1712-1786.

qu'on lui demande de définir le mot de passe, comme le rapporte Tulard, il dit : « Frédéric II et Dugommier ».

Son successeur vaincu, Frédéric-Guillaume III*, n'a pas eu le temps de déménager avant l'arrivée des Français.

Talleyrand voit ce troublant spectacle dont il apprécie la valeur historique : l'empereur Napoléon Ier sortant du bureau de Frédéric le Grand, où il vient de rédiger un *Bulletin* pour son armée.

Napoléon rapportera quelques objets en souvenir, une épée et un réveille-matin. Il rendra l'épée mais gardera la pendule. Il la désignera dans son testament comme « le réveille-matin de Frédéric II que j'ai pris à Potsdam », et la léguera à son fils.

En quittant Berlin, les Français, dans le même état d'esprit que leur chef, s'emparent du fameux quadrige de la porte de Brandebourg. Ils devront le restituer plus tard.

À Dresde, il descend au palais du roi de Saxe. En arrivant à Moscou, il commence par passer une nuit dans une auberge, puis, pendant plus d'un mois, il vit au Kremlin.

Jour et nuit, partout, se tiennent à sa disposition le page et l'aide de camp de service qui couchent sur des lits de sangle. Dans l'antichambre, un maréchal des logis et un brigadier des écuries. Aux écuries, prêts à sortir au moindre signe, des chevaux sellés et bridés d'avance, des voitures déjà attelées à deux chevaux. Telle la relève des sentinelles, ils changent toutes les deux heures. Comme le dit Constant qui décrit cette organisation : « Sa Majesté aimait les promptes réponses et celles qui annonçaient de la vivacité dans l'esprit. »

Même à la guerre, Napoléon ne cesse jamais de gouverner la France.

Les historiens ont fait le compte de ses absences.

En 1805, il quitte Paris pendant six mois et demi ; en 1806, quatre mois ; huit en 1807 comme les deux années suivantes ; un et demi en 1810 ; trois en 1811 mais sept et demi en 1812, six et demi en 1813.

Pendant les dix années de son règne d'empereur, de 1805 à 1815, il aura ainsi passé près de quatre ans et demi loin de Paris : presque la moitié de son temps.

---

* 1770-1840, petit-neveu de Frédéric le Grand.

Le quartier général commande l'armée et dirige aussi le pays. Il se transforme peu à peu en une gigantesque organisation que la bureaucratie grippe parfois. En 1805, il regroupe déjà cinq mille hommes dont quatre cents officiers. En 1812, il passe à dix mille hommes dont trois mille cinq cents officiers.

Il se compose de trois unités : la maison, chargée des affaires personnelles de l'Empereur ; le quartier général de la Grande Armée, dirigé par Berthier ; enfin le commissariat général aux armées, responsable de l'intendance et des transports.

Napoléon demande parfois à Talleyrand de l'accompagner pour négocier sans délai. L'équipage du ministre des Relations extérieures s'ajoute alors à celui de l'Empereur.

Avec autant de monde, l'installation prend de plus en plus de temps : en 1812, sept jours pour l'ensemble du quartier général. Le commissariat aux armées doit s'établir de plus en plus loin de Napoléon. Pendant la campagne de Russie, il ne dépasse pas Vilnius en Lituanie, à plusieurs centaines de kilomètres de Moscou.

Des gendarmes surveillent le réseau de routes que Napoléon a fait tracer au départ de Paris vers toutes les capitales européennes. Par là passent les troupes mais aussi les messages, les nouvelles, les ordres. Les diligences des mille quatre cents maîtres de poste de la Société des messageries impériales et leurs seize mille chevaux transportent hommes et ordres administratifs en France et dans les États vassaux.

Pourtant, Napoléon trouve que cela ne va pas assez vite.

Sur son injonction, La Valette*, directeur des Postes, organise un service d'estafettes : désormais, une lettre mettra huit jours de Paris à Milan, quinze pour Naples.

Chaque semaine sans exception, un auditeur au Conseil d'État quitte la capitale avec les portefeuilles de tous les ministres. Pasquier**, lui-même maître des requêtes au Conseil d'État, relève que ces malheureux fonctionnaires paniquent à

---

* Antoine Chamans, comte de La Valette (1769-1830), ancien aide de camp de Bonaparte.

** Étienne-Denis Pasquier (1767-1862). Il fera ensuite une carrière considérable sous la Restauration et la monarchie de Juillet.

l'idée de courir à toute bride en plein hiver ou de s'approcher des combats.

Dans les châteaux qui souvent lui servent de résidence ou de quartier général, l'Empereur dicte les fameux *Bulletins de la Grande Armée*. Il étale les plans, les cartes, les rapports de ses généraux. Information, désinformation : le récit est épique, la formule relevée, l'armée admirable, l'ennemi déloyal et qui attaque toujours le premier, cela au milieu d'une foule de détails vrais, même lorsqu'il faut annoncer une défaite au pays. Sous l'apparence de l'exactitude, il glisse d'importants mensonges, des dissimulations, des falsifications.

Ces textes sont publiés dans *Le Moniteur*, le journal officiel. C'est ainsi que Napoléon en personne informe le pays.

Après les premiers *Bulletins*, très brefs, il comprend vite qu'il peut construire ainsi sa légende, passionner l'opinion, impressionner ses ennemis. Les proclamations en deviennent plus longues, parfois jusqu'à quinze pages. Napoléon raconte dans le détail la progression des divers corps d'armée, les affrontements, leurs réactions face à l'adversaire…

Cela ressemble aux lettres qu'il expédiait autrefois au Directoire. En somme, il rend compte comme il l'a toujours fait : aux directeurs d'abord, au peuple français ensuite.

Comme Jules César, il parle de lui à la troisième personne. Il dicte, les secrétaires corrigent ou adaptent, on lui soumet toujours la version finale. Son style ne diffère pas de sa correspondance, même goût du détail, mêmes phrases parfois. Je l'ai déjà souligné, lorsqu'il a trouvé une formule qui lui plaît, il la replace.

« Ces intrépides fils de la Révolution, victimes des armées des rois… » En 1812 : « Le choix ne saurait être douteux, marchons donc en avant, passons le Niémen. » À Austerlitz : « Soldats, il faut finir cette campagne par un coup de tonnerre qui confonde l'orgueil de nos ennemis ! » Magnifique ! Longtemps ses *Bulletins* inspireront l'esprit national.

Les affaires du pays le suivent partout dans des fourgons, classées par dossiers dans des caisses. Les rapports et les nouvelles fraîches arrivent aux mains d'estafettes épuisées d'avoir fait la route d'une traite en changeant juste de monture*.

* La poste, au contraire, relaie les hommes comme les chevaux.

Dans le flux du courrier, les dépêches qui lui sont destinées suivent un traitement particulier. À Paris, La Valette les enferme à clé dans un portefeuille de cuir muni d'une plaque de cuivre gravée « Dépêches de l'Empereur ». À destination, le secrétaire l'ouvre avec son double de la clé.

Napoléon se jette sur ces informations récentes, grandes et petites nouvelles de son gouvernement. On sait qu'il commence souvent par les petites, sa façon à lui de jauger le climat de Paris, connaître l'opinion, les avis des proches et les ragots rapportés par les services de police.

En retour, il dicte sur tous les sujets imaginables, réformes, nominations, récompenses, réprimandes, de ce même ton impératif qu'il emploie aux Tuileries et qu'il garde, sûr qu'à des milliers de kilomètres de distance chacun va lui obéir.

Parfois le séjour loin de Paris s'étire. Mais a-t-on le droit de s'ennuyer ? Napoléon joue aux cartes avec ses généraux ou ses aides de camp, d'ordinaire au vingt-et-un, qu'on appelle plus souvent aujourd'hui le black-jack.

Il triche, il n'a pas changé depuis la campagne d'Égypte. Il y prend toujours autant de plaisir. Il conserve des cartes en douce d'un coup sur l'autre pour battre ses partenaires, qui, je le suppose, font semblant de ne rien voir. Mais, au lieu de leur rendre l'argent comme en Égypte, il partage ses gains entre ses valets de chambre.

Restent comme distraction les nombreuses occasions de galanterie passagère. Napoléon n'y résiste pas. Constant lui sert de rabatteur, il cite dans ses *Mémoires* des rencontres et des amourettes en Pologne, en Prusse, en Autriche… Parfois, c'est Napoléon qui remarque une femme. Constant la prévient. Si elle consent, il l'amène à la résidence impériale. Parfois à l'inverse, on avertit Napoléon : « Sire, Mme Unetelle souhaiterait rencontrer Votre Majesté. » Il s'agit la plupart du temps de jeunes femmes de la bonne société, trop heureuses de passer un moment avec le glorieux maître de l'Europe.

Je crois que l'on calomnie Napoléon en l'accusant d'avoir collectionné des aventures de cinq ou dix minutes où il n'aurait pas même considéré ses compagnes d'un instant. Nous avons bon nombre de récits : aucun ne mentionne pareille muflerie. Les entrevues durent plusieurs heures et Napoléon s'y tient fort bien.

Il arrive qu'une jeune femme veuille juste le rencontrer sans aller plus loin. En ce cas, Napoléon l'accueille et ne la contraint pas. Mais ce cas de figure n'est pas le plus fréquent.

Chapitre XV – À la guerre, suite

Napoléon, cravache levée – Un affreux cauchemar – « Berthier, mes cartes ! » – Comment l'armée éclaire son Empereur – Stratégies imaginaires – Napoléon et Hitler : une comparaison stupide – Tvarozna en tchèque, Austerlitz pour le monde entier – À l'appel des blessés – Une pénible conversation – « Monsieur Goethe, vous êtes un homme ! »

Le boulet qui devait le tuer n'a jamais été fondu. Napoléon n'a été blessé que trois fois. Vu le nombre des combats auxquels il a participé, cela relève du miracle.

La première fois, comme je l'ai raconté, c'est à Toulon en décembre 1793, lors de la charge contre le Petit Gibraltar, la redoute anglaise du fort de l'Éguillette. Il prend un coup de pique dans la cuisse gauche. Il en garde une profonde cicatrice, « un trou considérable » où il peut enfoncer un doigt, raconte Las Cases qui l'a vu faire à Sainte-Hélène.

Quinze ans plus tard devant Ratisbonne, une balle tirée des remparts l'atteint au gros orteil du pied droit. « Ce ne peut être qu'un Tyrolien, dit-il, ces gens sont très adroits. » Le chirurgien Yvan panse la blessure, peu profonde mais très douloureuse. Perdant patience, Napoléon arrache son pied des mains des médecins et remonte à cheval.

Un mois après, le 21 mai 1809 vers dix-neuf heures, à la bataille d'Essling, un coup de feu lui déchire la botte et la peau de la jambe gauche. Le général Walther l'évacue : rien de grave.

Il montre une extrême résistance à la fatigue. Mais avec l'âge et les dures conditions que lui imposent ses campagnes, les intempéries, l'humidité des bivouacs, il souffre de fréquents rhumes de cerveau. Il peut en perdre son extraordinaire lucidité. Ainsi le froid le prend la veille de la bataille de la Moskowa, que les Russes appellent Borodino. Le 7 septembre 1812, il frissonne, se sent mal. Erreur de stratégie, c'est trop tard qu'il engage la Garde. Il l'emporte, mais chèrement. Plusieurs historiens soutiennent que son rhume en est la cause. Il se mouchera encore en arrivant à Moscou. Trois ans plus tard, à Sainte-Hélène, le plus léger courant d'air suffit à le rendre malade ou à lui causer des maux de dents.

Il mange trop vite, ce qui lui occasionne parfois de violentes douleurs à l'estomac et des vomissements. La fatigue, les tensions de la guerre en rajoutent : au lendemain de la victoire de Wagram, il est pris d'un débordement de bile qui semble d'origine nerveuse.

On rapporte plusieurs anecdotes à propos de ses nerfs, précisément. D'abord ses fameuses colères, qu'il ne réserve nullement à ses frères et sœurs. Quelques-unes, qui sont célèbres, sont de la comédie. Par exemple ses deux heures de cris en public contre l'ambassadeur anglais, qui lui trouve plutôt une allure de « capitaine de dragons » que de « chef d'un des plus puissants États d'Europe ». Avec l'âge, il apprend à se dominer mais ne se maîtrise pas toujours. Un jour, il s'énerve tellement contre Chaptal, ministre de l'Intérieur, qu'il le frappe avec un rouleau de papier. Chaptal lui donne sa démission. Il a beaucoup de mal à la lui faire reprendre.

En face d'un militaire, c'est différent. À l'été 1804, déjà empereur mais pas encore sacré, il est au camp de Boulogne, se préparant à envahir l'Angleterre. Il se prend d'un accès de fureur contre l'amiral Bruix* qui commande la flottille. La tempête souffle, l'amiral refuse d'appliquer les ordres.

Napoléon se précipite vers lui, lève sa cravache.

Bruix empoigne son épée.

Napoléon jette sa cravache à terre.

L'amiral s'éloigne.

Mais si Napoléon l'avait frappé…

Cet homme colérique se montre d'humeur changeante, souvent gai, aimable et souriant, sans méchanceté. Las Cases, contre lequel Napoléon s'est si souvent emporté, le souligne dans le *Mémorial* : « Son courroux d'ordinaire s'exaltait par des sorties violentes, mais c'était là tout. Ceux qui le connaissaient le savaient bien. »

* Eustache Bruix (1759-1805) fait toute sa carrière dans la marine. Amiral en 1801. Lors de cet épisode, plusieurs bateaux font naufrage et vingt-neuf marins se noient.

Mais il cherche aussi, délibérément – c'est une de ses techniques de commandement –, à maintenir ses subordonnés dans un état d'anxiété et de tension.

Il siffle joyeusement avant de partir à la guerre. Dans des situations difficiles, son optimisme peut le mener à une euphorie qu'il est le seul à éprouver. À la veille d'Austerlitz, par exemple, tandis que d'autres ressentent le trac qui précède les combats, il jubile : le mouvement des troupes russes lui donne la certitude de la victoire. À des kilomètres à la ronde il ne se trouve qu'un homme pour partager son point de vue, le général prince Koutousov qui, lui, est sûr de perdre.

Soudain, l'allégresse de Napoléon cède la place à la colère ou alors à des idées noires qui vont jusqu'au dégoût de la vie. Le temps passant, les fatigues, les campagnes et les batailles qu'il conçoit et conduit seul accusent ces traits de caractère.

Talleyrand, qui deviendra son pire ennemi, affirme avoir vu Napoléon secoué par une crise nerveuse qui ressemble à de l'épilepsie, deux mois avant la bataille d'Austerlitz.

Cela se passe à Strasbourg le 1er octobre 1805. Sortant de table, l'Empereur emmène Talleyrand dans sa chambre. M. de Rémusat*, premier chambellan, les rejoint. « À peine y étions-nous, écrit le ministre des Relations extérieures dans ses *Mémoires*, que l'Empereur tomba par terre. Il n'eut que le temps de me dire de fermer la porte. Je lui arrachai sa cravate parce qu'il avait l'air d'étouffer. Il ne vomissait point, il gémissait et bavait. M. de Rémusat lui donna de l'eau, je l'inondai d'eau de Cologne. Il avait des espèces de convulsions qui cessèrent au bout d'un quart d'heure. Nous le mîmes sur un fauteuil. Il commença à parler, se rhabilla, nous recommanda le secret et une demi-heure après il était sur le chemin de Karlsruhe. »

Talleyrand ajoute pour preuve que l'Empereur lui écrit une lettre de Stuttgart qui se termine par « je me porte bien ».

Cette crise semble plus grave que celle du 18 Brumaire. Enfant, Napoléon a déjà une fois une sorte de syncope. Mais ce 1er octobre 1805, il demande le secret à Talleyrand et Rémusat. Y

* 1762-1823.

aurait-il eu d'autres crises de ce genre devant des témoins qui se seraient tus ?

Je ne le crois pas. Ces secrets ne se gardent pas longtemps, on en aurait parlé. Prenez Jules César ou Flaubert, tous deux réellement atteints du haut mal : cela s'est su. J'ai interrogé des historiens, nul n'a jamais trouvé chez Napoléon la moindre trace d'incident de ce genre. Il existe des crises nerveuses qui peuvent ressembler à des crises d'épilepsie. Ce jour-là, l'Empereur avait voyagé très vite, ou peut-être s'était-il disputé avec Joséphine ? Un jour, en Italie, elle lui a fait faux bond : il en avait eu un malaise terrible.

En un mot, le témoignage de Talleyrand est un témoignage isolé.

Il faut se méfier de Talleyrand, grand manipulateur. Il écrit ses *Mémoires* sous Louis XVIII pour habiller ses retournements et se dégager de ses responsabilités sous l'Empire. Cela posé, il s'est passé quelque chose ce 1er octobre 1805 à Strasbourg, même si l'interprétation en semble exagérée.

Nous savons en revanche que Napoléon a des crises de doute. En 1809, dans les mois qui précèdent la campagne d'Autriche et la bataille de Wagram, Joséphine l'entend se lamenter : « Le monde est pour moi une source d'ennui : je voudrais vivre dans une éternelle solitude, l'aspect des courtisans me fatigue, je les déteste. Je ne sais que trop bien pénétrer au fond du cœur de l'homme. » Et il lâche cette phrase terrible : « Je ne crois pas plus à la sincérité de l'ancienne noblesse qu'à la conversion des jacobins. »

Il faut aussi citer un épisode de tout autre nature que rapporte Constant. Une nuit de 1808, Roustam et lui sont tirés de leur sommeil par des cris affreux. Ils se précipitent.

L'Empereur fait un cauchemar.

Réveillé, il leur explique : « Je rêvais qu'un ours m'ouvrait la poitrine et me dévorait le cœur. »

Rêve prémonitoire ? Trois ans plus tard, c'est en effet l'ours russe qui le premier mènera l'Empire à sa perte.

Ces quelques faiblesses que rapportent les historiens pèsent peu face à l'incroyable énergie qu'il déploie, assumant pendant quinze ans, avec un sang-froid surprenant, tant de décisions aux si lourdes conséquences.

À la veille d'Austerlitz, le sort de la bataille est incertain. Il donne ses ordres puis partage avec ses officiers quelques pommes de terre revenues avec de l'oignon. Il est d'excellente humeur. Il parle de la campagne d'Égypte et des charmes de l'Orient, évoque une comète que l'on aurait vue filer au-dessus de Paris et qui annoncerait la victoire. Le repas expédié, il va inspecter ses troupes. Puis il se couche. La nuit est calme, il se lève à trois heures pour consulter ses cartes.

Tolstoï, qui pourtant ne l'aime pas, décrit son réveil dans *Guerre et Paix* : « Quelques heures de sommeil vers le matin l'avaient entièrement reposé ; frais et allègre, dans cette heureuse disposition d'esprit où tout paraît possible et où tout réussit, il était monté à cheval pour se rendre sur le terrain. Immobile maintenant et les yeux fixés vers ces hauteurs qui apparaissent par-delà le brouillard, son visage froid reflétait un bonheur confiant et mérité, le bonheur de tous jeunes amoureux quand ils sont payés de retour. »

Revenons à la guerre avec cette confidence à son frère Joseph : « Les états de situation des armées sont pour moi les livres de littérature les plus agréables de ma bibliothèque et que je lis avec le plus de plaisir dans mes moments de délassement[1]. »

Les préparatifs des armées occupent une large place dans sa correspondance. Quand il prend le commandement de ses troupes, il connaît en détail la situation de chaque unité, française comme ennemie. Tout cela figure dans ses fameux carnets aujourd'hui conservés au musée de l'Armée.

Il fait préparer méticuleusement ses cartes. En mars 1809, par exemple, il réclame qu'on lui dessine une carte des étapes à parcourir depuis le Rhin jusqu'à Austerlitz et la Vistule. Il précise au général Clarke : « Je désire que cette carte ne soit pas plus grande qu'une carte d'étapes de France, et que j'y voie bien le nombre de journées[2]. »

En voiture, il reste aux aguets, observant et repérant les lieux de ses futures batailles. Cette habitude date de sa jeunesse : Joseph son frère avait déjà remarqué que lorsqu'il parcourait les chemins de Corse avec Napoléon adolescent, celui-ci ne cessait de se représenter les positions où les paysans du XVe siècle avaient tenu tête aux Génois.

Empereur, il continue dans les plaines d'Europe. Il détecte les emplacements utiles à sa stratégie et les fait relever avec soin. Quand l'heure du combat approche, il envoie des géomètres, ses généraux ou ses conseils, parfois Berthier lui-même se rendre compte sur place.

Dans les jours qui précèdent les batailles, rapporte Constant, il passe des heures à demi couché sur de grandes cartes où il pique des épingles aux têtes de différentes couleurs. Il possède ainsi en permanence une situation des troupes sur une table au centre de son bureau. Bacler d'Albe*, son directeur de la topographie, lui fournit les documents ainsi que les distances et les durées de déplacement.

Le 10 juin 1807, en Prusse-Orientale, sur la route de Guttstadt à Heilsberg**, Napoléon avise un mamelon dominant la campagne. L'état-major et la Garde qui suivent s'arrêtent : « Berthier, mes cartes ! »

Le grand écuyer Caulaincourt fait signe à l'ordonnance chargée de ce portefeuille, l'ouvre et le remet au major général. Celui-ci, le chapeau bas, déploie par terre une immense carte sur laquelle Napoléon se précipite.

Norvins*** regarde, fasciné :

« L'Empereur se mit d'abord à genoux, puis se courba sur ses mains, puis enfin se coucha de tout son long, armé d'un petit crayon. Il resta ainsi une grande demi-heure profondément silencieux. Berthier et Caulaincourt restent debout, immobiles, la tête découverte exposée au soleil brûlant des étés du Nord, autour d'eux, la cavalerie de la Garde. Soudain, Napoléon se relève en riant et en montrant ses belles dents : il monte à cheval et part comme l'éclair : il vient de trouver la tactique pour attirer l'ennemi russe à Friedland. »

---

* Guislain Bacler d'Albe (1762-1824), baron, peintre et chef des ingénieurs géographes.

** Ces deux villes se situent désormais en Lituanie.

*** Jacques Marquet de Montbreton de Norvins (1769-1854), historien, secrétaire de Leclerc à Saint-Domingue puis du Conseil d'État en Westphalie, chargé d'affaires à Bade, enfin directeur de la police des États romains.

Au soir de la bataille d'Iéna, harassé, il s'endort sur ses cartes. C'est là que se situe la scène fameuse : les grenadiers forment un carré silencieux autour de lui et veillent sur le sommeil de leur empereur.

Quand il commande, ses ordres sont précis, adaptés à la situation. À leur lecture, on reste frappé de voir comment ils évoluent selon les circonstances jusqu'au résultat final qu'il a anticipé.

Trop souvent à son goût, il constate qu'on ne suit pas ses instructions. Il tonne contre la négligence de son entourage, l'incapacité de ses maréchaux.

Surtout, on s'en doute, rien ne va assez vite. La ponctualité est tout. À Berthier[3] : « Le moment décisif est arrivé. Un moment de retard nous présentera de plus grands obstacles. » À Joseph[4] : « La perte du temps est irréparable à la guerre ; les raisons que l'on allègue sont toujours mauvaises, car les opérations ne manquent que par des retards. »

Dans la nuit qui précède Austerlitz, l'Empereur n'a pas sa tente. Pourquoi ? Personne ne le dit, pas même Constant qui rapporte cette histoire. Napoléon s'installe dans une cabane de branchages dressée par ses soldats. Épuisé d'avoir passé la journée à cheval, il s'endort sur un tas de paille.

Arrive le général Savary, l'un de ses aides de camp, qui vient rendre compte d'une mission importante. L'Empereur ne se réveille pas. Savary lui touche l'épaule, en vain. Vu l'urgence, il le pousse. En trois secondes, Napoléon est debout. Il se remet en selle, il veut inspecter les avant-postes.

Comment y verra-t-il dans la profonde obscurité de cette nuit de décembre ?

D'un seul élan, ses soldats saisissent une poignée de paille, la piquent à leur baïonnette, l'enflamment. En un instant, la lumière se répand le long de son trajet. Au centre de cette parade aux flambeaux spontanée, Napoléon parcourt la ligne à cheval.

« Soyez demain, mes braves, tels que vous l'avez toujours été, encourage-t-il ses hommes. Les Russes sont à nous ! Nous les tenons ! »

Soldats et officiers n'ont qu'un cri :

« Vive l'Empereur ! »

Pas un ne doute de la victoire.

Presque sept ans plus tard, peu avant la bataille de Dantzig*, un officier polonais que cite Tulard témoigne :

« À présent que le sort en est irrévocablement jeté, il se livre tout entier à ses instincts guerriers ; il se retrouve uniquement soldat, il ne rêve plus que de victoires et de conquêtes. »

Dans la nuit, les officiers de service ont la surprise de l'entendre chanter à pleine voix un hymne révolutionnaire. C'est ce même air qu'il aime siffler aux Tuileries avant de partir en guerre. Bien qu'il chante toujours aussi faux, l'entrain qu'il met dans ces paroles martiales les impressionne : c'est *Le Chant du départ*.

« Et du Nord au Midi, la trompette guerrière
« A sonné l'heure des combats,
« Tremblez ennemis de la France ! »

Dès les premiers échanges, il se place sur une hauteur avec son état-major. Jumelles aux yeux, il suit les assauts.

Sur le terrain, les maréchaux peuvent-ils toujours se conformer à ses instructions ? Eh bien, pas dans tous les cas. L'âge venant, il lui arrive de monter des stratégies imaginaires, comme s'il manœuvrait des soldats de plomb. En retour, ses collaborateurs hésitent à lui dire la vérité sur l'état réel des effectifs et des armements. Il devient alors la victime de ses propres abstractions : nous le verrons plus loin au retour de la campagne de Russie.

Sitôt la bataille achevée, Napoléon fait appeler son chirurgien, le baron Larrey, pour connaître le nombre de morts et de blessés.

Napoléon n'est pas un chef militaire assoiffé de sang ni indifférent aux souffrances de ses soldats et de son peuple. C'est ainsi que le représenteront ses ennemis anglais, mais je crois que cette vision de propagande ne correspond pas à la réalité des faits. Il n'a en tout cas rien des dictateurs sanguinaires du XXe siècle qui ont exterminé sans remords des armées entières, des millions de prisonniers, des groupes ethniques ou supposés tels, les croyants des religions. Ajoutons que ces tyrans ont aussi massacré ou enfermé dans des camps une bonne part de leurs adversaires poli-

* 4 juin 1812. Dantzig est l'ancien nom de Gdansk.

tiques, ce qui à l'évidence n'est pas le cas de Napoléon. Napoléon n'a en tout et pour tout proscrit que treize personnes*.

Les comparaisons stupides entre Napoléon et Hitler me révoltent.

Ma famille n'a jamais enfanté de monstre.

Elle a donné naissance à un homme dont je suis fier, qui a écrit et mis en œuvre le code civil et le Concordat et bien d'autres réformes issues de la Révolution, ouvrant les voies de la liberté et de l'égalité. L'autre a passé par les armes ses adversaires avant d'envahir l'Europe pour y imposer un ordre tyrannique au service d'une race arienne dite supérieure. Il a écrit et mis en œuvre *Mein Kampf* où Napoléon bâtissait le code civil. L'un reconnaissait le droit des juifs à vivre comme des citoyens ordinaires, en France et dans tous les pays d'Europe, là où l'autre ouvrait des camps pour les gazer.

En Europe centrale, où que j'aille pour tenir des conférences, il y a toujours un représentant de la communauté juive dans la salle. À Weimar, à Erfurt, j'ai fait des conférences dans la synagogue. Chaque fois, le rabbin a rappelé que Napoléon avait apporté la liberté aux juifs de son pays.

Bien sûr, Napoléon Bonaparte appartient à une autre époque que la nôtre. Il est d'abord un militaire issu de la Grande Révolution. Chef d'État, il combat comme César à la tête de ses troupes, cas unique à son époque. Il se lance dans des guerres, dirige des armées, commande des assauts, non par cruauté mais pour le bien de son pays. Beaucoup de ces guerres lui sont imposées par la situation politique dont il hérite en arrivant au pouvoir : elles manifestent avant tout la résistance de l'ordre monarchique ancien à la Révolution française. Un officier est formé pour vaincre : il a appris que les morts et les blessés représentent le prix de toute victoire, hier comme aujourd'hui. Juge-t-on Churchill au nombre de morts civils dans les bombardements qu'il a ordonnés sur les villes d'Allemagne, Truman aux innocents brûlés vifs d'Hiroshima et Nagasaki, Staline aux millions de soldats qu'il a sacrifiés pour libérer le sol de sa patrie ? Que l'on me comprenne bien : chaque vie perdue à la guerre est de trop. Mais ces maux terribles sont le résultat de situations historiques et politiques qu'il faut apprécier dans leur ensemble.

---

* Moins que Louis XVIII qui en a proscrit cinquante-sept. Cf. Anne Simonin, *Le Déshonneur dans la République*, Grasset, 2008.

Moi, le petit-neveu, social-démocrate de l'après-Seconde Guerre mondiale, acteur de la construction de l'Europe et d'un monde en paix, je ne peux partager les valeurs d'il y a deux siècles. Mais je sais aussi que le courage d'être différent, l'opiniâtreté dans l'effort, la volonté de changer le monde, l'affirmation des libertés individuelles et de l'égalité entre les hommes, la séparation des affaires religieuses et politiques, tout cela n'a pas été perdu pour l'humanité et conserve tout son sens dans le monde moderne.

Je constate aussi que ses plus anciens soldats sont pour beaucoup des volontaires qui s'étaient engagés, jeunes gens, pour défendre les idéaux de la Révolution. Cent fois, ils ont risqué leur vie pour la République. Ils ont vu tomber un million de leurs camarades pendant l'ensemble des campagnes de l'Empire. Mais leur Empereur reste le défenseur des idéaux révolutionnaires. Certes, le régime politique a bien dérivé par rapport aux valeurs de départ. Cela n'empêche pas qu'ils lui demeurent personnellement attachés, et sans avoir l'impression de renier leur jeunesse.

Ce sont les survivants de ses campagnes – et l'on sait pourtant à quel point ils ont souffert – qui resteront ses meilleurs avocats face à l'histoire.

Napoléon se considère comme le père de ses soldats. Il partage leurs épreuves et leurs souffrances.

De nombreux témoignages le montrent bouleversé par les cris des blessés et les champs de cadavres. Mais leur sacrifice est le prix qu'exige l'accomplissement de son devoir et du leur. Une telle pensée appartient aux temps de guerre. Par bonheur, nous vivons aujourd'hui une période de paix, du moins en Europe. On ne peut pas juger l'histoire passée avec des concepts contemporains.

Je le répète, ses guerres n'ont pas produit de massacres de populations ni engendré de haines ethniques ou religieuses. Certes, il y a eu des morts civils. Mais il y en a eu beaucoup moins que dans les guerres d'aujourd'hui. Les proportions sont même inverses : dix à vingt pour cent du total alors, tandis que l'on arrive à quatre-vingts pour cent dans les conflits de la seconde moitié du XXe siècle et des débuts du XXIe.

Chaque vie mérite le respect. Chaque mort est une mort de trop. Mais certaines appellent la vengeance et sèment le fanatisme, pas celles dont il porte la responsabilité.

Notons d'ailleurs que Napoléon éprouve une aversion physique pour le sang.

La médecine le laisse incrédule et méfiant mais il croit à l'efficacité de la chirurgie. Par trois fois, il commence à prendre des cours d'anatomie. Les affaires, bien sûr, mais aussi le dégoût l'en écartent. Corvisart, son propre médecin, se mêle de l'instruire sur le sujet. Mauvais souvenir que Napoléon évoque dans le *Mémorial* : « À la suite d'une longue discussion, Corvisart, désireux de me parler pièces en mains, eut l'abomination, la scélératesse de m'apporter à Saint-Cloud, dans son mouchoir de poche, un estomac. Et cette horrible vue me fit rendre à l'instant même tout ce que j'avais dans le mien. »

Je viens de dire que Napoléon n'a jamais ordonné ni laissé faire de massacres de civils. Il existe cependant une triste exception, Pavie.

Durant la première campagne d'Italie, en mai 1796, Pavie se révolte contre les Français. Pour punir la ville, Napoléon promet à ses soldats vingt-quatre heures de pillage.

À Sainte-Hélène, il revient sur cette faute.

Il avait promis vingt-quatre heures mais au bout de trois, il fait cesser le pillage. Que s'est-il passé ? Il a entendu les victimes : « Je n'avais que douze cents hommes, explique-t-il, les cris de la population qui parvenaient jusqu'à moi l'emportèrent. S'il y eût eu vingt mille soldats, c'eût été eux dont la masse eût étouffé les plaintes de la population. Il ne serait rien parvenu jusqu'à moi. »

Il se trouve que sur cette question du pillage, la politique s'accorde avec la morale pour le condamner. En témoignent les réflexions frappantes qu'il expose :

« J'ai beaucoup médité sur cet objet, on m'a mis souvent dans le cas d'en gratifier mes soldats. Je l'eusse fait si j'eusse trouvé des avantages. Mais rien n'est plus propre à désorganiser et à perdre tout à fait une armée. Un soldat n'a plus de discipline dès qu'il peut piller. Et si en pillant il s'est enrichi, il devient aussitôt un mauvais soldat, il ne veut plus se battre. [...]

« Le pillage n'est pas dans nos mœurs françaises. Le cœur de nos soldats n'est point mauvais. Le premier moment de fureur passé, il revient à lui-même. Il serait impossible à des soldats français de piller pendant vingt-quatre heures. Beaucoup emploieraient des derniers moments à réparer les maux qu'ils auraient faits d'abord. Dans leurs chambrées, ils se reprochent plus tard les uns aux autres les excès commis et frappent eux-mêmes de réprobation et de mépris ceux d'entre eux dont les actes ont été trop odieux. »

Et plus loin : « Quelque effort qu'on ait fait pour noircir ma vie et dénaturer mon caractère, ceux qui me connaissent savent que mon organisation est étrangère au crime. »

Hors l'exécution du duc d'Enghien et aussi le massacre des prisonniers de Jaffa, je crois que l'histoire peut en prendre acte.

Son génie militaire, Napoléon ne l'a jamais mieux démontré qu'en retournant son armée de la Manche à l'Europe centrale, de Boulogne à Austerlitz.

Il veut envahir l'Angleterre, toujours et indéfiniment hostile. Il a concentré son armée le long de la côte de la Manche et de la mer du Nord depuis 1803. Il la rejoint au début d'août 1805.

Au bout de dix jours, il apprend qu'en Espagne des navires anglais coincent sa flotte dans les ports de Galice. Impossible d'attaquer l'Angleterre sans son soutien pour contrôler la Manche.

Ajoutons que Napoléon connaît mal l'arme navale et qu'il est souvent en désaccord avec ses amiraux.

Il sait aussi que les Autrichiens manœuvrent, que les Russes vont les rejoindre.

Le jour même, ce 13 août, il bascule ses plans, renonce à l'Angleterre. Le 26, l'armée entière, deux cent mille hommes, part vers le Rhin, à pied bien sûr.

Deux cent mille hommes et pareille distance : les Autrichiens pensent qu'ils ont le temps. Erreur, il arrive en trois semaines – exploit unique, quarante kilomètres par jour – puis les bat ensuite à Ulm*. Il entre à Vienne le 14 novembre.

---

* 14 au 17 octobre 1805. Les soldats ont eu quelques semaines pour se remettre de leur marche forcée.

Le 2 décembre 1805 près d'un petit bourg de Moravie s'affrontent les trois empereurs, le Français, l'Autrichien, le Russe. Dans une apothéose d'intelligence et de stratégie, Napoléon écrase ses adversaires.

Le bourg s'appelle Tvarozna en tchèque, Austerlitz pour le monde entier.

Les historiens ont détaillé mille fois les manœuvres de la bataille, les généraux les ont enseignées dans toutes les académies. Ce que l'on mentionne moins, ce sont les réactions de Napoléon au soir du combat.

Il fait déjà nuit. Napoléon revient sur le champ de bataille. Il visite les emplacements des charges et des mêlées. Il réclame le silence à son escorte : il faut pouvoir entendre les appels des blessés.

Dès qu'il en entend un crier, il s'approche aussitôt, descend de cheval, prend de l'eau-de-vie dans sa cantine, fait boire le malheureux. Dans cet hiver d'Europe centrale, le froid pince tragiquement les hommes gisant sur la neige gelée. Napoléon fait allumer des feux pour les rassembler au chaud. Les soldats de son escadron passent toute la nuit à récupérer les manteaux des morts russes afin de couvrir les blessés. Lui-même reste très tard, jusqu'à ce qu'arrive le commissaire de guerre qu'il a fait appeler. Il lui ordonne de demeurer auprès des blessés jusqu'à ce que le dernier soit transféré à l'hôpital et lui laisse une partie de son escorte.

« Ces braves gens le comblaient de bénédictions qui trouvaient bien mieux le chemin de son cœur que toutes les adulations des courtisans », commente Savary, son aide de camp, qui reste avec lui toute cette nuit-là*.

Quand cesse l'action, dégrisé, Napoléon est pris d'horreur, horreur qui se transforme en tristesse voire en dépression.

Fin 2005, j'ai été à Austerlitz pour le bicentenaire de la bataille. Un groupe d'amis, maires de communes françaises, m'accompagnait, la poitrine barrée de leur écharpe tricolore. L'ambassadeur de France était présent, à titre personnel. La

* Tulard cite son témoignage dans *Nous étions à Austerlitz*, Tallandier, 2005, p. 186-187.

ministre de la Défense était venue en catimini la veille pour déposer une gerbe. La France était toute petite ce jour-là !

Pourtant il y avait un monde fou, un embouteillage sur l'autoroute qui va de Vienne à Varsovie et longe le champ de bataille. Des hommes étaient venus de tous les pays du monde, plusieurs milliers de personnes en uniformes de l'époque reproduits à l'identique, français, russes, autrichiens. Le spectacle son et lumière était superbe, avec une reconstitution où ces armées d'un soir mimaient l'affrontement et ses fusillades sous les tirs à blanc des canons.

Il reste étonnant que des pays, en l'occurrence la République tchèque, commémorent ainsi une défaite. Il est vrai qu'en 1805 Austerlitz appartenait à l'Autriche.

Mais le soir de ce 2 décembre 2005, il n'y avait ni vainqueurs ni vaincus, juste des amoureux de l'histoire fêtant un événement de première importance et qui avait changé le destin de leurs pays. Si l'on veut la preuve que les campagnes de Napoléon étaient bien plus que de pures invasions militaires, en voilà le plus bel argument deux siècles plus tard.

La France, elle, n'a commémoré que très discrètement la victoire d'Austerlitz au prétexte que Napoléon avait rétabli l'esclavage. Quel mélange ! La même année, les Anglais ne se sont pas gênés pour célébrer avec pompe le bicentenaire de leur victoire de Trafalgar sur Napoléon, ainsi que la mémoire de l'amiral Nelson[*], tout aussi esclavagiste, pour ne pas dire davantage, que Napoléon Ier.

Toujours les soirs et les lendemains de bataille. Le 8 février 1807 à Eylau, après deux jours de combats, il voit l'affreux spectacle : douze mille morts russes, quatorze mille blessés qui mourront faute de soins ; du côté français, vingt mille morts ou blessés.

Après cette sanglante victoire qui ne règle rien, vers dix-sept heures Napoléon parcourt selon son habitude les lieux des combats. Il passe devant le jeune fantassin Billon[**] qui se tient debout

* Horace Nelson (1758-1805) meurt d'une balle française en plein combat au large de Trafalgar le 21 octobre 1805.

** François-Frédéric Billon (1784-1865), promu sous-lieutenant au lendemain d'Eylau, termine sa carrière comme capitaine. Il tient son journal et publie ses *Souvenirs*.

sur un banc de pierre, à hauteur du visage de Napoléon à cheval. Billon observe son héros : « L'Empereur faisait tous ses efforts pour éviter que son cheval foulât aux pieds tant de restes humains, note-t-il. Ne pouvant plus y parvenir, il abandonna les guides et c'est alors que je le vis pleurer. »

À trois heures du matin – sans doute a-t-il du mal à dormir –, Napoléon écrit à Joséphine : « J'ai perdu bien du monde ; la perte de l'ennemi, qui est plus considérable, ne me console pas[5]. » Il ne cache pas davantage ses sentiments dans le *Bulletin* officiel : « Un père qui perd ses enfants ne goûte aucun charme à la victoire. Quand le cœur parle, la gloire même n'a plus d'illusions[6]. »

À Fouché, l'aveu est plus brutal : « Cela a été une véritable boucherie. »

Plus les guerres continuent, plus les armées deviennent considérables, plus les combats s'avèrent meurtriers. En avril 1809, à la poursuite des Autrichiens le lendemain d'Eckmühl, Napoléon a du mal à avancer : des monceaux de cadavres bloquent sa voiture. On doit lui tailler une route parmi les morts. Le spectacle le révulse.

« Quel crime, s'écrie-t-il, quelle affreuse échauffourée ! Il faudrait que tous les agitateurs des guerres vissent une pareille monstruosité ; ils sauraient ce que leurs projets coûtent de maux à l'humanité. »

Cette émotion n'empêche pourtant pas, un mois après, les quarante mille morts d'Essling. À Wagram deux mois plus tard, en juillet 1809, son éclatante victoire coûte au total quatre-vingt-quatre mille morts. L'armée française y laisse le quart de ses effectifs !

Napoléon est très affecté par la perte de ses proches. On se souvient comme il avait été touché par la mort de Chauvet, commissaire aux armées lors de la première campagne d'Italie.

Il l'est bien plus encore par celle du maréchal Lannes à la bataille d'Essling, en mai 1809. Lannes agonise pendant six jours, les jambes déchiquetées par un boulet. Larrey, le chirurgien personnel de l'Empereur, ne peut rien. Napoléon visite à plusieurs reprises le mourant, le seul de ses maréchaux qu'il tutoie et qui le tutoie.

Constant, toujours lui, rapporte la scène où Napoléon paraît dans la chambre. Un grand silence se fait. Tout le monde s'écarte.

Mais comme la porte reste entrouverte, ils sont plusieurs à entendre la conversation « longue et pénible ».

Voici les phrases de Lannes, qui resteront célèbres. Le maréchal parle « d'une voix encore haute et ferme ». Il rappelle ses états de service puis apostrophe l'Empereur :

« Ce n'est pas pour t'intéresser à ma famille que je te parle ainsi ; je n'ai pas besoin de te recommander ma femme et mes enfants ; puisque je meurs pour toi, ta gloire t'ordonne de les protéger, et je ne crains pas, en t'adressant ces derniers reproches de l'amitié, de changer tes dispositions à leur égard.

« Tu viens de faire une grande faute, et, quoique elle te prive de ton meilleur ami, elle ne te corrigera pas : ton ambition est insatiable ; elle te perdra ; tu sacrifies sans ménagement, sans nécessité, les hommes qui te servent le mieux, et quand ils meurent, tu ne les regrettes pas. Tu n'as autour de toi que des flatteurs ; je ne vois pas un ami qui ose te dire la vérité. On te trahira, on t'abandonnera ; hâte-toi de finir cette guerre ; c'est le vœu général. Tu ne seras jamais plus puissant ; mais tu peux être bien plus aimé. Pardonne ces vérités à un mourant... ; ce mourant te chérit...[7] »

Le maréchal lui prend la main. Napoléon la baise en pleurant mais ne répond pas. Lannes meurt peu après.

Chaptal, le grand chimiste et ministre de l'Intérieur jusqu'en 1804, témoigne de l'amitié vraie qui unissait Napoléon à Lannes.

« Deux ou trois généraux, remarque-t-il, avaient conservé auprès de [Napoléon] une liberté de pensée et de conduite que les autres n'avaient pas. Le maréchal Lannes est néanmoins le seul qui ait gardé sa franchise et son indépendance. »

À l'appui de ce que dit Chaptal, les propos directs que Lannes tient à Napoléon sur la guerre d'Espagne. Lannes a écrasé Saragosse sur ordre, mais quand il rejoint Napoléon, il n'hésite pas à lui dire ce qu'il en pense :

« Je ne sais si c'est une guerre politique, mais c'est une guerre antihumaine et antiraisonnable, car, pour y conquérir une couronne, il faut d'abord y tuer une nation qui se défend et cela est triste et long. C'est une grande faute et un grand mal de s'attaquer ainsi aux convictions des hommes ; c'est une guerre où l'on n'a jamais le dernier mot, parce que la conscience est au-dessus de la force et ne s'use pas comme elle. »

Autre perte qui affecte Napoléon : le 1er mai 1813, quand le maréchal Bessières* meurt transpercé par un boulet russe sur la route de Lützen. Bessières, duc d'Istrie, revenu d'Égypte avec Napoléon, s'est battu ensuite à Marengo, à Austerlitz, en Pologne, en Espagne, à Wagram… commandant la cavalerie de la Garde impériale.

Napoléon murmure : « Il est mort de la mort de Turenne, son sort est digne d'envie. » L'héroïsme de la phrase cache mal l'accablement de son auteur.

Trois semaines plus tard, il perd Duroc, l'homme de confiance qu'il connaît depuis le siège de Toulon. Le grand maréchal du Palais Duroc est fauché par une batterie russe à la suite de la bataille de Bautzen. Fait duc de Frioul en 1808, lui aussi est un ancien de l'expédition d'Égypte, d'Austerlitz, d'Essling, de Wagram… Napoléon tient au mourant des paroles qu'on ne lui entend pas souvent :

« Duroc, lui dit-il, il est une autre vie ! C'est là que vous irez m'attendre et que nous nous retrouverons un jour. »

Voici ce qu'il dicte dans le *Mémorial*, à propos de cet homme qui a si bien su comprendre ses fameuses colères : « Quel serviteur, quel ami, quel trésor que celui-là, que d'éclats il a arrêtés. Que d'ordres reçus dans le premier mouvement qu'il n'a pas exécutés, sachant qu'on lui en saurait gré le lendemain. »

Napoléon passe la soirée assis sur un tabouret devant sa tente, les mains jointes, la tête baissée, silencieux. Tous restent près de lui sans bouger.

Dissimulant son chagrin, il écrit à Mme de Montesquiou : « C'est depuis vingt ans la seule fois qu'il n'ait pas deviné ce qui pouvait me plaire[8]. »

Il y a dans Napoléon un dieu de la Guerre qui admire les batailles comme ses créations. À Sainte-Hélène, il reviendra sur ses victoires et ses défaites, dictant à Montholon et au général Bertrand le détail de leur exécution, interprétant les manœuvres, reprenant les faiblesses de son dispositif, revenant avec le recul du temps sur ce qu'il aurait dû faire. Il commente aussi les combats des grands capitaines, César ou Turenne…

* 1768-1813.

Le champ de bataille est d'abord le lieu des vies détruites. Napoléon en a conscience : il en prend la responsabilité. Mais il y voit aussi l'honneur et la grandeur, sa fierté.

C'est ainsi qu'il fait visiter les plateaux d'Iéna au tsar Alexandre* deux ans après la bataille remportée sur les Prussiens le 14 octobre 1806. Éblouissant professeur, il commente les affrontements et la stratégie de sa victoire devant un parterre de rois.

Nous sommes au début de l'automne 1808 en Allemagne, lors de l'entrevue d'Erfurt. Napoléon est à l'apogée de sa grandeur. Au moment d'entreprendre la guerre d'Espagne, il veut séduire l'empereur russe et se garantir la paix à l'est. Les rois et les princes allemands, dont Jérôme roi de Westphalie, les accompagnent.

Les négociations avec le tsar sont laborieuses, les fêtes somptueuses.

Un soir à Weimar, dans un dîner de monarques, la conversation s'engage sur la Bulle d'or. La Bulle d'or, c'étaient les ordonnances qui réglaient l'élection des empereurs romains germaniques, héritiers de Charlemagne, et que Napoléon avait abolies à son profit deux ans plus tôt.

Le prince primat, soit le premier des évêques et archevêques, en détaille les principes et la situe en 1409. Napoléon lui fait remarquer que la date est inexacte : il s'agit de 1356, sous le règne de l'empereur germanique Charles IV.

« C'est vrai, sire, répond le prince primat fort étonné, je me trompais. Mais comment se fait-il que Votre Majesté sache si bien ces choses-là ? »

Napoléon commence une phrase :

« Quand j'étais simple lieutenant en second d'artillerie… »

Simple lieutenant d'artillerie ! En second !

Cet orgueil magnifique ébahit les monarques héréditaires. Il les passionne aussi : que va-t-il raconter ? Un silence. Napoléon reprend avec un sourire :

« Quand j'avais l'honneur d'être simple lieutenant en second d'artillerie, je restai trois années en garnison à Valence. J'aimais peu le monde et vivais très retiré. Un heureux hasard m'avait fait loger près d'un libraire instruit et des plus complaisants. J'ai lu et relu sa bibliothèque pendant ces trois années de garnison et n'ai

* Alexandre Ier (1777-1825), empereur de Russie depuis 1801.

rien oublié, même des matières qui n'avaient aucun rapport avec mon état. »

Cet empereur-là ne descend ni des dieux ni des princes, il s'est fait lui-même et ose le dire. Combien d'autres se seraient-ils offert un généalogiste complaisant pour prouver qu'ils descendent de Charlemagne, et en finir convaincus eux-mêmes ? Oui, c'est bien l'orgueil qui le sauve de la farce historique.

Le lendemain 7 octobre 1808 au matin, Napoléon emmène donc le tsar Alexandre et la suite des rois visiter le champ de bataille d'Iéna.

Les deux empereurs chevauchent côte à côte.

Ils pénètrent dans un immense pavillon de bois posé sur le mont Napoléon. Aux murs, les plans de la bataille.

Napoléon reçoit en souverain des représentants de la ville et de l'université d'Iéna. Il s'informe de la situation et des mœurs des habitants, des dégâts provoqués par l'événement, promet d'indemniser les petits propriétaires, fait distribuer de l'argent aux victimes des incendies.

Sur le terrain, il raconte les combats. Il détaille ses plans avec, dit Constant, « une complaisance extrême ». Le tsar et les rois, fascinés, écoutent cette extraordinaire leçon de stratégie. Napoléon continue, évoque ses autres campagnes, expose les manœuvres qu'il pense les meilleures, révèle sa tactique habituelle et, pour finir, dispense ses idées sur l'art de la guerre.

Cela se termine par un déjeuner splendide. La tente qui l'abrite se dresse à l'endroit exact du bivouac de Napoléon deux ans plus tôt, par une délicate attention du duc de Weimar.

Le soir, le maréchal Berthier s'approche de l'Empereur.

« Sire, lui dit-il, ne craignez-vous pas que les souverains ne profitent un jour contre vous de tout ce que vous venez de leur apprendre ? »

Napoléon pince vivement l'oreille du maréchal :

« Soyez tranquille, je ne leur ai pas tout dit. »

J'ai visité Iéna. Comme j'aime la course à pied, un matin d'été, je suis parti courir sur le champ de bataille.

C'est un plateau qui domine la ville.

Les chars russes, qui manœuvraient là, ont défoncé les prés. Le champ de bataille d'Iéna a toujours été un terrain militaire. Un peu plus loin, sur des dizaines de kilomètres, des bornes marquent l'emplacement des différents corps d'armée.

Pour le bicentenaire des combats, comme pour Austerlitz, des volontaires en uniforme ont reconstitué la bataille. Il y eut surtout une très belle cérémonie dans la cathédrale d'Iéna, qui servait d'hôpital durant les guerres napoléoniennes. C'est là qu'on soignait les blessés des deux camps. Deux cents ans plus tard, en leur mémoire, on joua de la musique sacrée, de la musique pacifique. Le maire d'Iéna, un social-démocrate, est devenu un ami.

À Erfurt toujours, Napoléon oublie un temps la guerre et la diplomatie pour la littérature. Au théâtre de la cour, on joue une pièce par soir, *Britannicus* et *Iphigénie* de Racine avec Talma, la star et le vieil ami de Napoléon, *Zaïre* de Voltaire, *Horace* de Corneille… Des tragédies, tel est le programme de l'Empereur.

Surtout, M. Goethe est dans la ville. Napoléon l'envoie chercher.

En ce début du XIXe siècle, Johann Wolfgang von Goethe* resplendit d'une gloire européenne. L'écrivain le plus célèbre d'Allemagne est un admirateur de la Révolution française. Il a inventé un romantisme, auteur de *Faust*, des *Souffrances du jeune Werther***, récit si poignant que nombre de jeunes lecteurs s'en suicident à l'image du héros.

Lorsqu'il rencontre Goethe pour la première fois, Napoléon déjeune, assis à une vaste table ronde, rapporte Goethe lui-même[9]. Sont présents Daru et Talleyrand qui, lui aussi, décrira la scène. Napoléon demande son âge à l'écrivain.

« Soixante ans, répond Goethe.

— Vous êtes bien conservé, le complimente Napoléon. Vous avez écrit des tragédies ?

— Oui, sire.

— M. Goethe a aussi traduit le *Mahomet* de Voltaire, ajoute Daru.

— Ce n'est pas un bon ouvrage, désapprouve Napoléon qui critique le personnage principal. Il n'est pas concevable que le vainqueur du monde fît de lui-même une peinture si défavorable. »

---

* 1749-1832.

** En 1774, bien avant la rencontre avec Napoléon dont il est ici question.

Napoléon tourne la conversation sur *Werther*, avec plusieurs observations que l'auteur trouve judicieuses. Napoléon a étudié sa pièce à fond, comprend-il. « Il me signala un certain endroit et dit : "Pourquoi avez-vous fait cela ? ce n'est pas naturel", et développa sa thèse longuement et avec une parfaite justesse. »

Goethe convient que son passage manque de vérité.

« Mais le poète est peut-être excusable de recourir à un artifice qui n'est pas facile à découvrir, explique-t-il à Napoléon, pour produire certains effets auxquels il ne serait pas arrivé par une voie simple et naturelle. »

Napoléon discute ainsi longuement de théâtre avec Goethe. Sur le drame, il fait « des réflexions d'un grand bon sens, en homme qui avait observé avec beaucoup d'attention les scènes tragiques, comme un juge criminel, précise même Goethe, et qui avait profondément senti que le théâtre français s'était éloigné de la nature et de la vérité ».

Goethe note que Napoléon n'apprécie pas les pièces fatalistes. Pour lui, les divinités du panthéon germanique qui persécutent des héros mythologiques « appartiennent à un temps de ténèbres » révolu.

« Que nous veut-on aujourd'hui avec le destin ? s'exclame Napoléon. Le destin, c'est la politique ! »

Voilà justement ce qui passionne les poètes de la nouvelle génération, Schiller, Goethe, Wieland, qui mettent en scène les idées du siècle avec des personnages modernes.

Napoléon se trouve le plus souvent de l'avis de Goethe, qui le relate d'une plaisante façon : « Dans toutes nos conversations, j'avais admiré chez lui la variété des formes approbatives. » Napoléon s'exprime par gestes. On croit voir la scène : « Il écoutait rarement en restant immobile. Ou bien il faisait un signe de tête méditatif et disait "oui" ou "c'est bien" ou quelque chose de pareil, ou s'il avait énoncé quelque idée, il ajoutait le plus souvent : "qu'en pense M. Goethe ?" »

Napoléon, pour complaire à Goethe, fait mettre au programme de la troupe de Talma les originaux français des pièces sur lesquelles il a travaillé, *Mahomet* et *Tancrède*. Il invite aussi Goethe à la représentation d'*Iphigénie*.

Talleyrand a retenu de ces conversations moins de technique dramaturgique que l'écrivain. Ministre des Relations extérieures, il remarque plutôt cet échange :

« Votre peuple est-il heureux ? demande Napoléon.

— Il espère beaucoup », lui répond Goethe avec diplomatie.

Un autre jour, Napoléon s'exclame :

« Monsieur Goethe, vous êtes un homme ! »

Ôtant la médaille qu'il porte toujours sur sa poitrine, il l'épingle sur l'habit du grand écrivain.

« Le 14*, je reçois la croix de la Légion d'honneur », consigne Goethe.

Napoléon rentre de la guerre comme il y va : par surprise, en pleine nuit. Aux Tuileries, dès les premières rumeurs, on organise les permanences de service vingt-quatre heures sur vingt-quatre.

Napoléon avertit Joséphine dès le début de leur mariage : « Une de ces nuits, lui écrit-il[10], les portes s'ouvrent avec fracas : comme un jaloux et me voilà dans ton lit ! »

En septembre 1809, moins de trois mois avant de la répudier, il la prévient encore : « Je te conseille de te bien garder la nuit : car une de ces prochaines tu entendras grand bruit ![11] »

En effet, son arrivée fait toujours grand bruit dans le palais et le lendemain dans la ville entière. Sauf, nous le verrons, au retour de la campagne de Russie.

---

* Octobre 1808.

Chapitre XVI – De Joséphine à Marie-Louise

Toujours pas d'héritier – Un enfant qui change tout – Rencontre en Pologne – Marie, comtesse Walewska – Napoléon amoureux – Un divorce bien pénible – Marie-Louise d'Autriche – Les jeunes mariés se plaisent – Cent un coups de canon pour le roi de Rome – Séparations définitives.

Dans le courant de l'année 1806, Napoléon fait une découverte : il n'est pas stérile, au contraire de ce qu'il s'imagine depuis longtemps. Il n'a pas eu d'enfants avec Joséphine, déjà mère par deux fois lorsqu'il la rencontre et qui a l'âge de l'être encore, trente-deux ans. Il n'en a pas non plus avec sa Cléopâtre de vingt ans, la jolie Pauline de la campagne d'Égypte, la blonde Bellilote. Pour divorcer de Joséphine l'infidèle, il n'attend pourtant que cela. Bellilote et lui ont une liaison de plusieurs mois, mais rien. Comme ils ne gardent pas leurs commentaires pour eux, Masson peut nous rapporter leur avis sur le sujet dans *Napoléon et les femmes* :

« La petite sotte n'en sait pas avoir », s'agace Napoléon devant des témoins bavards.

« Ma foi, leur rétorque la belle, ce n'est pas de ma faute ! »

Il le croit donc.

Il continue de le croire lorsque, le pouvoir aidant, il profite des bonnes fortunes qui s'offrent à lui sans qu'il ait le moindre effort à faire. Durant des années, aucune parmi ce nombreux défilé ne rend Napoléon père.

Et puis, au printemps 1806, une grande brune aux yeux noirs tombe enceinte et change tout.

Napoléon a trente-sept ans. Il est empereur depuis deux ans. S'il est bien l'auteur de cette grossesse, les discussions sur sa succession vont prendre une tournure très différente.

Jusque-là, Napoléon a beaucoup fait pour se donner l'impression d'avoir fondé une famille. Il adopte Eugène et Hortense, les deux enfants de Joséphine. Il adopte aussi Stéphanie, une de leurs cousines côté Beauharnais. Il les pourvoit, les marie, leur donne des trônes, veille sur eux, comme il le fait avec ses frères et sœurs.

Rien de cela ne lui suffit.

Tandis qu'il cherche sans cesse sa légitimité politique, on l'a vu, il poursuit en vain une légitimité de chef de famille. Il ne se sent pas à la hauteur de cette ambition intime : il n'a pas fait d'enfants à sa femme, il ne perpétue pas les Bonaparte, il ne fonde rien. Empereur, Napoléon vit sous le regard de sa mère : il est marié, il est chef d'État, mais elle est là. Sévère gardienne des traditions corses, elle condamne sa vie privée et attend qu'il fonde une vraie famille qui lui assure une descendance. L'impressionnante Madame Mère déteste Joséphine sans se cacher. Elle tient la femme qu'il aime pour une gourgandine dépensière et infidèle que rien ne rachètera. Joséphine a toujours su composer avec l'hostilité de sa belle-mère et de tous les Bonaparte.

La jeune personne, dix-huit ans et demi, est depuis peu au service de Joséphine. Napoléon l'avait remarquée alors qu'elle était d'abord chez Caroline et Murat. Caroline, voyant que sa jolie lectrice plaît à son empereur de frère, favorise le rapprochement : toute occasion de nuire à Joséphine est la bienvenue.

Cette piquante et sensuelle Parisienne se nomme Éléonore Denuelle de La Plaigne. Elle a repris son nom de jeune fille et s'empresse de divorcer de son escroc de mari, condamné à deux ans de prison pour une traite falsifiée. Ce n'est pas trop l'amour qui la guide dans les bras du maître du monde, mais l'intérêt.

En effet, Napoléon paie ses maîtresses.

En pièces d'or, en rentes, en dots, en mariages, en places lucratives pour le mari. Certaines envoient carrément la note, non la leur mais les factures de leurs fournisseurs. Napoléon règle leurs dettes. S'il y en a trop, il s'agace et refuse de revoir la dame.

Napoléon croise Éléonore en janvier. En février, leur brève liaison commence. En mars, elle est enceinte. Il la met à l'abri dans un hôtel particulier dont il lui fait cadeau, situé 29 rue de la Victoire, cette ancienne rue Chantereine où il a vécu avec Joséphine avant les palais nationaux. C'est là que naît le bébé, le 13 décembre 1806*.

Napoléon se trouve alors en Pologne. La nouvelle lui parvient le 31 décembre à Pultusk, environ cinquante kilomètres au nord de Varsovie, où Lannes vient juste de battre les Russes. Napoléon commence alors sa première campagne de Russie.

Son fils lui ressemble de façon frappante, lui affirme-t-on. S'il a fait cet enfant, il peut en faire d'autres. C'est donc Joséphine qui ne peut pas lui donner d'héritier. Pour fonder sa dynastie, assurer l'Empire après lui, perpétuer la stabilité du gouvernement de la France, parachever son œuvre, et pour assouvir son profond désir de créer sa famille, il lui faut une femme féconde. Il va divorcer.

Il a pris sa décision très vite. L'exécution sera bien moins rapide : deux ans.

Le lendemain même, le 1er janvier 1807, Napoléon rencontre Marie Walewska.

Alors qu'il fait route vers Varsovie, à une halte pour changer de chevaux la population enthousiaste s'écrase pour le regarder, lui parler, lui remettre des fleurs. Les Polonais pensent que le grand homme va écarter d'eux la Russie et la Suède et rétablir leur patrie anéantie, puisqu'il l'a proclamé il y a quelques semaines.

Napoléon, assis dans sa voiture, voit Duroc fendre la multitude et lui amener une ravissante blonde, petite, bien faite et surtout très émue.

« Voyez, sire, lui dit Duroc qui connaît ses goûts, cette belle dame a affronté les dangers de la foule pour vous. »

Elle est habillée avec simplicité mais sa peau très blanche révèle l'aristocrate. Marie, comtesse Walewska, n'a que dix-neuf ans. Napoléon soulève son chapeau et s'adresse à elle. Son admiratrice exaltée parle un excellent français. La voix tremblante de trac, elle lui souhaite la bienvenue, évoque « la joie » de le voir « sur la terre de nos pères ». Charmé, Napoléon lui offre un des bouquets qu'il a reçus. Les chevaux sont attelés, il part en agitant son bicorne par la portière. Il veut la revoir à Varsovie, il le lui a dit.

Napoléon éprouve la déplaisante surprise de ne pas trouver son émotive petite comtesse aux premières soirées où se presse la

* Napoléon assurera l'avenir de l'enfant, Charles, comte Léon (1806-1881), qui n'aura pas le génie de son père : fugueur, joueur, il fait des dettes et ne s'illustre en rien. Napoléon pourvoira généreusement aux besoins de la mère, sans toutefois la revoir. Éléonore, remariée, veuve, mariée une troisième fois, vivra jusqu'en 1868. Elle est enterrée au Père-Lachaise.

noblesse polonaise. Il l'envoie chercher. Elle se fait beaucoup prier. Son très vieux mari, plus du triple de l'âge de sa femme, croit que l'antiquité de sa famille lui vaut cette distinction : il insiste, elle doit rendre visite à l'Empereur. Ses compatriotes de la haute société la poussent aussi mais, eux, sans naïveté aucune, bien au contraire. Au nom de la Pologne, ils exhortent Marie à conquérir jusque sur l'oreiller de Napoléon l'indépendance de leur pays. La jeune comtesse Walewska n'a rien d'une aventurière ni d'une grande dame de mœurs libres. Si elle résiste, ce n'est pas par coquetterie. Désespérée, elle met plusieurs jours pour trancher entre sa pudeur et ce devoir qu'on lui dit supérieur.

Napoléon a perdu l'habitude qu'une femme lui résiste. Voilà bien dix ans qu'il est célèbre et qu'il n'a plus de conquête de cet ordre à remporter. À la première entrevue, il avait cru que Marie se jetterait dans ses bras, elle se dérobe. Elle se montre enfin mais rentre chez elle au lieu de venir chez lui. Il lui offre des diamants, elle les rejette. Plus elle se refuse, plus il la désire. Quand enfin elle cède, il est amoureux.

Marie ne l'aime pas, elle ne fait pas non plus semblant et ne lui parle que de la Pologne. Aucune femme ne s'est jamais mêlée de discuter de politique avec lui, mais d'elle, il l'accepte. Mieux, il promet. Sans cesse Marie revient sur le sujet. Elle se vêt volontiers de noir, couleur qu'il déteste par superstition : le noir, c'est la couleur du malheur. Quand Napoléon s'avise de réclamer qu'elle change, il s'attire cette réplique :

« Une Polonaise doit porter le deuil de sa patrie. Quand vous la ressusciterez, je ne quitterai plus le rose. »

Marie Walewska ne perd jamais une occasion de rappeler au conquérant sa promesse : une Pologne libre. Elle le suit, s'enferme avec lui dans la forteresse de Finkenstein où il prend ses quartiers d'hiver. Elle vit auprès de lui, discrète. Elle ne veut ni bals, ni fêtes, elle se satisfait de leur tête-à-tête. En dépit de sa modestie, Marie Walewska exige pourtant bien plus que n'importe quelle croqueuse de titres et de diamants, un don inouï, exorbitant, hors de portée d'un homme ordinaire : un pays. Napoléon, très épris, l'appelle sa femme polonaise.

Lorsque enfin il repart pour la France, après avoir gagné la guerre contre la coalition, fait la paix à Tilsit* avec le tsar de Russie et le roi de Prusse, doté d'une Constitution une petite Pologne ressuscitée, Napoléon supplie Marie de le suivre.

Elle promet de le rejoindre. Au début de l'année 1808, Marie Walewska vient à Paris, où leurs amours sont des plus discrètes.

De mai à octobre 1809, Napoléon réside à Schönbrunn et Marie vit avec lui. C'est durant ce séjour qu'ils conçoivent un enfant, le deuxième fils de Napoléon*. Marie retourne dans la propriété des Walewski pour le mettre au monde au printemps 1810. Le vieux comte Walewski reconnaît le fils de sa femme. À la fin de l'année, Marie vient à Paris avec le bébé, prénommé Alexandre. C'est encore rue de la Victoire que Napoléon leur trouve un abri discret, au numéro 48 cette fois.

En 1814, avec le petit garçon, elle rendra visite à Napoléon à l'île d'Elbe. À son retour en 1815, elle se précipitera à Paris. Après la défaite, elle lui offrira en vain de le suivre avec leur enfant dans l'exil définitif.

À Sainte-Hélène, l'Empereur recevra une nouvelle qui le touchera et le contrariera beaucoup : le second mariage de Marie Walewska. Veuve du comte Walewski, elle épouse un propre cousin des Bonaparte, Philippe d'Ornano. Napoléon le prendra assez mal.

L'année d'après, six mois après avoir accouché d'un fils, Marie mourra à trente et un ans, dans l'hôtel particulier que Napoléon lui avait donné, rue de la Victoire.

Malgré la douceur de ses amours partagées avec Marie Walewska, Napoléon n'oublie pas ses projets dynastiques. Il veut un mariage politique, une alliance dans une famille régnante. Il n'en voit que deux qui vaillent, la Russie, l'Autriche. Durant les entretiens de Tilsit à l'été 1807, il conçoit l'idée d'épouser une princesse russe. (On peut penser un instant à cette uchronie : un monde dans lequel Napoléon, beau-frère du tsar Alexandre, n'aurait pas attaqué la Russie et où, dominant l'Autriche, il aurait conservé son trône…)

---

* Juillet 1807.

* Alexandre, comte Colonna-Walewski, naît le 4 mai 1810. Il fait une carrière militaire puis politique en France, notamment comme ministre des Affaires étrangères puis président de l'Assemblée nationale. Il meurt à Strasbourg en 1868. Il a encore des descendants.

Joséphine s'attend au pire et fait tout pour reculer l'instant terrible. Elle sait bien que le mariage religieux célébré à la va-vite la veille du sacre n'a rien d'indissoluble. Elle ne pose qu'une condition, la seule en son pouvoir : elle acceptera le divorce si Napoléon le lui demande, mais elle ne partira pas d'elle-même. Il a les plus grandes peines à transformer sa décision politique en rupture conjugale, elle l'a senti. Entre la naissance du premier fils et le moment où Napoléon passe à l'acte, près de deux ans s'écoulent.

Enfin, en novembre 1809, un mois après son retour de Schönbrunn, il en trouve à peu près la force. Y penser à cinq cents kilomètres est une chose, répudier sa femme au nom de la politique en est une autre. Il s'est peut-être forgé une raison d'État mais il a bien du mal à en assumer le cynisme. Il souffre plus qu'il n'avait prévu et il souffre de faire souffrir Joséphine. Il tente de se décharger sur Hortense, sa préférée dans la famille. Hortense ne veut en aucun cas être la messagère de malheur pour sa mère. Napoléon se résout à annoncer la séparation à Joséphine.

Le 14 décembre 1809, le divorce par consentement mutuel réunit toute la famille, Eugène est arrivé précipitamment d'Italie, mandé par Napoléon pour soutenir sa mère. À cette cérémonie aux Tuileries sont également présents Cambacérès l'archichancelier et le secrétaire d'État de la famille impériale, Regnault de Saint-Jean-d'Angély. Le document officiel du divorce qu'on fait signer à Joséphine se termine par cette phrase : « Je sais combien cet acte commandé par la politique et par de si grands intérêts a froissé son cœur ; mais l'un et l'autre nous sommes glorieux du sacrifice que nous faisons au bien de la patrie. »

Le lendemain, Napoléon assiste au départ de Joséphine pour la Malmaison. Elle y tiendra désormais une petite cour. Il vient la voir, il lui écrit, il envoie chercher de ses nouvelles. Il lui assure par lettre que ses sentiments pour elle sont inchangés. Il divorce mais ne la désaime pas.

Joséphine meurt le 29 mai 1814. Napoléon n'est plus alors que le souverain de l'île d'Elbe, Paris a capitulé devant les Alliés, le comte de Provence est devenu Louis XVIII. En la perdant, Napoléon le superstitieux a perdu sa bonne étoile. Avant son départ pour Sainte-Hélène, exil définitif après avoir brièvement reconquis son trône, c'est à la Malmaison, dans la chambre de Joséphine, que Napoléon viendra prendre une dernière bouffée d'amour et de souvenirs tendres.

Il est temps de passer au mariage. Alexandre Ier de Russie avait une sœur à laquelle Napoléon songeait au moment de la paix de Tilsit, Catherine*. Elle est à présent mariée, la famille impériale de Russie ayant préféré le prendre de vitesse. Il reste la cadette, la grande-duchesse Anne**, qui n'a que quatorze ans. Le plan B, c'est Marie-Louise***, dix-huit ans, la fille aînée de François Ier, empereur d'Autriche, roi de Hongrie et de Bohême, désireux de sceller alliance avec la France.

Début février 1810, Caulaincourt, ambassadeur à Saint-Pétersbourg, avertit Napoléon qu'il ne serait pas agréé. Deux jours après, Napoléon informe l'ambassadeur d'Autriche de son choix, le troisième jour, il reprend sa demande en mariage auprès du tsar.

Le 11 mars 1810, Napoléon, sans quitter Paris, épouse Marie-Louise à Vienne par procuration****.

La nouvelle impératrice prend la route pour rejoindre son mari. Sa suite de trois cents personnes et ses bagages occupent une caravane de quatre-vingt-trois voitures et quatre cent cinquante-quatre chevaux. Caroline, reine de Naples, va attendre sa nouvelle belle-sœur à la frontière française pour l'amener à Compiègne.

Pendant ce temps, Napoléon fait des calculs généalogiques qui lui montent à la tête. Sa femme, une Habsbourg-Lorraine, est la petite-nièce de Marie-Antoinette, reine de France, guillotinée à la Révolution. Le voilà qui évoque cette subite parenté devant ses proches ahuris :

* Catherine Romanov (1788-1819), mariée le 3 août 1809 au duc Georges d'Oldenbourg. Veuve, elle épousera ensuite le futur roi du Wurtemberg, Guillaume, qui divorcera pour elle.

** Anne Romanov (1795-1865) épousera Guillaume d'Orange-Nassau en 1816 et deviendra reine des Pays-Bas.

*** Marie-Louise d'Autriche (1791-1847). Née le 12 décembre, au moment du divorce elle vient d'avoir dix-huit ans.

**** Au mariage civil, sa place est tenue par le fidèle Berthier, maréchal, major général de la Grande Armée, prince de Neuchâtel et récent prince de Wagram, détail diplomatiquement passé sous silence. Pour le mariage religieux, c'est l'archiduc Charles d'Autriche, oncle de la mariée, éminent chef de guerre, qui remplace Napoléon.

« Ma malheureuse tante Marie-Antoinette… »

Et même :

« Mon pauvre oncle Louis XVI ! »

Il fait un beau mariage : le voilà de la famille des souverains d'Europe. Napoléon adopte d'avance sa seconde belle-famille comme il a adopté les Beauharnais. Il croit à la réciproque et s'imagine que les Habsbourg l'accueillent telle la parentèle de Joséphine jadis, et qu'il leur est uni. « Je me donne des ancêtres », affirme-t-il.

À nouveau, pour Napoléon le mariage est une affaire, un établissement. Très souvent, dans ses lettres de jeunesse, il associe projets de mariage et d'achat de propriétés. Son union avec Joséphine s'est en partie appuyée sur des préoccupations d'argent, de carrière aussi, mais enfin sur un amour indiscutable. Avec Marie Walewska aussi, il vit une histoire d'amour. Pour Marie-Louise c'est pur cynisme : « J'épouse un ventre », dit-il. La jeune fille lui est totalement étrangère, il ne l'a vue qu'en peinture.

Elle-même n'espère aucun prince charmant. Fille de roi, on l'a élevée dans l'idée d'un mariage politique. Elle craint Napoléon, l'Ogre qui dévore l'Europe, qui vient de vaincre l'Autriche, mais elle fait son devoir. On lui a forgé un caractère soumis et doux, propre à s'adapter à n'importe quel époux. Elle parle toutes les langues des cours d'Europe ou presque : l'allemand, l'anglais, l'espagnol, le français, l'italien, plus le latin. Il ne manque que le portugais.

Napoléon doit attendre l'arrivée de Marie-Louise au château de Compiègne où elle résidera. Il dormira à l'hôtel de la Chancellerie jusqu'au deuxième mariage religieux, dans cinq jours. Plus impatient, plus humain que son propre protocole, Napoléon décide d'intercepter sa jeune épouse en chemin. Sautant dans une calèche avec son beau-frère et ami Murat, le roi de Naples, il file sous la pluie vers Marie-Louise.

Soixante kilomètres plus loin, tandis que le carrosse de la jeune impératrice change de chevaux, Napoléon et Murat, trempés d'avoir guetté dehors, prennent place sur la banquette face à leurs épouses respectives, Marie-Louise et Caroline.

Napoléon, tout sourires, entoure la mariée de ses bras, l'embrasse sur les deux joues :

« Madame, j'éprouve grand plaisir à vous voir. »

Marie-Louise, timide, ne cache pas un mouvement de recul. Peut-être n'a-t-elle pas entendu l'écuyer annoncer Napoléon.

« Mais, Madame, l'avertit Caroline, c'est l'Empereur.

— Sire, dit alors Marie-Louise avec calme, vous êtes bien mieux que sur vos portraits. »

Cette réponse ravit Napoléon. Les quinze lieues qui séparent cette halte du château de Compiègne vont lui permettre de faire connaissance avec sa femme. Il détaille le teint frais, la poitrine copieuse, les cheveux blond cendré, et aussi ces traits typiques des Habsbourg, les yeux bleus bombés, le long nez, la lèvre inférieure charnue, signes qu'elle partage avec les nombreux rois et reines de son auguste famille. Comme ils sont assis, il ne s'aperçoit pas qu'elle a une demi-tête de plus que lui.

Napoléon continue de bouleverser l'emploi du temps et ramène son épouse à Compiègne en brûlant la dernière étape. Il demande au cardinal Fesch :

« Voyons, suis-je marié ?

— Oui, sire, selon la loi civile, lui répond son oncle, mais peut-être pas tout à fait selon le droit canonique. »

Le droit canonique lui importe fort peu en général et, en cette circonstance, pas du tout. Il est d'ailleurs excommunié, ce qui l'indiffère, depuis que le général Miollis a enlevé le pape l'année précédente*, outrepassant ses ordres. À l'heure qu'il est, Marie-Louise et lui sont mari et femme, voilà ce qui compte, même s'ils se connaissent depuis une demi-journée seulement.

Les jeunes mariés ont l'agréable surprise de se plaire et passent deux jours de lune de miel. À Sainte-Hélène, Napoléon racontera volontiers à son entourage sa nuit de noces en vantant l'entrain et la gaieté de Marie-Louise.

Un an plus tard, le 20 mars 1811, Marie-Louise lui donne un fils, Napoléon François Charles Joseph, le roi de Rome. L'accouchement est très difficile. Le médecin lui pose la question affreuse : faut-il sauver la mère ou l'enfant ? Après tant de sacrifices et d'efforts pour assurer sa descendance, Napoléon n'a pas un instant de doute : il choisit la mère. Il tient la main de Marie-Louise avant de lâcher prise et de quitter la pièce, au bord

* Le 6 juillet 1809.

du malaise. Quand il revient, il croit d'abord le bébé mort-né et entoure sa femme d'affection. Au bout de plusieurs longues minutes, le petit crie enfin. Non seulement sa femme est sauvée mais son fils est vivant, il peut embrasser son petit garçon.

La naissance de l'héritier du trône s'annonce à coups de canon. Paris en liesse compte à haute voix les cent une détonations tirées aux Invalides. De la fenêtre de la chambre de sa femme, aux Tuileries, Napoléon écoute la foule sauter de joie et chanter dans les rues. Loin de saluer la population et de se montrer à ses admirateurs, Napoléon pleure à chaudes larmes derrière le rideau.

Napoléon mène avec sa femme et son fils une paisible vie de famille qui le comble, après ses amours trépidantes avec Joséphine, amoureuse expérimentée. « J'ai été fort occupé dans ma vie de deux femmes très différentes : l'une était l'art et les grâces, l'autre l'innocence et la simple nature ; et chacune avait bien son prix. »

Cette fois-ci, Madame Mère peut être satisfaite. Son fils a fait un mariage sérieux avec une jeune personne qui se conduit en véritable épouse. Et puis, gendre de l'empereur d'Autriche, n'est-il pas définitivement à l'abri du besoin, si ce n'est des tracas politiques ?

Parmi de nombreux témoignages sur Napoléon mari et père, celui de Caulaincourt au pire moment de la retraite de Russie. L'Empereur et son grand écuyer rentrent à Paris à toute vitesse, quinze jours à travers l'Europe gelée. À l'étape, s'il y a du courrier, il se jette dessus à peine sorti de son traîneau. Posen, 12 décembre 1812, par exemple. Ils arrivent après avoir voyagé de nuit, le soleil n'est même pas levé. Voilà six jours qu'il n'a pas eu les nouvelles. Caulaincourt, les doigts paralysés par le froid, ne manipule pas assez vite le cadenas à combinaison des sacoches de cuir. Napoléon, au comble de l'impatience, les ouvrirait volontiers à coups de couteau s'il en avait un sous la main. Enfin Caulaincourt tend à Napoléon les lettres les plus importantes, celles de Marie-Louise et de la gouvernante de son fils. Ensuite, bien entendu, il parcourt avec autant d'avidité les dépêches politiques de Cambacérès et des ministres.

Napoléon est enchanté de ce qu'on lui dit de son fils et il en fait profiter Caulaincourt. Tout content, il lui lit à haute voix les lettres de Mme de Montesquiou, la gouvernante, et même celles de l'Impératrice.

« N'est-ce pas que j'ai là une bonne femme ? » s'exclame-t-il.

Caulaincourt s'attendrit : « Cet homme, si préoccupé de ses affaires, n'était en ce moment que le bon, le meilleur mari, le plus tendre père de famille. Je ne puis exprimer le plaisir que j'avais à le contempler dans ces instants. »

La douce union avec Marie-Louise ne dure que lorsque tout va bien.

1814 : les Alliés envahissent la France. Quand il quitte les Tuileries le 24 janvier pour livrer bataille aux Anglais, aux Autrichiens, aux Russes, Napoléon embrasse sa femme et son fils. Il ignore qu'il ne les reverra jamais. Paris est prise, les cosaques sont sur les Champs-Élysées. Marie-Louise, le gouvernement et le roi de Rome ont évacué la capitale à temps, l'Impératrice et l'enfant ne tombent pas aux mains des ennemis. Napoléon est destitué. Il ne lui reste que la souveraineté de l'île d'Elbe.

Marie-Louise écrit à plusieurs reprises à Napoléon qu'elle veut le rejoindre, mais il n'en donne pas l'ordre à temps.

Elle se réfugiera avec leur fils chez son père l'empereur d'Autriche puis deviendra duchesse de Parme.

La sensuelle Marie-Louise prendra vite pour amant le général comte de Neipperg* que l'empereur d'Autriche placera près d'elle pour la détourner de Napoléon. Elle en aura plusieurs enfants avant de l'épouser morganatiquement à la mort de Napoléon. Madame Mère, réfugiée à Rome, ne sera pas là pour le voir, mais Marie-Louise duchesse de Parme, prenant ses amants dans toutes les classes sociales, terminera comme Joséphine a commencé, ou plutôt pis. À nouveau veuve, Marie-Louise se remariera avec son premier gentilhomme de la cour** et mourra à cinquante-sept ans.

---

* 1775-1829.

** Charles de Bombelles (1785-1856), épousé en 1834.

Chapitre XVII – Dans la défaite

Six cent mille hommes pour la Russie – Mauvais présage – Les Russes évitent le combat – Enfin Moscou – L'incendie – Napoléon ne comprend pas – Le tsar ne répond pas – Un départ trop tardif – Au milieu des cosaques – Napoléon tire l'épée – On mange les chevaux vivants – La Bérézina est une victoire – Illusions.

Je veux montrer à présent Napoléon plongé dans la débâcle : les événements tragiques agissent sur le caractère comme de l'eau-forte sur le cuivre.

J'ai choisi de le regarder dans la retraite de Russie.

Il a déjà rencontré l'adversité dans la déplorable guerre qu'il mène en Espagne, il est vrai. Les Espagnols lui opposent une résistance inédite : face à lui, ils inventent la *guerilla*, mot et concept datent de là.

Pourtant la guerre d'Espagne semble ne pas atteindre l'homme le plus puissant du monde, même si l'un de ses ennemis, on va le voir, en tire la leçon.

Le désastre complet de la campagne de Russie, au contraire, nous montre mieux Napoléon aux prises avec plus fort que lui : ses erreurs.

En 1811, l'Empire est à son apogée. « À cette époque, dit Alexandre Dumas[1], l'Empereur entraînait dans son orbite la moitié de la population de la chrétienté ; ses ordres étaient entendus et obéis dans un espace qui comprend 19° de latitude ; et quatre-vingts millions d'hommes criaient “vive Napoléon” dans huit langues différentes. »

« Je n'ai envie de chercher aucune espèce de querelle à la Russie mais je serais forcé de lui faire la guerre si elle se remettait avec l'Angleterre[2] », précise Napoléon à son ministre Champagny, chargé des Relations extérieures. Nous sommes en mars 1811. La Russie ne respecte pas le blocus continental, destiné à ruiner l'Angleterre en l'empêchant de commercer.

Selon ses calculs, en deux ans de persévérance, ce blocus devrait faire tomber le gouvernement anglais. Dans le même temps, la France et l'Allemagne développeraient leur industrie. Leur commerce étendu à l'Europe entière remplacerait les échanges précédents avec l'Angleterre. Cela suppose la fermeture des ports de l'ensemble du continent aux navires anglais.

Pour contraindre son allié le tsar à la fidélité, Napoléon envisage l'intimidation militaire.

Des mois durant, jusqu'au printemps de l'année suivante, il rassemble une armée colossale. La moitié des soldats sont français, les autres sont prélevés sur les peuples de l'Empire et de ses alliés. Croates, Illyriens*, Italiens, Espagnols, Belges, Portugais, Hollandais, Suisses, Polonais, Bavarois, Prussiens, Saxons, Autrichiens, Allemands de la Confédération du Rhin – de Hesse, de Bade, du Liechtenstein, de Westphalie, etc. –, c'est l'Armée des vingt nations : six cent mille hommes.

L'effort de guerre demandé à l'Europe est énorme. Comparons avec deux armées du XXe siècle qui sont encore dans les mémoires. Lors de la première guerre du Golfe, en 1991, vingt-huit pays envoient sept cent quarante-huit mille cent hommes[3]. Effectifs comparables à ceux de la Grande Armée, mais pris sur un monde infiniment plus peuplé qu'en 1812. Lors de la deuxième guerre du Golfe en 2003, la coalition américano-britannique renverse Saddam Hussein avec deux cent cinquante mille hommes[4].

La seconde campagne de Russie va être facile. Napoléon vaincra les Russes, comme il vainc tout le monde, comme il les a déjà vaincus. Alors le tsar Alexandre fera des offres de paix. Napoléon l'a jaugé il y a cinq ans durant l'entrevue de Tilsit, lorsqu'ils ont établi ce blocus : pas très résolu, un jeunot inexpérimenté de trente ans. Même à trente-cinq ans il aura conservé son faible caractère. Pas de vraie opposition à craindre, donc, d'autant qu'en principe les deux souverains sont alliés, mieux, ils sont frères. Toutes les autres puissances sont aussi des alliées. Napoléon est le maître.

---

* Les Provinces illyriennes de l'Empire, sises sur l'Adriatique, occupent des terres aujourd'hui croates, slovènes, autrichiennes et monténégrines.

Lorsque son ancien ministre Fouché, hostile à l'expédition, lui fait part de ses réticences, Napoléon l'écrase de sa certitude : « Je traîne toute l'Europe derrière moi, et l'Europe n'est qu'une vieille putain pourrie dont je ferai tout ce qu'il me plaira avec huit cent mille hommes. »

C'est dans cet état d'esprit qu'il quitte son palais de Saint-Cloud en compagnie de Marie-Louise, début mai 1812, pour se rendre à Dresde, en Saxe. Le roi de Prusse et son beau-père François d'Autriche, eux aussi ses alliés, y accourent pour le saluer. Le seigneur des lieux lui-même, le roi de Saxe Frédéric-Auguste le Juste, veut accueillir cet hôte de marque quelle que soit son heure d'arrivée : malgré ses soixante-deux ans, il ne dort pas de la nuit[5]. Après avoir rencontré les souverains, Napoléon, entouré de flambeaux, fait une entrée triomphale dans la ravissante capitale aux immeubles baroques. Nous sommes le 16 mai 1812.

Au chancelier autrichien Metternich*, qui lui joue la comédie de l'amitié et qu'il prend comme confident, Napoléon expose son plan, ainsi que nous le rapporte Villepin[6].

La guerre doit durer deux ans.

« Le triomphe appartiendra au plus patient », prévoit Napoléon. Il oubliera vite ce postulat qui se révélera pourtant exact. « Je vais ouvrir la campagne en passant le Niémen, annonce-t-il. Elle aura son terme à Smolensk et à Minsk. C'est là que je m'arrêterai en cours de route. Je fortifierai ces deux points et m'arrêterai à Wilno, où sera le grand quartier général durant l'hiver prochain. » Wilno, c'est aujourd'hui Vilnius, la capitale de la Lituanie. « Je m'occuperai de l'organisation de la Lituanie qui brûle d'impatience d'être délivrée du joug de la Russie. Nous verrons et j'attendrai qui de nous se lassera le premier, moi de faire vivre mon armée aux dépens de la Russie, ou Alexandre de nourrir mon armée aux dépens de son pays. »

Metternich spécule : et si le tsar refuse de faire la paix malgré l'occupation de la Lituanie ? Que fera Napoléon ?

---

* Metternich (1773-1859), ambassadeur d'Autriche à Berlin, Saint-Pétersbourg puis Paris (de 1806 à 1809) ; puis ministre des Affaires étrangères et chancelier. Est intervenu pour favoriser le mariage avec Marie-Louise d'Autriche. Futur pivot de la diplomatie européenne.

« Dans ce cas, je m'avancerai l'année prochaine jusqu'au centre de l'empire, répond-il, et je serai patient en 1813 comme je l'aurai été en 1812. L'affaire ainsi que je vous l'ai dit est une question de temps. »

Le maniement de la Grande Armée va se révéler des plus compliqué. Napoléon ne mélange pas les nationalités dans les corps, contrairement aux Anglais qui ont intégré des soldats étrangers en Espagne et au Portugal. La question ne s'est pas posée. Son système de commandement n'est pas conçu pour amalgamer des nationalités différentes. Napoléon n'a de toute façon vraiment confiance que dans le noyau dur de l'armée française et dans la Vieille Garde.

L'Armée des vingt nations, si peu homogène, contient sa propre désunion dans sa constitution politique. Un exemple : un traité tout neuf de mars 1812 prévoit que l'Autriche fournisse un contingent. Ces troupes sans motivation, encore récemment hostiles à la France, rejoignent donc à la dernière minute une armée dont le cœur fidèle s'est construit autour de Napoléon en dix ans de campagnes. L'Autriche joue double jeu. Tandis que ses soldats, commandés par Schwarzenberg, commenceront à affronter les Russes avec Napoléon, son gouvernement négociera déjà avec le tsar de passer à l'ennemi. Sans le comprendre, sans le prévoir, Napoléon met sa confiance dans Schwarzenberg. Conséquences de cette erreur, désertions et trahisons en masse. Assez vite, alors qu'il ne sera même pas arrivé à mi-chemin, il aura perdu le tiers de ses troupes.

Mille kilomètres après Dresde, deux mille après Saint-Cloud, il approche du Niémen. Quand il aura passé le fleuve, il quittera le territoire de la Pologne. Objectif sur l'autre rive, chez les Russes, la ville de Kowno*. Alors, comme il l'a annoncé à Metternich, la campagne de Russie commencera. Cinq ans plus tôt presque jour pour jour, il était à cent kilomètres en aval, à Tilsit, sur un radeau flottant au milieu de ce même fleuve, pour signer avec le tsar Alexandre qu'il vient aujourd'hui combattre.

* Aujourd'hui Kaunas en Lituanie.

Napoléon a dissimulé son armée dans les bois de la rive gauche. Quand il aura trouvé l'endroit idéal, ses pontonniers bâtiront en un instant de quoi faire passer la troupe, la cavalerie, l'artillerie, les fourgons. Tous attendent en silence. C'est le solstice d'été : dans la journée il fait une chaleur caniculaire, le soleil se couche très tard. Avant l'aube, à la lueur de la pleine lune, Napoléon part en reconnaissance sur le bord du fleuve avec Berthier, Caulaincourt, son état-major. Sans les attendre, il galope à fond de train, tout à ses repérages.

Soudain un lièvre déboule entre les jambes de son cheval. La monture fait un écart, désarçonne son cavalier.

Napoléon tombe sur la hanche.

Il n'attend pas sa suite pour se relever. Quand ses officiers le rejoignent, il ne dit pas un mot et se remet en selle, sombre.

Une chute de cheval à la veille d'une opération, à l'endroit décisif, quel mauvais présage ! Napoléon est superstitieux, il n'a pas seulement vidé les étriers, il y a là autre chose, un signe funeste, un avertissement. Un Romain reculerait. Il en plaisante avec Berthier, Caulaincourt l'a noté, mais il passe bel et bien la journée entière sous l'influence de ce noir présage.

Malgré cela il franchit le Niémen le lendemain et même il le franchit deux fois, monté sur deux chevaux différents, Friedland à cinq heures du matin puis Moscou l'après-midi. Les artilleurs de la Garde lui ont confectionné un trône de branchages et de verdure pour qu'il regarde à l'aise le défilé des troupes vers le fleuve, il y reste un court moment. Toute la journée il se montre de bonne humeur, fend l'air de sa cravache, chantonne *Malborough s'en va-t-en guerre*. Dès qu'il aura pris possession de la rive droite, il affrontera l'armée russe, la battra comme d'habitude, Alexandre offrira la paix et il appliquera de nouveau le blocus continental contre l'Angleterre. Tout sera dit.

Sa stratégie, la voici en une phrase : « Débuter par des coups décisifs et jouer son gain sur une seule carte jusqu'à ce que la banque sautât. » Elle est de Clausewitz*, qui a préféré démissionner de l'armée prussienne plutôt que de se battre aux côtés de

* Carl von Clausewitz (1780-1831), général et théoricien militaire prussien. *De la guerre* sera publié après sa mort.

Napoléon, avant de s'engager dans l'armée russe. À la suite des guerres napoléoniennes, le général von Clausewitz écrira *De la guerre*, une œuvre fondamentale que les écoles militaires du monde entier étudient toujours.

Son coup décisif, Napoléon pense le jouer à Wilno, qu'il atteint quatre jours plus tard, le 28 juin. Mais les Russes ne l'ont pas attendu. Leur général en chef Barclay de Tolly* a fui le combat avec ses cent mille hommes.

Jérôme, qui commande les troupes du côté sud du dispositif, ne parvient pas davantage à affronter le général Bagration**. De fureur, Napoléon destitue son frère et le place sous les ordres de Davout. Mortifié, Jérôme s'en retourne dans son royaume de Westphalie.

L'immense armée que Napoléon a voulue doit s'arrêter dix-huit jours à Wilno : c'est le temps qu'il faut pour que les traînards se regroupent, pour réorganiser les corps où manque la moitié des effectifs.

Durant ce délai, l'été avance. Napoléon ne connaît rien au climat continental, à ses extrêmes de chaleur et de froidure, à la brutalité de ses changements, à ses orages torrentiels.

À la mi-juillet, Napoléon se remet en marche. Le 1er du mois, à Wilno, il a eu la naïveté de demander le chemin de Moscou à l'envoyé du tsar, car il y en a tout de même eu un, son aide de camp le général de Balachoff***. Napoléon s'est alors attiré cette réponse, devant Berthier, Bessières, Caulaincourt et Duroc :

« Les Russes disent comme les Français que tout chemin mène à Rome. On prend le chemin de Moscou à volonté. Charles XII l'avait pris par Pultawa[7] ».

De quoi parle le général russe ? Tous le comprennent : de la défaite, à Pultawa, de Charles XII, le roi de Suède qui avait voulu envahir la Russie un siècle plus tôt****.

---

* Michel Barclay de Tolly (1761-1818). Il est au même moment ministre de la Guerre. Après ce repli, Koutousov prend le commandement.

** Pierre de Bagration (1765-1812), prince géorgien, commande alors trente-cinq mille hommes et lui aussi préfère rejoindre le gros de l'armée russe.

*** Balachoff vient offrir la paix si la Grande Armée repasse le Niémen, et surtout s'informer sur les forces françaises.

**** Bataille de Pultawa, 8 juillet 1709. Charles XII, vaincu, avait dû fuir jusque chez les Turcs.

Napoléon s'illusionne sur Alexandre Ier.

Depuis plusieurs années il a échafaudé un plan où, pour contrer les Anglais, il prendrait pied en Inde avec l'appui du tsar. Il lui concéderait la Turquie, car il croit « Constantinople l'objet de la convoitise des Russes », ce qui n'est pas le cas. En échange de cette opération, il aurait admis des entorses russes au blocus continental en faveur des nations neutres.

A-t-il vraiment encore en face de lui, comme il le croit, l'homme hésitant qu'il a rencontré à l'entrevue de Tilsit ? À cette époque, d'après Caulaincourt, Napoléon lui avait trouvé « de l'idéologie », ce qui n'était pas un compliment dans sa bouche, des idées mal digérées sur sa position, de bonnes intentions mais un manque évident d'expérience. Avec de si bonnes dispositions, qui, mieux que lui, Napoléon, pouvait prétendre le former à sa fonction de tsar ?

Dans son esprit, son frère l'empereur de Russie, comme il continue à l'appeler dans ses lettres pendant la campagne ellemême, devrait prendre modèle sur ses réformes pour gouverner son pays. Ils formeraient ensemble un axe des Lumières Paris-Saint-Pétersbourg face au reste des monarchies européennes et contre l'Angleterre.

Napoléon commet une erreur d'analyse considérable en croyant qu'il a tant d'ascendant sur le tsar.

Alexandre est en effet un homme ouvert aux idées du siècle. Il cherchera à établir son propre despotisme éclairé non pas en s'alliant au général Bonaparte mais en chassant l'empereur Napoléon. Appuyé sur la haine que suscite l'occupation française, il pourra opposer à la tyrannie militaire de Napoléon sa politique d'ouverture européenne. Dans trois ans, sa Sainte-Alliance* mènera l'Europe à la paix.

Depuis Tilsit, Alexandre a eu le temps de s'informer sur Napoléon. En effet, deux proches de l'Empereur ont changé de camp : Talleyrand dès l'entrevue d'Erfurt en 1808, Bernadotte depuis qu'il est devenu prince héréditaire de Suède. Bernadotte, « le serpent nourri en notre sein », comme l'appelle Napoléon, a rompu avec son nouveau pays le blocus continental. Le tsar Alexandre a

* Formée le 26 septembre 1815, elle regroupera les monarchies russe, autrichienne et prussienne.

compris bien des choses. Caulaincourt s'en rend compte durant son ambassade à Saint-Pétersbourg* :

« Les Espagnols, lui dit le tsar, fournissent la preuve que c'est le défaut de persévérance qui a perdu tous les États auxquels votre maître a fait la guerre. »

Napoléon va constater à son détriment la justesse de cette analyse.

Le 18 juillet, Napoléon reprend l'offensive. Les Russes reculent jusqu'à Vitebsk.

Sur deux cents kilomètres, non seulement les Français ne trouvent pas d'adversaires à combattre, mais pas un traînard à faire prisonnier, plus d'habitants, nul être humain de qui obtenir un renseignement. Ils sont « comme un vaisseau sans boussole, seul au milieu du vaste océan », écrit Caulaincourt. Clausewitz raconte que les Russes ont aussi effacé à la hache les numéros sur les poteaux indicateurs pour empêcher la Grande Armée de s'orienter, abattu les bornes indiquant les verses et les ponts : « Ce qui au début provenait de l'incurie et était fait sans idée préconçue devint peu à peu un principe qui fut mis en pratique pour les villes, petites ou moyennes. »

Il faut à Napoléon deux jours pour s'apercevoir qu'il progresse dans un désert. Il est le seul à le découvrir si tard.

L'été torride accable l'armée : avec la chaleur, les mares n'ont pas beaucoup d'eau et les premiers arrivés les vident. Les suivants meurent de soif. « Les mares étaient pleines de chevaux morts, rapporte un témoin, et nous étions obligés d'en boire l'eau puante et épaisse. » La dysenterie commence ses ravages.

À Vitebsk, immense déception, l'ennemi se dérobe encore.

Déjà les deux tiers des chevaux sont morts de chaleur. Deux tiers des soldats manquent à l'appel, surtout pour cause de désertion. Il n'a plus que cent quatre-vingt mille hommes.

L'Empereur s'en prend à Berthier, l'accuse d'être le responsable de ce désastre.

Pourtant, c'est lui seul qui a tout organisé, tout décidé depuis des mois. Par crainte des fuites, il n'a consulté personne pour les préparatifs. En se fondant sur sa longue expérience des campa-

* De 1807 à 1811.

gnes, il a donné les mêmes ordres que d'habitude sans se renseigner sur la Russie.

« Nos transports calculés pour [...] des marches et des distances ordinaires, n'étaient pas en rapport avec les chemins des pays que nous avions à parcourir », révèle Caulaincourt. On ne fait pas plusieurs milliers de kilomètres comme on en fait plusieurs centaines, ce n'est pas simplement plus loin. « Les premiers sables avaient écrasé les attelages parce qu'au lieu de diminuer le chargement en raison du poids de la voiture et de la distance à parcourir, on l'avait au contraire augmenté dans la pensée que la consommation le diminuerait suffisamment chaque jour[8]. » Contrairement à l'Europe occidentale que Napoléon connaît, le pays ne permet pas aux troupes de subsister comme il y compte. Pas de vivres, pas de fourrage. Résultat, décrit encore Caulaincourt : « L'homme manquant de tout lui-même ne pouvait s'occuper de ses chevaux ou les voyait périr sans regrets, parce qu'il entrevoyait dans la destruction du service qui lui était confié le terme de ses privations personnelles. »

Le soldat en est amené à se réjouir que son cheval crève : lui-même va pouvoir enfin manger. D'autre part, il n'ira pas plus loin.

Napoléon veut sa bataille, il veut rééditer Austerlitz. Il ne l'a obtenue ni à Wilno ni à Vitebsk. Il croit la tenir à Krasnoë, une ville un peu plus au sud, il n'a droit qu'à une escarmouche, ce sera donc Smolensk. Les deux chefs russes, Barclay de Tolly et Bagration, se sont enfin rejoints près de cette vieille cité entourée de remparts. Au bout d'une journée de combats, ils abandonnent la partie. Au matin du 17 août, les Russes mettent le feu à leur ville avant de s'échapper.

Napoléon décide de les poursuivre. Ses meilleurs généraux ne sont pas de son avis. Il avait prévu d'hiverner à Smolensk. Daru voudrait se conformer au plan, passer l'hiver sur place, fortifier les provinces polonaises et, au printemps, reprendre l'offensive contre Saint-Pétersbourg ou contre Moscou.

Prendre ses quartiers d'hiver dès la mi-août, Napoléon ne veut pas en entendre parler. Au contraire : il tient l'avantage, il va le pousser. Comme à Vienne, comme à Berlin ou à Madrid, il veut dicter la paix dans le palais du souverain vaincu : le symbole ajoute à la victoire.

« Avant un mois nous serons à Moscou, annonce-t-il ; dans six semaines nous aurons la paix. »

Une semaine plus tard, le 25 août 1812, l'Armée des vingt nations prend donc la route de Moscou.

Moscou et le Kremlin sont à quatre cents kilomètres de Smolensk vers l'est, Saint-Pétersbourg une fois et demie plus loin au nord au bord du golfe de Finlande. Pourquoi Napoléon va-t-il à Moscou alors que la capitale est Saint-Pétersbourg ? Il poursuit l'armée russe qui s'enfonce dans le pays. Elle prend soin de ne pas le conduire vers les palais où siège le tsar mais de l'entraîner pour étirer à l'infini ses lignes de ravitaillement.

Le nouveau maître de la stratégie russe est maintenant Koutousov, le vieux renard du Nord, soixante-sept ans, borgne depuis une bataille contre les Turcs. Tolstoï dans *Guerre et Paix*, King Vidor l'Américain et Bondartchouk le Russe, dans les films qu'ils en ont tirés, ont magnifiquement montré le personnage. Barclay de Tolly cherchait davantage à échapper à Napoléon qu'à l'attirer dans un piège. Koutousov, on s'en souvient, avait été assez intelligent à Austerlitz pour comprendre d'avance le sort de la bataille au seul vu des positions respectives. Napoléon sait qu'il va avoir affaire à un adversaire rusé. Ils s'affronteront – un tel homme ne fuira pas le combat –, et il battra le Russe.

Au bout de dix jours de marche, l'avant-garde de Murat bute enfin sur une résistance ennemie, à moins de cent cinquante kilomètres de Moscou, Borodino près de la rivière Moskowa. Koutousov a choisi l'emplacement d'une étroite rivière qui offre une des dernières lignes de défense naturelles avant Moscou. En visitant les lieux j'ai eu la surprise de découvrir que les monuments célébrant la bataille contre Napoléon – victorieuse selon les Russes – avaient été en partie détruits par des tirs de la bataille qui opposa en décembre 1941, au même endroit, l'Armée rouge aux divisions de la Wehrmacht dont l'offensive sera définitivement brisée cinquante kilomètres plus loin. Le site avait donc été remarquablement bien choisi.

La bataille s'engage le 7 septembre dans un rapport des forces assez équilibré. Clausewitz estimera que la balance penche légèrement au détriment des Russes, malgré la présence de trente mille cosaques.

« Voilà le soleil d'Austerlitz », croit pouvoir dire Napoléon au lever du soleil.

Au contraire, c'est un mauvais jour.

Il est très incommodé par un gros rhume de cerveau, il a même de la fièvre. « Je ne vois pas clair sur mon échiquier », constate-t-il.

Il semble ailleurs, il manque de réflexe. Il hésite à engager la Garde : « À huit cents lieues de France, dit-il, on ne risque pas sa dernière réserve. » La tournure des événements l'inquiète : « Ces Russes se font tuer comme des machines, on n'en prend pas, confie-t-il à Caulaincourt et à Berthier aussi. Cela n'avance pas nos affaires. »

Enfin le général Caulaincourt, frère du grand Écuyer mémorialiste, prend la redoute de Koutousov et force les Russes à lâcher prise. Il sera tué dans la charge.

Gagnée en une journée, la victoire de la Moskowa est une victoire triste : Napoléon a perdu dix mille hommes ; parmi eux quarante-sept généraux et cent colonels ; il a vingt mille blessés. Impossible à exploiter, sa victoire se révèle incomplète. Napoléon a cru écraser l'ennemi, encore une fois, il ne parvient qu'à le faire reculer.

À dix heures du matin le 14 septembre, Napoléon observe Moscou depuis la plus haute colline, le mont des Moineaux*. Il fait très beau. Une semaine après la bataille de la Moskowa, au bout de quatre-vingts jours de privations, les cent mille survivants de l'Armée des vingt nations parviennent aux abords de la ville. « Moscou ! Moscou ! À ce nom tant désiré, on courut en foule sur la colline et chacun en faisant des remarques de son côté découvrait à tout moment des merveilles nouvelles » : ainsi parle Labaume[9], un témoin que cite Villepin. Les hommes s'extasient à la vue d'un « magnifique château » à « l'architecture élégante », se montrent « un palais », admirent « un temple », tous sont « frappés des superbes tableaux que présen-

* Cent cinquante-sept mètres. La colossale université Lomonossov, deux cents mètres de haut, a été bâtie sur le mont des Moineaux, devenu mont Lénine.

tait cette ville ». Comme sa troupe, Napoléon regarde serpenter la Moskowa au milieu des maisons de bois, de pierre et de brique « où se mêlent à la fois le gothique avec le moderne ». Le lyrique Labaume poursuit : « Enfin, les murs différemment colorés des coupoles dorées ou couvertes en plomb et en ardoises [...], les terrasses des palais, les obélisques des portes de la ville et surtout les clochers construits en forme de minarets offraient à nos yeux [...] une de ces cités fameuses d'Asie qui jusqu'alors nous paraissaient n'avoir existé que dans la riche imagination des poètes. »

Inquiet, Napoléon constate que nul notable ne l'accueille comme il en a l'habitude partout où il vainc, Milan, Le Caire ou Berlin. Il pénètre dans Moscou, ville que nul n'a jamais conquise. Les habitants l'ont désertée. Loin de ressentir la joie de Labaume devant sa beauté exotique, Napoléon trouve Moscou lugubre. Le silence de la rue Arbat l'oppresse. Le lendemain, il dort au Kremlin.

Seuls en ville, des prisonniers que le gouverneur Rostopchine a libérés pour qu'ils mettent le feu.

L'incendie se déclare dans la nuit du 15 septembre. Parties du Bazar, un inextricable ensemble de boutiques chinoises, les flammes s'étendent à toute la ville. À quatre heures du matin, on réveille Napoléon.

Les Russes brûlent leurs maisons plutôt que d'y laisser entrer les Français, voilà qui lui semble inimaginable. On le voit dans la lettre qu'il écrit au tsar : « Monsieur mon frère, [...] La belle et superbe ville de Moscou n'existe plus, Rostoptchine l'a fait brûler. Quatre cents incendiaires ont été arrêtés sur le fait ; tous ont déclaré qu'ils mettaient le feu par les ordres de ce gouverneur et du directeur de la police : ils ont été fusillés. Le feu paraît avoir enfin cessé. Les trois quarts des maisons sont brûlées, un quart reste. Cette conduite est atroce et sans but[10]. »

Bien plus grave que la disparition de la ville, la disparition de l'armée.

En entrant dans Moscou, les troupes ont encore de la tenue. Malgré les privations, la faim, la soif, la perte des équipements, les soldats marchent en ordre, l'esprit combatif. Voilà qui ne va pas durer. Tolstoï, une citation choisie par Villepin : « Ce ne fut une armée que jusqu'à la dernière minute où les soldats se dispersèrent dans les maisons. Dès que les hommes commencèrent à s'établir dans les riches demeures vides, c'en fut fini à jamais de l'armée. Ce n'étaient plus ni des citadins, ni des soldats, mais quelque chose d'intermédiaire qu'on appelle des maraudeurs. »

Napoléon tente de contrer leur oisiveté grâce à une troupe de théâtre, comme autrefois au Caire. Il multiplie les revues, veille à l'intendance.

Il s'inquiète de l'attitude du général autrichien Schwarzenberg, placé sous les ordres de Berthier. Hésitant, perplexe, il s'en prend plutôt à ses généraux. Avec le fidèle Berthier, il devient blessant. Berthier suggère un repli sur la Pologne. Napoléon l'accuse de vouloir sa maison de campagne et sa maîtresse de longue date, la marquise Visconti qu'il aime depuis la campagne d'Italie : « Vous voulez aller à Grosbois, voir la Visconti* ! »

Napoléon attend.

Soucieux, tendu, il n'est plus le même. Lui qui aime tant le grand air, il passe des journées entières enfermé dans le Kremlin. Lui qui mange en dix minutes, il fait durer ses repas pour tuer le temps. Il s'ennuie. Il lit l'*Histoire de Charles XII* de Voltaire, un volume doré sur tranche et relié en maroquin rouge qu'il garde sur son bureau. L'exemple aurait de quoi l'inspirer : Charles XII de Suède**, roi d'un territoire immense, avait une fois déjà battu la Russie lors de la guerre du Nord***. En 1708, ensuite, pour reprendre ses terres où le tsar Pierre le Grand venait de construire Saint-Pétersbourg, Charles XII attaque Moscou. Les Russes lui opposent la politique de la terre brûlée, la même dont Napoléon voit les effets contre lui, sans les comprendre. Combiné à cela, un hiver atroce amène la déroute du Suédois, comme un siècle après un autre hiver amène bientôt celle de Napoléon. Charles XII est vaincu à Pultawa, ainsi que Balachoff, l'aide de camp du tsar, l'a

* Napoléon a contrecarré les amours de Berthier en le contraignant à se marier avec une princesse bavaroise en 1808. Il reste lié avec Mme Visconti, veuve quinze jours après, trop tard.

** Charles XII de Suède (1682-1718) règne sur la Suède, la Finlande, les pays Baltes et une partie de l'Allemagne. Vaincu, il cherche refuge dans l'Empire ottoman, dont il revient au bout de cinq ans pour reprendre son pays. Il meurt au combat en assiégeant la Norvège.

*** En 1700.

signalé à Napoléon lors d'un dîner voilà deux mois. L'armée suédoise subit une retraite catastrophique, comme la Grande Armée en subira bientôt une autre.

Ce n'est pas cette lecture instructive qui inquiète Napoléon mais l'irrégularité du courrier avec la France. Il faut en principe quinze jours pour qu'une lettre traverse l'Europe, mais tout se détraque, prend du retard. Il ne peut plus s'appuyer sur l'organisation méthodique dont il a besoin.

La seule lettre qui compte ne vient pas et ce n'est pas de Paris qu'il l'attend.

Le tsar ne lui répond pas.

Depuis Smolensk, Napoléon lui a déjà envoyé trois émissaires pour lui demander ses offres de paix. Cette insistance ne fait que signaler de la faiblesse. Son entourage s'en rend compte et lui aussi. Pourtant, Napoléon envoie de nouveaux messages, comme si le tsar, lui, allait ne pas comprendre qui détient l'avantage. Il sous-estime l'adversaire. Étonnante erreur de la part de Napoléon, si habile calculateur. « Quelle confiance aveugle dans son histoire, on peut même dire dans l'aveuglement ou la faiblesse qu'il supposait à ses adversaires, se désole Caulaincourt. Comment, avec ce coup d'œil d'aigle et ce jugement supérieur, pouvait-il se faire illusion à ce point ? »

Napoléon à Moscou, « l'homme qui nie l'évidence », analyse Bainville en 1931, l'homme qui veut « que les choses soient autrement qu'elles ne sont, qui s'ingénie à démontrer que ce qu'on croit funeste est bienfaisant ».

Napoléon s'obstine avec une patience nocive. Le tsar ne répond pas ; cette attente interminable devient toxique, suicidaire. Tout ce temps passé à Moscou au lieu de se replier pour hiverner en lieu sûr ! Mais voilà, ce début d'octobre est beau et ensoleillé : à Caulaincourt qui connaît le climat russe, il rétorque que les automnes à Moscou ressemblent à ceux de Fontainebleau.

Le 13 octobre, il neige. Tout à coup, finies les douceurs qui lui rappellent l'Île-de-France. Napoléon parle enfin de prendre des quartiers d'hiver.

Trop tard.

Et le tsar ?

Vite, encore un émissaire, il envoie Lauriston porter une nouvelle proposition. Napoléon offre l'armistice.

La situation lui échappe, il le sent.

En face, Koutousov voit le succès de sa stratégie. Il est le seul, explique Tolstoï, à deviner les causes de l'inaction de Napoléon. Koutousov le pense, les Russes ont véritablement remporté la bataille de la Moskowa, à Borodino. Tolstoï le compare au chasseur qui a touché sa proie sans connaître l'étendue de la blessure. La bête blessée se tapit quelque part. Immobile, le chasseur guette un cri, un mouvement. Quand Napoléon envoie Lauriston faire des offres de paix au tsar, le chasseur Koutousov y décèle le gémissement de l'agonie.

Le tsar refuse et se réjouit : « Ma campagne va commencer. »

Napoléon n'a qu'une alternative pour ses quartiers d'hiver : Moscou ou Smolensk. Il hésite. Reculer ? Un danger politique. Rester ? Un danger militaire.

Caulaincourt lui parle équipements, gants fourrés, bonnets, peaux de mouton, bottes, transport de blessés.

« Tout vous manque. On n'a pas préparé un fer à crampons pour les chevaux. Comment traîneront-ils l'artillerie ? »

Le 18 octobre, les Russes prennent l'initiative. Ils attaquent Murat à Winkowo, au sud de Moscou. Murat perd trois mille hommes et cinquante canons, ce qui sort Napoléon de sa torpeur. Il décide le départ.

Le chemin sera le même qu'à l'aller. Pourquoi pareil itinéraire ? Tolstoï accable Napoléon pour cette décision absurde, retourner à travers des régions dévastées par le premier passage. C'est courir à sa perte. Clausewitz affirme au contraire que Napoléon n'a pas d'autre choix. Le long de ses étapes, comme toute armée en campagne, la Grande Armée a laissé des dépôts, magasins de vivres, de munitions, fourrage, chevaux, relais de communication. Où trouver tout cela sur une route non préparée, sans le temps d'envoyer l'intendance à l'avance et en pays hostile ? Napoléon est obligé de repartir par où il est venu.

Le 19 octobre, ce n'est pas une armée qui quitte Moscou, mais un véritable souk ambulant. « Chars à bancs, drochkis, Wurst, calèches, kibitkas*, disputant d'élégance et de vitesse, couvraient

* Drochki : petite voiture découverte pour un ou deux passagers, à un ou deux chevaux. Les caissons Wurst servent au transport de l'artillerie légère, réputés difficiles à conduire. Quant aux kibitkas, ce sont les fourgons pour convoyer les prisonniers.

la route, débordaient de tous côtés et inondaient la plaine », rapporte le jeune capitaine de Montesquiou*, officier d'ordonnance.

Derrière les cent mille combattants, une foule de cinquante mille civils.

Il y a là des femmes qui ont suivi leurs maris ou qui les ont rejoints, certaines avec des enfants. Des comédiens, les colonies française et allemande de Moscou, des ouvriers en tous genres qui se sont amalgamés à l'armée française.

Par dépit, Napoléon fait miner le Kremlin, enlever les deux aigles en haut des tours et la croix de l'église Ivan Veliki, qui se brise en tombant au sol. Il laisse aussi ses hommes piller la ville. Piètre satisfaction car ils prennent ainsi du retard supplémentaire. Ils abandonneront le butin encombrant en chemin.

À peine sorti de Moscou, nouvel affrontement, un combat sanglant dont une fois de plus les Russes se retirent. « Cela devient grave, constate-t-il. Je bats toujours les Russes, mais cela ne termine rien. »

Tout a bien failli se terminer dès le lendemain 25 octobre 1812.

L'aube pointe à peine quand Napoléon, avec sa précipitation habituelle, sort à cheval en compagnie de son état-major. Au bout d'un kilomètre dans la demi-obscurité, des cris tout près, des hurlements caractéristiques.

« Arrêtez, sire, prévient le général Rapp à l'avant-garde, ce sont les cosaques ! »

L'ennemi se trouve au milieu des bivouacs de la Garde.

« Prends les chasseurs du piquet et porte-toi en avant ! » répond Napoléon.

Ces chasseurs ne sont encore qu'une dizaine, les premiers à suivre Napoléon pressé de quitter son quartier général. Ils rejoignent l'avant-garde.

Napoléon se retrouve seul avec Berthier et Caulaincourt.

Tous trois tirent leur épée.

Ils ne voient pas à vingt mètres. Ils entendent le bruit des coups de sabre, les cris. La mêlée s'approche soudain. Napoléon doit s'écarter.

---

* Anatole de Montesquiou-Fezensac (1788-1878) est le fils de Mme de Montesquiou, gouvernante du roi de Rome.

Cette énorme guerre, ces milliers de kilomètres pour la bataille décisive se réduisent en un instant à ce moment minuscule où il se trouve avec juste deux hommes, une épée à la main, petit morceau de fer contre un ennemi invisible et vociférant dans le noir.

Le reste du piquet, dix hommes, rattrape enfin l'Empereur. Arrivent surtout les quatre escadrons à qui Napoléon n'avait pas laissé le temps de monter en selle. Le jour se lève : un millier de cosaques couvrent la plaine.

Napoléon s'en tire mais il s'en faut de fort peu. Caulaincourt le mesure : « Si les cosaques qui vinrent sous notre nez et qui nous entourèrent un moment avaient eu plus d'audace et fussent tombés en silence sur la route au lieu de hurler et de ferrailler sur les bords du chemin, nous étions enlevés avant que les escadrons eussent pu nous secourir. » Enlevés ou tués.

Caulaincourt ne comprend pas pourquoi l'Empereur, « homme si prévoyant, le plus grand capitaine qui ait existé », court à plaisir le risque de sortir sans escorte. Napoléon lui-même participe au désordre. Il se comporte en pays conquis, comme s'il avait toujours l'initiative. Il est devenu le gibier que l'on traque et il est le seul à ne pas s'en être encore aperçu.

Les cosaques l'ont vu d'assez près pour fournir son signalement[11]. Non seulement les redoutables cavaliers ont repéré « la taille épaisse et ramassée » de Napoléon qui a quarante-trois ans, et ses cheveux « noirs, plats, et courts », mais ils ont pu détailler « la barbe noire et forte, rasée jusqu'au-dessus de l'oreille », les sourcils « bien arqués mais froncés vers le nez », son regard peu commode, « atrabilaire ou fougueux ». Ils ont été jusqu'à distinguer que, sous son nez « aquilin », il laisse « des traces continuelles de tabac ». Le portrait se complète d'un menton « très saillant ». Vient la tenue : « toujours en petit uniforme sans appareil et le plus souvent enveloppé d'un petit surtout gris pour n'être point remarqué ». Et Roustam pour finir : « sans cesse accompagné d'un mamelouk ».

Quatre jours après, au milieu de la nuit, Napoléon convoque Caulaincourt pour un entretien qui va durer trois heures et demie. Depuis quatre jours, les soldats n'ont à manger que les chevaux qui tombent. La faim est telle qu'ils commencent à se tailler des grillades avant que la bête ne soit morte. Napoléon est persuadé qu'il va recevoir le renfort de deux mille cosaques polonais et que tout va changer. Il pense que Koutousov, qui le suit, n'attaquera plus étant donné « qu'il gèle pour les Russes comme pour nous ». D'ailleurs, « l'intelligence supérieure de nos soldats leur [fera] trouver des moyens de se garantir du froid ». Caulaincourt mettra longtemps à ébranler ces certitudes et à faire entrevoir à Napoléon que le mal est beaucoup plus grave qu'il ne le voit.

Napoléon envisage de rentrer seul à Paris pour tout réorganiser, « en imposer à l'Europe » et « maintenir la tranquillité ». Caulaincourt accepterait-il de voyager avec lui sans escorte, y compris à travers la Prusse ennemie ? Dater les ordres du jour et les décrets des Tuileries, voilà le remède, approuve Caulaincourt.

Napoléon réfléchit encore une semaine lorsque lui parviennent de mauvaises nouvelles qui forcent sa décision. Il y a eu un coup d'État à Paris. L'affaire est déjà jugulée quand il l'apprend mais il en est très éprouvé. Malet, un général à la retraite évadé d'une maison de santé – un asile de fous – et repris de justice, muni de faux documents, avait fait croire à la mort de l'Empereur*. Il a entraîné dans son sillage le préfet de la Seine, de surcroît conseiller d'État, Frochot, que Napoléon destituera pour s'être laissé ainsi manipuler.

Cette conspiration de Malet révèle à Napoléon Bonaparte le grave échec de Napoléon Ier empereur.

À l'annonce de sa prétendue mort, nul ne songe à son fils pour lui succéder ni à l'Impératrice comme régente. On retourne à la république en oubliant le roi de Rome en route.

Il n'a pas fondé de dynastie. L'Empire n'existe pas.

L'Europe, l'Angleterre surtout peuvent s'en apercevoir ; un autre conspirateur, moins fou, réussir. « Avec les Français, dit-il, il faut, comme avec les femmes, ne pas faire de trop longues absences. »

---

* Ayant dupé des généraux et des colonels, Malet fait arrêter et emprisonner le ministre de la Police et le préfet de police. Sans rien vérifier, Frochot fournit une salle de l'Hôtel de Ville pour réunir un nouveau gouvernement. Commencée le 22 octobre 1812 au soir, la conspiration est déjouée avant dix heures du matin le lendemain. Quand on lui demande à son procès le nom de ses complices, Malet réplique : « La France entière et vous-même, monsieur le président, si j'avais réussi. » Il est fusillé avec onze complices le 29 octobre 1812. Napoléon reçoit les premières nouvelles de l'affaire le 6 novembre.

Il est urgent de rentrer.

Objectif : Smolensk, où il va faire hiverner son armée. L'intendance a dû pourvoir à tout, selon ses instructions. Les dépôts seront pleins de vivres, de munitions, de chevaux frais, puisqu'il en a donné l'ordre.

Pour y parvenir, il faut marcher trois jours dans un froid atroce. La neige tombée le jour du départ gèle, le verglas recouvre tout. Les hommes ont le visage brûlé au deuxième degré par le froid, couvert d'énormes ampoules noirâtres. Les plus défigurés sont les soldats les plus jeunes, nez, oreilles, pommettes couleur d'encre. N'importe, chacun marche le plus vite possible, pressé d'atteindre la nourriture et l'abri. Les officiers supérieurs, aussi affamés que la troupe, n'attendent même pas leurs hommes.

Smolensk est vide.

Jusqu'à Varsovie, on ira ainsi de déception en déception. L'organisation de Napoléon n'est qu'un projet de papier. Il croit que l'intendance suit, que ses arrières sont pourvus parce qu'il le veut. Erreur : on ne lui dit plus la vérité. On répond « oui » à ses ordres inapplicables, mais plus pour les exécuter : parce qu'on a peur de lui. Il n'a laissé que cinq jours au général Charpentier chargé de Smolensk pour faire ses approvisionnements, délai matériellement impossible à tenir malgré les ressources sur place.

Il fait entre moins seize et moins dix-huit. Il meurt plus de trente mille chevaux en quelques jours[12]. Plus d'attelages pour les fourgons, pour l'artillerie. On les abandonne. La cavalerie va à pied.

Napoléon marche comme les autres, appuyé sur un gros bâton.

Un témoin le décrit vêtu de vert : une toque de velours vert gansée d'or avec des cache-oreilles en fourrure de martre noire, un long manteau local fourré, qui ressemble à une robe de chambre, couleur vert pré aussi, orné de brandebourgs dorés et d'un col noir en loutre. Il a bouclé la ceinture de son épée par-dessus un ceinturon blanc. Aux pieds, des bottes fourrées ; aux mains, de gros gants. Un autre le note enveloppé dans une grande capote doublée de fourrure et coiffé d'un bonnet rouge amarante garni de renard noir.

À ses côtés Eugène de Beauharnais, Murat et des maréchaux à pied. Derrière chevauche l'escadron sacré, formé d'officiers et de sous-officiers qui ont perdu leurs troupes. Ils sont sept à huit cents, les débris de plus de soixante mille hommes. Dignes, silencieux, en ordre, ils portent les enseignes de leurs régiments disparus. En ordre aussi, la Garde impériale. Derrière vient la foule mêlée des officiers et des hommes aux mains et aux pieds gelés, trente mille éclopés de toutes les nations, incapables de tenir une arme, emballés dans les manteaux percés et les peaux de mouton trouvés en route. Plus loin, traînards, les moins valides qui suivent quand même.

Un peu plus de deux cents kilomètres après Smolensk, la rivière Bérézina coupe la route. Le meilleur endroit pour traverser se trouve à Borisov, un pont que l'Empereur fait garder depuis longtemps. Au-delà, à gauche, ce sera Minsk et ses dépôts garnis, ou alors Wilno à droite, plus loin mais plus sûre.

Napoléon donne l'ordre de brûler tous ses papiers. Les portefeuilles du gouvernement qu'apportent chaque semaine les auditeurs au Conseil d'État, les projets, les doubles de décrets sur tous les sujets – de Moscou date la réforme de la Comédie-Française : quatre-vingt-sept articles, presque tous encore en vigueur de nos jours. Le contenu de plusieurs véhicules, transporté depuis si longtemps, part au feu.

Napoléon apprend que les réserves de Minsk n'existent pas davantage que celles de Smolensk. La mauvaise nouvelle se redouble : les Russes prennent Minsk.

Il faut atteindre le pont de Borisov avant Koutousov et passer coûte que coûte la Bérézina. Une fois sur l'autre rive, il suffira de prendre la route de Wilno.

Un soutien, enfin : Oudinot et Victor arrivent de Pologne avec soixante mille hommes, des troupes fraîches.

Refoulés par Oudinot, les Russes brûlent le pont.

Napoléon étudie ses cartes, écoute les renseignements. En amont du pont détruit de Borisov, au-delà de Stoudianka, la rivière est moins profonde, « trois ou quatre pieds » : un mètre, un mètre vingt. Bordée de marécages, elle fait quatre-vingts à cent mètres de large. Les quatre cents pontonniers du général Éblé doivent donc bâtir là de quoi passer. De l'autre côté, vers le sud et la route de Minsk, un faux chantier de construction fera diversion.

Napoléon est conscient de jouer son va-tout.

« Cette fois, il n'y aura de salut que pour les braves, dit-il à Caulaincourt. Si nous franchissons la Bérézina, je suis maître des événements, car les deux corps frais que je trouve ici, et ma Garde, suffisent pour battre les Russes. Si l'on ne peut pas passer, nous ferons le coup de pistolet. Voyez avec Duroc ce que l'on pourrait emporter dans le cas où on serait obligé de faire une trouée à travers champs sans voitures. »

Un détail qui lui tient à cœur, et qu'il ne confie qu'à Caulaincourt et Duroc :

« Il faut d'avance être préparé à tout détruire, afin de ne pas laisser de trophées à l'ennemi. J'aimerais mieux manger le reste de la campagne avec mes doigts que laisser une fourchette à mes armes aux Russes. »

Prétendant qu'il s'agit de soulager les mulets, Duroc et Caulaincourt persuadent les personnes nourries « par la maison de l'Empereur » de porter elles-mêmes leur timbale, leur assiette et leur couvert.

Il faut construire deux ponts, un pour les fantassins, un pour les voitures. Napoléon surveille les essais, encourage pontonniers et sapeurs. Les hommes du général Éblé entrent dans l'eau glaciale jusqu'aux aisselles pour planter les chevalets dans la vase gelée.

Par moments des chevalets s'effondrent sous le poids d'une voiture. Les pontonniers harassés retournent réparer dans l'eau par des températures polaires. Toute la journée des 26 et 27 novembre, l'armée passe la Bérézina en bon ordre.

Koutousov a perdu la course-poursuite.

« Les Russes, trois fois plus nombreux, sont tétanisés à l'idée d'affronter l'Aigle », résume Clausewitz. Les ruses destinées à berner l'ennemi ont fonctionné. Napoléon parvient à sauver le meilleur de ses forces.

La Bérézina, contrairement à ce qu'on répète, est une victoire.

Mais c'est un désastre pour les milliers de traînards qui suivent, les blessés, les hommes qui ont perdu leur corps, les civils, les femmes avec des enfants, qui veulent passer à tout prix dès le soir. Une cohue sans nom se bouscule à l'entrée des ponts, tente d'escalader les bords, glisse. Des heures durant, une foule se bat pour passer, quelques-uns les mains vides, d'autres encombrés de butin. Les plus hardis foncent droit au milieu. Les brutes poussent qui les gêne.

L'un des ponts crève. Des dizaines de gens tombent à l'eau. Les voitures se précipitent vers l'autre, écrasant tout le monde au passage sous les roues, sous les sabots des chevaux. Les uns tombent sur les autres en piétinant indistinctement des morts et des vivants dans une panique effroyable, sous le feu des Russes qui se sont décidés à tirer des obus. Une division entière, chargée de protéger les derniers passages, se perd et les Russes capturent sept ou huit mille prisonniers. Enfin les pontonniers, comme prévu, incendient leur ouvrage avant de rejoindre l'arrière-garde. C'est cette agonie atroce qui hante la mémoire des survivants et qui fait de Bérézina, en français, un synonyme de catastrophe.

Trois jours plus tard, le 1er décembre, Napoléon s'arrête dans un village nommé Staïki. Il doit se pelotonner dans une niche minuscule : sept à huit pieds carrés, c'est-à-dire à peine les trois quarts d'un mètre carré. Le major général Berthier jouit d'une autre niche de même surface, tandis que la totalité du quartier général s'empile, c'est le mot de Caulaincourt, dans une petite pièce. Généraux et maréchaux, princes, ducs et comtes sont obligés de se coucher sur le côté pour y tenir tous. Il gèle, ils préfèrent se tenir chaud ensemble que de dormir dehors mais ils sont si serrés « qu'une épingle ne serait pas tombée à terre ». Cet endroit dénué de tout gagne le surnom de Miserowo, car on a tout de même le cœur à plaisanter. Le lendemain, plus loin, la simple vue de pommes de terre répand la joie.

Napoléon ne reçoit plus de courrier depuis longtemps. Quand, le 3 décembre 1812, il peut enfin lire trois semaines de dépêches, il se décide alors à rentrer. Sa place est au palais des Tuileries. À Paris, sans nouvelles de la Russie, on s'inquiète.

La France est cependant loin d'imaginer la vérité. Napoléon entreprend alors d'écrire la réalité du désastre dans le *XXIXe Bulletin de la Grande Armée*. Il calcule que son texte arrivera à Paris peu avant son propre retour. Il veut frapper les esprits pour les mobiliser. En fait, il va obtenir l'effet inverse. Loin de galvaniser les courages, sa description de la défaite va accabler le pays. À sa lecture, Gaspard Monge en fera une attaque d'apoplexie.

Napoléon confie le commandement à Murat. À dix heures du soir le 5 décembre, Caulaincourt et lui prennent place dans une voiture où on peut dormir, une dormeuse. Dans deux autres calèches, il emmène Duroc, grand maréchal du Palais, le général Mouton, le baron Fain son secrétaire et Constant. Enfin un officier d'ordonnance, Wonsowicz, à côté du cocher de la dormeuse, un valet de pied par voiture et deux piqueurs pour prendre les devants et commander les chevaux aux relais. Jusqu'en terre polonaise, ils sont entourés d'une nombreuse escorte.

Officiellement, c'est Caulaincourt, grand écuyer de l'Empereur, qui part en compagnie de son secrétaire le comte de Rayneval, dont Napoléon prend l'identité.

Le voyage va durer quatorze jours et quatorze nuits.

Durant ce long tête-à-tête, Napoléon parle librement. Caulaincourt, dès qu'il a un instant, note ce qu'il a entendu, raconte ce qu'il a vu. Son témoignage exceptionnel sur la personnalité de Napoléon annonce les confidences du *Mémorial de Sainte-Hélène*. C'est bien sûr de lui que viennent les détails qui suivent.

Caulaincourt connaît l'hiver en Europe centrale depuis qu'il a été ambassadeur à Saint-Pétersbourg. Il a eu la présence d'esprit de sauvegarder un sac de charbon. Grâce à ce combustible, il fait forger des fers à glace pour les chevaux. À Wilno, en homme d'expérience, il achète des bottes fourrées pour tout le monde.

Sage précaution, parce qu'entre Wilno et Kowno, il fait moins vingt-huit la nuit. À l'intérieur de leur dormeuse, la respiration gèle sur leurs lèvres, des glaçons leur pendent au nez, aux sourcils et même aux paupières. La toile du plafond, où la buée givre, devient dure de gel. Napoléon le frileux qui aime tant se mettre près des cheminées est frigorifié. Pourtant il est vêtu de laine, porte une pelisse et ses bottes fourrées neuves, il s'est emmitouflé dans un sac en peau d'ours. Caulaincourt doit partager sa propre peau d'ours pour réchauffer l'Empereur.

À Kowno, le courrier (celui qui court en avant, non pas le facteur de la poste aux lettres), le courrier qui les précède a fait préparer le feu dans une espèce d'auberge tenue par un marmiton italien, établi là depuis le passage de l'armée. Un repas chaud, du bon pain, de la volaille, une table, des chaises, une nappe ! Caulaincourt et les autres en avaient perdu l'habitude. Napoléon, lui, durant la retraite, a toujours été servi sur du linge, avec du pain blanc, son cher vin de chambertin, de l'huile, du bœuf ou du mouton et ses légumes préférés : lentilles, fèves, riz.

Sur la route entre Königsberg et Varsovie, Caulaincourt achète un vieux traîneau couvert, vaguement peint en rouge. Napoléon, toujours aussi impatient, laisse à peine le temps de prendre les pelisses et les armes au moment de changer de moyen de transport. Il abandonne son nécessaire. Au lieu d'être freinés par la neige haute, ils filent dessus mais ils sont beaucoup moins bien installés que dans la calèche*. « Mal assis, mal adossés », ils ne peuvent pas étendre les jambes. La caisse vermoulue ferme mal, les grandes vitres disjointes laissent passer le froid, il neige à l'intérieur. « L'Empereur renonça à tout ce qui rend un long voyage supportable pour arriver plus vite. »

Le traîneau ne s'arrête que pour changer de chevaux. Au relais du matin, entre huit et neuf heures, Napoléon boit du café au lait quand il en trouve. Parfois il ne met pas pied à terre. Selon les étapes, on relaie le soir entre cinq heures et neuf heures. Napoléon prend le repas commandé à l'avance par le piqueur. Une heure ou une heure et demie de repos, les jambes enfin allongées, le temps que l'officier d'ordonnance et le piqueur mangent à leur tour. Napoléon s'endort devant le feu, Caulaincourt se précipite pour prendre des notes.

À Varsovie, Napoléon se souvient subitement de qui il est. Caulaincourt et lui se font « une humble réflexion sur le modeste équipage du roi des rois ». Il traverse alors la ville à pied, espérant sans doute qu'on le reconnaisse. « Je crois qu'il n'aurait pas été fâché de rencontrer quelqu'un qui l'eût deviné [...]. La pelisse de velours vert à brandebourgs d'or de l'Empereur n'attirait l'attention que de quelques modestes passants plus pressés de

* Le valet de pied s'y assied après avoir fait la première partie du voyage dehors sur la planche prévue à cet effet.

retrouver leur logis et leur poêle que de deviner le nom et la qualité des voyageurs [...]. On tournait la tête mais on ne s'arrêtait pas. »

Il a une scène violente avec l'abbé de Pradt, son ambassadeur, qu'il rend responsable de l'absence des secours : pas de troupes polonaises, encore moins leurs fameux cosaques sur lesquels il comptait tant. D'ailleurs, il ne descend pas à l'ambassade, mais dans un hôtel. Il regrette d'avoir nommé un incapable comme Pradt. Il a écarté Talleyrand, malgré ses intrigues il aurait dû le garder, « le ministre le plus capable qu'il ait eu ».

Si les Polonais le déçoivent, il n'a toujours pas mesuré combien sa politique a déçu les Polonais. Contrairement à ses promesses, il n'a pas restauré leur patrie, il l'a dépecée comme monnaie d'échange avec les nations plus puissantes.

Ensuite, c'est la Prusse. Les voilà chez un allié peu fiable dont le peuple lui est hostile. Malgré l'*incognito* de l'Empereur qui se fait passer pour le secrétaire, ils courent peut-être un risque. Napoléon en plaisante.

« Mais enfin, si l'on vous prend vivant, que fera-t-on de vous, monsieur le duc de Vicence ? dit-il en donnant son titre à Caulaincourt.

— Si on me prend, ce sera à cause de mon secrétaire, répond Caulaincourt sur le même ton. Alors on me fera un mauvais parti.

— Si l'on nous arrête, ou nous fera prisonniers de guerre comme François Ier. La Prusse se fera rendre ses millions et en demandera même d'autres. »

Il brode sur le thème :

« Craignant que je m'échappe ou de terribles représailles pour me délivrer, les Prussiens me livreraient aux Anglais !

— C'est possible !

— Vous figurez-vous, Caulaincourt, la mine que vous feriez dans une cage de fer, sur la place de Londres ?

— Si c'était pour partager votre sort, sire, je ne me plaindrais pas !

— Il n'est pas question de se plaindre, mais d'une chose qui peut arriver à l'instant, et de la figure que vous feriez dans cette cage, enfermé comme un malheureux Nègre qu'on y dévoue à être mangé par les mouches, parce qu'on l'a enduit de miel ! » bouffonne Napoléon.

À l'idée de Caulaincourt en cage, il rit aux éclats. Il a le rire contagieux, Caulaincourt se tord à son tour. Le fou rire les prend. Chaque fois que l'un d'eux tente d'articuler un mot, ils rient plus fort, la moindre syllabe les fait exploser de rire, incapables de reprendre leur souffle sans pouffer à nouveau.

Dans le fond, il est inquiet.

« Mais un assassinat secret, un guet-apens serait facile », dit-il après avoir retrouvé son sérieux. Il demande à Caulaincourt si leurs pistolets sont en état. Ils le sont. Il s'assure d'avoir les siens à portée de main.

À Posen, le courrier de France l'attend. J'ai raconté plus haut son impatience, comme il se précipite pour lire les nouvelles de sa femme et de son fils.

À minuit le lendemain, il atteint Dresde, chez le roi de Saxe, un vrai allié. Le roi lui rend visite au milieu de la nuit chez l'ambassadeur de France et lui prête sa berline sur patins pour remplacer le vieux traîneau hors d'état. La berline ne tient pas longtemps, un patin casse par manque de neige, tous deux terminent l'étape dans la calèche de poste du courrier. À Erfurt, enfin, il dispose d'un confortable landau où il peut s'allonger. Il lâche ce commentaire de connaisseur : « Une bonne voiture à la fin d'un long voyage fait encore plus de plaisir qu'un bon lit après trois mois de bivouac. »

En s'extrayant quatorze jours et quatorze nuits du terrain durant ce retour, Napoléon prend peu à peu conscience de l'ampleur de sa défaite.

On a vu quelles difficultés il a eues à admettre que le tsar ne voulait pas négocier, quel mal il a eu à quitter Moscou au prétexte fantasmé que l'automne russe ne serait pas plus froid qu'à Fontainebleau. Dans la retraite, il n'a cessé de surestimer les capacités de résistance de son armée, de faire une confiance excessive à sa Vieille Garde, d'attendre le salut d'hypothétiques cosaques polonais – que personne n'a mobilisés –, de choisir des villes impossibles à tenir : Smolensk, Minsk, Wilno.

Dans le traîneau pointent des bribes de vérité : « Tout a mal tourné parce que je suis resté trop longtemps à Moscou. Si j'en étais parti quatre jours après l'avoir occupée, comme j'en ai eu l'idée après avoir vu l'incendie, la Russie était perdue. »

À mesure qu'il discute, il en admet davantage. « Cette guerre de Russie est une mauvaise affaire », avoue-t-il enfin, tout en tirant amicalement l'oreille de Caulaincourt. « Je me suis trompé, monsieur le grand écuyer, non sur le but et l'opportunité politique de cette guerre, mais sur la manière de la faire. Il fallait rester à Vitebsk. Alexandre serait aujourd'hui à mes genoux. La séparation de l'armée russe après le passage du Niémen m'a ébloui. » Un peu d'autocritique : « Avec plus de prévoyance, si j'avais suivi mon premier plan, ils étaient perdus. »

Il reste d'un fol optimisme et fonce vers sa capitale, plein d'illusions, sûr que la débandade de ses troupes s'arrêtera à Wilno. Il n'apprendra qu'à Paris que ses troupes ont abandonné cette forteresse aussi, qu'elles reculent sans cesse. Elles reculeront jusqu'à l'année suivante où il reprendra le commandement.

Il s'imagine aussi que Schwazenberg, qui commande les troupes autrichiennes, étant homme d'honneur, ne voudra pas le trahir alors que « la fortune me tourne le dos ».

Il forme des projets : « J'ai de l'argent, des armes, de quoi former des bons cadres ; j'aurai des conscrits et cinq cent mille hommes sous les armes, sur les bords du Rhin, avant trois mois. [...] J'ai ce qui donne toute chose : de l'argent dans les caves des Tuileries. »

Personne ne voudra plus faire cette guerre. Il ne rassemblera qu'une armée de jeunots de plus en plus inexpérimentés.

Dans le traîneau, il aborde aussi la politique extérieure. Il s'imagine que le tsar est le souverain le plus craint d'Europe. Caulaincourt le détrompe : « C'est Votre Majesté que l'on craint, c'est la monarchie universelle que les cabinets craignent, c'est votre dynastie, déjà partout, dont les autres dynasties craignent encore l'établissement chez elles. » Napoléon n'en perd pas sa bonne humeur et se contente de tirer derechef l'oreille de son grand écuyer.

Il ramène souvent l'Angleterre dans la conversation.

« C'est l'Angleterre qui m'a poussé, forcé à tout ce que j'ai fait. Si elle n'avait pas rompu le traité d'Amiens, si elle avait fait la paix à Austerlitz, après Tilsit, je serais resté tranquille chez moi. »

Tranquille chez lui ? Oui, il se décrit en homme qui aime « les douceurs de la vie ». Il avoue de la lassitude : « Il me tarde bien, Caulaincourt, que la paix soit générale pour me reposer et pour pouvoir faire le bonhomme. Nous voyagerons tous les ans pendant quatre mois dans l'intérieur, j'irai à petites journées avec mes chevaux, je verrai l'intérieur des chaumières de cette belle France, je veux visiter les départements auxquels il manque des communications, faire des canaux, des routes, donner des secours au commerce, des encouragements à l'industrie. »

Loin d'être « un don Quichotte » en mal d'aventure, il est « un être de raison, qui ne fait que ce qu'il croit utile ». Il a cette comparaison : « La seule différence entre moi et les autres souverains, c'est que les difficultés les arrêtent, et que j'aime les surmonter quand il m'est démontré que le but est grand, noble, digne de moi et de la nation que je gouverne. » Voilà sa motivation permanente.

Je l'ai dit, le *XXIX**e* *Bulletin de la Grande Armée*, où il raconte crûment la vérité, n'a pas produit l'effet mobilisateur escompté. Sa lecture désespère tout le monde. Écrit deux jours avant le départ de l'Empereur lui-même, le *Bulletin* n'est publié dans *Le Moniteur* que l'avant-veille de son arrivée aux Tuileries : chacun est encore sous le coup des funestes révélations. Là aussi, il s'est trompé.

À moins de cent kilomètres de Paris, Château-Thierry, Napoléon s'apprête. Caulaincourt, lui, garde sa barbe de quinze jours qui le rend méconnaissable. Napoléon fait sa toilette et se change. Pour se dissimuler encore et se tenir au chaud, il remet sa pelisse par-dessus un uniforme de grenadier et, sur la tête, le bonnet de fourrure. Il a les jambes enflées d'être resté si longtemps assis, le teint abîmé par le froid, les yeux bouffis, mais surtout l'air heureux de rentrer.

À minuit moins le quart le 18 décembre 1812, Napoléon est aux Tuileries.

Le lendemain, il parle de son erreur sur un ton détaché. Quittant Moscou huit jours plus tôt, il aurait pu réussir : simple histoire de « moment » et d'« à-propos ». Il reçoit l'amiral Decrès, ministre de la Marine, et le ministre de l'Administration de la guerre, Lacuée de Cessac*. Il les accueille de cette exclamation :

« Eh bien, messieurs, la fortune m'a ébloui. Je me suis laissé entraîner au lieu de poursuivre le plan que j'avais conçu et dont je vous avais parlé, monsieur de Cessac. » C'était l'idée de prendre position à Vitebsk et d'organiser les provinces polonaises avant d'attaquer la Russie. Cessac était contre cette guerre.

« J'ai cru obtenir en un an ce qui ne devait être exécuté qu'en deux campagnes », admet Napoléon.

Il ne renonce à rien :

« J'ai fait une grande faute, mais j'aurai les moyens de la réparer. »

Son autocratie l'a coupé des réalités. On ne lui obéit plus, parce qu'il n'est plus possible de lui obéir.

À quarante-trois ans, il n'est plus le fulgurant manœuvrier de l'Italie, d'Austerlitz ni du camp de Boulogne, celui qui précédait les réactions de l'ennemi. Il perd sa prescience.

Lui qui savait à dix hommes près la situation et la force de son armée, il vit dans l'imaginaire.

Il ne retrouvera sa pleine lucidité que trop tard : à Sainte-Hélène, en dictant son *Mémorial*.

---

* Lacuée (1752-1841), comte de Cessac, dirige l'Administration de la guerre depuis 1810.

Chapitre XVIII – Sainte-Hélène, petite île

Fuir en Amérique ? – Dernière visite à son amoureuse – Pourquoi Napoléon choisit de se livrer aux Anglais – Une île effrayante – Les rires de Betsy – La persécution – Un médecin incompétent – De quoi Napoléon est-il mort ? – Empoisonnistes et substitutionnistes – Le portrait caché.

Napoléon commence l'année 1815 comme empereur de l'île d'Elbe, entre la Corse et l'Italie, dans son petit palais rose des Mulini.

Trois mois après, le 1er mars, il débarque à Golfe-Juan, près de Cannes, pour reconquérir la France et son trône. Le 20 mars, triomphant, il rentre au palais des Tuileries.

Trois mois plus tard, le 18 juin, il perd la bataille de Waterloo. Son bref retour, les Cent-Jours, se termine le 22 lorsqu'il abdique dans le palais de l'Élysée.

Encore trois mois : le 23 septembre, il franchit l'équateur à mi-chemin du Brésil et de l'Afrique à bord du *Northumberland*, navire anglais. Il entre dans l'hémisphère Sud, en route pour l'île de Sainte-Hélène.

Moins de trois mois plus tard, le 10 décembre 1815, Napoléon s'installe dans sa dernière résidence, Longwood, une étable et une grange transformées en maison de campagne sur un plateau battu par les vents.

Comment, pourquoi s'est-il livré aux Anglais ?

Waterloo : « Le coup que j'ai reçu est mortel. » Il le constate devant Caulaincourt, le 21 juin 1815, trois jours après la défaite.

Lafayette, Fouché font voter les Chambres contre lui. Il n'y aura pas de nouveau coup d'État, même si certains l'espèrent encore. Il en a perdu les moyens politiques et surtout le ressort psychologique. Napoléon n'a plus trente ans comme au 18 Brumaire, il en a quarante-six. À propos de ces hésitations de Napoléon, Stefan Zweig dans son *Fouché* remarque comme « les individus les plus énergiques [sont] saisis, au moment critique de la décision, d'une étrange indécision, comme d'une paralysie de l'âme. Wallenstein avant sa chute, Robespierre dans la nuit du Neuf Thermidor, alors même que la précipitation eût été une erreur moindre, firent preuve d'une irrésolution fatale. »

C'est fini. Il abdique en faveur de son fils*. Le petit Napoléon François Charles Joseph, quatre ans, est en Autriche depuis avril 1814. Son père ne l'a jamais revu, ne le reverra jamais. Napoléon Bonaparte ne sait pas encore qu'à Vienne, on appelle l'enfant par son deuxième prénom traduit : Franz, ni qu'on le transforme en prince autrichien.

Fouché, l'homme qui se sort de toutes les situations, Fouché, ministre de la Police durant les Cent-Jours après avoir trahi Napoléon en 1814, celui qui a déjà eu la peau de Robespierre après l'avoir servi, Fouché s'est fait désigner pour diriger le gouvernement provisoire. On attend les troupes de la Coalition qui vont occuper Paris.

Lorsqu'elles apprennent son retour de l'île d'Elbe, les puissances européennes sont réunies au Congrès de Vienne pour redessiner les frontières. Elles déclarent[1] qu'« en rompant ainsi la convention qui l'avait établi à l'île d'Elbe, Bonaparte détruit le seul titre légal auquel son existence se trouvait attachée. En reparaissant en France [...], il s'est privé lui-même de la protection des lois, et a manifesté, à la face de l'Univers, qu'il ne saurait y avoir ni paix ni trêve avec lui [...] ». Les représentants des souverains d'Europe le qualifient d'« ennemi et perturbateur du repos du Monde [...] livré à la vindicte publique ».

Napoléon n'est plus aux Tuileries mais à l'Élysée, palais choisi durant les Cent-Jours pour marquer une rupture[2]. Il avait voulu établir un empire libéral et l'avait proclamé dans un Acte additionnel aux Constitutions de l'Empire qui tempérait singulièrement son autocratie[3]. Il a senti, dira Chateaubriand qu'il ne pouvait plus régner par les principes qui avaient contribué à sa chute. Son frère

* Le 22 juin 1815. Le temps que le roi Louis XVIII reprenne le pouvoir en France le 8 juillet, le jeune Napoléon II sera empereur quinze jours, probablement sans qu'on le lui dise : son grand-père, le souverain d'Autriche chez qui il vit, est un artisan du retour de Louis XVIII tandis que sa mère, l'impératrice Marie-Louise, n'a aucune opinion.

Lucien[4] était revenu de son exil volontaire[5] pour l'épauler. Il reste auprès de lui dans le désastre. À ses côtés aussi, Lazare Carnot et Benjamin Constant, deux hommes qu'il a autrefois écartés lorsqu'ils s'opposaient à son despotisme et sur qui il comptait dans son entreprise nouvelle. Il est trop tard. Rien ne l'exprimera mieux que la cérémonie byzantino-médiévale organisée le 1er juin 1815 au Champ-de-Mars. Pour tenter de réveiller une dernière fois l'esprit des fédérés de 1789, Napoléon apparaît dans une robe blanche d'empereur romain. Tous les témoins remarquent plutôt à quel point ce déguisement lui va mal au teint et comme il sied peu à un homme de son âge, ventre rond et double menton. L'esprit jacobin est mort et l'Europe coalisée ne le laissera pas faire.

Le 25 juin, sept jours après Waterloo, Napoléon dans son bain a un dernier entretien avec Carnot qui l'exhorte à partir pour l'Amérique.

Fouché, pressé de voir Napoléon Bonaparte hors du territoire, plaide aussi dans ce sens.

Le jour même, Napoléon quitte l'Élysée pour la Malmaison.

L'année précédente, c'est du château officiel de Fontainebleau qu'il était parti pour l'île d'Elbe. Empereur et général, il avait fait ses adieux[6] à ses soldats, ceux de la Vieille Garde qu'il avait vingt ans durant « trouvés constamment sur le chemin de l'honneur et de la gloire ».

Aujourd'hui, les adieux de Napoléon Bonaparte sont intimes, familiaux. Dans cette maison où il a vécu heureux avec Joséphine, sa belle-fille Hortense lui accorde l'hospitalité. Letizia, Madame Mère, est là. Marie Walewska accourt avec leur fils dès le lendemain. Elle lui offre de partager son sort. Napoléon sait qu'il peut compter sur elle, elle qui est venue le voir à l'île d'Elbe. Il refuse pourtant. Il veut partir seul.

Ce même jour, il reçoit aussi ses banquiers, Laffitte et Noël, à qui il remet en dépôt plusieurs millions pour assurer son exil. Confiée sans reçu, cette fortune parviendra intégralement à ses héritiers.

Les troupes étrangères approchent de Paris.

Jeudi 29 juin 1815 à la pointe du jour, Napoléon obtient la garantie d'avoir deux frégates à sa disposition dans un port de l'Atlantique, Rochefort. Dernière tentative de maîtriser les événements, il demande à commander l'armée pour battre l'ennemi, – il se retirera ensuite, promis. Refus du gouvernement provisoire. Il faut donc partir avant que les Prussiens ne le capturent.

Hortense le force à accepter une ceinture où elle a cousu un collier de gros diamants.

Il quitte lentement sa bibliothèque, monte par son petit escalier secret jusqu'à son appartement. Il se met en civil pour le voyage.

Il est prêt.

Il ne part pourtant pas encore, malgré le danger, malgré les cavaliers prussiens à quelques lieues.

Il lui reste à s'arracher au souvenir de Joséphine.

Elle n'est plus là, mais ce n'est pas la séparation la plus facile, au contraire. « C'est la femme que j'ai le plus aimée », confiera-t-il à Sainte-Hélène au général Gourgaud*, son aide de camp. Chapeau à la main, il entre dans la chambre ronde où la bien-aimée est morte à peine un an plus tôt. Il reste longuement seul devant le lit grandiose orné de cygnes dorés aux ailes déployées, à contempler le plafond en tente plissée, les murs drapés de soieries roses, à rêver à son amoureuse « pleine de grâce pour se mettre au lit, pour s'habiller ».

Lorsqu'il en sort enfin, on voit qu'il a pleuré.

Ses derniers mots sont pour Letizia, sa mère qu'il ne reverra plus :

« Adieu, mon fils.

— Adieu, ma mère. »

Dix-sept heures trente, il est grand temps. Ils sont loin, ces départs précipités où son escorte s'essoufflait à le rejoindre, où ceux qui devaient le précéder peinaient à le rattraper, où il galopait à fond de train, en selle avant tout le monde.

Le mamelouk Ali**, de son vrai nom Louis Saint-Denis, a fait avancer une calèche jaune que nulle armoirie ne distingue. Napo-

---

* Gaspard Gourgaud (1783-1852), baron d'Empire, général, mémorialiste. Officier d'ordonnance de Napoléon en 1811. Le rejoint au retour de l'île d'Elbe. Nommé général et aide de camp, le suit à Sainte-Hélène. Rentre en 1818. En 1840, fait partie de l'expédition qui ramène les cendres de l'Empereur.

** Il ne s'agit pas du mamelouk Ali venu d'Égypte dont j'ai parlé dans le chapitre « Napoléon du matin au soir » : Louis Saint-Denis, dit Ali (1788-1856), est né à Versailles. Entré au service de Napoléon en 1806 et resté avec lui jusqu'à sa mort, il note tout. Ses mémoires ne seront publiés qu'en 1926. À Sainte-Hélène, il compose pour Napoléon une eau de Cologne avec les moyens du bord. La recette a été conservée et elle est aujourd'hui reproduite.

léon s'y jette. Les trois autres places intérieures sont pour le fidèle général Bertrand, Savary le ministre de l'Intérieur, le général Becker, chef de la Garde nationale. Chargé par Fouché de mettre l'Empereur déchu hors de France, il ne tarde pourtant pas à se rallier à Napoléon.

Frac brun et chapeau rond, Napoléon réitère la ruse qui avait réussi lors de la retraite de Russie avec Caulaincourt : il n'est que le secrétaire de ces importants messieurs en grande tenue.

Où se dirige Napoléon, dans sa voiture qui roule vers le sud-ouest ? Vers où mettra-t-il à la voile ? Amérique ? Angleterre ? Il hésite. Se sauver ou se livrer ? Napoléon se pose bel et bien la question. En route, on le reconnaît, on le salue, on l'acclame, rien à voir avec l'hostilité qu'il avait rencontrée en partant pour l'île d'Elbe. Arrivé à Rochefort, il n'a toujours rien décidé. Il tient conseil, recueille les avis : forcer le blocus anglais, dépasser l'île d'Aix puis le banc de sable de Boyard où le fort qu'il a prévu n'existe pas encore*, contourner l'île d'Oléron et cingler droit sur l'Amérique ? Ou gagner plutôt Royan par la terre pour y rejoindre une corvette qui l'attend ?

Napoléon reste incertain.

Il ne veut pas faire couler davantage de sang. Il ne veut plus se battre. Il attend des saufs-conduits promis par Fouché, qui n'arriveront jamais.

Le temps presse. Louis XVIII, rentré d'exil, accourt dans les fourgons étrangers reprendre son trône. Le gouvernement provisoire n'en a plus pour longtemps. Encore un peu et c'en sera fini de la petite liberté dont jouit Napoléon.

Il monte sur la *Saale*, l'une des deux frégates préparées par Fouché. On cherche comment le faire évader, c'est matériellement possible, et pourtant il ne donne pas l'ordre.

Il a fallu cinq jours pour parvenir à Rochefort, cinq jours plus tard, le 8 juillet, le roi Louis XVIII reprend le pouvoir. Dès le 9, le préfet maritime de Rochefort montre à Napoléon l'arrêt qui le

* Très difficile à construire, l'ouvrage commandé par Napoléon ne sera achevé que dans la seconde moitié du XIXe siècle. Napoléon abandonne en 1809 les travaux préliminaires. Le fort n'aura pas d'autre usage que touristique puis télévisuel car au moment où il sera achevé, l'allongement de la portée des canons l'aura rendu inutile !

proscrit. Tout officier qui lui apportera désormais son aide sera déclaré traître à la patrie.

Alors, pour bien signifier qu'il abandonne l'idée de forcer le blocus, Napoléon se fait reconduire à terre. Il prend pied sur l'île d'Aix, dernière terre française qu'il connaîtra. Une île, encore une.

Dans le même temps, il envoie le ministre Savary et son chambellan Las Cases* sur le vaisseau anglais *Bellerophon*, sonder son capitaine, Maitland**. Maitland offre d'emmener Napoléon en Angleterre. Nulle initiative hardie de la part du capitaine écossais, ce sont ses ordres…

Nouvelles tergiversations. Joseph a trouvé un brick pour le conduire aux États-Unis, il appareillerait de Bordeaux, Joseph propose d'accompagner Napoléon pour la traversée. Celui-ci refuse. Aux regrets de ne pas être parti en Amérique avec son frère préféré, toujours il opposera les raisons politiques qui l'ont conduit à Sainte-Hélène.

Napoléon envisage de se rendre aux Anglais.

Nourri des grands hommes de l'Antiquité, il se compare à Thémistocle, une référence que tout le monde comprend alors. Vingt-quatre siècles avant lui, l'homme d'État athénien, vainqueur des Perses à Marathon puis à Salamine, obtiendra l'asile chez le roi de Perse*** quand les Grecs l'auront banni.

Napoléon a l'idée d'en faire autant, confie-t-il à Las Cases, mais en même temps, il n'arrive pas à s'y résoudre. Las Cases connaît l'Angleterre où il s'est exilé lui-même durant la Restauration, il parle la langue, il connaît les lois, le respect de la liberté individuelle. Durant leur conversation, un petit oiseau entre par la fenêtre.

« C'est signe de bonheur ! s'écrie Las Cases et il attrape l'oiseau.

— Il y a assez de malheurs, lui dit Napoléon, rendez-lui la liberté. »

Las Cases ouvre la main.

---

* Emmanuel de Las Cases (1766-1842), comte d'Empire, revenu d'exil au moment des Cent-Jours.

** Sir Frederick Lewis Maitland (1777-1839), d'une famille écossaise d'officiers de marine. Mène une brillante carrière avant et après la reddition de Napoléon, dont il publie le récit en 1826.

*** Artaxerxès, le fils du roi Xerxès vaincu à Salamine. Thémistocle ne combattra pas Athènes, son ancienne patrie.

Toujours superstitieux, Napoléon profite de l'occasion :

« Voyons les augures. »

Le vol d'un oiseau servait de présage chez les Romains : vers la droite, signe favorable ; vers la gauche, *sinistra* en latin, mauvais signe. Dans ces circonstances où il a tant de mal à se décider, Napoléon a besoin de cette aide. La Fortune, sa chance qui l'a longtemps bien servi, lui manque depuis un moment déjà. Depuis qu'il a quitté Joséphine, sa bonne étoile semble éteinte.

L'oiseau vole à droite. Bon signe, mais signe de quoi ?

Las Cases interprète :

« Sire, il se dirige vers la croisière anglaise ! »

La croisière, ce sont ces bateaux qui croisent dans les eaux de Rochefort pour le surveiller.

Est-ce ainsi que Napoléon se détermine ? L'oiseau de bonne augure le fait-il juste tomber du côté où il penche déjà ? Dans la nuit du 13 au 14, il écrit au régent d'Angleterre pour lui demander l'hospitalité :

« Rochefort, le 13 juillet. Altesse Royale, en butte aux factions qui divisent mon pays et à l'inimitié des plus grandes puissances de l'Europe, j'ai consommé ma carrière politique. Je viens comme Thémistocle m'asseoir au foyer du peuple britannique ; je me mets sous la protection de ses lois, que je réclame de Votre Altesse Royale comme celle du plus puissant, du plus constant, du plus généreux de mes ennemis. » Signé Napoléon.

Le lendemain 14 juillet il demande à embarquer sur le *Bellerophon*, navire que les Anglais ont envoyé pour le capturer et qui n'aura qu'à l'accueillir. Maitland annonce qu'il transmet le courrier au régent mais ne s'engage pas sur le sort que l'Angleterre réservera à Napoléon.

Hésitations, encore : le général Gourgaud et Montholon sont pour forcer le blocus, Las Cases et Bertrand sont contre.

Une idée fondamentale guide le choix de Napoléon : il ne veut pas avoir l'air de fuir son pays. Il est important de comprendre cela : cet état d'esprit restera jusqu'à la fin celui de son exil à Sainte-Hélène.

« S'il ne faisait pas le sacrifice en entier, écrira Gourgaud, on lui reprochera d'avoir abdiqué par peur. »

Il partira donc pour l'Angleterre. Une fois là-bas, il se réserve le droit de demander aux Anglais de passer en Amérique.

Le 15 juillet, coiffé du célèbre bicorne et revêtu de l'habit vert de colonel des chasseurs de la garde, Napoléon monte à bord du *Bellerophon*. Il ne permet pas au général Becker de l'accompagner afin qu'il ne soit pas dit que la France le livre aux Anglais.

Or le même jour, en Angleterre, il est déjà question pour lui de Sainte-Hélène. En effet, le Premier ministre anglais, lord Liverpool, écrit ce 15 juillet à lord Castlereagh, son secrétaire d'État chargé des Affaires étrangères cette lettre que cite Jacques-Olivier Boudon : « Nous devrions être libres de fixer son lieu d'internement, soit en Grande-Bretagne, soit à Gibraltar, Malte, Sainte-Hélène, soit au cap de Bonne-Espérance ou n'importe quelle colonie que nous estimerions très sûre. Nous sommes vivement enclins à penser que le meilleur lieu de détention serait un endroit à une grande distance de l'Europe et que le cap ou Sainte-Hélène seraient les meilleures places dans ce but[7]. »

Sur le *Bellerophon*, Napoléon ignore bien entendu que le gouvernement anglais en est à choisir où l'enfermer, mais il ne se l'imagine pas non plus. Homme sans rancune, comme il l'a montré lors des trahisons de Salicetti ou de Talleyrand, il ne se voit pas avec les yeux de ses adversaires de vingt ans. Il se les figure à son image. Il a renoncé à la politique, il a perdu, comment serait-il encore l'ennemi à abattre ? Il ne pense pas qu'il fait toujours peur, s'il l'a jamais su. On se souvient comme Caulaincourt, dans le traîneau qui les ramenait de Russie en 1812, avait dû le persuader qu'il était le souverain le plus craint d'Europe*. Il a demandé l'asile politique : il fait allégeance, tels ces solliciteurs qui venaient lui demander une grâce pour un proche lorsqu'il était tout-puissant. Il leur donnait alors sa protection, satisfait qu'ils se soient inclinés. Comment le régent d'Angleterre pourrait-il se conduire autrement ? Napoléon n'a jamais chargé de chaînes les souverains qu'il a vaincus, au contraire, il a même épousé la fille de l'un d'entre eux. Souverain vaincu à son tour, il s'attend à la réciproque et ne craint pas la prison.

Aimable et détendu, Napoléon demande à visiter le bateau, parle « d'un ton enjoué » au capitaine, lui montre son fameux lit de camp. Maitland note qu'« en trois minutes, le tout fut monté et formait un petit lit très élégant d'environ deux pieds et demi de

* Voir le chapitre « Dans la défaite ».

large[8] ». Ce lit où Napoléon mourra est toujours à Sainte-Hélène, drapé de rideaux refaits à neuf dans une soie verte identique.

Le *Bellerophon* jette l'ancre à huit heures un matin sur la côte anglaise, dans la baie de Torbay[9] pour attendre les instructions. Jusqu'à la nuit, chaque jour, des curieux tournent autour du *Bellerophon* par milliers pour apercevoir l'homme le plus célèbre du monde. Maitland dénombre plus de mille embarcations avec en moyenne huit personnes à bord ! Napoléon salue la foule, se montre sur le pont, se met aux coupées ou aux fenêtres, se découvre devant les dames élégantes. Lorsqu'il n'est pas en vue, les marins du *Bellerophon* tiennent le public informé par un panneau où ils marquent à la craie qu'il déjeune ou qu'il écrit, ou bien qu'il converse dans sa cabine avec Maitland.

Napoléon espère débarquer bientôt sur le sol de Grande-Bretagne et y jouir de la tranquillité d'un souverain en exil. Il ne craint pas un éventuel procès, confiant qu'il est de bénéficier d'une justice équitable : il n'a pas enfreint de loi anglaise. Il se sait garanti contre la détention arbitraire que l'Angleterre ne pratique pas depuis la *Magna Charta* de 1215 renforcée par l'*Habeas Corpus* de 1679.

Que pense le camp adverse ? L'objectif premier des souverains du Royaume-Uni, de Russie, de Prusse et d'Autriche : retenir la leçon et éviter qu'il ne réédite son retour de l'île d'Elbe.

Vaincu le 31 mars 1814, Paris occupée par les troupes étrangères, Napoléon avait abdiqué. Les Alliés avaient cru garantir son éloignement définitif : ils lui avaient alors octroyé la propriété et la souveraineté de la petite île d'Elbe[10], avec le titre d'Empereur. Parti en exil sous les huées du peuple français lassé de ses guerres, trois cents jours plus tard il allait reconquérir la France avec six cent soixante-treize hommes. Débarqué le 1er mars 1815 avec ses fidèles grenadiers, déjà le 3 un sous-préfet le recevait à déjeuner à Castellane, déjà le 5 mars une ville, Sisteron, l'accueillait avec son maire et le préfet. Le 7 à Grenoble, c'était le triomphe*.

* Son trajet de Golfe-Juan à Grenoble est jalonné de bornes commémoratives : c'est la fameuse route Napoléon, inaugurée en 1932.

Partis l'arrêter, les soldats, les officiers se ralliaient à lui*. À Golfe-Juan, il saluait du titre de Citoyens ceux qui attendaient la République ; arrivé à Grenoble il leur dit Messieurs ; à son entrée à Lyon, ce n'étaient plus que mes sujets, notait un observateur, Jean Lavaud. Dans la nuit du 19 au 20, Louis XVIII s'enfuyait, le 20 mars Napoléon entrait dans Paris. Au terme de ce rapide voyage, dit le Vol de l'Aigle**, Napoléon Ier, sans un coup de fusil, redevenait empereur des Français.

Les souverains européens ont remis Louis XVIII sur le trône mais n'ont aucune confiance dans la stabilité de son pouvoir. Il a échoué une fois devant Napoléon, pourquoi pas deux ? Le Pas-de-Calais leur semble une barrière bien fragile, fort peu apte à freiner l'Usurpateur. Faut-il supprimer Napoléon pour être tranquilles ? Ils ne veulent pas déclencher une guerre civile en France, ce qui ne manquerait pas s'ils exécutaient Napoléon. Le mieux serait de l'expédier en lieu sûr, de préférence très loin, et qu'on l'oublie.

Parmi les vainqueurs de Waterloo, les Anglais tiennent bien plus que les autres Alliés à s'assurer de lui comme d'un trophée, ce que souligne J.-O. Boudon.

Néanmoins, Napoléon n'a pas tout à fait tort de vouloir profiter des lois anglaises. Le gouvernement britannique trouve en face de lui une opposition libérale qui tient à ce qu'on les lui applique, d'abord par principe, et peut-être aussi par goût du sport. Ce parti va tenter l'impossible pour préserver la liberté individuelle de Napoléon, jusqu'à le faire citer comme témoin dans un procès pour qu'il ait non seulement une raison, mais une obligation juridique de débarquer sur le sol britannique***, ce qui suffirait à garantir sa liberté. Nous n'avons pas la preuve histo-

* C'est ainsi que le maréchal Ney (né en 1769), le Brave des braves, sera arrêté après les Cent-Jours et fusillé le 7 décembre 1815 à Paris.

** En référence à cette proclamation de Napoléon à l'armée, rédigée et imprimée juste avant de quitter l'île d'Elbe : « Soldats, venez vous ranger sous les drapeaux de votre chef. La victoire marchera au pas de charge ; l'Aigle, avec les couleurs nationales, volera de clocher en clocher jusqu'aux tours de Notre-Dame. Alors vous pourrez montrer avec honneur vos cicatrices. Alors vous pourrez vous vanter de ce que vous avez fait. Vous serez les libérateurs de la patrie. »

*** Peine perdue, l'Amirauté réussira à empêcher que la citation du tribunal lui parvienne à temps.

rique de contact entre ces opposants et Napoléon ou son entourage, mais peut-être a-t-il connaissance de leurs efforts.

À bord du *Bellerophon*, les Français attendent avec une inquiétude croissante la réponse du régent.

Des bruits alarmants circulent : les journaux évoquent de plus en plus une déportation à Sainte-Hélène. Il sait que cette lointaine île se trouve perdue en plein Atlantique. On se souvient que dans sa jeunesse, il avait noté ces mots dans la marge d'un livre de géographie : « Sainte-Hélène, petite île ».

Parmi les Britanniques, certains manifestent de la sympathie, comme ce factionnaire irlandais qui glisse à Marchand : « *Not good for Emperor, Saint-Helena* – Pas bon pour l'Empereur, Sainte-Hélène ! »

Au matin du 31 juillet, Napoléon apprend le sort qui l'attend du commandant en chef des forces navales de la Manche en personne, l'amiral lord Keith*.

Il est atterré, ulcéré, indigné, il proteste avec force. Dès que l'amiral Keith a quitté le bord, Napoléon fait appeler Maitland, lui fait lire le document et se plaint « vivement » qu'on l'envoie à Sainte-Hélène :

« L'idée seule m'en fait horreur, s'écrie-t-il. Être relégué pour la vie dans une île entre les tropiques à une distance immense de tout continent, privé de toute communication avec le monde et de tout ce qu'il renferme de cher à mon cœur, c'est pis que la cage de fer de Tamerlan (où, dit-on, il aurait enfermé le sultan Bajazet) ! Je préférerais qu'on me livrât aux Bourbons. »

À Fontainebleau, Napoléon avait voulu se suicider** avec ce poison qu'il cachait sous sa chemise dans un sachet noir. Inefficace, la substance l'avait juste intoxiqué. Marchand***, son premier

---

* Accompagné d'un sous-secrétaire d'État. L'amiral Keith (1746-1823), grand ennemi de Napoléon depuis le siège de Toulon, aura deux ans plus tard l'immense déplaisir de voir sa fille Margaret épouser un fidèle de Napoléon, ancien aide de camp de l'Empereur, le général comte Charles de Flahaut, amant de la reine Hortense.

** Nuit du 12 au 13 avril 1814. Il n'avait plus d'espoir que Marie-Louise le rejoigne avec le roi de Rome. Le 6, il avait abdiqué.

*** Louis Marchand (1791-1876). Napoléon, sur son lit de mort, le fait comte et son exécuteur testamentaire. Participe à l'expédition du retour des cendres. A laissé ses *Mémoires*.

valet de chambre, sait qu'il a toujours du poison sur lui. Veut-il mourir pour échapper à ses ennemis ? Marchand le craint.

Napoléon se réfugie dans sa cabine.

Il s'étend et demande à Marchand de lui lire la mort de Caton d'Utique*.

Pareille lecture ne peut que renforcer les inquiétudes de Marchand. Comment ne ferait-il pas un parallèle entre l'Antiquité romaine et Napoléon ? Voyons dans quel sujet il veut se plonger, pour nous donner une idée de son état d'esprit.

C'est au temps de la guerre civile entre César et Pompée. Opposé à César, Caton se réfugie à Utique, en Tunisie. À l'approche du vainqueur, il aide ses amis à fuir en bateau. Ne changeant rien à ses habitudes, il ne laisse pas deviner qu'il refuse de « survivre à la liberté ». Feignant de vouloir se défendre en cas de besoin, il persuade ses proches de lui laisser un poignard pour la nuit. Caton lit alors le dialogue de Platon sur l'âme jusqu'à ce que son entourage dorme. Puis il s'ouvre le ventre. On l'entend gémir, on le soigne, on le recoud. Pour donner le change, il remercie ses sauveteurs. Quand ils dorment à nouveau, Caton déchire ses pansements, s'éventre à pleines mains et meurt, âgé d'une cinquantaine d'années.

Napoléon écoute le récit de cette fin stoïque. La détermination de Caton dans le suicide le soulage, il reprend courage.

Maitland, qui ignore où il vient de puiser sa force d'âme, s'étonne de voir Napoléon monter sur le pont puis dîner tranquillement : « C'était une chose étonnante de voir la flexibilité d'esprit avec laquelle il reprenait son calme et sa gaieté ordinaire », écrira-t-il. Napoléon serait-il en train de donner le change, tel Caton ?

Ce n'est pas le *Bellerophon* qui va le conduire à Sainte-Hélène mais le *Northumberland*, apprend-il. Le transbordement aura lieu en pleine mer : non seulement Napoléon ne mettra-t-il pas le pied

* Caton d'Utique (95-46 avant notre ère), à ne pas confondre avec son arrière-grand-père Caton l'Ancien dit le Censeur (234-149 avant notre ère). La mort de Caton d'Utique figure dans une *Histoire des guerres civiles de la République romaine,* parue en 1808, traduite du texte grec d'Appien d'Alexandrie par Jean-Isaac Combes-Dounous, magistrat et homme politique. C'est aussi un sujet de tableaux, de sculptures et de pièces de théâtre.

en Angleterre, mais encore ceux qui veulent le traduire devant la justice civile n'en auront-ils pas le moyen.

Napoléon découvre qu'il est prisonnier alors qu'il se croyait l'hôte de l'Angleterre. Il s'est bien trompé sur la nature des dangers qu'il encourait.

Il écrit une lettre de protestation au prince régent qui se termine ainsi :

« J'en appelle à l'Histoire. Elle dira qu'un ennemi qui fit vingt ans la guerre au peuple anglais vint librement, dans son infortune, chercher un asile sous ses lois ; quelle plus éclatante preuve pouvait-il donner de son estime, de sa confiance ? Mais comment répondit-on en Angleterre à une telle magnanimité ? On feignit de tendre une main hospitalière à cet ennemi et, quand il se fut livré de bonne foi, on l'immola[11]. »

Quels arguments inouis ! Je crois qu'il témoigne soit d'une extraordinaire naïveté, soit d'une très grande élévation d'esprit. Il signifie là qu'il combattait l'Angleterre, son plus grand ennemi, tout en la respectant, en respectant le peuple anglais et probablement aussi en admirant ses institutions. Voilà ce qui doit en rester. Ce qu'il décrit ici, c'est ce qu'il aurait fait s'il avait été à la place du gouvernement britannique, sa manière à lui de traiter un prince vaincu.

Quel autre exemple dans l'Histoire de quelqu'un qui se soit ainsi livré à son ennemi ? Il s'est comparé à Thémistocle mais il faut être deux pour ce scénario, le régent d'Angleterre n'est pas le roi de Perse. Le geste de Napoléon reste unique.

De ses deux lettres au régent, celle-ci et la précédente où il demande asile, va naître la légende du proscrit de Sainte-Hélène. Nous allons voir comment il va la consolider.

Les Anglais le considèrent comme leur prisonnier de guerre. Ils veulent bien lui reconnaître le titre de général mais pas celui d'empereur qui remettrait en cause la légitimité de Louis XVIII. Dès son arrivée à bord du *Northumberland*, Napoléon s'insurge. Le Dr O'Meara*, le chirurgien du *Bellerophon* qui va le suivre a noté ses propos :

---

* Barry O'Meara (1786-1836), médecin chirurgien irlandais à bord du *Bellerophon*. Suit Napoléon à Sainte-Hélène. Publie en 1822 un livre de mémoires sur Napoléon en exil.

« J'ai abdiqué le trône de France, mais non le titre d'empereur. Je ne m'appelle pas Napoléon, empereur des Français, mais l'empereur Napoléon. »

Napoléon trouvera là un sujet de friction permanent avec les Anglais.

Ce même jour où il écrit sa lettre de protestation, 4 août, il doit désigner qui l'accompagne. Ce seront le grand maréchal du palais Bertrand, avec femme et enfants ; le général de Montholon et son épouse Albine, qui auront deux enfants pendant l'exil, dont l'une est probablement une fille de Napoléon ; le comte de Las Cases avec son fils de quinze ans, venus pour écrire les mémoires ; enfin le général Gourgaud, aide de camp. Également onze domestiques dont Marchand, Saint-Denis dit Ali, le géant suisse Noverraz*, qui laisseront des témoignages écrits, et le maître d'hôtel corse Cipriani**.

À ses serviteurs qui ne le suivent pas, il paie une année de gages. Chaque personne qui ne peut l'accompagner se voit remettre une somme pour ses premiers besoins. Il lui reste encore de l'argent qu'il a réussi à dissimuler aux Anglais : deux cent cinquante mille francs***. On cache les pièces d'or dans les doublures de huit ceintures que les hommes se passent autour du corps. À l'arrivée à Sainte-Hélène, il faudra tout lui rendre : c'est la « réserve » de Napoléon, sa « poire pour la soif ».

Le 7 août, il change de navire. Un marin du *Bellerophon* remarque combien Napoléon, d'habitude si propre, est négligé ce jour-là, habillé sans soin et pas rasé. « Blême, hagard », la démarche moins ferme, son visage aux « paupières baissées » marque l'expression de « la plus profonde tristesse ».

La traversée, soixante-cinq jours, est d'une monotonie désespérante. Napoléon, sans sortir de sa cabine, s'occupe l'esprit en

* Jean-Abraham Noverraz (1790-1849), originaire du canton de Vaux, au service de Napoléon depuis 1809 comme chasseur. Second valet de chambre à Sainte-Hélène, il assiste à la mort de Napoléon et participe au retour des cendres. Il tient son journal.

** Cipriani Franceschi (1773-1818), un proche de la famille Bonaparte et de Salicetti. Il avait déjà suivi Napoléon à l'île d'Elbe, où sous la couverture d'un domestique, il continuait son véritable service, agent de renseignements de Napoléon après avoir été celui de Salicetti au royaume de Naples. Il l'exerce de même à Sainte-Hélène.

*** L'équivalent de sept cent cinquante mille euros.

s'informant de la marche du bateau et lit beaucoup, en petite tenue à cause de la chaleur. Il ne paraît que vers quatre heures de l'après-midi, moment où il s'habille pour rejoindre ses compagnons dans la salle commune. Il joue aux échecs avec l'un ou l'autre. Vers cinq heures, l'amiral Cockburn* lui dit que le dîner est servi. Malheureusement pour Napoléon qui n'aime pas passer plus d'un quart d'heure à table, le repas s'éternise entre une heure et une heure et demie. Il supporte cette contrariété sans rien laisser paraître. Il ne laisse d'ailleurs échapper aucune expression, aucun geste qui trahisse ce qu'il pense. Au milieu de la conversation qui se déroule pourtant en français, il garde le silence et semble ne rien entendre.

On reconnaît là le caractère du Napoléon des jeunes années, taciturne dans l'adversité et réfugié dans la lecture.

Napoléon prononce parfois quelques mots que Las Cases traduit, quand il pose des questions scientifiques ou techniques, ou qu'il s'adresse aux invités que l'amiral convie à l'occasion.

Après le dîner, Napoléon se promène sur le pont. Las Cases le suit avec Bertrand un jour[12] que tombe un orage tropical. Loin de s'arrêter devant les trombes d'eau, Napoléon se fait apporter sa légendaire redingote grise, objet du vif intérêt des Anglais, et reprend sa marche une heure durant. Las Cases rentre si mouillé qu'il parvient à peine à ôter ses vêtements.

Les événements du bord sont rares. Un soir[13] un homme se jette à la mer, un Noir ivre. Il avait essayé à plusieurs reprises de sauter à l'eau et venait de réussir : il voulait échapper aux coups de fouet, punition que son abus de boisson allait lui valoir. Dégrisé subitement par les vagues, le pauvre pousse de grands cris dans la nuit. « Il nageait très bien, raconte Las Cases, cependant un canot le chercha vainement longtemps, il fut perdu. »

Las Cases s'est embarqué avec Napoléon pour écrire l'histoire de sa vie. Au début, il peine à y intéresser Napoléon. Il conquiert son attention par la rapidité et la régularité qu'il y met. Peu à peu, ce travail devient indispensable à Napoléon. À onze heures du matin, il le fait appeler dans sa cabine : « Il semblait attendre lui-même ce moment avec impatience. » Las Cases lui relit la dictée

---

* Sir George Cockburn (1772-1853).

de la veille. Napoléon corrige puis dicte la suite. Le soir sur le pont, il revient avec plaisir sur le sujet du matin

Pour soutenir la vitesse à laquelle Napoléon dicte, Las Cases a mis un système au point. D'abord il note dans « une espèce d'écriture hiéroglyphique » qu'il s'est inventée*. Dès la fin de la séance, il court redicter ce texte à son fils, l'oreille encore pleine des formules napoléoniennes. Grâce à cette organisation, explique-t-il, il est « assez heureux et assez prompt pour recueillir à peu près littéralement toutes les expressions de l'Empereur ».

Napoléon utilise comme fil conducteur un livre assez médiocre, *Guerre des Français en Italie*, qui n'a ni chronologie ni plan. Il le parcourt pour se lancer, puis sa mémoire prodigieuse fait le reste. « Tout coulait de source. Il parlait comme par inspiration. Les expressions, les lieux, les dates, rien ne l'arrêtait. »

Napoléon n'est pas dupe du projet de son mémorialiste :

« Mon cher, lui aurait-il dit, ces Mémoires seront aussi connus que tous ceux qui les ont devancés. Vous vivrez autant que tous leurs auteurs. On ne pourra jamais s'arrêter sur nos grands événements, écrire sur ma personne sans avoir recours à vous. »

Las Cases reste en effet une source essentielle pour connaître la personnalité de Napoléon.

Le 15 octobre, enfin, on mouille au large de Sainte-Hélène.

Les voyageurs découvrent un spectacle effrayant. Abords hostiles, falaises torturées de deux cents mètres de haut, un seul minuscule port.

L'unique agglomération, Jamestown, est en vue, soixante maisons au plus : « une espèce de village encaissé parmi d'énormes rochers arides et pelés qui se levaient jusqu'au nues ».

C'est là que Napoléon va passer le temps qui lui reste à vivre. Il inspecte l'endroit à travers sa lunette. Il sera bien gardé : « Chaque plateforme, chaque ouverture, toutes les crêtes, se trouvaient hérissées de canons. » Au lieu de scruter ce paysage désolé, Las Cases observe le héros de son livre, guettant une réaction, une grimace qui ne vient pas.

Napoléon lâche ce commentaire :

---

* Il existe déjà diverses méthodes de sténographie.

« Ce n'est pas un joli séjour. J'aurais mieux fait de rester en Égypte ; je serais à présent empereur de tout l'Orient. »

Tout Saint-Hélène accourt pour le voir débarquer. On n'est pas à Torquay, la plupart des habitants, lecteurs de lointains journaux anglais sans nuances, sont effrayés qu'on leur envoie le monstre, l'Ogre, le criminel, l'ennemi du genre humain pour vivre à jamais parmi eux. Dans le crépuscule, une jeune personne de treize ans venue avec sa famille, Betsy Balcombe*, a du mal à distinguer son visage lorsqu'il passe avec l'amiral et Bertrand entre deux haies de soldats. Les militaires sont obligés de fendre la foule pour permettre à Napoléon d'avancer. Personne ne lui manque de respect, mais personne ne lui marque non plus chaleur ni sympathie. Napoléon est furieux. « Je l'entendis dire plus tard qu'il avait été révolté de se voir suivre et regarder comme une bête féroce », écrira Betsy.

L'amiral Cockburn fixe les conditions de la captivité : périmètre des promenades, restriction dans les déplacements des compagnons, etc. La surveillance s'aggravera nettement l'année suivante avec l'arrivée de Hudson Lowe. En attendant que la maison de Longwood soit prête, Napoléon passe sept semaines aux Briars, la résidence de la famille Balcombe. M. Balcombe** est superintendant de la Compagnie des Indes qui possède Sainte-Hélène. Il met un pavillon d'été à disposition de Napoléon.

Les deux filles Balcombe, Betsy et Jane, quinze ans, parlent un peu le français. Très vite, Betsy n'a plus peur de Napoléon. « Ses traits d'une pâleur mortelle demeuraient d'une extrême beauté malgré leur froideur, leur impassibilité et quelque chose de dur. Sitôt qu'il parla, son sourire enchanteur et la douceur de ses manières dissipèrent mes craintes. »

« Les hommes supérieurs, dit Napoléon dans le *Mémorial*, sont enfants plus d'une fois dans la journée » : Napoléon s'amuse volontiers avec les quatre jeunes Balcombe, deux petits garçons à qui il offre des jouets et les deux filles. Il grimace, s'ébouriffe les cheveux, imite les cris des cosaques pour Betsy qui rit à gorge déployée.

---

* Elizabeth Balcombe (1802-1871), dite Betsy, publiera ses souvenirs. Elle se marie en 1822 et devient Mrs Abell.

** William Balcombe (1782-1829) est à Sainte-Hélène depuis 1808 avec sa femme et ses enfants, deux filles et deux garçons, qui ont cinq et sept ans lorsque Napoléon vit chez eux.

Autre « espièglerie » qui ne nous étonnera pas, il triche aux cartes (il semble qu'il s'en soit abstenu sur les bateaux anglais). « Je ne tardai pas à m'apercevoir, raconte Betsy, que toutes les fois qu'il possédait des atouts il cherchait à distraire mon attention pour les montrer à ma sœur. » Elle le prend en flagrant délit : « Je lui saisis la main et chacun put voir qu'il avait de quoi fournir la couleur demandée. Convaincu de mauvaise foi, il soutint contre l'évidence que c'était moi qui ne jouais pas honnêtement et que j'avais perdu. » Pour avoir le dernier mot, Napoléon, taquin, s'empare alors de la robe de bal de Betsy posée dans la pièce et court s'enfermer dans son pavillon. Il rit aux éclats tandis qu'elle le menace à travers la porte de terribles représailles en français et en anglais.

En décembre, Napoléon s'installe à Longwood.

L'endroit a été choisi comme le plus facile à garder, dans une île qui par ses reliefs semble déjà tout entière une forteresse. La nudité du plateau de Longwood permet une surveillance aisée. Ses accès escarpés rendent la fuite périlleuse sinon impossible. Un ravin borde la maison du côté sud.

Le paysage inhospitalier « frappe par sa désolation », décrit Betsy Balcombe : « une montagne qui barre l'horizon devant l'habitation », des « roches couleur de fer », des « parois à pic percées çà et là de trous noirs et de cavernes ». Du long bois qui a donné son nom au site, il ne reste que quelques rares gommiers rabougris qui ne font pas d'ombre, pliés par les vents éternels parmi une herbe pelée. Le plateau de Longwood jouit, si l'on peut dire, d'un microclimat dû à son altitude, brume, bruine et brouillards, « une continuité de vent, de nuages, d'humidité », dit Las Cases.

Dans la maison de plain-pied logent avec Napoléon les Montholon, le père et le fils Las Cases, ainsi que les domestiques. La famille Bertrand s'installe dans une maison à part située sur le domaine. Au début, Gourgaud dort sous une tente.

Napoléon passe beaucoup de temps dans ses deux pièces privées. Elles sont de dimensions modestes, sa chambre à coucher a deux fenêtres, son cabinet de travail une seule.

Il a fait dresser un de ses lits dans chacune des pièces. La chambre comporte une cheminée décorée d'un petit miroir « de dix-huit pouces de haut sur quinze de large », quarante-cinq centimètres sur trente-huit. Marchand dispose quelques objets sortis du nécessaire, flambeaux, tasse, soucoupe et cassolette brûle-parfum en vermeil. De chaque côté de la glace, un portrait du roi de Rome, l'un surmonté du réveil de Frédéric II, l'autre de la montre de Napoléon. Au-dessus du nécessaire posé ouvert sur une table, un troisième portrait de son fils, peint par Isabey. Accroché à un paravent derrière le canapé, le portrait de l'impératrice Marie-Louise tenant le roi de Rome dans ses bras.

Derrière la chambre, une petite salle de bains attenante. En emménageant, Napoléon peut enfin prendre un bain dans un meuble de fabrication locale, un grand coffre en chêne doublé de plomb. Il est privé de ce plaisir depuis longtemps et manifeste, note Marchand, « une joie d'enfant » en entrant dans l'eau. Il reprend son habitude de discuter dans son bain avec ses proches, qui se succèdent plus tard au bord d'une vraie baignoire en cuivre commandée à Londres.

En avril 1816, arrive sir Hudson Lowe*, le nouveau gouverneur de Sainte-Hélène expressément commis à sa garde. Ce militaire a le même âge que Napoléon. Ils se sont déjà croisés. Hudson Lowe faisait partie des armées anglaises du royaume anglo-corse de 1794. À Ajaccio, il avait occupé la maison de Letizia réquisitionnée. Il avait ensuite commandé en Égypte les Corsican Rangers, des émigrés corses servant sous la bannière britannique. En 1808, il avait dû évacuer Capri devant Murat, tandis qu'un agent de renseignements français le compromettait dans une intrigue. Cet agent, un certain Cipriani Franceschi, n'est autre que le propre maître d'hôtel de Napoléon à Longwood. Cipriani assure son incognito à Sainte-Hélène en se faisant appeler par son seul prénom. Enfin Hudson Lowe avait à son palmarès l'organisation de légions de déserteurs de la Grande Armée en Russie.

La première entrevue entre Napoléon et lui se déroule en italien. Ils parlent de la Corse, des Corsican Rangers. Ils ont le même nombre d'années de service : « Je crois, remarque Hudson Lowe, que l'Histoire ne gardera pas une trace aussi grande de mes années de service que des vôtres. »

* Sir Hudson Lowe (1769-1844).

Maigre et sec, la figure rouge, Hudson Lowe n'a pas la mine avenante. En sortant, Napoléon livre sa première impression : « Ne nous hâtons pas de prononcer : le moral, après tout, peut raccommoder ce que cette figure a de sinistre. »

Le moral ne raccommode rien du tout, au contraire.

En quatre mois, Napoléon et Hudson Lowe ont six entrevues qui se terminent par de violents affrontements.

« C'est un homme avec qui il est impossible de traiter aucune affaire, dit Hudson Lowe à Bertrand. Il veut que les choses se fassent toujours comme il veut et précisément comme il l'entend. Il a fait une Espagne imaginaire, une Angleterre imaginaire. Il veut faire une Sainte-Hélène imaginaire. »

Hudson Lowe applique ses instructions avec une sévérité tatillonne. Il y met une sorte de zèle quasi malveillant qui lui aliène non seulement Napoléon et son entourage, mais O'Meara, le médecin irlandais qui devait lui rendre compte, et jusqu'aux commissaires des gouvernements français, autrichien et russe en poste sur l'île. Balmain*, le commissaire russe : « Il s'alambique la cervelle avec des riens et fait avec peine, en s'agitant beaucoup, ce qu'un autre eût fait presque sans remuer. » Wellington, le vainqueur de Waterloo, dira en langage moins diplomatique que Hudson Lowe manquait d'éducation, de jugement et qu'il était stupide.

Comme l'amiral Cockburn, Hudson Lowe s'évertue à nier qu'il ait devant lui un empereur Napoléon Ier. Il veut n'avoir affaire qu'au général Bonaparte. C'est au point que des livres adressés « à l'Empereur » ne lui sont pas remis, que l'entourage doit s'engager par écrit à ne pas utiliser le mot tabou en s'adressant aux Anglais. Chaque fois que Napoléon s'entend appeler « général Bonaparte », il semble « recevoir un soufflet », racontera le Dr O'Meara.

Pourtant, le général Bonaparte n'est pas à Sainte-Hélène. Le grand chef militaire n'a plus que trois généraux sous ses ordres, nulle troupe et pas le droit de posséder un fusil de chasse.

En revanche, l'homme politique est bien là.

---

* Le major général comte Alexandre de Balmain (1779-1848), officier russe d'ascendance écossaise, épousera à Sainte-Hélène une belle-fille de sir Hudson Lowe, fille aînée de lady Lowe, peu avant de quitter l'île en 1820. Balmain publiera ses souvenirs sur le prisonnier de Sainte-Hélène.

Le Napoléon Bonaparte qui a su utiliser les journaux pour modeler l'opinion, parvenir au pouvoir, s'y maintenir, va passer le reste de son existence à dicter ses Mémoires. De ses confidences, il construit son monument pour l'Histoire. L'idée première, c'était que Las Cases recueille ses souvenirs. Très vite, au bout de dix jours sur l'île, Napoléon décide qu'il dictera à tous, Las Cases mais aussi Bertrand, Montholon, Gourgaud, mais aussi Marchand et Ali Saint-Denis.

Napoléon va parachever son œuvre dans la persécution même qu'on lui applique. Elle est nécessaire. Tout Sainte-Hélène ne se comprend que par ce martyre qu'il évoque en des termes quasiment christiques. Il compare son exil au calvaire du Christ : « Jésus-Christ ne serait pas Dieu jusqu'à présent sans sa couronne d'épines ; c'est son martyre qui a parlé à l'imagination des peuples. »

Il lui est aisé d'entraîner son geôlier, le gouverneur Hudson Lowe, vers le rôle du bourreau. Il lui suffit pour cela d'endurer. L'un le comprend, l'autre, non. Plus Hudson Lowe se montre mesquin et agressif, plus il grandit son prisonnier. Napoléon le sent : « Le martyre achève de me dépouiller de ma peau de tyran. »

Au lieu de marchander un confort matériel contre une soumission, il va se priver plutôt que de céder : une promenade à cheval, mais sous la surveillance trop étroite d'un cavalier indiscret ? Plus de promenade, le confinement. On veut lire ses lettres ? Il n'écrit pas. On veut lui diminuer la viande, chipoter sur le vin ? Il vend son argenterie à Jamestown et le fait largement savoir. Chaque visiteur doit rendre compte au gouverneur ? Il ne reçoit plus. Hudson Lowe veut le voir tous les jours ? Il s'enferme.

En août 1816, Napoléon a une dernière scène avec Hudson Lowe, où il lui jette :

« Dans cinq cents ans le nom de Napoléon brillera au-dessus de l'Europe, et ceux de Bathurst*, de Castlereagh et le vôtre ne seront connus que par la honte et l'injustice de leur conduite envers moi. » Pour autant qu'on puisse en juger au terme de deux

* Lord Henry Bathurst (1762-1834), secrétaire d'État, donne continûment à Hudson Lowe les instructions les plus sévères pour la détention de Napoléon et ordonne l'inhumation sur place. Il avait conseillé le choix de Sainte-Hélène à son supérieur, le ministre Castlereagh.

siècles seulement, il a vu juste. Aucun d'eux n'est passé à la postérité pour autre chose que leur proximité avec lui.

Napoléon ne présente plus le gouverneur que comme « une figure de hyène prise au piège », rappelle qu'il a vu « des Tartares, des Cosaques et des Kalmouks » mais jamais « une figure aussi sinistre et repoussante ». Il accuse Hudson Lowe de vouloir le tuer. « Ils me tueront ici, c'est certain », répétera-t-il souvent. Hudson Lowe proteste, mais il est vrai que Napoléon mourra de sa détention. L'exil aura raison de lui.

Le séjour morose, la solitude et l'ennui accablent Napoléon. Un semblant de vie sociale rassemble sa minuscule cour autour de l'Empereur pour le dîner et la soirée. Le maître d'hôtel Cipriani se présente, s'incline profondément et proclame d'une voix solennelle :

« Le dîner de Sa Majesté est servi. »

Napoléon qui aime si peu rester à table, fait parfois durer le moment du dessert, il faut bien tuer le temps. Mme de Montholon* se met au piano et chante, assez mal paraît-il. Il se fait apporter des livres et déclame des vers ou des scènes de théâtre. Il annonce à son auditoire que l'on va « entendre Talma » s'il lit un rôle qu'avait interprété son ami. Il prend parfois part au jeu de reversi puis va se coucher vers dix heures.

Pour varier un peu, il change l'heure des repas. Il en supprime un, pour revenir au bout de deux semaines à deux par jour.

Si l'on joint à ce morne programme quelques courses à cheval avec le général Gourgaud, la présentation de personnes de la ville, des passagers qui font escale en provenance de la Chine ou des Indes, quelques invitations à dîner faites à l'amiral, au colonel Bingham** ou à des officiers de son régiment, on aura un tableau à peu près exact de l'existence monotone que mène Napoléon.

Ses Mémoires le tiennent occupé. Il dicte à tous. Marchand utilise sa propre technique pour suivre la vitesse d'élocution de Napoléon, qui ne veut jamais se répéter : en écrivant au crayon,

* Albine de Montholon (1780-1848), née Albine de Vassal, deux fois divorcée avant d'épouser Montholon en 1812 contre l'avis de l'Empereur. Elle sera sa maîtresse à Sainte-Hélène.

** Colonel Sir George Ridout Bingham (1777-1833), commandant les troupes venues garder Napoléon.

avec une provision d'une douzaine taillés d'avance, il économise le temps qu'il perdrait à tremper une plume dans l'encre.

Napoléon dicte sans relâche sur ses campagnes et les heures glorieuses de sa carrière. Il rumine parfois le passé, d'autres fois s'interroge. Un soir à six heures, Gourgaud le rejoint au salon pour jouer aux échecs.

« À quelle époque croyez-vous que j'aie été le plus heureux ? demande Napoléon.

— Lors du mariage, sire, répond Gourgaud qui est célibataire.

— Sire, lors de la naissance du roi de Rome, estime Bertrand qui est père de famille.

— Oui, j'ai été heureux Premier consul, au mariage, à la venue du roi de Rome, répond Napoléon, mais alors je n'étais pas assez d'aplomb. Peut-être que c'est à Tilsit. Je venais d'éprouver les vicissitudes, des soucis à Eylau entre autres, et je me trouvais victorieux, dictant des lois, ayant des empereurs, des rois pour me faire la cour. »

Il continue de réfléchir tout haut et livre son vrai souvenir impérissable, qui n'a rien de privé ni de familial.

« Peut-être ai-je réellement plus joui après mes victoires en Italie. Quel enthousiasme que les cris de “Vive le libérateur de l'Italie !”, se rappelle-t-il. À vingt-cinq ans, dès lors, j'ai prévu ce que je pourrai devenir. Je voyais déjà le monde fuir sous moi comme si j'étais emporté dans les airs. »

Le Napoléon du *Mémorial* ne correspond pas à l'image du despote guerrier des années 1805-1813, ni du monarque absolu des confidences de la retraite de Russie à Caulaincourt.

Il se montre proche des idéaux de la Convention, du général de la République, du début du Consulat, de l'empereur des Cent-Jours, des Actes additionnels et du gouvernement de Benjamin Constant. Un souverain libéral, gagné aux idées de son temps, le champion de la Révolution française, le libérateur et l'unificateur des peuples d'Europe. C'est l'image qu'il veut que l'on garde de lui.

Voici comment il formule lui-même les ambitions de sa carrière, dans ses confidences à Las Cases.

Il ambitionnait d'arbitrer la grande cause des peuples et des rois. Pour cela il devait d'abord se rendre populaire auprès d'eux.

Mais il reconnaît n'avoir pas assez entendu les murmures des peuples et affirme que cela devait infailliblement se retourner contre lui. Il n'a détrôné personne : il s'est assis sur un trône vide. Il a relevé la couronne dans le ruisseau et le peuple l'a mise sur sa tête. Il a refermé le gouffre anarchique et débrouillé le chaos. Il a, selon l'expression fameuse, dessouillé la Révolution, ennobli les peuples et raffermi les rois.

Il se présente comme le régénérateur des systèmes politiques de son temps, y compris des monarchies. L'historien jugera son ambition la plus haute qui fût jamais, car il voulait consacrer l'empire de la raison et le plein exercice, l'entière jouissance de toutes les facultés humaines.

Lorsqu'il se saisit du timon des affaires, il avait des idées arrêtées sur tous les éléments qui, dit-il, cohésionnent la société ; il avait notamment pesé toute l'importance de la religion qu'il était résolu à rétablir. Son système politique était surtout pragmatique. À ses amis qui, sous le Consulat, lui demandaient où il prétendait arriver, il répondait sincèrement qu'il ne le savait pas : « je pliai mon système sur la contexture des événements. » D'ailleurs, selon lui, dans l'imagination comme dans le calcul, la force de l'inconnu reste incommensurable.

Il se dit foncièrement partisan d'un gouvernement fixe et modéré. L'extrême frontière du gouvernement de plusieurs est l'anarchie, l'extrême frontière du gouvernement d'un seul est le despotisme, le mieux, conclut-il, est un juste milieu.

De ses institutions le code est la plus importante : par sa simplicité il a fait plus de bien en France que toutes les lois antérieures. Le cadastre, ajoute-t-il, peut être considéré comme la véritable Constitution de l'Empire, la véritable garantie des propriétés et la certitude de l'indépendance de chacun.

Il veut sincèrement la liberté du peuple, des élections libres... Il a reconnu la souveraineté du peuple et doit prêter l'oreille à ses volontés et même, dit-il, à ses caprices.

Il voulait élever la gloire du nom français si haut qu'il devienne l'envie des Nations.

Il affirme que son gouvernement est étranger au crime et qu'il n'est point d'acte privé dont il ne puisse parler devant un tribunal, pas sans embarras, mais avec quelque avantage.

Il fait confiance à l'Histoire pour lui rendre justice : son nom deviendra l'étoile des droits des peuples. Son nom deviendra le cri de guerre de leurs efforts, la devise de leurs espérances !

S'il était mort sur le trône, dans les nuages de sa toute puissance, il serait demeuré problème pour bien des gens. Grâce au malheur de sa captivité, on pourra le juger nu.

Une de ses grandes pensées avait été l'agglomération des peuples d'Europe qu'ont morcelés les révolutions et la politique. Il eût voulu faire de chacun de ces peuples un seul et même corps de nation. Un Français voyageant en Europe devrait se trouver toujours chez lui.

Son code, il le voyait comme la base d'un code européen. Il voulait l'uniformité des poids, des mesures et des législations. Après sa chute, il ne voit pas d'autre équilibre possible pour l'Europe que l'association et la confédération des peuples. Il regrette de n'avoir pu le réaliser. « Car, dit-il, c'est avec un tel cortège qu'il eût été beau de s'avancer dans la postérité ! »

Il a cette formule emphatique pour définir son propre caractère : « Il est une parcelle de rocher lancée dans l'espace, un être à l'âme de marbre sur lequel la foudre même n'aurait pas pu mordre. »

L'atroce ennui de Longwood, son climat oppressant d'humidité moisie, les querelles inévitables d'un petit monde en vase clos mordent sur les âmes moins marmoréennes de la petite colonie française.

Premier à quitter Sainte-Hélène, Las Cases fin 1816. Il se fait arrêter car il tente d'envoyer une lettre à Lucien. Fin décembre, Hudson Lowe l'expulse. Il a terminé son travail et il a matière à écrire son livre, mais il est obligé de laisser ses notes. Après son départ, Napoléon dicte beaucoup, la campagne d'Égypte, Marengo, Waterloo et les Cent-Jours, quasiment sans documentation, se fiant à sa prodigieuse mémoire.

La santé de Napoléon se dégrade. En septembre 1817, le Dr O'Meara lui diagnostique le scorbut et une hépatite chronique. Il a les jambes enflées, il dort mal et paraît abattu. En 1818, ses maux s'aggravent. Montchenu, le commissaire français à sa surveillance, dit : « Il nous est visible à tous, quoique nous le voyions tous les jours, qu'il baisse considérablement. »

« Je mourrai d'ici un an et vous vous en irez tous ! » lance Napoléon à Gourgaud en janvier. Gourgaud, baron d'Empire pour être entré le premier dans Moscou, lui est d'une dévotion totale, hélas doublée d'une jalousie féroce. Ses crises de paranoïa exaspèrent Napoléon. Gourgaud s'en ira dès le mois suivant.

« Quel ennui tous les jours ! se plaint Napoléon. Quelle croix ! »

Le 26 février 1818, un jeudi, son maître d'hôtel Cipriani se tord subitement de douleur sur le parquet. Napoléon fait appeler le docteur O'Meara qui ne peut rien. Le samedi, Cipriani est mort.

Hudson Lowe expulse O'Meara, ce qui laisse Napoléon sans médecin sept mois durant. Sa solitude s'accroît encore lorsqu'Albine de Montholon rentre en Europe, ainsi que la distrayante Betsy Balcombe.

Son foie le fait tellement souffrir qu'il s'évanouit un jour de douleur, en janvier 1819. En août de la même année, après une scène où on veut le contrôler *de visu*, il commence à se barricader chez lui, rapporte Ali. Il fait mettre des barres, des verrous et se couche avec près de son lit ses fusils et ses pistolets chargés, son épée, son sabre et son poignard. Il jure « d'étendre sur le seuil de la porte » quiconque oserait franchir cette limite.

« On ne pénétrera dans mon intérieur que lorsque je ne serai plus qu'un cadavre ! »

Il s'enferme des jours entiers. Il observe le monde extérieur par des trous dans ses volets où il ajuste sa lorgnette. Il ne ressort que lorsqu'il n'en peut plus de sa réclusion.

En septembre 1819 arrive à la rescousse une piètre équipe envoyée de Rome par Madame Mère et le cardinal Fesch : Antommarchi[*], un chirurgien ignorant ; un vieux prêtre débile, l'abbé Buonavita[**] ; un jeune ecclésiastique corse inculte, Angelo Vignali[***], qui assistera Napoléon dans ses derniers

* Francesco Antommarchi (1789-1838), que Napoléon qualifie d'« impudent carabin », n'a exercé que comme préparateur en dissection. Originaire de la région de Bastia, en Corse, il meurt dans l'île de Cuba.

** L'abbé Antonio Buonavita (1748-1833) est corse. Malade, il quitte Sainte-Hélène en mars 1821, avant la mort de Napoléon. Né à Pietralba, en Corse, il terminera ses jours sur l'île Maurice, à Pamplemousse.

*** L'abbé Angelo Vignali (1784-1836) teinté de médecine, se voit prié par Napoléon de se cantonner à ses devoirs ecclésiastiques.

moments, et deux maîtres d'hôtel : l'un ne sait même pas faire le café et l'autre, de mauvaise santé, devra partir de Longwood.

Napoléon avait dressé une liste de personnes qu'il souhaitait avoir près de lui, mais nul n'a accepté. Tout de même, comment Madame Mère a-t-elle pu envoyer ce ramassis d'incapables ? Aussi étrange que cela nous paraisse aujourd'hui, parce qu'elle ne croit pas à la présence de Napoléon captif à Sainte-Hélène. Elle est persuadée qu'il est passé en Amérique comme Joseph. Les Bonaparte ont tout à fait les moyens d'envoyer des gens de qualité s'ils le désirent. Elle choisit du personnel de second ordre, pensant qu'il ne servira pas Napoléon.

Napoléon aurait peut-être pu, comme sa mère se le figure, quitter Sainte-Hélène pour l'Amérique. Il y a eu plusieurs plans pour le faire évader, avec des complicités dans l'île et à l'extérieur, dont il a eu connaissance. Joseph, la famille, des sympathisants passés dans le Nouveau Monde avaient des contacts avec des corsaires d'Amérique latine, avec le célèbre pirate Lafite. Il était question, par exemple, de débarquer à Sandy Bay, du côté opposé à Jamestown. En Amérique, le maire de La Nouvelle-Orléans, Girod, a fait construire une habitation pour l'accueillir. La maison existe toujours, je l'ai visitée en 2009. Elle est hélas très abîmée depuis l'inondation provoquée par l'ouragan Katrina.

Napoléon a refusé chacun de ces projets.

Quelle existence aurait-il menée là-bas ? Simple citoyen, comme Joseph ? « Je ne veux plus vivre en particulier, dit-il à Gourgaud. J'aime mieux être prisonnier ici que libre aux États-Unis. » Je suis certain, au contraire, qu'il aurait préféré être avec son frère Joseph aux États-Unis. Mais en restant jusqu'au bout, il accomplit son destin et son œuvre : « Si au lieu d'être ici, j'étais en Amérique comme Joseph, on ne penserait plus à moi et ma cause serait perdue. »

Napoléon va mieux et se livre à des travaux de jardinage qui lui font oublier ses douleurs.

Après un an de rémission, le mal s'aggrave. L'atteinte cancéreuse de la paroi gastrique fait des progrès rapides. Hudson Lowe le voit de loin à la jumelle et constate « un teint d'une pâleur morbide ». Bertrand, de son côté, note les progrès de la maladie. Au nouvel an 1821, à Marchand qui lui présente ses vœux, Napoléon répond : « Ce ne sera pas long, mon fils, ma fin approche, je ne puis aller loin. »

À la mi-mars, il tient le même genre de propos à Antommarchi. Il souffre d'un « froid glacial aux extrémités inférieures ». Le 17, il s'alite pour ne plus se relever. Montholon note qu'il tient des propos incohérents. Début avril, Marchand lui rapporte avoir vu une comète. En bon Corse superstitieux, il interprète le présage : « Ma mort sera marquée comme celle de César ! » Il demande un jour à Bertrand de lui lire les campagnes d'Annibal, un autre il lui dit : « J'en veux à Mme Bertrand de n'avoir pas été ma maîtresse ! » Il commence son testament auquel il ajoute ensuite de nombreux codicilles, dont certains de sa main. Pour une fois, il s'applique à écrire de façon lisible. Un de ces codicilles lui a pris trois ou quatre heures.

« Une dictée sans doute ? » lui dit le Dr Arnott*, un médecin militaire écossais que Hudson Lowe, alerté, a envoyé à Longwood.

Napoléon connaît déjà Arnott et l'apprécie.

« Non, lui répond Napoléon, entièrement de ma main. J'écris très mal, très vite et on ne peut me lire. Vous autres, Anglais, vous écrivez mieux que nous. J'ai méprisé cela dans ma jeunesse. Je m'en suis repenti depuis. Au reste, j'avais la tête trop vive pour que ma plume puisse suivre mes pensées. Dans mon beau temps, je pouvais dicter à quatre secrétaires et leur donner beaucoup de travail. Je suis un cheval pour le travail, vous m'avez assassiné. »

Dans son testament et ses codicilles, Napoléon fait aussi bien des legs à sa famille, ses proches serviteurs et ses compagnons d'exil, que des recommandations pour ses obsèques ou des commentaires politiques. « Je désire que mes cendres reposent sur les bords de la Seine, au milieu de ce peuple français que j'ai tant aimé. [...] Je meurs prématurément, assassiné par l'oligarchie anglaise et son sicaire ; le peuple anglais ne tardera pas à me ven-

* Arnott (1772-1855), chirurgien militaire du 20e régiment d'infanterie venu renforcer la garnison de Sainte-Hélène en 1819. Médecin de famille des Bertrand, il gagne la confiance de Napoléon.

ger. […] J'ai fait arrêter et juger le duc d'Enghien parce que cela était nécessaire à la sûreté, à l'intérêt et à l'honneur du peuple français […] dans une semblable circonstance, j'agirais encore de même. »

Le chef de clan corse et l'ennemi des rois ajoute : « Je désire que mes neveux et nièces se marient entre eux*. […] Je désire que le moins possible mon sang soit à la cour des rois. »

Jusqu'au bout ou presque, il se préoccupe d'organiser la France : une semaine avant sa mort, dans la nuit[14], Marchand recueille sa dernière dictée, deux « rêveries », l'une sur la destination de Versailles, l'autre sur la Garde nationale.

Le 2 mai, il délire : deux fois, il demande comment s'appelle son fils. Les docteurs s'efforcent de trouver des remèdes. Le 3 mai, le docteur Arnott, assisté de deux médecins britanniques, prescrit, malgré l'opposition d'Antommarchi, une dose excessive de calomel (un remède de l'époque au mercure), qui sera la cause directe de sa mort. Destinée à dégager l'estomac, elle produit en fait une hémorragie interne et un collapsus cardio-vasculaire. Napoléon a vaguement la force de se moquer des médecins et de recevoir en catmini l'abbé Vignali, qu'il a prié de se mettre en civil. Il veut recevoir les sacrements sans choquer ses compagnons d'exil, à qui il a fait force proclamations antireligieuses.

Son lit est dans le salon, pièce plus vaste que sa chambre. Tous ses proches l'entourent pendant son agonie. Il rend trois soupirs et meurt le 5 mai 1821 à cinq heures quarante-neuf minutes du soir.

À quatorze heures le lendemain, Antommarchi procède à l'autopsie, entouré de sept médecins et officiers britanniques, devant les compagnons d'exil. Il découvre un ulcère de l'estomac avec une perforation « assez grande pour y passer le petit doigt » et dans ce même estomac « une masse d'affections cancéreuses ». Clair, ce diagnostic des causes immédiates de la mort n'est pas contesté. Il n'exclut cependant pas une tentative d'empoisonnement. En 2007, les dernières analyses réalisées tant aux États-Unis qu'au Luxembourg sur plusieurs échantillons de

* La fille aînée de Joseph, Zénaïde (1801-1854), épousera le fils aîné de Lucien, Charles Lucien (1803-1857), et sa cadette Charlotte le deuxième fils de Louis, Napoléon Louis (1804-1831), l'aîné étant mort en bas âge.

cheveux témoignent d'une quantité d'arsenic minéral ingérée de manière inexplicable. Napoléon peut être mort d'un cancer tout en ayant été empoisonné. Montholon pourrait avoir cherché à rentrer plus vite en France en versant les doses d'arsenic qui ont, si ce n'est provoqué, au moins accéléré la fin de l'Empereur. C'est une hypothèse que les *empoisonnistes* mettent en avant. La seule manière de savoir serait de procéder à des prélèvements sur le corps.

En tout cas, rien ne prouve l'hypothèse d'autres historiens *empoisonnistes* qui imputent aux Anglais les doses d'arsenic. Hudson Lowe, si timoré, si à cheval sur le règlement, ne l'aurait pas empoisonné sans un ordre écrit : on n'en a jamais trouvé trace aux archives britanniques. Ou alors il faudrait admettre l'existence d'un cabinet noir.

L'enterrement est fixé au 9 mai. Derrière le corbillard à quatre chevaux, un cheval de Napoléon caparaçonné. De chaque côté, Napoléon, le fils de Bertrand, et Marchand vont à pied, Bertrand et Montholon à cheval. Mme Betrand suit en voiture avec deux de ses enfants. Trois mille soldats de la garnison anglaise rendent les honneurs le long du parcours. Napoléon est inhumé dans un endroit qu'il avait désigné, un coin ombragé par des saules dans la vallée des Géraniums, *Sale Valley*, où jaillit une source dont il buvait l'eau fraîche et saine, la fontaine Torbet.

Sur la pierre tombale, les Français veulent graver Napoléon, Hudson Lowe, qui ne lâche rien, exige Bonaparte. Les compagnons, continuant la lutte sans fin pour préserver chaque parcelle de la dignité de leur empereur, décident de laisser la dalle anonyme.

Le site de la tombe de Napoléon appartient aujourd'hui aux domaines français* de Sainte-Hélène. Les saules, tant de fois évoqués par les pèlerins du XIXe siècle, ont fini par disparaître. C'est un des endroits au monde où j'aimerais le plus me recueillir.

* Ainsi que Longwood et les Briars donnés à la France en 1959 par une descendante des Balcombe, Dame Mabel Brookes. Le consul honoraire de France et conservateur, Michel Dancoisne-Martineau, tient un blog : Journal du conservateur des domaines français de Sainte-Hélène : http://domainesdefranceasaintehelene.blogspot.com/

En 1840, dix-neuf ans après, le roi Louis-Philippe obtient des Anglais l'autorisation de rapatrier le corps de Napoléon en France. La frégate *Belle Poule* et la corvette *Favorite* quittent Toulon le 7 juillet. À leur tête, le prince de Joinville, fils cadet du roi, et Philippe de Rohan-Chabot, commissaire du roi. Dans l'expédition, la plupart des compagnons d'exil, réconciliés pour la circonstance : Bertrand, Gourgaud, Las Cases, Marchand, Ali, Noverraz.

La flottille parvient en vue de Sainte-Hélène le 8 octobre.

La maison de Longwood est revenue à sa vocation de bâtiments agricoles. Mais la sépulture est là près de la fontaine Torbet, intacte.

À fin d'authentification, on procède à l'ouverture du cercueil.

Nouveaux venus et vieux compagnons se préparent au pire. Ils n'attendent rien d'autre que des débris d'uniforme pour identifier Napoléon.

À leur grande surprise, quand le docteur Guillard, le chirurgien-major de la *Belle Poule*, soulève un tissu de satin blanc qui recouvre le corps, l'Empereur est devant eux ! Plusieurs fondent en larmes.

Ce sont ses traits à peine altérés, si reconnaissables, ses belles mains, la gauche encore soulevée parce que Bertrand l'avait baisée une dernière fois au moment où on clouait le cercueil. Il paraît le même que sur le lit de parade où on l'avait exposé. Le costume a gardé ses célèbres couleurs, le fameux petit chapeau est là, les épaulettes, les décorations, les récipients d'argent qui contiennent son cœur et son estomac.

À Paris, l'inhumation a lieu le 15 décembre 1841. Malgré le froid intense, dix degrés en dessous de zéro, malgré la neige gelée, elle se déroule comme il l'a voulue, « au bord de la Seine, au milieu de ce peuple français que j'ai tant aimé » : la foule est innombrable. Les gens sont perchés sur les toits, cramponnés aux fenêtres, debout sur les bancs. Quelques vieux grognards ont bivouaqué au pont de Neuilly. Parmi les spectateurs, Victor Hugo[15]. Le canon tonne, les tambours battent au loin et le soleil sort des nuages au moment où le char de dix mètres de haut apparaît aux Champs-Élysées. « On n'en distingue encore rien qu'une sorte de scintillement lumineux qui fait étinceler sur toute la surface du char tantôt des étoiles, tantôt des éclairs. Une immense rumeur enveloppe cette apparition… »

Le cercueil de Napoléon est déposé aux Invalides, où il est à présent dans un tombeau de porphyre.

C'est ici qu'une deuxième catégorie d'historiens s'interpose, les *substitutionnistes*. Plusieurs soutiennent que ce retour des cendres n'a pas ramené le corps de l'Empereur, s'appuyant sur des divergences entre les descriptions de la dépouille de 1840 et celles de 1821 et sur le décompte des cercueils. Dès le transfert aux Invalides, d'ailleurs, court le bruit que les Anglais auraient fait disparaître le corps. Autre théorie, les Français auraient enterré quelqu'un d'autre en 1821, Cipriani, par exemple, mort d'un mal mystérieux en 1818 mais dont la tombe n'a jamais été retrouvée. Napoléon est resté longtemps invisible à ses geôliers : et si le dévoué Cipriani, bien vivant, avait joué son rôle tandis que le vrai Napoléon s'échappait ?

Deux questions de nature différente sont en débat : les causes de la mort et la présence du corps aux Invalides. Soyons clair. Je n'affirme pas que Napoléon ne repose pas aux Invalides ni qu'il est mort empoisonné. Mais je pense que le doute n'est pas possible dès lors que nous avons les moyens d'apporter des réponses scientifiques à ces questions.

Aussi je préconise que le gouvernement se saisisse de ces interrogations et nomme un magistrat pour les instruire.

Ce magistrat pourra entendre les historiens et les biologistes, préconiser d'éventuels compléments d'information : comparaison d'échantillons d'ADN d'avant et après la mort, analyse par des laboratoires publics, observation non destructive du tombeau, voir prélèvement de fragments par carottage. À ce stade, l'ouverture du tombeau ne s'impose pas.

On pourrait facilement confirmer que Napoléon repose bien aux Invalides grâce à une comparaison d'ADN. Je suis en possession de l'ADN de Napoléon. J'ai fait procéder à sa recherche dans une mèche de cheveux prélevée de son vivant. Cet ADN a été comparé à celui d'une mèche de cheveux de Letizia Bonaparte, également prélevée de son vivant. Ce qui l'identifie de manière certaine.

Il serait intéressant de comparer ce résultat avec l'ADN du retour des cendres.

En effet, le tissu de tulle soulevé en 1840 dans le cercueil collait au visage. En l'écartant, le Dr Guillard avait arraché un petit fragment de peau du front. Cette relique présente au musée des Invalides pourrait donc suffire.

Seuls deux membres de sa famille ont tenu une vraie place dans sa mémoire à Sainte-Hélène : sa mère et son fils. Un an après avoir embrassé Letizia à la Malmaison, il reçoit enfin de ses nouvelles[16] dans une lettre de la main de son oncle Fesch. Il la lit, soupire, la relit. Et puis il la déchire : Hudson Lowe l'avait ouverte et lue avant lui. Il interroge avec avidité les deux domestiques venus de Rome, auparavant au service de sa sœur Pauline et à celui de Letizia, il veut savoir comment vit sa mère, à quoi ressemble sa maison. Il fait asseoir les deux hommes qui lui apportent les preuves de l'affection que sa mère lui porte. « À tout ce qui lui fut dit de la tendresse de Madame pour lui, il répondit que sa mère l'avait toujours beaucoup aimé. Que lui et la princesse Pauline avaient été les gâtés de la famille et que dans les grandes crises où elle s'était trouvée, Madame avait toujours montré un courage et une force d'âme surhumains. » Il y a là ce trait fondamental de son caractère, il se sait aimé de sa mère, sa mère qu'il admire.

Napoléon est mort en parlant de son fils.

Tous les témoignages concordent, il éprouve pour lui une tendresse non feinte. Il contemple ses portraits suspendus dans sa chambre et le plaint sans cesse du destin qui l'attend.

En 1820, il reçoit du cardinal Fesch une miniature dissimulée dans une malle de livres. Marchand raconte : « J'arrivai au fond, j'y trouvai un joli portefeuille en maroquin vert renfermant le portrait du roi de Rome et celui du fils du prince Eugène, que ce prince avait envoyé. L'Empereur sourit avec bonheur à cette miniature de son fils. Ses paupières devinrent humides. »

« Pauvre enfant, quelle destinée, soupire Napoléon. Tiens, mets-les ouverts sur mon bureau, que je le voie chaque jour. »

Lorsqu'il évoque le souvenir de Marie-Louise, c'est toujours en rapport avec l'enfant, comme un rêve qu'il évoque devant Marchand en décembre 1820, où elle tenait le garçonnet par la main :

« Elle était fraîche, dit-il, comme lorsque je la vis à Compiègne. Je la saisis dans mes bras, mais quelque force que je misse à la retenir, je sentais qu'elle m'échappait et lorsque je voulus la saisir tout avait disparu, et je me suis éveillé. »

Jamais Napoléon n'a reçu de lettre du roi de Rome.

Napoléon lui a envoyé des souvenirs. Il a par exemple commandé de Sainte-Hélène une bague avec son portrait caché, à faire exécuter à Vienne et à remettre au roi de Rome, qu'on n'appelle déjà plus alors que le duc de Reichstadt. Le profil de Napoléon, si caractéristique, est gravé en noir sur une nacre et protégé par une lentille de verre. Un cabochon de pierre précieuse ou semi-précieuse, perdu depuis, dissimule ce visage qu'on reconnaît même à l'envers, même dans la pénombre. En effet, le petit garçon avait interdiction de posséder quoi que ce soit qui rappelle son père.

Il a reçu la bague.

C'est moi qui la porte aujourd'hui.

Je l'ai reçue à mon tour par la succession de Napoléon III. À la mort du fils de Napoléon en 1832, ses objets personnels ont été remis à la famille Bonaparte, les Autrichiens ne les ont pas gardés.

Ce visage minuscule de Napoléon n'est pas connu, c'est un souvenir de famille, un témoignage touchant d'amour à son fils.

C'est la seule bague que je porte.

Notes

AVANT-PROPOS – NAPOLÉON ET MOI

1. Charles Napoléon, *Bonaparte et Paoli*, Perrin, 2000.
2. Charles Napoléon, *Les Bonaparte, des esprits rebelles*, Perrin, 2004.
3. Jacques-Olivier Boudon, *Le Roi Jérôme*, Fayard, 2008.
4. Le cherche midi, 2009.

CHAPITRE I – NAPOLÉON DU MATIN AU SOIR

1. Lettre du 5 janvier 1808.

CHAPITRE II – NAPOLÉON DU MATIN AU SOIR, SUITE

1. G. Lenôtre, *Napoléon, croquis de l'épopée*, Cahiers rouges, Grasset, p. 106 et
2. suiv.
3. *Mémorial de Sainte-Hélène*, Dunan, vol. 2, p. 474, 30 octobre 1816.
4. Le 19 août 1811.

CHAPITRE IV – LE PETIT NOBLE SE REBELLE

1. G. Lenôtre, *Napoléon, croquis de l'épopée*, p. 21 et suiv., d'après Constant. 4 avril 1805.
2. *Mémorial*, 17 août 1816, Dunan, vol. 2, p. 195.
3. Napoléon Bonaparte, *Correspondance générale*. Fayard, t. 1, p. 43 [25 juin] 1784.
4. *Ibid.*
5. Antommarchi, *Mémoires*, Barrois, 1825, t. 2, p. 131.

CHAPITRE V – DANS LA RÉVOLUTION

1. Fayard, t. 1, p. 51, [29 juillet 1786].
2. Du pamphlétaire Pidansat de Mairobert, publié d'abord sous le titre *L'Observateur anglais*.
3. Fayard, t. 1, p. 69, 28 mars 1789.

4. D'Auxonne, le 15 avril 1789.
5. Fayard, t. 1, p. 76, 12 juin 1789.
6. Fayard, t. 1, p. 76, 12 juin 1789.
7. 23 janvier 1791.
8. 14 mars 1791.
9. 2 avril 1791.
10. Jacques Bainville, *Napoléon*, Fayard, 1931.
11. Fayard, t. 1, p. 109, 29 mai 1792.
12. *Ibid.*
13. Fayard, t. 1, p. 113, 22 juin 1792.
14. *Ibid.*
15. *Ibid.*
16. 2 au 7 septembre 1792, principalement à Paris.
17. 20 septembre 1792, en Champagne.
18. 6 novembre 1792, près de la ville belge de Mons.
19. *Antommarchi*, *op. cit.*, t. 1, 1825, p. 166.

CHAPITRE VI – CAPITAINE CANON

1. *Mémorial*, 18 novembre 1815, Dunan, t. 1, p. 250.
2. Fayard, t. 1, p. 196, 7 août 1794.
3. Fayard t. 1, p. 201, 10 septembre 1794.
4. De Toulon, le 4 février 1795.
5. Fayard, t. 1, p. 219, 12 février 1795.
6. Fayard, t. 1, p. 221, 11 avril 1795.
7. Fayard, t. 1, p. 224, 9 mai 1795.
8. Fayard, t. 1, p. 224.
9. Fayard, t. 1, p. 228, 7 juin 1795.
10. Fayard, t. 1, p. 231, 24 juin 1795
11. Fayard, t. 1, p. 229, 18 juin 1795.
12. *Mémoires* de la duchesse d'Abrantès, chapitre XIV.

CHAPITRE VII – LE GÉNÉRAL VENDÉMIAIRE RENCONTRE JOSÉPHINE

1. Fayard, t. 1, p. 249, 10 août 1795.
2. Fayard, t. 1, p. 228, 7 juin 1795.
3. Fayard, t. 1, p. 229.
4. Fayard, t. 1, p. 236, 12 juillet 1795.
5. Fayard, t. 1, p. 245, 5 août 1795.
6. Jean Tulard et Louis Garros, *Napoléon au jour le jour*, Tallandier, 2002, p. 82 : 22-24 août 1795.
7. Fayard, t. 1, p. 257, 31 août 1795.
8. Fayard, t. 1, p. 260, 5 septembre 1795.
9. Fayard, t. 1, p. 262, 6 septembre 1795
10. Fayard, t. 1, p. 263, 8 septembre 1795.
11. Fayard, t. 1, p. 268, 27 septembre 1795.
12. *Mémorial*, 9 juin 1816, Dunan, vol. 1, p. 692-693.
13. *Ibid.*, 1-6 septembre 1815, p. 125.
14. Lettre à Joseph, de Paris, le 20 fructidor an III, 6 septembre 1795.
15. *Mémoires* de la duchesse d'Abrantès, chapitre XV.
16. 11 octobre 1795.
17. Fayard, t. 1, p. 288, 1er janvier 1796.

18. Fayard, t. 1, p. 285, [décembre 1795]
19. 7 mars 1796.
20. Fayard, t. 1, p. 296-297, [mars 1796].
21. Lettre 414, Fayard, t. 1, p. 298, 14 mars 1796.

CHAPITRE VIII – L'ITALIE OU LA VICTOIRE EN UN MOIS

1. 27 mars 1796.
2. Fayard, t. 1, p. 323, 5 avril 1796.
3. Lettre 519 du 23 avril 1796.
4. Lettre 530 au Directoire exécutif, Fayard, t. 1, p. 362, 26 avril 1796.
5. *Mémorial*, 1-6 septembre 1815, Dunan, t. 1, p. 117.
6. Lettre datée du 7 mai 1796.
7. Fayard, t. 1, p. 398, 14 mai 1796.
8. *Ibid.*, lettre suivante datée du même jour.
9. Fayard, t. 1, p. 311, 30 mars 1796.
10. Fayard, t. 1, p. 319, 3 avril 1796.
11. Fayard, t. 1, p. 326, 7 avril 1796.
12. Fayard, t. 1, p. 359, 24 avril 1796.
13. Fayard, t. 1, p. 372, 29 avril 1796.
14. Fayard, t. 1, p. 435, 8 juin 1796.
15. Fayard, t. 1, p. 443, 11 juin 1796.
16. Fayard, t. 1, p. 472, 26 juin 1796.
17. Fayard, t. 1, p. 448, 14 juin 1796.
18. Texte de Delrieu (1760-1836).

CHAPITRE IX – LE SULTAN NAPOLÉON EL-KÉBIR

1. 19 novembre 1797.
2. D'après le récit de son ami des Mazis.
3. Lettre au Directoire du 16 août 1797, lettre à Talleyrand du 13 septembre 1797.
4. 19 avril 1798.
5. Fayard, t. 2, p. 94, 19 avril 1798.
6. Fayard, t. 2, p. 93, 19 avril 1798.
7. La Jonquière, *Expédition d'Égypte*.
8. Amiral Brueys dans les *Mémoires* de Bourrienne.
9. Lettre 2570, édition de 1860 (1859), t. 4 p. 96, 10 mai 1798.
10. Fayard, t. 2, p. 129, 19 mai 1798.
11. Fayard, t. 2, p. 144, 13 juin 1798.
12. 13 juin 1798.
13. 22 juin 1798, à bord de l'*Orient*. N° 2710.
14. Fayard, t. 2, p. 199, 25 juillet 1798.
15. *Lallah Rookh*, publié en 1817, fit connaître Thomas Moore dans toute l'Europe.
16. 22 juillet 1798.
17. N° 4271, au général, chef d'état-major général de l'armée, du quartier général
18. de Jaffa, le 9 mars 1799, Fayard, t. 2, p. 870.

CHAPITRE X – LE COUP D'ÉTAT

1. Fayard t. 2, p. 1089, 10 octobre 1799.
2. Stefan Zweig, *Fouché*, Grasset.

CHAPITRE XI – AU POUVOIR !

1. Jean Robiquet, *La Vie quotidienne au temps de Napoléon*, Librairie Hachette, 1943.
2. Jacques Bainville, *Napoléon*, A. Fayard & Cie, 1931, p. 166.
3. Jean Robiquet, *La Vie quotidienne au temps de Napoléon*, *op. cit.*
4. Hyde de Neuville, *Mémoires*, II, p. 269, *in* Jean Tulard et Louis Garros, *Napoléon au jour le jour*, Tallandier, 2002.
5. Lettre n° 5639, Fayard, t. 3, p. 386, 7 septembre 1800.
6. Jean Robiquet, *La Vie quotidienne au temps de Napoléon*, *op. cit.*, p. 27.
7. Élie Faure, *Napoléon*, 1921. édition 1983, Denoël, p. 91.
8. Fayard, t. 3, p. 122, 5 mars 1800.
9. www.finances.gouv.fr/notes_bleues/nbb/nbb225/225_frg.htm.

CHAPITRE XII – HOCHETS ET RELIGION

1. 25 janvier 1813.
2. Voir le site de Maurice Gelbard : www.napoleon-juifs.org/1806.html, et la transcription du rapport manuscrit de Beugnot : www.napoleon-juifs.org/Beugnot.html.
3. Rapport de Beugnot : « Mais en admettant que le taux de l'argent chez les chrétiens en les campagnes soit à douze ou treize pour cent, ce qui n'est pas trop dire, il ne faut pas s'étonner que des juifs le prêtent au double. »
4. Décret du 30 mai 1806.
5. Fayard, t. 6, p. 642, lettre du 22 juillet 1806.
6. 11 août 1806, Source : Centre historique des Archives nationales F/19/11004 et 11005, *in* www.napoleon-juifs.org/RapportCommissaires.html.
7. Fayard, t. 3, p. 254, 18 mai 1800.
8. Fayard, t. 3, p. 301, 15 juin 1800.
9. Le 7 février 1801.
10. Fayard, t. 3, p. 1227.
11. Caulaincourt, *En traîneau avec l'Empereur*, Arléa, 2002, p. 111-112.

CHAPITRE XIII – RÉPUBLIQUE FRANÇAISE, NAPOLÉON EMPEREUR

1. Fayard, t. 4, p. 649, 20 mars 1804.
2. Paru en 1888 en réponse aux critiques d'Hippolyte Taine.
3. *Œuvres* du comte Roederer, t. 3, 1854, p. 514.

CHAPITRE XV – À LA GUERRE, SUITE

1. 9 février 1806.
2. 14 mars 1809, n° 14895.
3. Fayard, t. 5, p. 618, 25 août 1805.
4. 20 mars 1806, *Les Introuvables,* vol. XII, p. 204, lettre 9997.
5. 9 février 1806.
6. 12 février 1807.
7. *Mémoires* de Constant, t. III, 1830, p. 148.
8. *Les Introuvables*, 7 juin 1813.
9. Goethe, *Mélanges*, trad. Lorchat, Hachette, 1863. Le récit est daté du 2 octobre 1808.
10. Fayard, t. 1, p. 583, 17 septembre 1796.

11. 25 septembre 1809.

CHAPITRE XVII – DANS LA DÉFAITE

1. Alexandre Dumas, *Mémoires*, Gallimard.
2. Lettre du 10 mars 1811. Le ministre, qui ne comprend pas où l'Empereur veut en venir, perd son poste à peine un mois plus tard, le 16 avril 1811. *Les Introuvables*, vol. XXI, p. 465, 10 mars 1811.
3. *Quid.*
4. *Quid.*
5. Source : Tulard, *Napoléon au jour le jour*, 16 mai 1812.
6. Villepin, *La Chute ou l'Empire de la solitude 1807-1814*, Perrin, p. 193.
7. Tulard, *Napoléon au jour le jour*, 1er juillet.
8. *Mémoires* de Caulaincourt, vol. 1, 1933, p. 376.
9. *Relation circonstanciée de la campagne de Russie*, 1812, 4e édition 1815.
10. *Les Introuvables*, vol. XXIV, p. 221, 20 septembre 1812.
11. Rapporté par l'Anglais Wilson *in* Villepin, *La Chute ou l'Empire de la solitude 1807-1814*, p. 269.
12. *XXIXe Bulletin de la Grande Armée.*

CHAPITRE XVIII – SAINTE-HÉLÈNE, PETITE ÎLE

1. 13 mars 1815.
2. 17 avril 1815.
3. 22 avril 1815.
4. Lucien Bonaparte, *La Vérité sur les Cent-Jours*, Lavocat, 1835.
5. Arrivé le 8 mai 1815.
6. 20 avril 1814.
7. Correspondance de lord Castlereagh (Castlereagh, *Correspondence*, vol. 10, p. 430, traduit par Antoine d'Arjuzon, *Castlereagh (1761-1822) ou le défi à l'Europe de Napoléon*, Paris, Tallandier, 1995, 492 p., p. 398), cité par J.-O. Boudon dans l'article « Pourquoi Sainte-Hélène ? » sur www.napoleon.org, extrait de l'ouvrage collectif *Sainte-Hélène, île de mémoire*, Fayard, 2005.
8. Sir Frederick Maitland, *Napoléon à bord du Bellerophon*, Plon, 1933. Titre original : *Narrative of the surrender of Buonaparte and his residence on H.M.S. Bellerophon.*
9. Le 24 juillet 1815.
10. Traité de Fontainebleau, 11 avril 1814.
11. 4 août 1815.
12. 6 septembre 1815.
13. 31 août 1815.
14. Nuit du 28 au 29 avril 1821.
15. Victor Hugo, *Choses vues*, réédition Folio.
16. 29 mai 1816.

Remerciements

Je voudrais remercier tous ceux qui m'ont aidé à réaliser cet ouvrage. Rien ne m'est plus naturel : je sais que l'écrivain ou l'historien reçoit et traite de l'information qui vient d'autres que lui et qu'il ne travaille en réalité jamais seul.

À l'origine, il y a eu bien sûr ma famille qui m'a transmis ce qu'elle savait de Napoléon, surtout mon père, le prince Louis Napoléon, et son collaborateur, le professeur Jean Fleury. J'ai eu également le bonheur de rencontrer chez mes parents de grands historiens contemporains comme André Castelot, Alain Decaux, Jean Tulard qui ont été à l'origine de mes connaissances historiques et sont devenus, par la suite, des historiens célèbres. D'autres, comme Jean Defranceschi ou Dorothy Carrington, m'ont initié à l'histoire de ma famille en Corse. Claude Mazauric, proche collaborateur d'Albert Soboul, m'a permis de faire le lien avec les rapports économiques et sociaux de l'époque. En Angleterre, j'ai eu la chance de rencontrer le professeur David Chandler, grand historien des batailles, et, dans beaucoup d'autres pays d'Europe et du monde jusqu'au Japon, de m'entretenir avec des historiens qui travaillent les sujets les plus divers relatifs à notre héros. Grâce à eux, mon regard s'est enrichi d'autres facettes.

Deux personnes ont tenu une place plus importante dans la rédaction du présent ouvrage, Cécile Romane qui a regardé les textes avec les yeux de l'innocence historique en me posant beaucoup de questions auxquelles je n'avais pas songé, et le professeur Jacques-Olivier Boudon, professeur d'histoire de la Révolution et de l'Empire à l'université Paris-Sorbonne et président de l'Institut Napoléon, qui a bien voulu relire le texte et m'éclairer de ses remarques.

Que toutes ces personnes trouvent ici le témoignage de ma profonde reconnaissance.

Charles Napoléon

Bibliographie

Je ne vous présente pas ici une bibliographie exhaustive relative à Napoléon. Souvenez-vous de Jean Tulard qui a fait le calcul : un livre paraît chaque jour depuis la mort de Napoléon !

Les ouvrages ci-dessous sont appelés dans le texte, ce qui signifie que j'y ai eu recours pour illustrer ou souligner mes propos.

Abrantès, Laure Junot, duchesse d', *Mémoires complets et authentiques*, de Bonnot, rééd. 1967

Antommarchi docteur, *Mémoires*, Barrois, 1825

Aragon Louis, *La Semaine sainte*, Gallimard, 1958

Bainville Jacques, *Napoléon*, Gallimard, rééd. 2005

Balcombe Betsy, Tulard et Macé, *La Petite Fiancée de Napoléon : souvenirs de Betsy Balcombe à Sainte-Hélène (1815-1818)*, Tallandier, édition revue et augmentée 2005

Bertrand Henri-Gatien, *Cahiers de Sainte-Hélène*, Fleuriot de Langle, 1949-1951

Billon François-Frédéric, *Souvenirs 1804-1805*, Boutique de l'Histoire, 2006

Bonaparte Lucien, *Mémoires*, Paris, 1836

Bonaparte Lucien, *La Vérité sur les Cent-Jours*, Lavocat, 1835

Boudon Jacques-Olivier, *Histoire du Consulat et de l'Empire*, Perrin, 2000

Boudon Jacques-Olivier, *Le Roi Jérôme*, Fayard, 2008

Boudon, Chevalier, Lenz, Macé, Tulard *et alii*, *Sainte-Hélène, île de mémoire*, Fayard, 2005

Bredin Jean-Denis, *Sieyès*, De Fallois, 1988

Cambacérès, *Mémoires inédits*, Perrin, 2000, 2 tomes

Carrington Dorothy, *Portrait de Charles Bonaparte*, Piazzola, 2002

Castelot André, *Le Drame de Sainte-Hélène*, Perrin, rééd. 2000

Castelot André, *Napoléon et Bonaparte*, Perrin, rééd. 2007, 2 tomes

Caulaincourt général de, *En traîneau avec l'Empereur*, Arléa, 2002

Caulaincourt général de, *Mémoires*, Plon, 1933, 3 tomes

Chandler David, *The Campaigns of Napoleon*, Orion, Londres, rééd. 1998

Chanteranne David, *Le Sacre de Napoléon*, Tallandier, 2004

Chaptal Jean-Antoine, *Mes souvenirs sur Napoléon*, Mercure de France, rééd. 2009

Chateaubriand François René de, *Mémoires d'outre-tombe*, Gallimard, La Pléiade, 2 tomes, 1973

Chatel de Brancion Laurence, *Cambacérès, maître d'œuvre de Napoléon*, Perrin, 2001

Chuquet Arthur, *La Jeunesse de Napoléon*, Armand Colin, 1897-1899, 3 tomes
Clausewitz, *De la guerre*, Éditions de Minuit, éd. 1955
Clausewitz, *Note sur la Prusse dans sa grande catastrophe*, Champ libre, rééd. 1976
Coillaveri François, *La Franc-Maçonnerie des Bonaparte*, Payot, 1982
Collaveri François, *Napoléon, empereur franc-maçon ?*, Tallandier, 1986
Constant, *Mémoires intimes de Napoléon Ier*, Mercure de France, rééd. 2007, 2 tomes
Constant Benjamin, *De l'esprit de conquête,* Flammarion, rééd. 1986
Defranceschi Jean, *La Jeunesse de Napoléon*, Lettrage distribution, 2001
Dumas Alexandre, *Le Chevalier de Sainte-Hermine,* Phébus, 2005
Dumas Alexandre, en société avec Claude Schopp, *Hector de Sainte-Hermine, le salut de l'Empire*, Phébus, 2008
Dumas Alexandre, *Mes Mémoires*, rééd. Bouquins, 1989
Faure Élie, *Napoléon*, Denoël, rééd. 1983
Fouché Joseph, *Mémoires*, Imprimerie nationale, 1992
Furet François, *Penser la Révolution française*, Gallimard, 1978
Gallo Max, *Lettres d'amour de Napoléon*, L'Archipel, 2005
Garnier Jacques, *Austerlitz, 2 décembre 1805*, Fayard, 2005
Gelbard Maurice, *Les Juifs heureux et utiles en France*, napoleon-juifs.org
Gourgaud général Gaspard, *Journal de Sainte-Hélène 1815-1818*, Flammarion, rééd. 2 tomes, 1947
Graziani Antoine-Marie, *Pascal Paoli*, Tallandier, 2002
Hauterive Ernest d', *La Police secrète sous le Premier Empire*, 1908-1964, 5 tomes
Hugo Victor, *Choses vues*, Folio Gallimard, rééd. 1972
Joséphine, *Correspondance 1782-1814*, Payot, 1996
Joffrin Laurent, *Les Batailles de Napoléon*, Le Seuil, 2000
Kauffmann Jean-Paul, *La Chambre noire de Longwood*, La Table Ronde, 1997
Kerautret Michel, *Les Grands Traités du Consulat*, Nouveau monde édition, 2002-2004
Larrey Dominique Jean, *Mémoires de chirurgie militaire et de campagne, 1812-1817*, 4 vol. + 1 sur Waterloo, paru en 1841
Las Cases Emmanuel de, *Mémorial de Sainte-Hélène*, Gallimard, rééd. 1978, 2 tomes
Lemaire Jean-François, *Les Blessés dans les armées napoléoniennes*, Lettrage, 1999
Lenôtre G., *Napoléon, croquis de l'épopée*, Grasset, rééd. 1996
Lentz Thierry, *Le Grand Consulat*, Fayard, 1999
Lentz Thierry, *Nouvelle histoire de l'Empire*, Fayard 2002-2007, 3 tomes
Macé Jacques, *Dictionnaire historique de Sainte-Hélène*, Tallandier, 2004
Madelin Louis, *Talleyrand*, Marabout, rééd. 1984
Madelin Louis, *La Jeunesse de Napoléon*, Hachette, 1937
Maitland sir Frederic, *Napoléon à bord du Bellerophon*, Plon, 1933
Mameluck Ali, *Souvenirs sur l'empereur Napoléon*, Arléa, rééd. 2000
Marmont Auguste-Frédéric, *Mémoires de 1792 à 1841*, Perrotin, 1857
Masson Frédéric, *Napoléon intime*, Taillandier, rééd. 2004
Masson Frédéric, *Napoléon et sa famille,* Ollendorf, 1897-1919, 13 tomes
Masson Frédéric, *Le Sacre et le Couronnement de Napoléon*, Ollendorf, 1925
Masson Frédéric, *Napoléon à Sainte-Hélène*, Ollendorf, 1912
Michelet, *Histoire de la Révolution*, Gallimard, rééd. 1952
Migliorini Luigi Mascilli, *Napoléon*, Perrin, 2004
Miot de Melito, *Mémoires*, Michel Lévy Frères, 1858, 3 tomes
Napoléon Ier, *Correspondance, édition sous Napoléon III*, Bibliothèque des Introuvables, rééd. 2006, 29 tomes
Napoléon Bonaparte, *Correspondance générale, éd. en cours Fondation Napoléon*, Fayard, 6 tomes à ce jour

BIBLIOGRAPHIE

Napoléon Jérôme (dit Plon-Plon), *Napoléon et ses détracteurs*, Calmann-Lévy, 1887
Norvins Jacques de, *Histoire de Napoléon*, Paris, 1828
O'Meara docteur Barry, *Napoléon dans l'exil*, Fondation Napoléon, 1993
Petiteau Natalie, *Napoléon, de la mythologie à l'histoire*, Le Seuil, 2004
Pietromarchi Antonello, *Lucien Bonaparte*, Perrin, 1985
Rambaud Patrick, *La Bataille*, Grasset, 1997
Rambaud Patrick, *Il neigeait*, Grasset, 2000
Rambaud Patrick, *Le Chat botté*, Grasset, 2006
Robiquet Jean, *La Vie quotidienne au temps de Napoléon*, Hachette, 1943
Rousseau Jean-Jacques, *Du contrat social, projet de constitution pour la Corse*, Œuvres complètes, Laffont, rééd. 1964
Soboul Albert, *La Révolution française*, Gallimard, rééd. 2000
Stendhal, *Journal, dans Œuvres intimes*, Gallimard, La Pléiade, 1973
Stendhal, *Le Rouge et le Noir*, Garnier-Flammarion, 1964
Stendhal, *La Chartreuse de Parme,* Garnier-Flammarion, 1964
Talleyrand, *Mémoires et Correspondance*, Robert Laffont, rééd. 2007
Thiers Adolphe, *Histoire du Consulat et de l'Empire*, Paulin, 1845-1864, 2 tomes
Tolstoï, *La Guerre et la Paix*, Gallimard, rééd. 2002, 2 tomes
Tulard *et alii*, *Dictionnaire Napoléon*, Fayard, rééd. 1999, 2 tomes
Tulard Jean, *Napoléon*, Fayard, rééd. 2003
Tulard Jean, *Murat,* Fayard, 1999
Tulard Jean, *Fouché*, Fayard, 1998
Tulard Jean, *Le 18 Brumaire*, Perrin, 1999
Tulard Jean, *Napoléon ou le Mythe du sauveur*, Fayard, rééd. 2003
Tulard Jean, Louis Garros, *Napoléon au jour le jour,* Tallandier, 2002
Tulard Jean, *Nous étions à Austerlitz*, Tallandier, 2005
Tulard Jean, *Napoléon et la noblesse d'empire*, Tallandier, 1979
Vergé-franceschi, *Napoléon, Une Enfance Corse*, Larousse, Bibliothèque Historique, 2009
Villepin Dominique De, *Les Cent-Jours*, Perrin, 2001
Villepin Dominique de, *Le Soleil noir de la puissance*, Perrin, 2007
Villepin Dominique de, *La Chute ou l'empire de la solitude*, Perrin, 2008
Waresquiel Emmanuel de, *Talleyrand, le prince immobile*, Fayard, 2006
Zweig Stefan, *Fouché*, Grasset, rééd. 2007

Crédits photographiques

P. 1 en haut : Michel Euler/AP/Sipa
P. 1 milieu : Photo RMN - Daniel Arnaudet/Christian Jean
P. 1 bas gauche : photos12.com - ARJ
P. 1 bas droite : Photo RMN – Gérard Blot
P. 2 en haut : Photo12
P. 2 milieu : Photo12.com - Fondation Napoléon
P. 2 bas gauche : Photos12.com - Bertelsmann Lexikon Verlag
P. 2 bas droite : photos12.com - ARJ
P. 3 en haut : photos12.com - ARJ
P. 3 en bas : Photo12/Collection cinéma
P. 4 en haut à gauche : akg-images/Erich Lessing
P. 4 en haut à droite : Photo12.com - ARJ
P. 4 milieu : photos12.com - ARJ
P. 4 en bas : Photos12.com - ARJ
P. 5 en haut : Photos12.com - ARJ
P. 5 en bas à gauche : Photo12.com - Fondation Napoléon
P. 5 en bas à droite : Photo12.com - Collection Fondation Napoléon/Photographie Patrice Maurin-Berthier
P. 6 en haut : akg-images/Erich Lessing
P. 6 signature et milieu : Photos12.com - ARJ
P. 6 en bas à gauche : akg-images/Jerome da Cunha
P. 6 en bas à droite : Photo12.com - Collection Fondation Napoléon/Photographie Patrice Maurin-Berthier
P. 7 en haut : Photo RMN – Droits réservés
P. 7 en bas : Photo12.com - Pierre-Jean Chalençon
P. 7 en médaillons : akg-images/Erich Lessing
P. 8 : assiette centrale : Photo12.com - Collection Fondation Napoléon/Photographie Patrice Maurin-Berthier. Assiettes droite et gauche : Fondation Napoléon
P. 8 en bas : Photo12.com - Pierre-Jean Chalençon
P. 9 en haut à gauche : Photo12.com - Collection Fondation Napoléon/Photographie Patrice Maurin-Berthier
P. 9 en haut à droite : Photo12.com - Pierre-Jean Chalençon
P. 9 milieu : Photo12.com - Fondation Napoléon/P. Maurin-Berthier
P. 9 bas : Photo12.com - Pierre-Jean Chalençon

P. 10 en haut à gauche : akg-images/Erich Lessing
P. 10 en haut à droite : Photos12.com – ARJ
P. 10-11 : Photo12.com - Collection Fondation Napoléon/Photographie Patrice Maurin-Berthier
P. 11 en haut à gauche : Photos12.com - ARJ
P. 11 en haut à droite : akg-images
P. 11 en bas : Paris - Musée de l'Armée, Dist. RMN - Philippe Sébert
P. 12 : akg-images
P. 13 en haut : akg-images
P. 13 en bas : akg-images
P. 14 : Photos12.com - ARJ
P. 15 en haut : Photos12.com - ARJ
P. 15 milieu : Photo12.com - Pierre-Jean Chalençon
P. 15 médaillon : Photo12.com - Pierre-Jean Chalençon
P. 15 en bas : Photo12.com - Collection Fondation Napoléon/Photographie Patrice Maurin-Berthier
P. 16 : Photos12.com - ARJ

Table

Composé par Nord Compo Multimédia
7, rue de Fives, 59650 Villeneuve-d'Ascq

Cet ouvrage a été imprimé par CPI Bussière
à Saint-Amand-Montrond (Cher)
en octobre 2009

N° d'édition : 1588/01. – N° d'impression : 092880/4.
Dépôt légal : octobre 2009.

Imprimé en France